WIRTSCHAFTS- UND SOZIALKUNDE

für gewerblich-
technische
Ausbildungsberufe

Klaus Otte · Arndt Settnik · Reinhard Zinner

IN ZUSAMMENARBEIT MIT DER VERLAGSREDAKTION

Klaus Otte · Arndt Settnik · Reinhard Zinner

Dieses Buch wurde erstellt unter Verwendung von Materialien von Christian Fritz, Markus Hillebrand, Ulrike Hinrichs, Manfred Hübner, Franz-Josef Kaiser, Ludger Katt, Burkhard Klein, Antje Kost, Claudia Lang, Christian Maasz, Michael Piek und Roswitha Pütz.

Wir weisen darauf hin, dass die im Lehrwerk genannten Unternehmen und Geschäftsvorgänge frei erfunden sind. Ähnlichkeiten mit real existierenden Unternehmen lassen keine Rückschlüsse auf diese zu. Dies gilt auch für die im Lehrwerk genannten Kreditinstitute, Bankleitzahlen und Buchungsvorgänge. Ausschließlich zum Zwecke der Authentizität wurden insoweit existierende Kreditinstitute und Bankleitzahlen verwendet.

Wenn in diesem Lehrwerk von Personen nur in der männlichen Form die Rede ist (zum Beispiel Schüler, Meister), dann schließt dies die weibliche Form selbstverständlich nicht aus. Die Auslassung der weiblichen Form dient lediglich der Einfachheit.

Lektorat: Dr. Ute Gräber-Seißinger, Bad Vilbel

Redaktion: Bettina Kanke, Elisabeth Berten

Umschlaggestaltung: vitaledesign, Berlin

Innenlayout und technische Umsetzung: SOFAROBOTNIK GbR, Augsburg & München

www.cornelsen.de/cbb

1. Auflage, 1. Druck 2012

Alle Drucke dieser Auflage sind inhaltlich unverändert und können im Unterricht nebeneinander verwendet werden.

© 2012 Cornelsen Verlag, Berlin

Druck: Stürtz GmbH, Würzburg

ISBN 978-3-06-450618-3

 Inhalt gedruckt auf säurefreiem Papier aus nachhaltiger Forstwirtschaft.

Vorwort

Kenntnisse über die Funktionsweise von Gesellschaft und Wirtschaft sind heute wie früher unverzichtbar. Darüber hinaus muss der Einzelne auch die Kompetenz besitzen, gesellschaftliche Anliegen zu erkennen und zu formulieren. Unsere Gesellschaft basiert auf dem Grundgedanken, dass alle ihre Mitglieder nur im Miteinander gedeihen können. Das ist das Lebenselixier der Demokratie. Der Einzelne benötigt Kompetenzen, um an dieser Demokratie wirksam teilnehmen zu können.

Im Jahr 2007 hat die Konferenz der Kultusminister der Länder der Bundesrepublik Deutschland (KMK) den Rahmenlehrplan überarbeitet, dessen Ziel es ist, Auszubildenden in den gewerblich-technischen Berufen theoretische Kenntnisse und für ihre Berufs- und Lebenspraxis relevante Fähigkeiten in den Wissens- und Handlungsfeldern Wirtschaft und Gesellschaft zu vermitteln. Neue Akzente wurden gesetzt, neue Inhalte hinzugefügt. Die Bundesländer haben diese Neuerungen anschließend in unterschiedlicher Weise in ihre eigenen Lehrpläne eingearbeitet. Doch nur die KMK-Elemente werden in der zentralen Prüfung im Fach Wirtschafts- und Sozialkunde geprüft, denn nur sie sind bundesweit umgesetzt worden.

Unser Buch will ein Leitfaden sein, der es den Auszubildenden ermöglicht, einzudringen in die Komplexität des Geschehens in Wirtschaft und Gesellschaft und aktiv an ihm teilzunehmen. Gleichzeitig bündelt es das Fachwissen, das zur Beantwortung der standardisierten Prüfungsfragen der Prüfungsaufgaben- und Lehrmittelentwicklungsstelle bei der IHK für die Region Stuttgart (PAL) in der Abschlussprüfung vorausgesetzt wird. Die Auszubildenden werden in ihrer Rolle als Mitarbeitende im Unternehmen ebenso wie in ihrer Rolle als Verbraucher und Mitglieder der Gesellschaft angesprochen.

Am Anfang jedes Schwerpunkts der fünf Kapitel findet sich eine Situation mit Leitfragen, die durch das entsprechende Schwerpunktthema führen und nach der Aufnahme des Stoffs zu beantworten sein sollten. Jedem Schwerpunkt sind Wissensfragen, Anwendungsfragen und Beurteilungsfragen angefügt, die zur Festigung des erworbenen Wissens, zum Ausbau der Kompetenzen und zur Schulung der Problemlösungsfähigkeiten des Benutzers dienen. Zahlreiche Schaubilder und Beispiele veranschaulichen das Fachwissen. In den Randspalten finden sich Definitionen von Schlüsselbegriffen, vertiefende Erläuterungen und nicht zuletzt Stichwörter, die die Orientierung erleichtern sollen, indem sie wichtige Themen und Kernaussagen aus dem Text hervorheben. Weitere Materialien, insbesondere 400 Aufgaben zur Prüfungsvorbereitung, finden Sie auf der Produktseite www.cornelsen.de/cbb/wiso.

Wir wünschen unseren Leserinnen und Lesern in der Ausbildung, dass sie mithilfe unseres Buches das Wissen erwerben, das sie zum erfolgreichen Abschluss ihrer Prüfung benötigen, hoffen nicht zuletzt aber auch, dass es ihnen Anregungen bietet, sich in ihrem Lebensumfeld aktiv zu engagieren.

Inhalt

Rund um die Berufsausbildung 1

Nachhaltige Existenzsicherung 2

Unternehmen und Verbraucher in Wirtschaft und Gesellschaft 3

Die Rolle der Unternehmen in der Marktwirtschaft – organisieren und produzieren 4

Kosten beurteilen 5

Rund um die Berufsausbildung

- ➜ Welche Bedeutung hat die duale Berufsausbildung für Arbeitnehmer und Arbeitgeber?

- ➜ Welche gesetzlichen Regeln gelten für die Berufsausbildung?

- ➜ Welche Regeln gelten für Berufs- ausbildungs- und Arbeitsverträge?

- ➜ Wie berechnen sich Ausbildungs- vergütung und Monatslohn?

- ➜ Was beinhalten die sozialen und technischen Schutzvorschriften?

- ➜ Wie können Arbeitnehmer ihre Interessen geltend machen?

- ➜ Was ist bei der Kündigung eines Arbeitsverhältnisses zu beachten?

- ➜ Welche Rolle spielen die Arbeitsgerichte?

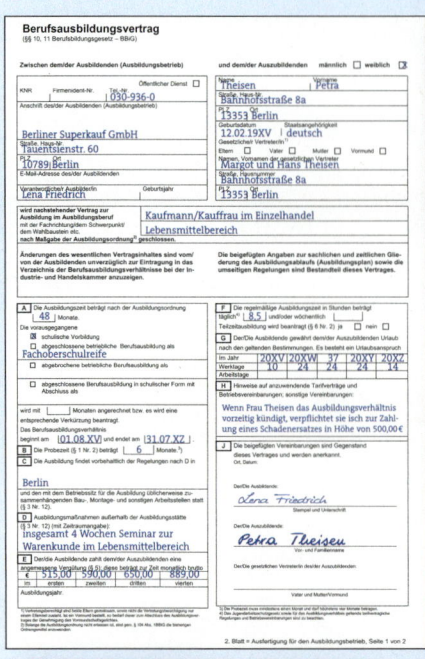

Verena hat ihre allgemeinbildende Schule erfolgreich abgeschlossen und steht jetzt als Auszubildende am Anfang ihres Berufslebens. Mit ihrer Berufsausbildung hat sie die richtige Entscheidung getroffen. Doch vieles ist neu und ungewohnt. Täglich hört sie im Gespräch mit ihrem Ausbilder betriebliche Fachbegriffe. Da sie interessiert und wissbegierig ist, fragt sie häufig bei den „alten Hasen" des Betriebs nach. Sie will wissen, wie die Ausbildung im Betrieb und in der Berufsschule abläuft, was mit „zuständigen Stellen" gemeint ist, ob die Ausbildungszeit verkürzt oder auch verlängert werden kann. Natürlich ist sie auch neugierig darauf, was sie an Ausbildungsvergütung erhalten und nach der Ausbildung verdienen wird.

- Was erwartet die/den Auszubildende(n) in der dualen Berufsausbildung?
- Was muss er/sie wissen, und was lernt man in der Ausbildung?
- Was steht im Berufsausbildungsvertrag?
- Welche Rechte und Pflichten haben der/die Auszubildende und sein/ihr Ausbildungsbetrieb?
- Welche Vergütung bekommt man eigentlich als Auszubildende(r)?
- Wie wird es nach dem Ende der Ausbildung weitergehen?

1.1 Das Miteinander von Berufsschule und Ausbildungsbetrieb

An der Berufsausbildung sind der Ausbildungsbetrieb und die Berufsschule beteiligt. Die koordinierte Zusammenarbeit wird als duale Berufsausbildung bezeichnet. Jeder Auszubildende erhält mit dem Lehrvertrag einen spezifischen Ausbildungsplan, nach dem im Betrieb ausgebildet wird. Der schulische Lehrplan kann jederzeit an der Berufsschule eingesehen werden.

> Jeder Auszubildende erhält einen **Ausbildungsplan.**

Handwerksbetriebe können aufgrund ihrer Betriebsstruktur nicht immer alle Ausbildungsinhalte im geforderten Umfang vermitteln. Um gegenüber allen Auszubildenden ein gleiches Ausbildungsniveau zu gewährleisten, finden bei der Handwerkskammer einmal pro Jahr auf ein oder zwei Wochen angelegte überbetriebliche Lehrlingsunterweisungen bzw. Lehrgänge statt.

> **Lehrlingsunterweisungen**

Die Ausbildungsordnung stellt sicher, dass in jedem anerkannten Ausbildungsberuf bundesweit gleiche Regelungen gelten. Dies betrifft beispielsweise

- die Ausbildungsdauer (zwei oder drei oder 3,5 Jahre),
- die zeitliche Aufgliederung der Ausbildungsinhalte,
- die Ausbildungsinhalte – Kenntnisse und Fertigkeiten,
- das Prüfungswesen – Gesellenprüfung (Teil I und II), Anforderungsniveau.

> **duale Berufsausbildung** = Ausbildung im Betrieb und in der Berufsschule

Um zur Gesellenprüfung zugelassen zu werden, muss das Berichtsheft ordnungsgemäß und vollständig geführt und vom Ausbildungsbetrieb abgezeichnet sein. Wer die Ausbildungszeit verkürzen möchte, benötigt neben guten schulischen Leistungen die Zustimmung des Ausbildungsbetriebs und der zuständigen Kammer (zum Beispiel Handwerkskammer, Industrie- und Handelskammer). Die Prüfung besteht aus einem theoretischen und einem praktischen Teil. Geringfügige Minderleistungen können durch eine mündliche Prüfung ausgeglichen werden.

> **Gesellenprüfung**
>
> **Berichtsheft**

Mit dem Abschlusszeugnis der Berufsschule wird bei mindestens ausreichendem Fachnotendurchschnitt (zum Beispiel 3,0; je nach Bundesland unterschiedlich) und entsprechenden Englischkenntnissen der mittlere Bildungsabschluss verliehen.

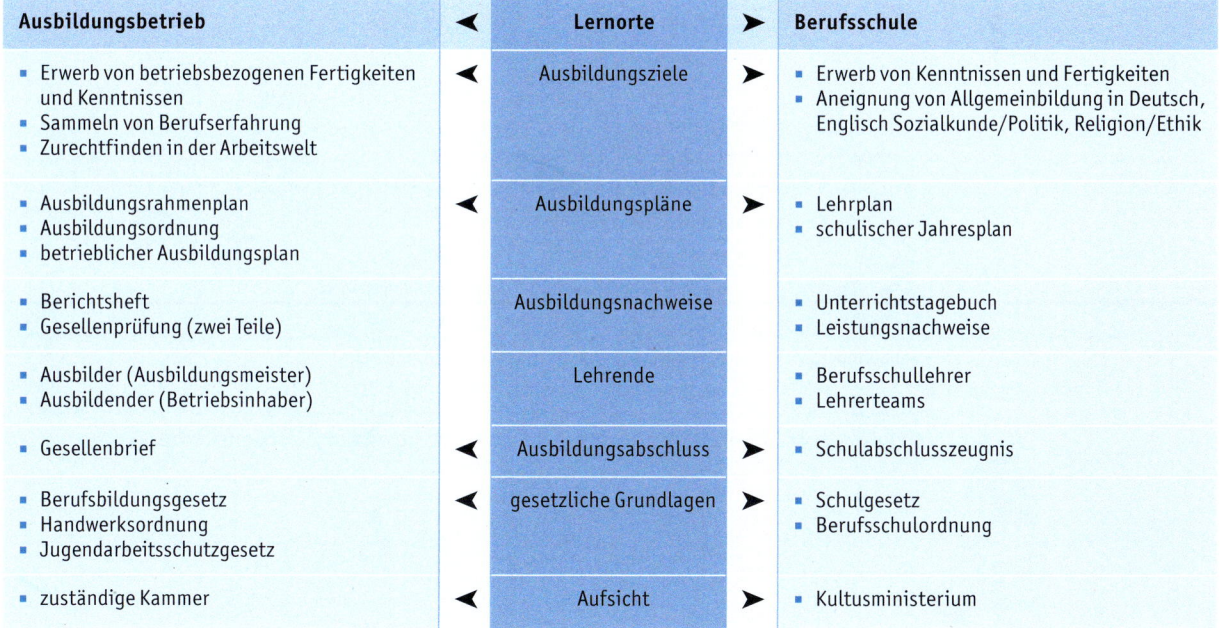

Ausbildungsbetrieb	◄ Lernorte ►	Berufsschule
■ Erwerb von betriebsbezogenen Fertigkeiten und Kenntnissen ■ Sammeln von Berufserfahrung ■ Zurechtfinden in der Arbeitswelt	◄ Ausbildungsziele ►	■ Erwerb von Kenntnissen und Fertigkeiten ■ Aneignung von Allgemeinbildung in Deutsch, Englisch Sozialkunde/Politik, Religion/Ethik
■ Ausbildungsrahmenplan ■ Ausbildungsordnung ■ betrieblicher Ausbildungsplan	◄ Ausbildungspläne ►	■ Lehrplan ■ schulischer Jahresplan
■ Berichtsheft ■ Gesellenprüfung (zwei Teile)	Ausbildungsnachweise	■ Unterrichtstagebuch ■ Leistungsnachweise
■ Ausbilder (Ausbildungsmeister) ■ Ausbildender (Betriebsinhaber)	Lehrende	■ Berufsschullehrer ■ Lehrerteams
■ Gesellenbrief	◄ Ausbildungsabschluss ►	■ Schulabschlusszeugnis
■ Berufsbildungsgesetz ■ Handwerksordnung ■ Jugendarbeitsschutzgesetz	◄ gesetzliche Grundlagen ►	■ Schulgesetz ■ Berufsschulordnung
■ zuständige Kammer	◄ Aufsicht ►	■ Kultusministerium

Tabelle 1.1: Der organisatorische Rahmen der dualen Berufsausbildung

Eine duale Berufsausbildung hat mehrere Vorteile, beispielsweise die folgenden:

- Sie vermittelt eine umfassende Berufsausbildung.
- Die Ausbildung vermittelt theoretisches und praxisbezogenes Wissen.
- Die Ausbildung erfolgt auf der Basis der Zusammenarbeit zwischen Schule und Betrieb.
- Die Betriebe können gezielt den eigenen Gesellennachwuchs ausbilden.

An Nachteilen sind beispielsweise zu nennen:

- Nicht allen Suchenden wird ein Ausbildungsplatz angeboten.
- Das Ausbildungsniveau kann von Betrieb zu Betrieb sehr unterschiedlich ausfallen.
- Auszubildende in Splitterberufen wie beispielsweise Dachdecker haben weite Schulwege.

Ein wesentliches Ziel der dualen Berufsausbildung ist die Aneignung von Schlüsselqualifikationen oder -kompetenzen. Nicht nur fachliche Kenntnisse und Fertigkeiten sollen erworben werden. Vielmehr soll berufliches Handeln prozess- und kundenorientiert erfolgen. Dabei sind technische, kaufmännische und organisatorische Gesichtspunkte miteinander zu verknüpfen. Hierzu erlernt der Auszubildende zunächst Kernqualifikationen (im ersten Ausbildungsjahr) und später Fachqualifikationen.

BEISPIELE

- Eine Kernqualifikation ist das Wissen, wie ein Zahnradantrieb funktioniert.
- Eine Fachqualifikation ist das Wissen, wie ein Fünfganggetriebe funktioniert.

Prozessorientierung
= Einbindung des Arbeitnehmers in den gesamten Fertigungs- bzw. Dienstleistungsablauf

Kundenorientierung
= Ausrichtung des Anbieters an den Kundenbedürfnissen

Kernqualifikation
= Grundkenntnisse und Grundfertigkeiten innerhalb eines Berufsfelds

Fachqualifikation
= besondere Kenntnisse und Fertigkeiten in einem Ausbildungsberuf

Schaubild 1.1 gibt eine Einschätzung der Stärken und Schwächen der Auszubildenden vonseiten der Unternehmen wieder.

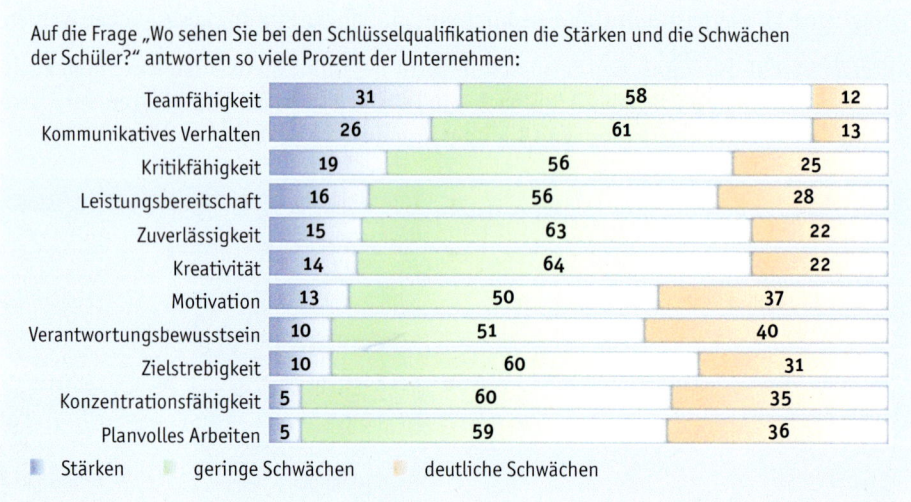

Schaubild 1.1: Schlüsselqualifikationen: Stärken und Schwächen.

Zuweilen wird auch von vier verschiedenen Berufskompetenzen gesprochen – der Fachkompetenz, der Handlungskompetenz, der Sozialkompetenz und der Selbstkompetenz.

- **Fachkompetenz** bedeutet, über spezielle Berufskenntnisse zu verfügen: Der Metallbauer bedient eine CNC-Fräsmaschine.
- **Handlungskompetenz** bedeutet, dass Arbeitsaufgaben selbstständig gelöst werden: Der Mechatroniker erarbeitet eine Lösung für eine Torsteuerung.
- **Sozialkompetenz** bedeutet, kontakt- und teamfähig zu sein und Toleranz gegenüber Kolleginnen und Kollegen zu üben: Meinungsverschiedenheiten werden ausgesprochen und sachdienlich beigelegt.
- **Selbstkompetenz** bedeutet, sich selbstständig weiterzubilden: Probleme, die Anlass zu Kritik geben, werden angesprochen und im Hinblick auf Lösungsmöglichkeiten behandelt.

vier Arten beruflicher Kompetenzen

Der Deutsche Qualifikationsrahmen unterscheidet demgegenüber zwischen Fachkompetenz mit den Teilbereichen Wissen und Fertigkeiten und personaler Kompetenz mit den Teilbereichen Sozialkompetenz und Selbstständigkeit.

Der **Deutsche Qualifikationsrahmen für lebenslanges Lernen** ist ein bildungsbereichsübergreifendes Profil der in Deutschland erworbenen Kompetenzen. Als angepasste Umsetzung des Europäischen Qualifikationsrahmens soll er die Vergleichbarkeit deutscher Qualifikationen in Europa fördern.

1.2 Berufsausbildungsvertrag

Grundsätzlich gilt für jeden Vertrag, dass die Vertragspartner in der Gestaltung des Vertrags frei sind. Niemand kann zum Abschluss eines Vertrags gezwungen werden.

Was die Ausbildung und die Berufstätigkeit angeht, so ist die Vertragsfreiheit durch das Grundgesetz (GG) garantiert. Eine nähere Bestimmung enthält das Berufsbildungsgesetz (BBiG). Der § 11 BBiG sagt aus, dass ein Berufsausbildungsverhältnis nur dann rechtskräftig zustande kommt, wenn die Inhalte der Ausbildung schriftlich formuliert werden und der Ausbildungsvertrag unterschrieben wird (Schaubild 1.2).

Grundsatz der **Vertragsfreiheit**

Artikel 12 Grundgesetz (GG)

(1) Alle Deutschen haben das Recht, Beruf, Arbeitsplatz und Ausbildungsstätte frei zu wählen. Die Berufsausübung kann durch Gesetz oder aufgrund eines Gesetzes geregelt werden [...].

§ 11 Berufsbildungsgesetz (BBiG)

(1) Ausbildende haben unverzüglich nach Abschluss des Berufsausbildungsvertrages, spätestens vor Beginn der Berufsausbildung, den wesentlichen Inhalt des Vertrags schriftlich niederzulegen.

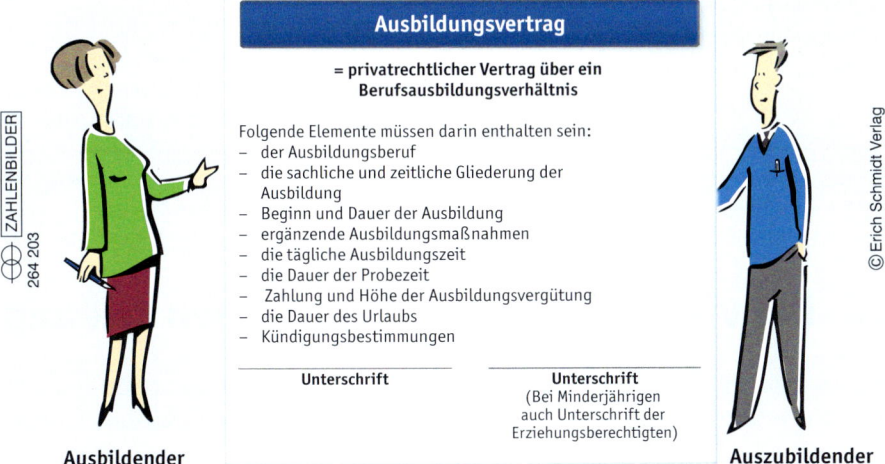

Ausbildungsvertrag

= privatrechtlicher Vertrag über ein Berufsausbildungsverhältnis

Folgende Elemente müssen darin enthalten sein:
– der Ausbildungsberuf
– die sachliche und zeitliche Gliederung der Ausbildung
– Beginn und Dauer der Ausbildung
– ergänzende Ausbildungsmaßnahmen
– die tägliche Ausbildungszeit
– die Dauer der Probezeit
– Zahlung und Höhe der Ausbildungsvergütung
– die Dauer des Urlaubs
– Kündigungsbestimmungen

_____ Unterschrift

_____ Unterschrift
(Bei Minderjährigen auch Unterschrift der Erziehungsberechtigten)

Ausbildender

Auszubildender

ZAHLENBILDER
264 203

© Erich Schmidt Verlag

Schaubild 1.2: Mindestinhalte eines Ausbildungsvertrags

1.3 Rechte und Pflichten nach dem Berufsbildungsgesetz

Die Durchführung der Berufsausbildung ist hauptsächlich durch das Berufsbildungsgesetz, die Handwerksordnung und die Berufsschulordnung geregelt. Beaufsichtigt wird die Berufsausbildung durch die zuständige Kammer (zum Beispiel Handwerkskammer, Industrie- und Handelskammer, Ärztekammer).

Die Rechte und Pflichten des Auszubildenden (siehe Tabelle 1.2) sind auf der Rückseite des Ausbildungsvertrags oder in dessen Anhang verbindlich festgelegt. Verletzt ein Ausbildungsbetrieb die Rechte aus dem Berufsbildungsgesetz, so sollte der Auszubildende zuerst das Gespräch mit dem Ausbilder suchen. Weitere „Klärungsstellen" sind die zuständige Handwerksinnung und die Kammer.

<table>
<tr>
<td>

GESETZ

§ 13 BBiG

Pflichten der Auszubildenden

Auszubildende haben sich zu bemühen, die berufliche Handlungsfähigkeit zu erwerben, die zum Erreichen des Ausbildungsziels erforderlich ist.
Sie sind insbesondere verpflichtet,

1. die ihnen im Rahmen ihrer Berufsausbildung aufgetragenen Aufgaben sorgfältig auszuführen,
2. an Ausbildungsmaßnahmen teilzunehmen [...],
3. den Weisungen zu folgen, die ihnen im Rahmen der Berufsausbildung von Ausbildern oder Ausbilderinnen oder von anderen weisungsberechtigten Personen erteilt werden,
4. die für die Ausbildungsstätte geltende Ordnung zu beachten,
5. Werkzeuge, Maschinen und sonstige Einrichtungen pfleglich zu behandeln,
6. über Betriebs- und Geschäftsgeheimnisse Stillschweigen zu wahren.

</td>
<td>

§ 14 BBiG

Pflichten der Ausbildenden

(1) Ausbildende haben

1. dafür zu sorgen, dass den Auszubildenden die berufliche Handlungsfähigkeit vermittelt wird, die zum Erreichen des Ausbildungsziels erforderlich ist, und die Berufsausbildung [...] so durchzuführen, dass das Ausbildungsziel in der vorgesehenen Ausbildungszeit erreicht werden kann,
2. selbst auszubilden oder einen Ausbilder oder eine Ausbilderin ausdrücklich damit zu beauftragen,
3. Auszubildenden kostenlos die Ausbildungsmittel, insbesondere Werkzeuge und Werkstoffe zur Verfügung zu stellen, die zur Berufsausbildung und zum Ablegen von Zwischen- und Abschlussprüfungen [...] erforderlich sind,
4. Auszubildende zum Besuch der Berufsschule sowie zum Führen von schriftlichen Ausbildungsnachweisen anzuhalten [...],
5. dafür zu sorgen, dass Auszubildende [...] sittlich und körperlich nicht gefährdet werden.

</td>
</tr>
</table>

Tabelle 1.2: Pflichten der Auszubildenden und der Ausbildenden nach dem Berufsbildungsgesetz

1.4 Die vier Bereiche der beruflichen Bildung

Die Berufsbildung umfasst die Berufsausbildungsvorbereitung, die Berufsausbildung selbst, die berufliche Fortbildung und je nach den Umständen auch die berufliche Umschulung.

Fortbildung und **Umschulung** gewinnen ständig an Bedeutung.

Fortbildung und Umschulung gewinnen eine immer größere Bedeutung. Ein einmal erlernter Beruf reicht heutzutage meist nicht mehr aus, um die eigene Existenz bis zum Eintritt in den Ruhestand zu sichern. Es gibt eine Vielzahl von Einrichtungen, die die Teilnahme an beruflichen Fortbildungsmaßnahmen anbieten.

> Berufliche Fortbildungen, etwa zum Handwerksmeister, Industriefachwirt oder Techniker, werden von größeren Betrieben selbst, von Volkshochschulen, Kammern, Innungen oder privaten Bildungsträgern veranstaltet.
>
> **BEISPIELE**

1.5 Das Ausbildungsverhältnis

1.5.1 Probezeit und Kündigungsfristen

Die Probezeit für ein Berufsausbildungsverhältnis muss mindestens einen Monat und darf höchstens vier Monate betragen. Während der Probezeit können sowohl der Ausbildende als auch der Auszubildende (oder bei Minderjährigen der Erziehungsberechtigte) das Ausbildungsverhältnis fristlos und ohne Angabe von Gründen kündigen.

Probezeit:
mindestens ein Monat,
höchstens vier Monate

Nach der Probezeit kann das Ausbildungsverhältnis unter folgenden Bedingungen gelöst werden:

- einseitig und fristlos durch den Ausbildungsbetrieb oder den Auszubildenden, wenn die andere Seite massiv ihre Pflichten verletzt hat;
- durch einen einvernehmlichen Aufhebungsvertrag, der etwa dann geschlossen wird, wenn an der Fortführung des Ausbildungsverhältnisses kein Interesse mehr besteht.

1.5.2 Verkürzung oder Verlängerung

Bei guten Leistungen kann die Ausbildung um ein halbes Jahr verkürzt werden, sofern alle Ausbildungsinhalte vermittelt sind und zu erwarten ist, dass der Auszubildende die Gesellenprüfung bestehen wird.

Können dem Auszubildenden aufgrund von längerer Krankheit oder sonstigen Fehlzeiten nicht alle Ausbildungsinhalte vermittelt werden, so kann die Ausbildungszeit bis zum nächsten möglichen Prüfungstermin verlängert werden.

Wenn der Auszubildende die Berufsabschlussprüfung nicht besteht, dann wird das Ausbildungsverhältnis um höchstens ein Jahr verlängert. Hat er die theoretische Prüfung nicht bestanden, so kann er weiterhin die Berufsschule besuchen.

1.5.3 Beendigung

Mit Bestehen des letzten Teils der Gesellenprüfung ist die Berufsausbildung beendet. Ab dem darauffolgenden Werktag erhält der junge Geselle einen Gesellenlohn. Das gilt auch dann, wenn im Ausbildungsvertrag ein späterer Zeitpunkt für das Ende der Ausbildungszeit festgesetzt ist.

Wird der Geselle ohne irgendeine Vereinbarung stillschweigend weiterbeschäftigt, so besteht ab dem ersten Tag nach dem Ende der Ausbildungszeit ein unbefristetes Arbeitsverhältnis.

§ 24 Berufsbildungsgesetz (BBiG)

Werden Auszubildende im Anschluss an das Berufsausbildungsverhältnis beschäftigt, ohne dass hierüber ausdrücklich etwas vereinbart worden ist, so gilt ein Arbeitsverhältnis auf unbestimmte Zeit als begründet.

§ 2 Gesetz über den Nachweis der für ein Arbeitsverhältnis geltenden wesentlichen Bedingungen (NachwG)

(1) Der Arbeitgeber hat spätestens einen Monat nach dem vereinbarten Beginn des Arbeitsverhältnisses die wesentlichen Vertragsbedingungen schriftlich niederzulegen, die Niederschrift zu unterzeichnen und dem Arbeitnehmer auszuhändigen.

1.6 Ausbildungsvergütung

1.6.1 Vom Brutto- zum Nettolohn

Der Bruttolohn ist der dem Arbeitnehmer tariflich zustehende Lohn. Je nach Familienstand und somit je nach Steuerklasse und Kinderzahl werden vom Bruttobetrag die Lohnsteuer unter Berücksichtigung von Lohnsteuerfreibeträgen, der Solidaritätsbeitrag und – je nach religiöser Ausrichtung – die Kirchensteuer abgezogen.

Tabelle 1.3 fasst zusammen, wie sich der Nettolohn der Gesellin Marit (21 Jahre alt) im ersten Gesellenjahr für den Monat März 2012 errechnet.

Monatslohn	**1800,00 €**
vermögenswirksame Leistungen, Arbeitgeberanteil	26,59 €
Brutto-Monatslohn	**1826,59 €**
Krankenversicherung (8,2 %)	−149,78 €
Rentenversicherung (9,8 %)	−179,01 €
Arbeitslosenversicherung (1,5 %)	−27,40 €
Pflegeversicherung (0,975 %)	−17,81 €
Lohnsteuer (Steuerklasse I)	−178,91 €
Solidaritätsbeitrag[1] (5,5 %)	−9,84 €
Kirchensteuer[1] (9,0 %)	−16,10 €
Netto[2]	**1247,74 €**
vermögenswirksame Leistungen für Bausparvertrag	−26,59 €
Überweisung auf Girokonto	**1221,15 €**

Tabelle 1.3: Muster-Lohnabrechnung für eine Gesellin
Anmerkungen:
1 Prozentwerte beziehen sich auf die Lohnsteuer. Der Kirchensteuersatz variiert je nach Bundesland.
2 Gehaltsrechner im Internet weisen unter Umständen den Überweisungsbetrag als Nettobetrag aus.

Unabhängig von Lohnhöhe und Familienstand müssen der Arbeitnehmer und somit auch der Auszubildende Beiträge zu den gesetzlichen Sozialversicherungen entrichten.

gesetzliche Sozialversicherung, siehe Kapitel 2, Abschnitte 2.2 bis 2.8, S. 51–67

BEISPIEL

Niko erhält im zweiten Ausbildungsjahr im Oktober 2012 eine Ausbildungsvergütung von 550 €. Hinzu kommt eine Leistungszulage von 50 €. Sie dient als Anerkennung dafür, dass Niko im Jahreszeugnis der Berufsschule einen Notendurchschnitt von unter 2,0 erreicht hat. Die vermögenswirksame Leistung ist tariflich vereinbart. Nach Abzug der Sozialversicherungsbeiträge verbleiben Niko 474,43 €. Lohnsteuer fällt nicht an, da diese entsprechend dem deutschen Einkommensteuertarif erst ab einem Monatseinkommen von 900 € einsetzt. Die vermögenswirksame Leistung wird direkt auf das Konto bei der Bausparkasse überwiesen.

Ausbildungsvergütung		**550,00 €**
Leistungszulage		50,00 €
vermögenswirksame Leistung, Arbeitgeberanteil		13,29 €
Brutto-Ausbildungsvergütung		**613,29 €**
Krankenversicherung (8,2 %)	–50,29 €	
Rentenversicherung (9,8 %)	–60,10 €	
Arbeitslosenversicherung (1,5 %)	–9,20 €	
Pflegeversicherung (0,95 %)	–5,98 €	
Netto		**487,72 €**
vermögenswirksame Leistung für Bausparvertrag	–13,29 €	
Überweisung auf Girokonto		**474,43 €**

Tabelle 1.4: Muster-Lohnabrechnung für einen Auszubildenden

Die Höhe der Ausbildungsvergütung in den einzelnen Ausbildungsjahren ist im Berufsausbildungsvertrag durch Tarifvereinbarung verbindlich geregelt. Werden im Lauf der Ausbildungszeit die Ausbildungstarife durch die Tarifpartner erhöht, so wird die Ausbildungsvergütung entsprechend angepasst.

Tarifvereinbarungen, siehe Abschnitt 1.13, S. 36–39

Zusätzlich zur Ausbildungsvergütung muss der Arbeitgeber für jeden Arbeitnehmer den sogenannten Arbeitgeberanteil zu den gesetzlichen Sozialversicherungen aufbringen und an den zuständigen Sozialversicherungsträger überweisen.

1.6.2 Höhe der Ausbildungsvergütung

Die Ausbildungsvergütungen schwanken je nach Branche sehr stark. In der Industrie sind sie meist höher als im Handwerk oder im Handel. Gründe hierfür sind Art und Anzahl der Ausbildungsplätze, der Qualitätsstandard der Ausbildungsbetriebe und das Leistungsprofil der Ausbildungsplatzsuchenden.

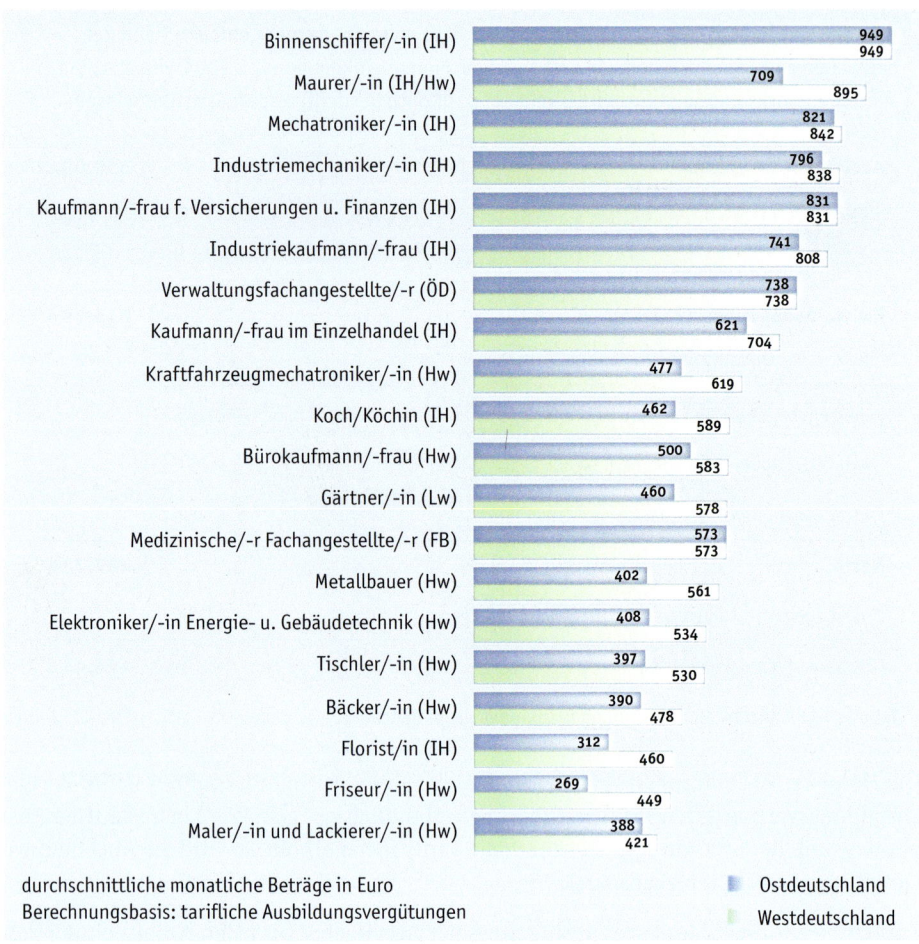

durchschnittliche monatliche Beträge in Euro
Berechnungsbasis: tarifliche Ausbildungsvergütungen

Ostdeutschland
Westdeutschland

Schaubild 1.3: Ausbildungsvergütungen in 20 ausgewählten Berufen 2009

1.6.3 Fortzahlung der Ausbildungsvergütung im Krankheitsfall

Verhalten des Auszubildenden bei Krankheit

Erkrankt ein Auszubildender, so muss er den Ausbildungsbetrieb darüber so früh wie möglich informieren und die ärztliche **Arbeitsunfähigkeitsbescheinigung** umgehend nachreichen. In gleicher Weise ist bei Krankheit während der Berufsschulzeit oder im Urlaub zu verfahren. Krankheitstage während des Urlaubs dürfen nicht als Urlaubstage, sondern müssen als Arbeitstage gezählt werden. Nicht jede Arbeitsunfähigkeit ist automatisch mit Schulunfähigkeit gleichzusetzen. Hier muss der Auszubildende eigenverantwortlich entscheiden.

1.7 Einkommen nach Beendigung der Ausbildung

Mit der Bekanntgabe des Ergebnisses der Gesellenprüfung hat der frischgebackene Geselle Anspruch auf einen Stunden- bzw. Monatslohn, sofern der Betrieb der Übernahme in ein Arbeitsverhältnis zustimmt und mit seinem „ausgelernten" Arbeitnehmer einen Arbeitsvertrag abschließt.

Arbeitsvertrag, siehe Abschnitt 1.8, S. 19–21

Andererseits kann der Ausbildungsbetrieb aber auch gegen Ende der Ausbildung dem Auszubildenden zu verstehen geben, dass seine Weiterbeschäftigung ausgeschlossen ist. In einem solchen Fall muss der Auszubildende der örtlichen Arbeitsagentur umgehend mitteilen, dass er wahrscheinlich nach Beendigung der Ausbildungszeit arbeitslos sein wird. Die frühzeitige Meldung ist notwendig, damit die Vermittlung einer anderen Arbeitsstelle unverzüglich eingeleitet werden kann.

Die letzte monatliche Ausbildungsvergütung betrug 750 €, die letzte Sonderzahlung (Weihnachtsgeld) 150 €. Das monatliche Arbeitslosengeld bei Arbeitslosigkeit unmittelbar nach Beendigung der Berufsausbildung errechnet sich davon ausgehend wie in Tabelle 1.5 zusammengefasst.

BEISPIEL

Beispiel zur Berechnung von Arbeitslosengeld

bisheriges durchschnittliches Arbeitsentgelt pro Monat	750,00 €
Sonderzahlung pro Monat (150 €/12)	12,50 €
anrechenbares Monatsentgelt	**762,50 €**
geteilt durch 30,42 [1]	25,07 €
Sozialversicherungspauschale 21 %	–5,26 €
täglicher Leistungssatz	19,81 €
hiervon 60 %	11,89 €
multipliziert mit 30 Tagen à monatliches Arbeitslosengeld	356,70 €

[1] Der Faktor 30,42 ergibt sich als 365 Tage, geteilt durch zwölf Monate. Er dient zur Berechnung des sogenannten täglichen Bemessungsentgelts.

Tabelle 1.5: Berechnung des Arbeitslosengelds

Wird der Auszubildende nach seinem Abschluss zunächst übernommen und kündigt der Arbeitgeber das Arbeitsverhältnis später, so ändert sich unter Umständen die Bemessungsgrundlage für das Arbeitslosengeld. Hat er als Geselle zum Beispiel 1600 € und damit mehr als doppelt so viel verdient wie als Auszubildender, so wird als Bemessungsgrundlage die Hälfte des Tariflohns von 1600 € herangezogen.

Arbeitslosigkeit ist mit großen finanziellen Einschränkungen verbunden. Das wird erkennbar, wenn man den Gesellenlohn (Tabelle 1.3 auf Seite 14) mit dem Arbeitslosengeld vergleicht. Wer nach dem Ende seiner Ausbildung zunächst keine Beschäftigung findet, ist finanziell sehr schlecht gestellt.

Entgeltersatzleistungen, siehe Kapitel 2, Abschnitt 2.5, S. 59–61

Je nach der Lebenssituation des Betroffenen können vonseiten der zuständigen Kommune (Stadt, Gemeinde oder Kreis) zusätzliche Leistungen wie beispielsweise Wohngeld oder Heizkostenzuschuss gewährt werden.

Aufgaben zu den Themen Ausbildungsinhalte und Ausbildungsvergütung

1 Sie haben sich entschieden, Ihren Berufswunsch in einer dualen Berufsausbildung zu verwirklichen.

 a Erklären Sie den Begriff duale Berufsausbildung und halten Sie ein Kurzreferat zum Thema „Merkmale der dualen Berufsausbildung".

 b Welche Vorteile sowie eventuelle Nachteile der dualen Berufsausbildung halten Sie für besonders bedeutsam? Begründen Sie Ihre Meinung.

2 Der Erwerb von Schlüsselqualifikationen bzw. Kompetenzen ist die Voraussetzung, um im Berufsleben erfolgreich bestehen zu können.

 a Nennen Sie die vier Kompetenzbereiche und geben Sie hierzu jeweils eine konkrete Kompetenz aus Ihrem Berufsfeld an.

 b Beurteilen Sie im Partnergespräch Ihre Stärken und Schwächen bezüglich der Schlüsselqualifikationen, die den Betrieben besonders wichtig sind.

3 Ihr Berufsausbildungsvertrag ist die vertragliche Grundlage für Ihre Berufsausbildung.

 a Berichten Sie über die Inhalte Ihres Ausbildungsvertrags mittels Blitzlichtmethode.

 b Listen Sie in Kurzform die neun Mindestangaben auf, die im Berufsausbildungsvertrag enthalten sein müssen.

 c Welche Regelungen gelten bezüglich Probezeit, Kündigungsfristen während und nach der Probezeit sowie bezüglich einer Verlängerung der Berufsausbildungszeit?

4 Grenzen Sie die Begriffe „Ausbilder", „Ausbildender" und „Auszubildender" gegeneinander ab.

5 Nennen Sie vier gesetzliche Regelungen, denen die duale Berufsausbildung unterliegt.

6 Das Berufsbildungsgesetz regelt Rechte und Pflichten im Rahmen der Berufsausbildung.

 a Nennen und erläutern Sie Ihre Pflichten.

 b Nennen und erläutern Sie Pflichten, die Ihr Ausbildender Ihnen gegenüber zu erfüllen hat.

 c Erläutern Sie den Unterschied zwischen Berufsausbildungsvorbereitung und Berufsausbildung sowie zwischen beruflicher Fortbildung und Umschulung.

7 Auf das erste selbst verdiente Geld dürfen Sie sehr stolz sein.

 a Klären Sie den Unterschied zwischen Brutto- und Nettovergütung.

 b Warum sind die Ausbildungsvergütungen je nach Ausbildungsberuf unterschiedlich hoch?

 c Was müssen Sie bei Krankheit beachten, um etwaige finanzielle Nachteile zu vermeiden?

8 Arbeitslose müssen mit wenig Arbeitslosengeld auskommen. Welche Maßnahmen ergreifen Sie, um nach Beendigung der Berufsausbildung nicht von Arbeitslosengeld leben zu müssen?

1.8 Arbeitnehmer – gefordert und geschützt

Situation

 UNSER BETRIEB IM MEINUNGSSPIEGEL UNSERER MITARBEITER/-INNEN

➤ Geschäftsführer: „Wertschätzung der Mitarbeiter = Wertschöpfung durch Mitarbeiter"

➤ Ausbilder: „Rechte und Pflichten zu kennen erleichtert die Teamarbeit im Betrieb."

➤ Mitglied des Betriebsrats: „Unsere Arbeitsverträge orientieren sich zu 100 % am Tarifvertrag."

➤ Bandarbeiter: „Unsere gerechte Entlohnung trägt zum Betriebsfrieden bei."

➤ Schichtleiterin: „Sozialer und technischer Arbeitsschutz sind bei uns eine Selbstverständlichkeit."

➤ Ausbildungsmeister: „Für unsere Azubis haben wir eine ganz besondere Verantwortung."

Layla blättert in der Halbjahreszeitschrift ihres Ausbildungsbetriebs und liest mit Interesse die Rubrik „Unser Betrieb im Meinungsspiegel unserer Mitarbeiter/-innen". Die Aussagen der Mitarbeiter machen sie neugierig. Sie will hierzu mehr wissen und fragt bei einzelnen Mitarbeiterinnen und Mitarbeitern nach. Dabei vermutet sie, dass sich hinter den kurzen Zitaten jede Menge Informationen verbergen. Layla bekommt die Gelegenheit, bei Mitarbeitern in der Lohnbuchhaltung, beim Sicherheitsbeauftragten und beim Ausbildungsmeister nachzufragen.

- Was steht in einem Arbeitsvertrag?
- Welche Rechte und Pflichten hat ein Arbeitnehmer?
- In welchem Zusammenhang stehen der Tarifvertrag und der Arbeitsvertrag?
- Wie werden Arbeitsentgelte bestimmt?
- Auf welche Weise sind Arbeitnehmer in den Betrieben geschützt?
- Welche besonderen Bestimmungen gibt es für jugendliche Arbeitnehmer?

1.8.1 Arbeitsvertrag

Mit Beendigung der Berufsausbildung können laut § 24 BBiG Arbeitsverträge zustande kommen, ohne dass dazu eine ausdrückliche Vereinbarung zwischen der Gesellin oder dem Gesellen und dem vormaligen Ausbildenden getroffen wird. In der Regel wird ein Arbeitsvertrag jedoch im Rahmen eines Gesprächs geschlossen. Beide Seiten sind bei der inhaltlichen Ausgestaltung frei. Die getroffenen Abmachungen müssen jedoch den gesetzlichen Arbeitsschutzbestimmungen und etwaigen tariflichen Mindestvereinbarungen genügen.

Beispiele für gesetzliche Arbeitsschutzbestimmungen sind
- das Arbeitszeitgesetz,
- das Bundesurlaubsgesetz,
- das Kündigungsschutzgesetz,
- das Mutterschutzgesetz.

Bei befristeten Arbeitsverhältnissen ist die vorhersehbare Dauer der Beschäftigung zu vereinbaren. Mündlich geschlossene Arbeitsverträge haben keine Gültigkeit. Das Nachweisgesetz schreibt vielmehr die Schriftform zwingend vor.

Mindestinhalte eines Arbeitsvertrags

Ein korrekter Arbeitsvertrag umfasst mindestens die folgenden Angaben:

1. die persönlichen Daten des Arbeitgebers und des Arbeitnehmers,
2. die Tätigkeitsbezeichnung und den Verantwortungsbereich,
3. den Arbeitsort oder die wechselnden Arbeitsorte,
4. den Beginn des Arbeitsverhältnisses,
5. die Dauer der Probezeit,
6. die wöchentliche Arbeitszeit,
7. den jährlichen Erholungsurlaub,
8. die gesetzliche oder frei vereinbarte Kündigungsfrist,
9. das monatliche Entgelt,
10. etwaige tarifvertragliche Regelungen und Betriebsvereinbarungen sowie
11. die Rechte und Pflichten des Arbeitnehmers

Rechte und **Pflichten** des Arbeitnehmers und des Arbeitgebers

In Tabelle 1.6 sind die Rechte und Pflichten des Arbeitnehmers und des Arbeitgebers zusammengefasst.

Pflichten des Arbeitnehmers (= Rechte des Arbeitgebers)	Pflichten des Arbeitgebers (= Rechte des Arbeitnehmers)
Arbeitspflicht: Der Arbeitnehmer muss die vereinbarte Arbeitsleistung persönlich erbringen.	**Beschäftigungspflicht:** Der Arbeitnehmer muss entsprechend dem Arbeitsvertrag beschäftigt werden.
Weisungsgebundenheit: Der Arbeitnehmer muss die Anweisungen des Vorgesetzten im Rahmen seiner Tätigkeit befolgen.	**Entgeltpflicht:** Der Arbeitgeber muss die vereinbarte Vergütung (Lohn, Gehalt) und die vereinbarten Nebenleistungen (zum Beispiel Urlaubs- und Weihnachtsgeld, vermögenswirksame Leistungen) pünktlich ausbezahlen.
Verschwiegenheitspflicht: Der Arbeitnehmer darf Betriebsgeheimnisse und Kundendaten nicht an Dritte weitergeben.	
Sorgfaltspflicht: Der Arbeitnehmer muss Tätigkeiten nach bestem Wissen ausführen und Betriebsmittel umsichtig behandeln.	**Fürsorgepflicht:** Der Arbeitgeber muss die Regeln des sozialen Arbeitsschutzes (zum Beispiel Arbeitszeit- und Urlaubsregelung, Unfallverhütungsvorschriften, Jugendarbeitsschutzgesetz) einhalten.
Erholungpflicht: Der Arbeitnehmer darf an Wochenenden und im Urlaub nicht einer anderen Tätigkeit gegen Entgelt nachgehen, es sei denn, der Arbeitgeber gibt dazu seine Zustimmung.	**Zeugnispflicht:** Der Arbeitgeber muss bei Beendigung des Arbeitsverhältnisses dem Arbeitnehmer ein Arbeitszeugnis ausstellen.
Wettbewerbsverbot: Der Arbeitnehmer darf nebenbei keiner anderen Tätigkeit nachgehen, es sei denn, der Arbeitgeber gibt dazu seine Zustimmung.	

Tabelle 1.6: Arbeitsvertragliche Rechte und Pflichten

Arbeitsverträge können weitere Regelungen beinhalten.

Bestandteil des Arbeitsvertrags kann auch eine **Betriebsordnung** sein, die beispielsweise Gleitzeit, Pausenzeiten und die Verteilung der tarifvertraglichen Arbeitszeit über die Woche regelt. Mit Unterzeichnung des Arbeitsvertrags erkennt der neue Mitarbeiter diese Betriebsordnung als festen Bestandteil seines Arbeitsvertrags an.

Tarifvertrag als Grundlage für den Arbeitsvertrag

Ist der Arbeitgeber an einen Tarifvertrag gebunden, so muss der Arbeitsvertrag die Mindestinhalte des Tarifvertrags erfüllen.

Arbeiter der Württemberger Uhrenfabrik Schwenningen an der Stechuhr, um 1900. Uhrenindustriemuseum Dillingen-Schwenningen e. V.

Je nach Konjunktur und Unternehmenssituation können die Betriebe höhere Leistungen gewähren. Denkbar ist aber auch, dass der Betrieb die sogenannte betriebliche Öffnungsklausel nutzt, sofern dies im Tarifvertrag vereinbart ist. In diesem Fall könnte er vorübergehend die Löhne, Gehälter und sonstigen Leistungen absenken oder auch eine längere Wochenarbeitszeit anordnen. Solche Abweichungen vom Tarifvertrag muss der Arbeitgeber mit dem Betriebsrat vereinbaren.

Die Vertragspartner können den Arbeitsvertrag auch befristen. Dazu müssen sie sich nach den Bestimmungen des **Teilzeit- und Befristungsgesetzes** (TzBfG) richten. Dieses unterscheidet zwischen kalendermäßig befristeten und zweckbefristeten Arbeitsverträgen. Erstere enden zu einem bestimmten Datum. Letztere enden mit der Erfüllung des mit dem Vertrag verfolgten Zweckes. **befristete Arbeitsverträge**

> **BEISPIELE**
> - Ab dem Ende seiner Ausbildung wird der Arbeitnehmer für ein halbes Jahr bis zum 15. August 2012 beschäftigt.
> - Ein zweckbefristeter Arbeitsvertrag ist dann sinnvoll, wenn der Arbeitnehmer nur für ein bestimmtes Projekt eingestellt wird, wenn er eine Vertretung für einen Mitarbeiter übernehmen soll, der eine Elternzeit nimmt, oder wenn er einen Mitarbeiter für die Zeit von dessen Urlaub vertreten soll.

In den meisten Fällen ist eine Befristung für höchstens zwei Jahre zulässig. Innerhalb dieser Zeit kann der Vertrag höchstens dreimal verlängert werden. War der Arbeitnehmer in den drei Jahren vor der Befristung bereits einmal für das Unternehmen tätig, ist eine Befristung unzulässig.

Bei der Gründung eines Unternehmens ist eine Befristung auf vier Jahre möglich. Innerhalb der ersten vier Jahre seit Neugründung kann der Vertrag mehrfach verlängert werden. Für ältere Arbeitslose gilt eine längere Befristung von maximal fünf Jahren. Übersieht der Arbeitgeber die Einhaltung dieser zeitlichen Obergrenzen, so mündet ein befristeter Arbeitsvertrag unmittelbar in einen unbefristeten. Die Dauer der zulässigen Befristung von Arbeitsverträgen ist nicht immer gleich.

Eine Klage gegen einen unwirksam befristeten Arbeitsvertrag muss spätestens drei Wochen nach Beendigung der gesetzten Frist beim Arbeitsgericht eingereicht werden.

1.8.2 Entlohnung

Die gängigsten Arten der Entlohnung sind der Zeit-, der Leistungs- und der Beteiligungslohn (Schaubild 1.4). Diese Arten treten häufig in gemischter Form auf, insbesondere in der Industrie.

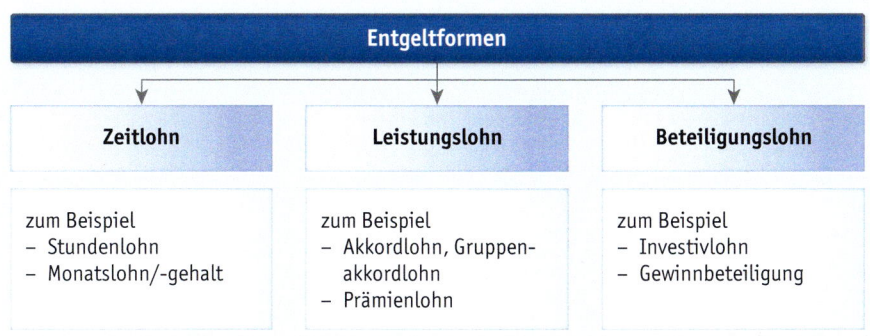

Schaubild 1.4: Die drei gängigsten Arten der Entlohnung

Zeitlohn – fest oder mit Leistungskomponente

Der Zeitlohn ohne Leistungskomponente ist ein fester Stunden- oder Monatslohn. Er bezieht sich ausschließlich auf die Arbeitsanforderung durch den Arbeitsplatz. Die persönlich erbrachte Leistung des Mitarbeiters wird nicht im Vergleich mit anderen Mitarbeitern bewertet, obwohl Leistungsunterschiede auftreten können.

Der Zeitlohn mit Leistungskomponente setzt sich aus einem Grundlohn und einer leistungsabhängigen Zulage zusammen. Stunden- und Monatslöhne werden verstärkt aus Grundlohn mit variabler Leistungszulage kombiniert.

Leistungslohnformen: Akkordlohn als Gruppenakkordlohn oder Prämienlohn

Auch beim Akkordlohn unterscheidet man zwischen verschiedenen Formen der Ausgestaltung. Grundsätzlich dient beim Akkordlohn nicht die Arbeitszeit als Berechnungsgrundlage für das Entgelt, sondern die geleistete Arbeitsmenge. Eingesetzt wird diese Lohnform im Fall von wiederkehrenden Tätigkeiten und unter der Bedingung, dass der Arbeitnehmer sein Arbeitstempo mitbestimmen kann.

Von **Gruppenakkordlohn** spricht man, wenn mehrere Arbeitnehmer gemeinschaftlich im Gruppenakkord arbeiten. Hierbei gelten die Vorgabezeiten für die gesamte Gruppe. Das durch Akkord erzielte Entgelt wird auf die Gruppenmitglieder zu gleichen Teilen aufgeteilt.

Beim **Prämienlohnsystem** erhält der Arbeitnehmer neben einem leistungsunabhängigen Grundlohn zusätzlich einen Prämienlohn. Dabei setzt der Arbeitgeber einen bestimmten Leistungsanreiz für besondere Leistungen, die der Arbeitnehmer auch erbringen kann (Tabelle 1.7).

Qualitätsprämie – belohnt die Kosteneinsparung wegen reduzierter Nachbesserungen	**Quantitätsprämie** – belohnt die über die Normalleistung hinausgehende Mehrleistung	**Terminprämie** – belohnt die Einhaltung von Fertigungsterminen
Ersparnisprämie – belohnt die Reduzierung des Einsatzes von Hilfs- und Betriebsstoffen sowie von Energie	**Nutzungsprämie** – belohnt die optimale Ausnutzung von Reststoffen und Materialien	**Unfallverhütungsprämie** – belohnt das unfallfreie Arbeiten über einen längeren Zeitraum

Tabelle 1.7: Arten des Prämienlohns

Beteiligungslohnformen: Investivlohn und Gewinnbeteiligung

Wird der Arbeitnehmer am Gewinn des Unternehmens beteiligt, indem er beispielsweise Unternehmensaktien erhält, so spricht man vom **Investivlohn.** Der Arbeitgeber kann auch Beteiligungsfonds bilden oder Kapital in eine betriebliche Lebensversicherung und/oder Altersvorsorge einbringen.

Eine andere Möglichkeit des Beteiligungslohns besteht darin, dem Arbeitnehmer eine **Gewinnbeteiligung** auszuzahlen, über die er frei verfügen kann.

1.9 Sozialer Arbeitsschutz

Situation

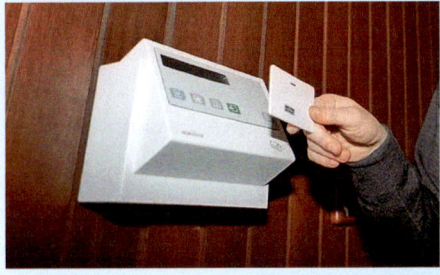

Eine Gruppe von Beschäftigten der Firma SoftWareTec unterhält sich nach dem wöchentlich stattfindenden Team-Meeting. Frau Flex meldet sich zu Wort: „Unser Gleitzeitmodell ist echt gut. So kann ich meine Tochter jeden Tag in aller Ruhe zur Kindertagesstätte bringen." Herr Sommer entgegnet ihr: „Jaja, für Eltern ist Zeiteinteilung ihr Ein und Alles. Ich bin wirklich froh, dass ich auch dieses Jahr meinen Jahresurlaub wieder während der Ferienzeit meiner Kinder nehmen konnte." Frau Kindermann setzt hinzu: „Kinder sind in unserer Firma gern gesehen. In sieben Wochen kommen wir dann zu zweit zur Teambesprechung. Darauf freue ich mich heute schon riesig." Herr Rolli: „Du hast recht, die soziale Einstellung unseres Chefs ist schwer in Ordnung. Das zeigt sich auch an unseren Kolleginnen und Kollegen mit Handicap. Es sollte noch viel mehr Betriebe geben, die so wie bei uns Arbeitsplätze für Behinderte bereitstellen."

- Wie könnte das Gespräch der vier Arbeitnehmer weitergehen?
- Welche Bedeutung hat der soziale Arbeitsschutz für Arbeitnehmer und Arbeitgeber?
- Welche Arbeitszeitregelungen gelten für volljährige Arbeitnehmer?
- Welche Regelungen gelten bei der Gewährung von Urlaub?
- Was ist zu beachten, wenn der Arbeitnehmer im Urlaub erkrankt?
- Wie hoch ist der jährliche Urlaubsanspruch?
- Welchen rechtlichen Schutz genießen Schwangere?
- Was versteht man unter Elterngeld und Elternzeit? Wie hoch ist das Elterngeld?
- Welchen besonderen Schutz genießen Schwerbehinderte?

1.9.1 Arbeitszeit

Die Regelungen des **Arbeitszeitgesetzes** (ArbZG) gelten für alle Arbeitnehmer und Auszubildenden über 18 Jahren. Tarifliche Vereinbarungen für die einzelnen Wirtschaftsbranchen stellen den Arbeitnehmer in vielen Branchen wesentlich besser. Beispielsweise beträgt die Wochenarbeitszeit häufig weniger als 40 Stunden.

Bestimmungen des
Arbeitszeitgesetzes

BEISPIELE

Im Arbeitszeitgesetz geregelt sind

- die **Arbeitszeit** als die Zeit vom Beginn bis zum Ende der Arbeitstätigkeit ohne Ruhepausen;
- die **Regelarbeitszeit** als werktägliche Arbeitszeit (Montag bis einschließlich Samstag) von acht Stunden;
- die **Höchstarbeitszeit** als maximale Arbeitszeit von 10 Stunden täglich, wenn innerhalb von sechs Monaten ein Ausgleich erfolgt;
- die **Sonn- und Feiertagsruhe,** während der ein grundsätzliches Arbeitsverbot gilt;
- die **Mindestpausen** – 30 Minuten bei einer Arbeitszeit von mehr als sechs Stunden und 45 Minuten bei einer Arbeitszeit von mehr als neun Stunden;
- die **Mindestruhezeit** von elf zusammenhängenden Stunden nach dem Ende der Arbeitszeit;
- die **Nachtzeit** von 23 bis 6 Uhr, in Bäckereien und Konditoreien von 22 bis 5 Uhr;
- die **Sonn-/Feiertagsbeschäftigung,** die in bestimmten Branchen sowie auf Antrag zulässig ist, wenn ein Ersatzruhetag an einem Werktag möglich ist;
- die **Nachtarbeitszeit** von werktäglich acht Stunden, höchstens aber zehn Stunden, wenn ein Zeitausgleich erfolgt.

Ausnahmen von diesen Regeln sind für bestimmte Branchen und durch Antrag beim Gewerbe-aufsichtsamt möglich.

1.9.2 Urlaubsanspruch

Als **Werktage** gelten die Wochentage von Montag bis einschließlich Samstag.

Jeder Arbeitnehmer hat nach dem Mindesturlaubsgesetz für Arbeitnehmer (BUrlG) einen gesetzlichen Urlaubsanspruch von mindestens 24 Werktagen, davon mindestens zwölf aufeinander folgend. Tarifvertraglich werden jedoch mehr Urlaubstage gewährt.

GESETZ

§ 7 Mindesturlaubsgesetz für Arbeitnehmer (BUrlG)
(1) Bei der zeitlichen Festlegung des Urlaubs sind die Urlaubswünsche des Arbeitnehmers zu berücksichtigen, es sei denn, dass ihrer Berücksichtigung dringende betriebliche Belange oder Urlaubswünsche anderer Arbeitnehmer, die unter sozialen Gesichtspunkten den Vorrang verdienen, entgegenstehen [...]
(4) Kann der Urlaub wegen Beendigung des Arbeitsverhältnisses ganz oder teilweise nicht mehr gewährt werden, so ist er abzugelten.

Der Urlaub dient zur Erholung. Deshalb ist eine andere Erwerbstätigkeit während der Urlaubszeit nicht zulässig. Die Übertragung von Urlaubstagen auf die ersten drei Monate des nächsten Kalenderjahrs ist nur in Ausnahmefällen möglich.

Erkrankung während des Urlaubs

Wenn der Arbeitnehmer im Urlaub erkrankt, werden die Krankheitstage nicht als Urlaubs-, sondern als gewöhnliche Arbeitstage gezählt. Dazu muss sich der Arbeitnehmer umgehend bei seinem Arbeitgeber krank melden. Außerdem muss er seinem Arbeitgeber unverzüglich eine ärztliche Arbeitsunfähigkeitsbescheinigung übermitteln.

1.9.3 Mütter im Beruf

Werdende und junge Mütter werden besonders geschützt und erhalten Mutterschaftsgeld.

Das Mutterschutzgesetz (MuSchG) regelt unter anderem den besonderen Schutz während einer Schwangerschaft, die Garantie des Arbeitsplatzes und die finanzielle Unterstützung junger Mütter durch das Mutterschaftsgeld. Mit dem Elterngeld unterstützt der Gesetzgeber Mütter und Väter finanziell bei der Betreuung der Kinder.

Die Schaubilder 1.5 und 1.6 fassen die wichtigsten Regelungen zum Mutterschutz und zur Elternzeit zusammen.

Schutzfrist
6 Wochen vor bis normalerweise 8 Wochen nach der Entbindung

Gefahrenschutz
Keine Arbeiten, die die Gesundheit von Mutter und Kind gefährden

Mutterschutz

Einkommenssicherung
– für Arbeitnehmerinnen während der Schutzfrist: Arbeitgeberzuschuss zum Mutterschaftsgeld bis zur Höhe des vorherigen Nettolohns
– bei sonstigem Beschäftigungsverbot: Mutterschutzlohn

Leistungen der Krankenkassen bei Schwangerschaft und Mutterschaft:
– Vorsorgeuntersuchungen
– ärztliche Betreuung
– Hebammenhilfe
– stationäre Entbindung
– häusliche Pflege
– Mutterschaftsgeld

Kündigungsschutz
während der Schwangerschaft, bis 4 Monate nach der Entbindung und während der Elternzeit

anschließend an die Schutzfrist (auf Antrag der Eltern):
– **Elternzeit** (Erziehungsurlaub)
– **Elterngeld**
als Einkommensersatz während der Betreuung des Kindes

ZAHLENBILDER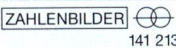
141 213

© Erich Schmidt Verlag

Schaubild 1.5: Die wichtigsten Bestimmungen zum Mutterschutz

Elterngeld

für Mütter oder Väter,
– die ihr Kind selbst betreuen und
– nicht mehr als 30 Wochenstunden erwerbstätig sind

Höhe des Elterngeldes
– 65 bis 67 % des wegfallenden Nettoeinkommens (bei Einkommen ab 1000 Euro: darunter auf bis zu 100 % ansteigend): mindestens 300 Euro*, höchstens 1800 Euro
– Laufzeit: 14 Monate; bei Beteiligung beider Partner und für Alleinerziehende oder: doppelte Laufzeit mit dem halben Monatsbetrag
– Geschwisterbonus, wenn mehrere kleine Kinder vorhanden sind
– kein Elterngeld für Spitzenverdiener (Einkommen über 250 000 bzw. 500 000 €)

Elternzeit

für Mütter oder Väter,
– die ihr Kind selbst betreuen und
– als Arbeitnehmer/-innen beschäftigt sind

Dauer der Elternzeit
– nach Wunsch der Eltern – auch gemeinsam – bis zum dritten Geburtstag des Kindes
– Stimmt der Arbeitgeber zu, können davon bis zu zwölf Monate auf spätere Zeiten (z. B. das erste Schuljahr) übertragen werden.

Während der Elternzeit ist Teilzeitarbeit (bis zu 30 Wochenstunden) möglich.

Väter können ebenso wie Mütter Elterngeld und Elternzeit beanspruchen.

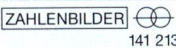 ZAHLENBILDER
141 214

* aber Anrechnung auf ALG II

© Erich Schmidt Verlag

Schaubild 1.6: Elterngeld und Elternzeit

1.9.4 Schutz von Schwerbehinderten

Schwerbehinderte im Sinne des Gesetzes sind Personen, die durch ihre Behinderung in ihrer Erwerbsfähigkeit um mindestens 50 % gemindert sind. Schwerbehinderte haben besonders große Schwierigkeiten, einen Arbeitsplatz zu finden. Aus diesem Grund verpflichtet der Gesetzgeber Unternehmen mit mindestens 20 Arbeitsplätzen dazu, 5 % ihrer Arbeitsplätze mit Schwerbehinderten zu besetzen. Wer diese Vorgabe nicht erfüllt, muss eine Ausgleichsabgabe für jeden nicht besetzten Pflichtplatz zahlen. Die Höhe dieser Abgabe hängt von der Beschäftigungsquote ab. Das Aufkommen aus der Abgabe wird zur beruflichen Förderung von Schwerbehinderten verwendet.

Schwerbehinderte
= Personen, die durch ihre Behinderung in ihrer Erwerbsfähigkeit um mindestens 50 % gemindert sind

1.10 Technischer Arbeitsschutz

Situation

Der angehende Elektroniker für Energie- und Gebäudetechnik Johannes wechselt in einem Schaltschrank einen Leitungsschutzschalter aus, obwohl ihm dies vom Gesellen untersagt ist. Johannes denkt sich: „Das haben wir schon öfter gemacht. Außerdem trage ich ja Sicherheitsschuhe und eng anliegende Arbeitskleidung."

Weil es im Schaltschrankraum sehr heiß ist, setzt Johannes seinen Sicherheitshelm bei der schweißtreibenden Arbeit ab. Beim Lösen einer Schraube rutscht Johannes' Schraubendreher ab und berührt eine unter Spannung stehende Verbindungsklemme. Der dabei entstehende Lichtbogen verschmort den Schraubendreher, und kleine glühende Eisenkörnchen verletzen Johannes' linkes Auge.

Durch diesen Arbeitsunfall hat das verletzte Auge 60 % seiner Sehkraft eingebüßt. Nach der Krankheitsphase hat Johannes ein sehr intensives Gespräch mit seinem Meister.

- Welche Hinweise und Warnungen könnte der Meister gegenüber seinem Auszubildenden äußern?
- Welche Bedeutung hat der technische Arbeitsschutz für Arbeitnehmer und Arbeitgeber?
- Welche gesetzlichen Schutzvorschriften gelten für Ihre Branche und in Ihrem Ausbildungsbetrieb?
- Wodurch unterscheiden sich Verbots-, Warn-, Rettungs- und Gebotsschilder?
- Welchen Appell richten Hinweis- und Gefahrensymbole an die Beschäftigten?
- Welche Regelungen enthält das Jugendarbeitsschutzgesetz? Und für welche Personenkreise gilt es eigentlich?

1.10.1 Gesetzliche Hinweis- und Gefahrensymbole zur Unfallverhütung

Um Arbeitsunfälle zu vermeiden, werden Verbotsschilder (rot), Warnschilder (gelb), Rettungsschilder (grün) und Gebotsschilder (blau) an entsprechenden Stellen der Betriebsstätten gut sichtbar angebracht (Tabelle 1.8).

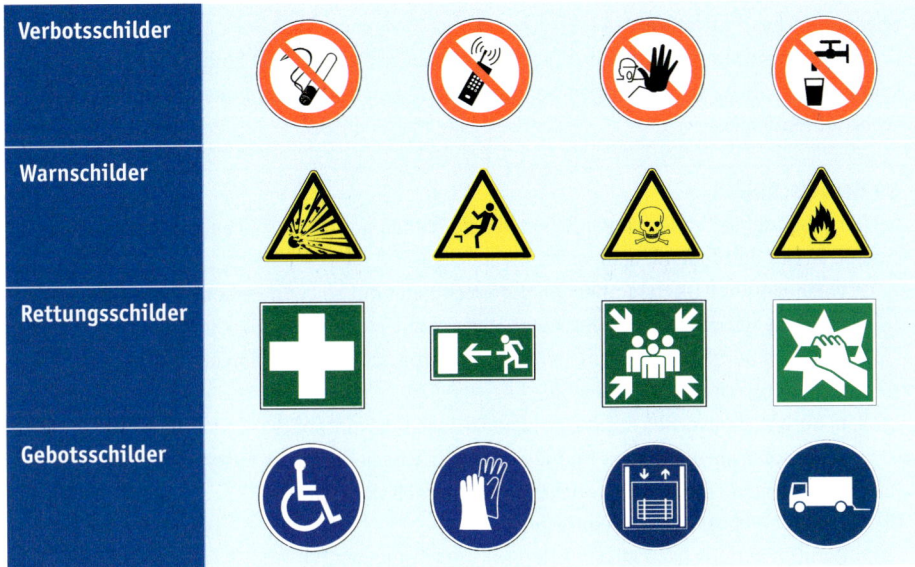

Tabelle 1.8: Wichtige Hinweis- und Gefahrensymbole

1.10.2 Gesetzliche Schutzvorschriften

Eine Vielzahl von Gesetzen und Verordnungen dient dem Ziel, die Gesundheit von Arbeitnehmern im Betrieb zu schützen.

- Das **Arbeitsschutzgesetz** schreibt vor, wie Arbeitsabläufe geregelt sein müssen, um Leben und Gesundheit zu schützen.
- Das **Arbeitssicherheitsgesetz** regelt, dass Gesundheitsschutz und Arbeitssicherheit durch Fachkräfte überwacht werden, beispielsweise durch Ingenieure und Betriebsärzte.
- Die **Gefahrstoffverordnung** umfasst Schutzvorschriften beim Umgang mit Gefahrstoffen, zum Beispiel mit Säuren, Laugen, Dämpfen, und Giften.
- Die **Bildschirmarbeitsplatzverordnung** regelt die Schutzbestimmungen bei Arbeiten an Bildschirmgeräten. Sie fordert beispielsweise flimmerfreie Monitore sowie unter Umständen zusätzliche Pausen.
- Die **Baustellenverordnung** schreibt Sicherheitsmaßnahmen auf Baustellen vor, beispielsweise Sicherheitsgerüste und -netze.
- Das **Chemikaliengesetz** schützt Mensch und Umwelt vor gefährlichen Schadstoffen, zum Beispiel vor chlorhaltigen Zusatzstoffen.
- Unfallverhütungsvorschriften sind häufig branchenbezogen. Beispielsweise gelten für Elektriker die fünf Sicherheitsregeln bei Arbeiten in Elektroanlagen.
- Die **Arbeitsstättenverordnung** schreibt die ergonomische Gestaltung von Betriebsstätten vor. Beispielsweise stellt sie bestimmte Anforderungen an die Beleuchtung, die Belüftung und die Raumtemperatur.

Ergonomie ist die Lehre von der menschlichen Arbeit. Sie erforscht die optimalen Bedingungen zur Gestaltung der Umwelt und der Arbeitsplätze.

1.11 Jugendarbeitsschutzgesetz

Das Jugendarbeitsschutzgesetz (JArbSchG) soll den jugendlichen Arbeitnehmer vor Überlastung und gesundheitlicher Schädigung bewahren.

GESETZ

§ 8 Dauer der Arbeitszeit

(1) Jugendliche dürfen nicht mehr als acht Stunden täglich und nicht mehr als 40 Stunden wöchentlich beschäftigt werden […]

(2a) Wenn an einzelnen Werktagen die Arbeitszeit auf weniger als acht Stunden verkürzt ist, können Jugendliche an den übrigen Werktagen derselben Woche achteinhalb Stunden beschäftigt werden […]

GESETZ

§ 9 Berufsschule

(1) Der Arbeitgeber hat den Jugendlichen für die Teilnahme am Berufsschulunterricht freizustellen. Er darf den Jugendlichen nicht beschäftigen

1. vor einem vor 9 Uhr beginnenden Unterricht; dies gilt auch für Personen, die über 18 Jahre alt und noch berufsschulpflichtig sind,
2. an einem Berufsschultag mit mehr als fünf Unterrichtsstunden von mindestens je 45 Minuten einmal in der Woche,
3. in Berufsschulwochen mit einem planmäßigen Blockunterricht von mindestens 25 Stunden an mindestens fünf Tagen; zusätzliche betriebliche Ausbildungsveranstaltungen bis zu zwei Stunden wöchentlich sind zulässig.

(2) Auf die Arbeitszeit werden angerechnet

1. Berufsschultage nach Absatz 1 Nr. 2 mit acht Stunden,
2. Berufsschulwochen nach Absatz 1 Nr. 3 mit 40 Stunden, […]

GESETZ

§ 11 Ruhepausen, …

(1) Jugendlichen müssen im voraus feststehende Ruhepausen von angemessener Dauer gewährt werden. Die Ruhepausen müssen mindestens betragen

1. 30 Minuten bei einer Arbeitszeit von mehr als viereinhalb bis zu sechs Stunden,
2. 60 Minuten bei einer Arbeitszeit von mehr als sechs Stunden. Als Ruhepause gilt nur eine Arbeitsunterbrechung von mindestens 15 Minuten.

(2) Die Ruhepausen müssen in angemessener zeitlicher Lage gewährt werden, frühestens eine Stunde nach Beginn und spätestens eine Stunde vor Ende der Arbeitszeit. Länger als 4,5 Stunden hintereinander dürfen Jugendliche nicht ohne Ruhepause beschäftigt werden […]

GESETZ

§ 13 Tägliche Freizeit

Nach Beendigung der täglichen Arbeitszeit dürfen Jugendliche nicht vor Ablauf einer ununterbrochenen Freizeit von mindestens 12 Stunden beschäftigt werden.

GESETZ

§ 14 Nachtruhe

(1) Jugendliche dürfen nur in der Zeit von 6 bis 20 Uhr beschäftigt werden.

(2) Jugendliche über 16 Jahre dürfen

1. im Gaststätten- und Schaustellergewerbe bis 22 Uhr,
2. in mehrschichtigen Betrieben bis 23 Uhr,
3. in der Landwirtschaft ab 5 Uhr oder bis 21 Uhr,
4. in Bäckereien und Konditoreien ab 5 Uhr beschäftigt werden.

(3) Jugendliche über 17 Jahre dürfen in Bäckereien ab 4 Uhr beschäftigt werden.

(4) An dem einem Berufsschultag […] vorangehenden Tag dürfen Jugendliche […] nicht nach 20 Uhr beschäftigt werden, wenn der Berufsschulunterricht […] vor 9 Uhr beginnt […]

§ 15 Fünf-Tage-Woche

Jugendliche dürfen nur an fünf Tagen in der Woche beschäftigt werden. Die beiden wöchentlichen Ruhetage sollen nach Möglichkeit aufeinander folgen.

GESETZ

§ 19 Urlaub

(1) Der Arbeitgeber hat Jugendlichen für jedes Kalenderjahr einen bezahlten Erholungsurlaub zu gewähren.

(2) Der Urlaub beträgt jährlich

    1. mindestens 30 Werktage, wenn der Jugendliche zu Beginn des Kalenderjahres noch nicht 16 Jahre alt ist,

    2. mindestens 27 Werktage, wenn der Jugendliche zu Beginn des Kalenderjahres noch nicht 17 Jahre alt ist,

    3. mindestens 25 Werktage, wenn der Jugendliche zu Beginn des Kalenderjahres noch nicht 18 Jahre alt ist [...]

GESETZ

§ 23 Akkordarbeit; tempoabhängige Arbeit

(1) Jugendliche dürfen nicht beschäftigt werden

    1. mit Akkordarbeit und sonstigen Arbeiten, bei denen durch ein gesteigertes Arbeitstempo ein höheres Entgelt erzielt werden kann [...]

GESETZ

§ 32 Erstuntersuchung

(1) Ein Jugendlicher, der in das Berufsleben eintritt, darf nur beschäftigt werden, wenn

    1. er innerhalb der letzten 14 Monate von einem Arzt untersucht worden ist (Erstuntersuchung) und

    2. dem Arbeitgeber eine von diesem Arzt ausgestellte Bescheinigung vorliegt [...]

GESETZ

§ 33 Erste Nachuntersuchung

(1) Ein Jahr nach Aufnahme der ersten Beschäftigung hat sich der Arbeitgeber die Bescheinigung eines Arztes darüber vorlegen zu lassen, dass der Jugendliche nachuntersucht worden ist [...]

GESETZ

Aufgaben zu den Themen Arbeitsvertrag und Arbeitsschutz

1 Der Arbeitsvertrag ist eine schriftliche Vereinbarung zwischen Arbeitnehmer und Arbeitgeber.

  a Angenommen Sie haben Ihre Berufsausbildung abgeschlossen und sind zu einem Vorstellungsgespräch eingeladen. Ihr möglicher zukünftiger Chef bittet Sie bei diesem Gespräch, Ihre Wunschvorstellungen über die Inhalte des Arbeitsvertrags kurz zu formulieren. Was antworten Sie ihm?

  b Erläutern Sie im Partnergespräch, warum die Schriftform von Arbeitsverträgen sinnvoll ist.

2 Arbeitnehmer haben im Rahmen Ihres Arbeitsvertrags sowohl Rechte als auch Pflichten.

  a Nennen Sie zur Verschwiegenheitspflicht ein konkretes Beispiel und diskutieren Sie mögliche Konsequenzen bei Verletzung dieser Pflicht.

  b Erläutern Sie Pflichten und Rechte zwischen Arbeitgeber und Arbeitnehmer mittels Kugellagermethode bzw. im Rahmen eines Karussellgesprächs.

3 Welche Bedeutung hat ein Tarifvertrag für die Inhalte des Arbeitsvertrags?

4 Formulieren Sie zu jedem Hinweis und Gefahrensymbol (Tabelle 1.8, S. 27) einen aussagekräftigen Satz.

5 Arbeitnehmer erhalten als Gegenleistung für ihre in den Betrieb eingebrachte Arbeitsleistung ein Entgelt.

   a Nach welchen drei Entgeltformen wird unterschieden?

   b Was ist unter Zeitlohn mit bzw. ohne Leistungskomponente zu verstehen?

   c Erläutern Sie, was unter Akkordlohn zu verstehen ist.

   d Erstellen sie eine Übersicht zum Prämienlohn mit entsprechenden konkreten Beispielen.

   e Führen Sie ein Partnergespräch zum Beteiligungslohn.

6 Arbeitnehmer genießen in allen Betrieben einen sogenannten sozialen Arbeitsschutz.

   a Welche sozialen Fürsorgepflichten hat ein Arbeitgeber gegenüber seinen Arbeitnehmerinnen und Arbeitnehmern?

   b Welche besonderen Vorkehrungen hat Ihr Betrieb für die Beschäftigung eines schwerbehinderten Mitarbeiters getroffen?

   c Wie werden die Regelungen des Arbeitszeitgesetzes in Ihrem Betrieb umgesetzt?

   d Ein Kundendienstmitarbeiter ist ausnahmsweise von 8:15 Uhr bis 19:30 Uhr mit Wartungsarbeiten beschäftigt. Welche Pausenregelung gilt für ihn und wann darf er am darauffolgenden Arbeitstag frühestens mit seiner Tätigkeit wieder beginnen?

7 Erstellen Sie eine Bildcollage zum Thema „sozialer und technischer Arbeitsschutz" und geben Sie der Collage einen treffenden Slogan.

8 Erstellen Sie eine Liste der finanziellen Leistungen, die während des Mutterschutzes und der Elternzeit gewährt werden.

9 Der technische Arbeitsschutz trägt dazu bei, die Gesundheit der Arbeitnehmer zu erhalten.

   a Wie werden Hinweis- und Gefahrenschilder farblich unterschieden?

   b Welche gesetzlichen Schutzvorschriften sind in Ihrem Betrieb besonders wichtig?

   c Erstellen Sie in arbeitsteiliger Gruppenarbeit jeweils ein aussagekräftiges Lernplakat zu den gesetzlichen Schutzvorschriften.

10 Das Jugendarbeitsschutzgesetz schützt Jugendliche vor Überforderung in der Arbeitswelt. Bewerten Sie die drei folgenden Fallbeispiele bezüglich der Frage, inwiefern hier das Jugendarbeitsschutzgesetz greift.

   a „Super", sagt die angehende Verkäuferin Ines, 15 Jahre, zu ihrer Freundin. „Diese Woche habe ich vier Überstunden gemacht. Dafür wollte ich mir in 14 Tagen an meinem Geburtstag einen halben Tag freinehmen. Doch meine Chefin meint, das sei nicht möglich."

   b Sven (17 Jahre), Auszubildender im Baugewerbe, berichtet über die Arbeitszeitregelung in seinem Ausbildungsbetrieb: „Arbeitsbeginn ist bei uns grundsätzlich um 7:30 Uhr. Montags bis donnerstags hören wir um 17 Uhr auf. Die tägliche Pausenzeit beträgt 45 Minuten. Freitags machen wir nur 15 Minuten Pause, dafür ist um 12:45 Uhr Feierabend."

   c Der 16-jährige angehende Kraftfahrzeugmechatroniker Nabil wird in der Berufsschule nach Blockplan beschult und ist vom Sportunterricht befreit. Aus diesem Grund beginnt sein Unterricht dienstags erst um 9:30 Uhr. Die Geschäftsleitung besteht darauf, dass Nabil am Dienstag zwischen 7 Uhr und 9 Uhr an einer betrieblichen Schulungsmaßnahme teilnimmt.

1.12 Interessenwahrnehmung im Betrieb

„Viele Hände ruhen still,
wenn der große Boss es will."

Situation

„Alle Räder stehen still,
wenn dein starker Arm es will."

Svenja ist Zeuge eines Gesprächs zwischen ihrem Opa und einem seiner anderen Enkelkinder, der im dritten Ausbildungsjahr ist.

Enkel: *Der Betriebsratsvorsitzende meint, ich solle für die Jugend- und Auszubildendenvertretung kandidieren.*

Opa: *Mach das. Mitsprache im Betrieb ist wichtig.*

Enkel: *Eigentlich weiß ich gar nicht, was auf mich zukommt.*

Opa: *Du vertrittst die Interessen deiner jungen Kollegen. Kündigen können sie dir nach der Lehre auch nicht so leicht, das ist gut in der heutigen Zeit.*

Enkel: *Gehört habe ich, dass der Betriebsrat hauptsächlich eine soziale Verantwortung hat.*

Opa: *Früher wurden wir einfach gekündigt. Heute schaut man auf Familienstand und Alter.*

Enkel: *Bei der Umsetzung von tariflichen Regelungen soll es immer wieder mal Probleme geben.*

Opa: *Tarifverträge sind was Gutes, sie geben dem Arbeitnehmer Sicherheit. Zu meiner Zeit war das anders: Der Chef sagte, wo's langgeht, und wir schufteten, machten Überstunden ohne Bezahlung und ohne großes Murren.*

Enkel: *Und ihr habt euch da nicht gewehrt?*

Opa: *Wehren? – Nee du, da hätten wir gleich unsere Papiere holen können.*

Enkel: *Warum habt ihr nicht vor Gericht geklagt?*

Opa: *Vor das Arbeitsgericht zu ziehen – mein Junge – das hat sich keiner getraut.*

Das Gespräch macht Svenja gleichermaßen stutzig und neugierig. Sie will nun ganz genau wissen, wie das ist mit Betriebsrat, Tarifverträgen, Kündigung und Arbeitsgerichten.

- Welche Aufgaben hat ein Betriebsrat?
- In welchen Unternehmen gibt es einen Betriebsrat?
- Wie kommt ein Betriebsrat in sein Amt?
- Wie werden die Interessen der Auszubildenden vertreten?
- Sollten die Betriebsratsmitglieder auch in der Gewerkschaft sein?
- In welcher Weise sind die Sozialpartner an den Tarifverhandlungen beteiligt?
- Wie kann der Betriebsrat zu gerechter Bezahlung und zum Schutz der Arbeitnehmer vor willkürlicher Behandlung durch den Arbeitgeber beitragen?
- Was können Arbeitnehmer tun, wenn sie mit dem Arbeitgeber in einen Streit geraten?

Zur Geschichte der betrieblichen Mitbestimmung

1890 Fabrikausschüsse: Vom Arbeitgeber eingesetzte oder von den Arbeitnehmern gewählte Ausschüsse haben die Aufgabe, fabrikinterne Konflikte zu entschärfen.

1920 Betriebsrätegesetz: Arbeitnehmer erhalten Mitbestimmungsrechte in personellen, sozialen und wirtschaftlichen Angelegenheiten.

1934 Gesetz zur Ordnung der nationalen Arbeit:

§ 1 Im Betriebe arbeiten der Unternehmer als Führer des Betriebs, die Angestellten und Arbeiter als Gefolgschaft gemeinsam zur Förderung der Betriebszwecke und zum gemeinsamen Nutzen von Volk und Staat.

§ 2 (1): Der Führer des Betriebs entscheidet der Gefolgschaft gegenüber in allen betrieblichen Angelegenheiten [...]

1946 Betriebsrätegesetz des Alliierten Kontrollrats: Wiederaufnahme der betrieblichen Mitbestimmung

1952/1972/2001 Betriebsverfassungsgesetz: Ausweitung, Stärkung der Arbeitnehmerrechte, Gleichstellung von Frau und Mann (z. B. Nachtschicht, Arbeiten unter Tage)

1.12.1 Betriebsrat – mehr Öl als Sand im Getriebe?

Ko-Manager
= an der Leitung des Unternehmens oder einer Abteilung Beteiligter

> Wir beziehen den Betriebsrat schon im Vorfeld von betrieblichen Entscheidungen mit ein.

> Wir sind Ko-Manager des Unternehmens und nicht Klassenkämpfer.

Der Chef und der Betriebsratsvorsitzende

Die Rechte des Betriebsrats sind im **Betriebsverfassungsgesetz** geregelt.

Betriebsräte wirken bei der Einhaltung der für die Arbeitnehmer geltenden Gesetze, Verordnungen, Tarifverträge, Betriebsvereinbarungen und Unfallverhütungsvorschriften mit. Sie werden in soziale, personelle und wirtschaftliche Entscheidungsprozesse der Unternehmen aktiv einbezogen. Die Beteiligungsrechte und Verantwortungsbereiche des Betriebsrats sind im **Betriebsverfassungsgesetz** (BetrVG) festgelegt (Schaubild 1.7).

Der **Betriebsrat** hat drei Arten von Rechten, die ihm ein abgestuftes Maß an Einflussnahme ermöglichen.

Der Einfluss eines Betriebsrats reicht von „gering" bis „sehr groß". Auf der Stufe des Mitbestimmungs- und Initiativrechts müssen der Arbeitgeber und der Betriebsrat eine Einigung erzielen. Kommt eine Einigung nicht zustande, so darf der Arbeitgeber die geplante Maßnahme nicht durchführen. Beide Seiten haben die Möglichkeit, die Einigungsstelle einzuschalten, um den Konflikt beizulegen. Diese Stelle ist vergleichbar mit dem Streitschlichter in der Schule oder der Mediation im Rahmen eines privatrechtlichen Streits.

> **GESETZ**
>
> **§ 76 (2) BetrVG [Einigungsstelle]**
> Die Einigungsstelle besteht aus einer gleichen Anzahl von Beisitzern, die vom Arbeitgeber und Betriebsrat bestellt werden, und einem unparteiischen Vorsitzenden, auf dessen Person sich beide Seiten einigen müssen. Kommt eine Einigung über die Person des Vorsitzenden nicht zustande, so bestellt ihn das Arbeitsgericht [...]

Mitbestimmungs- und Initiativrechte

Im Rahmen der Mitbestimmungs- und Initiativrechte des Betriebsrats treffen der Betriebsrat und der Arbeitgeber bestimmte Entscheidungen gemeinsam.

> **BEISPIELE**
>
> Der Betriebsrat trifft zusammen mit dem Arbeitgeber Entscheidungen über
>
> - die Betriebsordnung,
> - die Verteilung der Arbeits- und Pausenzeit,
> - den Urlaubsplan,
> - Bildungsmaßnahmen,
> - Maßnahmen zur Sicherung und Förderung der Beschäftigung.

Zustimmungsrechte

Der Betriebsrat muss in bestimmten Angelegenheiten informiert und angehört werden sowie sein Einverständnis erklären.

Zustimmungsrechte gelten beispielsweise bei

- Personalangelegenheiten,
- Beurteilungsgrundsätzen,
- Versetzungen,
- Auswahlkriterien für Neueinstellungen,
- Ein- und Umgruppierungen.

Die Mitwirkungsrechte des Betriebsrats umfassen das Recht, den Arbeitgeber zu beraten, das Recht, vom Arbeitgeber angehört zu werden, sowie das Recht, vom Arbeitgeber informiert zu werden.

Mitwirkungsrechte

- **Beratungsrecht:** Arbeitgeber und Betriebsrat führen ein gemeinsames Gespräch, beispielsweise über die Gestaltung von Arbeitsabläufen, Arbeitsplätzen und Arbeitsverfahren.
- **Anhörungsrecht:** Der Arbeitgeber muss den Betriebsrat über eine geplante Maßnahme informieren, der Betriebsrat muss seinerseits innerhalb einer bestimmten Frist Stellung beziehen, beispielsweise wenn der Arbeitgeber plant, einen Mitarbeiter zu entlassen.
- **Informationsrecht:** Der Arbeitgeber muss den Betriebsrat über geplante Maßnahmen wie beispielsweise Neu-, Um-, Erweiterungsbauten, Investitionen und Personalpläne informieren.

Voraussetzung für ein erfolgreiches Wirken der betrieblichen Interessenvertretung ist die vertrauensvolle Zusammenarbeit zwischen Betriebsrat und Arbeitgeber. Beide sind aufeinander angewiesen. Die Interessenvertretung soll immer dem Wohl des Unternehmens und dessen Mitarbeitern dienen. Nur ein gut geleitetes Unternehmen kann auch die Arbeitsplätze der Arbeitnehmer sichern.

Zusammenwirken von Arbeitgeber und Betriebsrat

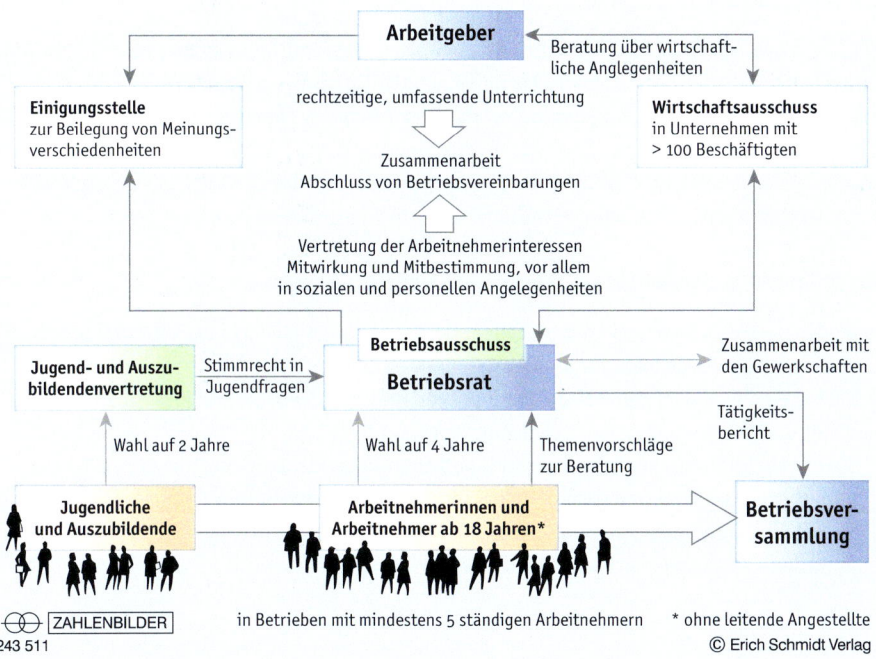

Schaubild 1.7: Übersicht über die Bestimmungen des Betriebsverfassungsgesetzes

Bei 200 und mehr Mitarbeitern werden einzelne Betriebsräte zur Wahrnehmung der Interessenvertretung von ihren betrieblichen Aufgaben freigestellt. Die damit verbundenen Personalkosten sowie weitere Mittel für Schulungen, Büro- und Sitzungsräume, für Sachverständige und Rechtsstreitigkeiten muss der Betrieb aufbringen.

Errichtung und **Zusammensetzung** des Betriebsrats

Der Betriebsrat wird von den Arbeitnehmern gewählt. Die Wahlvorbereitungen und die Wahl selbst werden während der Arbeitszeit durchgeführt. Durch die Wahl und später durch die Tätigkeit des Betriebsrats entstehende Kosten hat der Betrieb zu tragen. Die Mitglieder des Betriebsrats wählen aus ihren Reihen den Betriebsratsvorsitzenden und seinen Stellvertreter. Bei mehr als acht Betriebsräten wird ein Betriebsausschuss gebildet.

Wahl des Betriebsrats

> **GESETZ**
>
> **§ 1 BetrVG, Errichtung von Betriebsräten**
>
> (1) In Betrieben mit in der Regel mindestens fünf ständigen wahlberechtigten Arbeitnehmern, von denen drei wählbar sind, werden Betriebsräte gewählt.
>
> **§ 7 BetrVG, Wahlberechtigung**
>
> Wahlberechtigt sind alle Arbeitnehmer des Betriebs, die das 18. Lebensjahr vollendet haben. Werden Arbeitnehmer eines anderen Arbeitgebers zur Arbeitsleistung überlassen, so sind diese wahlberechtigt, wenn sie länger als drei Monate im Betrieb eingesetzt werden.
>
> **§ 8 BetrVG, Wählbarkeit**
>
> (1) Wählbar sind alle Wahlberechtigten, die sechs Monate dem Betrieb angehören oder als in Heimarbeit Beschäftigte in der Hauptsache für den Betrieb gearbeitet haben.

1.12.2 Jugend- und Auszubildendenvertretung

Besteht in einem Betrieb ein Betriebsrat, so können die jugendlichen Arbeitnehmer und die Auszubildenden unter 25 Jahren eine eigene Interessenvertretung, die Jugend- und Auszubildendenvertretung (JuAV), wählen. Die Wahl erfolgt alle zwei Jahre im Oktober oder November in geheimer Abstimmung.

Die Jugend- und Auszubildendenvertretung ist kein eigenständiges Organ.

Die JuAV ist kein eigenständiges Organ der Betriebsverfassung, sondern eine Person oder Gruppe innerhalb des Betriebsrats. Das heißt, dass die die jungen Beschäftigten nur über den Betriebsrat in bestimmten Angelegenheiten auf den Arbeitgeber einwirken können. Der Betriebsrat ist erster Ansprechpartner für die unten genannten Rechte. Grundsätzlich kann an jeder Betriebsratssitzung ein Jugendvertreter teilnehmen. Werden Fragen der Jugend und Ausbildung erörtert, so sind alle Mitglieder der JuAV zugelassen.

> **BEISPIELE**
>
> Die JuAV möchte eine Neuordnung des Werksunterrichts durchsetzen.
>
> - Sie hat das Recht, einen **Antrag** zu stellen: Der Werksunterricht soll inhaltlich und zeitlich ab dem nächsten Ausbildungsjahr neu geordnet werden.
> - Sie hat ein Recht auf **Information:** Die JuAV verlangt beim Betriebsrat Einsichtnahme in die Planungen zur Neuordnung des Werksunterrichts.
> - Sie hat ein **Teilnahmerecht:** Ein Jugend- und Auszubildendenvertreter nimmt zum Tagesordnungspunkt „Werksunterricht" an der Betriebsratssitzung teil.
> - Sie hat ein **Stimmrecht:** Die JuAV stimmt im Betriebsrat über einen Vorschlag zur Neuordnung des Werksunterrichts ab.

Beitritt zu einer Gewerkschaft – dieser Schritt muss gut überlegt sein.

GESETZ

Wahl der Jugend- und Auszubildendenvertretung

§ 60 BetrVG, Errichtung und Aufgabe

(1) In Betrieben mit in der Regel mindestens fünf Arbeitnehmern, die das 18. Lebensjahr noch nicht vollendet haben (jugendliche Arbeitnehmer) oder die zu ihrer Berufsausbildung beschäftigt sind und das 25. Lebensjahr noch nicht vollendet haben, werden Jugend- und Auszubildendenvertretungen gewählt.

§ 61 BetrVG, Wahlberechtigung und Wählbarkeit

(1) Wahlberechtigt sind alle in § 60 Abs. 1 genannten Arbeitnehmer des Betriebs.

(2) Wählbar sind alle Arbeitnehmer des Betriebs, die das 25. Lebensjahr noch nicht vollendet haben.

Aufgaben zum Thema Interessenwahrnehmung im Betrieb

1 Der Betriebsrat ist die soziale Achse zwischen Arbeitnehmer und Arbeitgeber.
   a Welche drei abgestuften Rechte hat ein Betriebsrat? Erstellen Sie hierzu eine Übersicht in Tabellenform mit den Merkmalen „Rechte des Betriebsrats", „Erläuterung" und „Beispiele".
   b Welches grundsätzliche Ziel muss die Interessenvertretung des Betriebsrats verfolgen?
2 Betriebsräte werden von den Mitarbeitern gewählt.
   a Welche Voraussetzungen müssen erfüllt sein, damit ein Betriebsrat gewählt werden kann?
   b Für wie viele Jahre wird der Betriebsrat gewählt?
   c Wie wird man Betriebsratsvorsitzender?
   d Wer kommt für die Kosten auf, die durch die Wahl und Tätigkeit des Betriebsrats entstehen?
3 Die Jugend- und Auszubildendenvertretung (JuAV) ist Bestandteil des Betriebsrats.
   a Welche Voraussetzungen müssen erfüllt sein, damit eine JuAV gewählt werden kann?
   b Für wie viele Jahre wird die JuAV gewählt?
   c Welcher Personenkreis ist wahlberechtigt (= aktives Wahlrecht)?
   d Welcher Personenkreis ist wählbar (= passives Wahlrecht)?
   e Welche vier grundsätzlichen Rechte hat die JuAV?
4 Nennen Sie Pro- und Kontra-Argumente dafür, inwieweit eine Mitgliedschaft in der Gewerkschaft sinnvoll für einen Betriebsrat oder für ein Mitglied der JuAV sein kann.

1.13 Tarifliche Vereinbarungen

Tarifverträge geben Arbeitnehmern und Arbeitgebern Rechtssicherheit. Arbeitnehmer können sich in Gewerkschaften, Arbeitgeber in Arbeitgeberverbänden organisieren. Dieses Recht ist in Artikel 9 des Grundgesetzes verankert.

Tarifvertragsparteien
= Sozialpartner. In der Regel sind dies auf der einen Seite eine Gewerkschaft, das heißt ein Arbeitnehmerverband, und auf der anderen ein einzelner Arbeitgeber oder eine Vereinigung von Arbeitgebern.

> **GESETZ**
>
> **Artikel 9 Grundgesetz [Koalitionsrecht]**
> (3) Das Recht, zur Wahrung und Förderung der Arbeits- und Wirtschaftsbedingungen Vereinigungen zu bilden, ist für jedermann und für alle Berufe gewährleistet.

In Tarifverhandlungen einigen sich die Tarifvertragsparteien (siehe Schaubilder 1.8 und 1.9) im Rahmen der Tarifautonomie auf neue Tarifverträge für Branchen, Regionen oder einzelne Unternehmen. Man unterscheidet je nach ihrem Inhalt zwei Arten von Tarifverträgen (Tabelle 1.9).

Tarifautonomie
= Recht der Tarifvertragsparteien, Tarifverträge unabhängig von staatlichen Stellen auszuhandeln

Allgemeinverbindlichkeit
= Rechtsanspruch aller Arbeitnehmer in einer Branche auf Leistungen aus dem Tarifvertrag

Ein rechtlicher Anspruch auf Leistungen aus Tarifverträgen besteht nur bei **Tarifgebundenheit** des Arbeitgebers oder wenn der Bundesminister für Arbeit und Soziales die Allgemeinverbindlichkeit des Tarifvertrags erklärt. Tarifgebundenheit bedeutet, dass der Tarifvertrag, wenn er einmal geschlossen ist, für die Vertragsparteien verbindlich ist. Der Geltungsbereich und die Dauer des Tarifvertrags sind durch den Vertrag selbst festgelegt. In der betrieblichen Praxis werden Gewerkschaftsmitglieder und -nichtmitglieder gleich behandelt. In diesem Zusammenhang wird Nichtmitgliedern häufig vorgeworfen, sie seien Trittbrettfahrer der Gewerkschaftsbewegung.

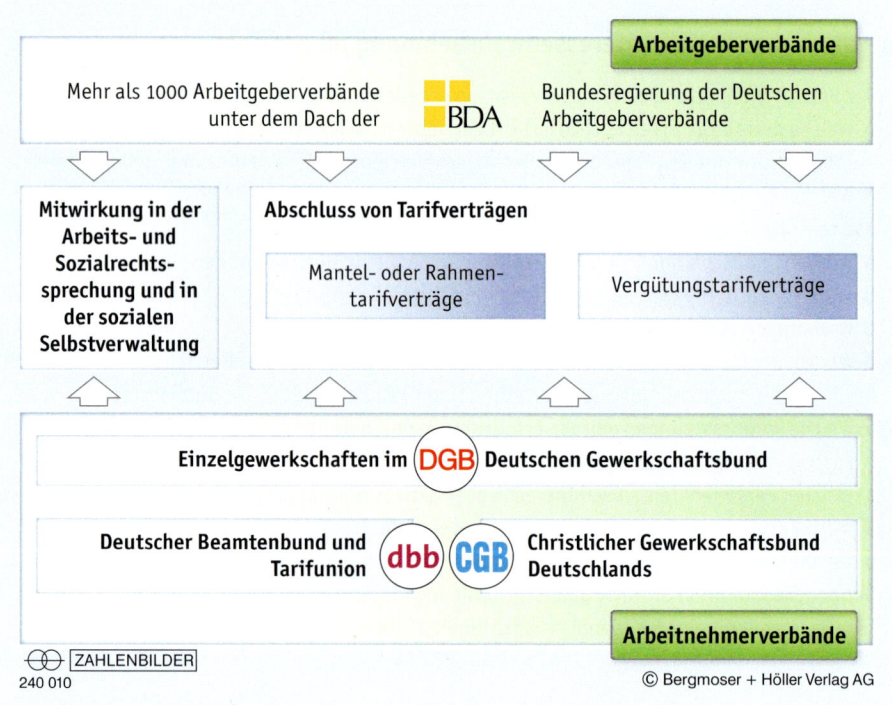

ZAHLENBILDER
240 010

© Bergmoser + Höller Verlag AG

Schaubild 1.8: Die Sozialpartner

Art	Entgelttarifvertrag	Mantel- oder Rahmentarifvertrag
beispielhafte Inhalte	Höhe von Löhnen, Gehältern und Ausbildungsvergütungen	Arbeitszeit, Arbeitsbedingungen, Lohn- und Gehaltsgruppen, Akkordbedingungen
Laufzeit	ein bis drei Jahre	mehrere Jahre

zwei Arten von Tarifverträgen

Tabelle 1.9: Zwei Arten von Tarifverträgen

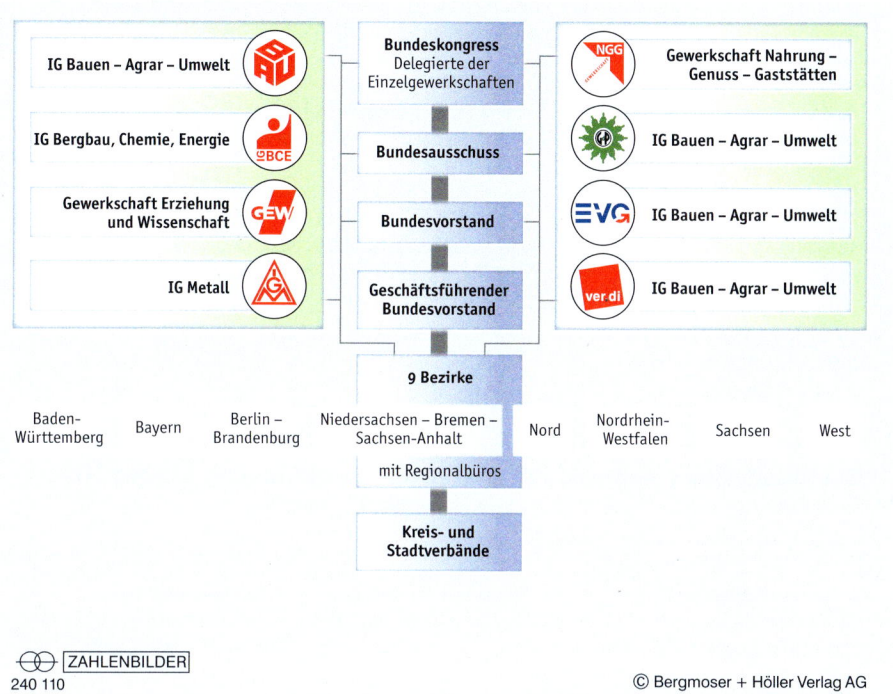

ZAHLENBILDER
240 110

© Bergmoser + Höller Verlag AG

Schaubild 1.9: Die Organisationen des Deutschen Gewerkschaftsbundes

Tarifverhandlungen verlaufen häufig nach dem gleichen Muster (siehe auch Schaubild 1.10). Die **Tarifkommission** der Gewerkschaft kündigt den Tarifvertrag fristgerecht und nennt ihre Forderungen. Wird in den Verhandlungen zwischen Gewerkschaft und Arbeitgebern keine Einigung erzielt, so können nach Ablauf der **Friedenspflicht** Arbeitskampfmaßnahmen, beispielsweise ein Streik, beschlossen werden. Bei einem **Streik** erleiden die Arbeitnehmer einen Verdienst- und die Unternehmen einen Produktionsausfall. Somit liegt es im Interesse von Gewerkschaften und Arbeitgeberverband, sich rasch auf einen Kompromiss zu einigen. Gewerkschaftsmitglieder erhalten eine Ausgleichszahlung aus der Streikkasse der Gewerkschaft. Lang anhaltende Streiks verursachen volkswirtschaftliche Schäden.

Tarifverhandlungen verlaufen nach einem typischen Muster.

Friedenspflicht
= Verbot von Streik und Aussperrung während der Laufzeit des Tarifvertrags und während eines Schlichtungsverfahrens

> Volkswirtschaftliche Schäden eines Streiks können sein:
>
> - Umsatz- und Gewinneinbrüche der Unternehmen,
> - Einkommensausfälle,
> - Gefährdung von Arbeitsplätzen ,
> - Einnahmeausfälle für die gesetzlichen Sozialversicherungen.

BEISPIELE

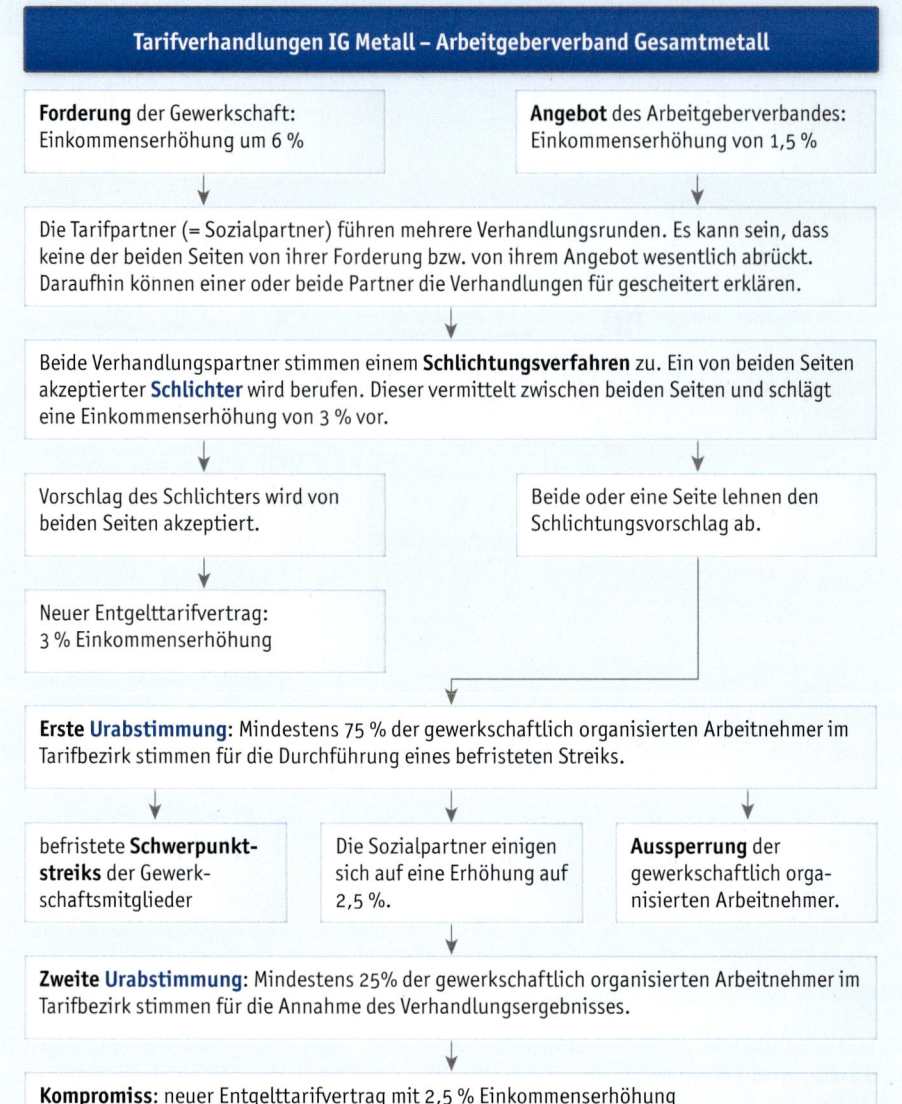

Schlichter
= Person oder Personengruppe mit der Aufgabe, einen tragfähigen Kompromiss zwischen den Sozialpartnern herbeizuführen

Urabstimmung
= Entscheidung der gewerkschaftlich organisierten Arbeitnehmer über Durchführung von Streikmaßnahmen bzw. Annahme eines Verhandlungsergebnisses

Schaubild 1.10: Beispielhafter Ablauf von Tarifverhandlungen

Tarifliche **Entgelt-Öffnungsklauseln** helfen, Arbeitsplätze zu sichern.

Die Möglichkeit der Flexibilisierung von Lohnbestandteilen wird zunehmend genutzt, um auf konjunkturelle Schwankungen reagieren zu können. Dazu bedarf es aber einer sogenannten Entgelt-Öffnungsklausel im Tarifvertrag. Unternehmen können bestimmte Lohnkorridore bei Jahressonderzahlungen oder auch beim monatlichen Entgelt nutzen, um vorübergehend die Lohnkosten zu senken. In den Tarifverträgen sind unterschiedliche Formen von Entgelt-Öffnungsklauseln verankert.

Unternehmen können von den Öffnungsklauseln nur dann Gebrauch machen, wenn sie einen begründeten Antrag beim jeweiligen Sozialpartner stellen und dieser seine Genehmigung erteilt. Überdies können sie Öffnungsklauseln nur für eine bestimmte Dauer nutzen. Die Frist wird zwischen den Sozialpartnern vereinbart.

Beispiele für Entgelt-Öffnungsklauseln sind:

- **Härteklausel** in der papier-, pappe- und kunststoffverarbeitenden Industrie: Die Auszahlung der Jahressondervergütung kann bis zum 31. März des Folgejahrs verschoben werden.
- **Kleinbetriebsklausel** im Einzelhandel (Ost): In Unternehmen mit bis zu 5, 15 und 25 Beschäftigten dürfen die Tariflöhne je nach Tarifgebiet um 8, 6 und 4 % bzw. um 10, 8 und 6 % abgesenkt werden.
- **Einstiegstarifklausel** in der Entsorgungswirtschaft: Für Neueingestellte kann das Entgelt im ersten Beschäftigungsjahr um bis zu 20 % gesenkt werden; bis zum siebten Beschäftigungsjahr ist das Entgelt schrittweise an das Tarifniveau heranzuführen.

Bei Tarifgebundenheit dürfen die ausgehandelten tariflichen Mindestlöhne von den Arbeitgebern nicht unterschritten werden. Höhere Löhne sind möglich und werden insbesondere in Branchen mit Mangel an Arbeitskräften oder für besonders qualifizierte Arbeitnehmer gezahlt.

Mindestlöhne sind tariflich oder gesetzlich geregelt.

In einigen Branchen wie dem Postzustelldienst oder in der Zeitarbeit sind Mindestlöhne gesetzlich geregelt. Geringqualifizierte Arbeitnehmer sollen ein ausreichendes Einkommen beziehen, um ihren Lebensunterhalt ohne staatliche Zusatzleistungen finanzieren zu können. Die Höhe der gesetzlichen Mindestlöhne wird von der Regierung in Absprache mit den Sozialpartnern festgelegt.

Aufgaben zum Thema tarifliche Vereinbarungen

1 Tarifverhandlungen verlaufen nach bestimmten Spielregeln.
   a Welche Interessen vertreten die Sozialpartner? Nennen Sie zwei konkrete Beispiele.
   b Erläutern Sie die Arbeitskampfmaßnahmen Streik und Aussperrung.
   c Erstellen Sie übersichtliche Lernkarten zu folgenden tarifpolitischen Schlüsselbegriffen: Sozialpartner – Tarifautonomie – Tarifgebundenheit – Allgemeinverbindlichkeit – Friedenspflicht – Schlichter – Urabstimmung – Arten von Tarifverträgen.
   d Beschreiben Sie in einem Stegreifvortrag den Verlauf von Tarifverhandlungen. Beziehen Sie dabei die Aussage der nebenstehenden Karikatur mit ein.

NICHTS NEUES AUS DER VERHALTENSFORSCHUNG

2 Arbeitnehmer müssen unter Umständen tarifliche Entgelt-Öffnungsklauseln und Mindestlöhne akzeptieren.
   a Erläutern Sie die Auswirkungen für Arbeitnehmer, wenn Arbeitgeber von Entgelt-Öffnungsklauseln Gebrauch machen.
   b Unter welcher Voraussetzung darf ein Arbeitgeber Entgelt-Öffnungsklauseln nutzen?
   c Erläutern Sie das Ziel, das mit Mindestlöhnen verfolgt wird.

1.14   Kündigungsschutz

Die Drei Freunde Marius, Manuel und Sofia teffen sich ein Jahr nach Ausbildungsabschluss.

- Worin unterscheidet sich eine ordentliche von einer außerordentlichen Kündigung?
- Wie kann ein Arbeitsverhältnis aufgelöst werden?
- Was ist unter Kündigungsschutz zu verstehen?
- Welche Fristen gelten im Fall einer Kündigung?
- Welche Personenkreise genießen einen besonderen Kündigungsschutz?
- Welchen Kündigungsschutz genießen Leiharbeitnehmer?
- Unter welchen Voraussetzungen kann vor dem Arbeitsgericht geklagt werden?
- Was geschieht, wenn beim Arbeitsgericht eine Klage eingereicht wurde?
- Was versteht man unter einer außergerichtlichen Einigung im Arbeitsrecht?
- Welche grundsätzlichen Entscheidungen kann das Arbeitsgericht treffen?

1.14.1   Allgemeiner Kündigungsschutz

ordentliche Kündigung

Arbeitsverhältnisse können auf verschiedene Art gelöst werden (siehe auch Schaubild 1.11). Bei der ordentlichen Kündigung lösen der Arbeitnehmer oder der Arbeitgeber das Arbeitsverhältnis unter Einhaltung der gesetzlichen oder tariflichen Kündigungsfrist zum Monatsende oder zum 15. eines Monats schriftlich auf.

außerordentliche Kündigung

Zu einer außerordentlichen Kündigung muss ein triftiger Grund vorliegen. Ist dies der Fall, so ist sie sofort wirksam.

BEISPIELE

- Der Arbeitgeber hat seit Monaten keinen Lohn bezahlt.
- Der Arbeitnehmer unterschlägt Waren.
- Der Arbeitnehmer erscheint wiederholt ohne Begründung nicht an seinem Arbeitsplatz.

Aufhebung des Arbeitsverhältnisses

Die dritte Möglichkeit besteht darin, das Arbeitsverhältnis einvernehmlich aufzuheben. In diesem Fall schließen der Arbeitgeber und der Arbeitnehmer einen Aufhebungsvertrag. Kündigungsfristen müssen hierbei nicht eingehalten werden.

Ein Arbeitsverhältnis endet auch dann, wenn die Vertragspartner einen befristeten Arbeitsvertrag geschlossen haben und das Ende der Frist erreicht ist.

Fristablauf

- Saisontätigkeit in der Gastronomie
- Aushilfstätigkeit in der Bauwirtschaft
- Ableistung eines viermonatigen Praktikums
- projektbezogene Tätigkeit (endet mit Abschluss des Projekts)

Schließlich gibt es noch die Möglichkeit der Änderungskündigung: Arbeitgeber und Arbeitnehmer einigen sich auf einen abgeänderten Arbeitsvertrag, weil das Arbeitsverhältnis grundsätzlich fortgesetzt werden soll. Dabei muss der Arbeitnehmer häufig Nachteile in Kauf nehmen, beispielsweise eine Gehaltseinbuße oder die Versetzung an einen anderen Betriebsstandort.

Änderungskündigung

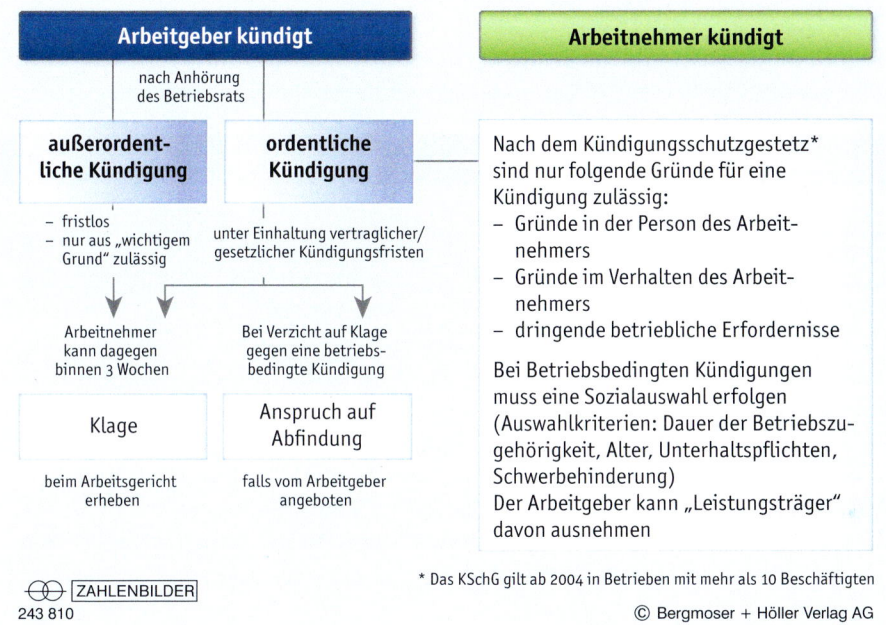

Schaubild 1.11: Kündigung eines Arbeitsverhältnisses

§ 1 Kündigungsschutzgesetz (KSchG)
(2) Sozial ungerechtfertigt ist die Kündigung, wenn sie nicht durch Gründe, die in der Person oder in dem Verhalten des Arbeitnehmers liegen, oder durch dringende betriebliche Erfordernisse, die einer Weiterbeschäftigung des Arbeitnehmers in diesem Betrieb entgegenstehen, bedingt ist [...]

Der gesetzliche Kündigungsschutz greift erst nach einer Wartezeit von sechs Monaten. Diese Regelung soll beiden Vertragsparteien die Möglichkeit geben festzustellen, ob der Arbeitsplatz für den Arbeitnehmer die richtige Wahl ist. Nach sechs Monaten müssen vom Arbeitgeber ausgesprochene Kündigungen nach § 1 KSchG sozial gerechtfertigt und begründet sein.

Eine Kündigung durch den Arbeitgeber erfordert eine **Begründung.**

Bei einer Kündigung durch den Arbeitgeber muss mindestens ein ausreichender Grund vorliegen.

- **Persönlicher Grund:** Der Arbeitnehmer ist gesundheitlich stark eingeschränkt oder erbringt unzureichende Arbeitsleistungen.
- **Verhaltensbedingter Grund:** Der Arbeitnehmer ist häufig unzuverlässig oder konsumiert Drogen oder hat eine Straftat begangen.
- **Betriebsbedingter Grund:** Ein Auftragsrückgang oder die Stilllegung des Produktionsstandorts erfordert den Abbau von Arbeitsplätzen.

Kündigungsfristen
sind für den Arbeitnehmer
von Vorteil.

Grundkündigungsfrist

Überdies müssen beide Seiten bestimmte Kündigungsfristen beachten. Nach der Probezeit kann das Arbeitsverhältnis unter Einhaltung der sogenannten Grundkündigungsfrist gekündigt werden. Diese Frist beläuft sich auf 28 Tage zum 15. oder Letzten des Kalendermonats. Kürzere Fristen sind möglich, wenn der Arbeitnehmer für maximal drei Monate zur Aushilfe eingestellt ist.

**verlängerte
Kündigungsfrist**

Bei Arbeitsverhältnissen von mehr als zwei Jahren gelten für den Arbeitgeber längere Kündigungsfristen (Tabelle 1.10). Für Arbeitnehmer gilt immer die Grundkündigungsfrist.

Dauer der Betriebszugehörigkeit mindestens …	Kündigungsfrist zum Monatsende
2 Jahre	1 Monat
5 Jahre	2 Monate
8 Jahre	3 Monate
10 Jahre	4 Monate
12 Jahre	5 Monate
15 Jahre	6 Monate
20 Jahre	7 Monate

Tabelle 1.10: Gestaffelte Kündigungsfristen

- Der Zweiradmechaniker Robert ist im siebten Jahr bei seiner Firma beschäftigt. Nun wird ihm betriebsbedingt gekündigt. Die Kündigungsfrist beträgt zwei Monate.
- Die Bäckereiverkäuferin Sandra ist gesundheitlich angeschlagen. Nach elf Jahren Betriebszugehörigkeit wird ihr gekündigt. In diesem Fall beträgt die Kündigungsfrist vier Monate.

fristlose Kündigung

Sowohl der Arbeitnehmer als auch der Arbeitgeber können das Arbeitsverhältnis im Rahmen einer außerordentlichen Kündigung ohne Einhaltung einer Frist beenden, wenn es dem Kündigenden nicht zumutbar ist, das Arbeitsverhältnis bis zum Ablauf der Kündigungsfrist oder bis zur vereinbarten Beendigung fortzusetzen. Kündigt der Arbeitgeber fristlos, so sollte der Arbeitnehmer auf einer schriftlichen Begründung bestehen. Eine schriftliche Begründung könnte dann erforderlich werden, wenn der Arbeitnehmer die Kündigung vor dem Arbeitsgericht anfechten will.

1.14.2 Kündigungsschutz für Minderheiten

Einen besonderen Kündigungsschutz genießen beispielsweise Mitglieder des Betriebsrats, Schwangere und Schwerbehinderte.

§ 15 Kündigungsschutzgesetz [Unzulässigkeit der Kündigung]

(1) Die Kündigung eines Mitglieds eines Betriebsrats, einer Jugend- und Auszubildendenvertretung [...] ist unzulässig, es sei denn, dass Tatsachen vorliegen, die den Arbeitgeber zur Kündigung aus wichtigem Grund [...] berechtigen [...]

GESETZ

Minderheiten in der Arbeitswelt sind besonders geschützt.

§ 102 Betriebsverfassungsgesetz [Mitbestimmung bei Kündigungen]

(1) Der Betriebsrat ist vor jeder Kündigung zu hören. Der Arbeitgeber hat ihm die Gründe für die Kündigung mitzuteilen. Eine ohne Anhörung des Betriebsrats ausgesprochene Kündigung ist unwirksam [...]

GESETZ

§ 103 Betriebsverfassungsgesetz [Außerordentliche Kündigung in besonderen Fällen]

(1) Die außerordentliche Kündigung von Mitgliedern des Betriebsrats, der Jugend- und Auszubildendenvertretung, [...] des Wahlvorstands sowie von Wahlbewerbern bedarf der Zustimmung des Betriebsrats.

GESETZ

§ 9 Mutterschutzgesetz [Kündigungsverbot)

(1) Die Kündigung gegenüber einer Frau während der Schwangerschaft und bis zum Ablauf von vier Monaten nach der Entbindung ist unzulässig, wenn dem Arbeitgeber zur Zeit der Kündigung die Schwangerschaft oder Entbindung bekannt war oder innerhalb von zwei Wochen nach Zugang der Kündigung mitgeteilt wird; [...]

GESETZ

Während einer Schwangerschaft und bis zu vier Monate nach der Geburt des Kindes sind Arbeitnehmerinnen vor einer Kündigung geschützt.

§ 85 Sozialgesetzbuch [Kündigungszustimmung]

Die Kündigung des Arbeitsverhältnisses eines schwerbehinderten Menschen durch den Arbeitgeber bedarf der vorherigen Zustimmung des Integrationsamtes.

GESETZ

§ 86 Sozialgesetzbuch [Kündigungsfrist]

Die Kündigungsfrist beträgt mindestens 4 Wochen.

GESETZ

1.14.3 Kündigungsschutz für Leiharbeitnehmer

Ein Leiharbeitnehmer unterliegt nach dem Arbeitnehmerüberlassungsgesetz (AÜG) zwei Vertragsverhältnissen. Das grundlegende Vertragsverhältnis ist das Arbeitsverhältnis zu seinem Arbeitgeber, der Zeitarbeitsfirma. Zu diesem tritt das Auftragsverhältnis der Zeitarbeitsfirma (dem Verleiher) zum Einsatzbetrieb (dem Entleiher) hinzu.

Kündigt der Entleiher das Auftragsverhältnis mit der Zeitarbeitsfirma, so endet lediglich der Arbeitseinsatz im Einsatzbetrieb. Das Arbeitsverhältnis zwischen der Zeitarbeitsfirma und dem Leiharbeitnehmer bleibt davon unberührt bestehen. Auch hier gelten die üblichen Kündigungsfristen.

Aufgaben zum Thema Kündigungsschutz

1 Kündigungsschutz gibt dem Arbeitnehmer ein Gefühl von sozialer Sicherheit. Klären Sie die nachfolgenden Sachverhalte.
   a Welche Gründe können zu einer Kündigung des Arbeitnehmers führen?
   b Grenzen Sie die ordentliche und die außerordentliche Kündigung gegeneinander ab.
   c Welcher Unterschied besteht zwischen der Aufhebung eines Arbeitsverhältnisses und der Änderungskündigung?
   d Stellen Sie die Grundkündigungsfrist, die verlängerte Kündigungsfrist und die fristlose Kündigung in Tabellenform einander gegenüber.
   e Welche Personenkreise sind vor einer Kündigung besonders geschützt? Geben Sie jeweils auch die gesetzliche Grundlage an.
2 Folgenden Arbeitnehmern wird am Letzten des laufenden Monats die Kündigung ihres Arbeitsverhältnisses mitgeteilt. Klären Sie, welche gesetzliche Kündigungsfrist jeweils gilt, damit die Kündigung wirksam wird.
   a Kfz-Gesellin, Betriebseintritt am 1. März 2012
   b Bauhelfer, Betriebseintritt am 14. Mai 2010
   c Elektromeister, Betriebseintritt am 1. November 1999
   d Technische Zeichnerin, Betriebseintritt am 1. August 2003
3 Erläutern Sie die Kündigungsregelung für die folgenden Personenkreise:
   a Mitglied des Betriebsrats,
   b Jugend-und Auszubildendenvertreter,
   c schwangere Arbeitnehmerin,
   d schwerbehinderter Arbeitnehmer.

1.15 Arbeitsgerichte

Arbeitnehmer, Arbeitgeber und Auszubildende haben das Recht, vor dem Arbeitsgericht zu klagen. Das Gericht ist für folgende Streitsachen zuständig:

- Rechtsstreitigkeiten zwischen Arbeitgeber und Arbeitnehmer über die Auslegung von Arbeits- und Ausbildungsverträgen oder von Betriebsvereinbarungen;
- Rechtsstreitigkeiten zwischen Arbeitnehmern, wenn zwischen diesen eine gemeinsame Arbeitsbeziehung besteht;
- Rechtsstreitigkeiten zwischen Tarifpartnern, beispielsweise über die Anwendung oder Auslegung von Tarifverträgen oder über die Durchsetzung von Mitbestimmungs- und Mitwirkungsrechten nach dem Betriebsverfassungsgesetz.

Bevor eine Partei eine Klage einreicht, muss nach § 53 Arbeitsgerichtsgesetz (ArbGG) in einer mündlichen Güteverhandlung eine außergerichtliche Einigung versucht werden. Die streitenden Parteien sollen sich auf eine der folgenden drei Möglichkeiten einigen:

- Rücknahme der Klage durch den Kläger,
- Anerkennung der Klage durch den Beklagten oder
- Vergleich.

Zuständigkeiten und Verfahrenswege

Das Arbeitsgericht besteht aus einem Berufsrichter und zwei ehrenamtlichen Richtern, je einem von der Arbeitgeber- bzw. Arbeitnehmerseite.

Kläger
= Person, die vor Gericht ihr Begehren durchzusetzen versucht

Beklagter
= Person, gegen die sich das Begehren des Klägers richtet

Berufung
= Rechtsmittel, um gegen ein Urteil des Arbeitsgerichts vorgehen zu können

Revision
= Rechtsmittel, um ein Urteil im Hinblick auf etwaige Rechtsfehler überprüfen zu lassen

Sprungrevision
= Rechtsmittel, um gegen ein Urteil in erster Instanz vorgehen zu können, wobei die Berufungsinstanz umgangen wird

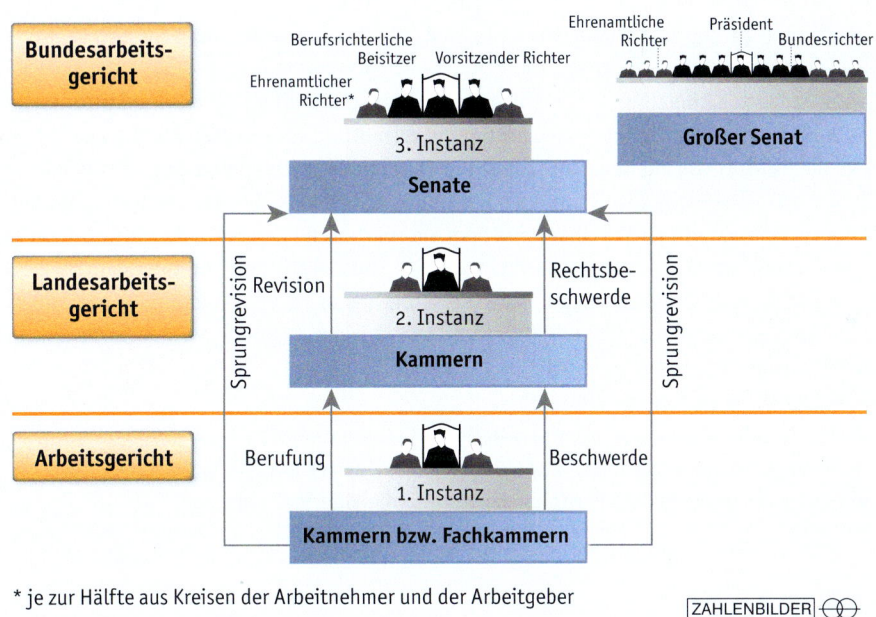

* je zur Hälfte aus Kreisen der Arbeitnehmer und der Arbeitgeber

© Bergmoser + Höller Verlag AG

ZAHLENBILDER
129 160

Schaubild 1.12: Aufbau der Arbeitsgerichtsbarkeit

Das Arbeitsgericht entscheidet über eine Klage entweder durch Urteil oder durch Beschluss. Je nach Streitsache kann es nur zu zwei Entscheidungen gelangen, die wiederum unterschiedliche Rechtsfolgen haben können:

1. Entscheidungsweg **„Urteil – Berufung – Revision":** Bei Streitigkeiten zwischen Arbeitnehmer und Arbeitgeber oder unter Arbeitnehmern, die in einer Arbeitsbeziehung stehen, entscheidet das Gericht durch Urteil. Gegen das Urteil kann beim Landesarbeitsgericht Berufung eingelegt werden, wenn es sich um ein Kündigungsschutzverfahren handelt und der Streitwert mindestens 600 € beträgt oder wenn das Urteil die Berufung

bewusst zulässt. In der dritten Instanz entscheidet ein Senat am Bundesarbeitsgericht in Erfurt über eine mögliche Revision.

2. Entscheidungsweg **„Beschluss – Beschwerde – Rechtsbeschwerde"**: Bei Streitigkeiten bezüglich des Betriebsverfassungsgesetzes entscheidet das Gericht durch Beschluss. Gegen den Beschluss kann Beschwerde vor dem Landesarbeitsgericht erhoben werden. In der dritten Instanz entscheidet das Bundesarbeitsgericht über eine mögliche Rechtsbeschwerde.

3. Entscheidungsinstanz **„Großer Senat"**: Möchte ein Senat – bei ähnlicher Sachlage – von der Entscheidung eines anderen Senats abweichen, so tritt der Große Senat zusammen. Jeder Senat stellt hier einen Bundesrichter. Der Große Senat entscheidet zusammen mit den ehrenamtlichen Richtern.

Der **Große Senat** ist eine besondere Organisationseinheit in den obersten Gerichtshöfen des Bundes. Er soll die Einheitlichkeit der Rechtsprechung wahren.

Aufgaben zum Thema Arbeitsgerichte

1 Bei welchen drei grundsätzlichen Rechtstreitigkeiten entscheiden Arbeitsgerichte?

2 Auf welche drei Möglichkeiten können sich die streitenden Parteien bei der mündlichen Güteverhandlung einigen?

3 Welche zwei Entscheidungswege kann das Arbeitsgericht je nach Streitsache beschreiten, wenn die mündliche Güteverhandlung scheitert?

4 Das Landesarbeitsgericht Nürnberg weist die Berufung des Arbeitgebers gegen das Urteil des Arbeitsgerichts Würzburg zurück. Dabei lässt es die Revision des Bundesarbeitsgerichts zu. Es begründet sein Urteil wie folgt: (1) Das Verbot des Arbeitgebers, am Arbeitsplatz privat im Internet zu surfen, ist nicht konkret genug, um eine Kündigung ohne vorherige Abmahnung zu rechtfertigen, wenn der Umfang der privaten Internetnutzung nicht im Einzelnen feststeht. (2) Die Vermutung der privaten Nutzung aufgrund des Nachweises von auf dem dienstlichen Rechner des Arbeitnehmers gespeicherten Internetadressen gibt für sich allein noch keinen Aufschluss über den zeitlichen Umfang der privaten Nutzung. (3) Selbst wenn man eine verbotene Internetnutzung unterstellen kann, überwiegen die Interessen eines langjährig beschäftigten Arbeitnehmers am Bestand des Arbeitsverhältnisses, wenn der Arbeitgeber erhebliche Beeinträchtigungen dienstlicher Interessen nicht vortragen und belegen kann. (Quelle: www.arbg.bayern.de.)

a Welcher Streitfall liegt hier vor?

b Wer ist der Kläger, wer der Beklagte?

c Welche Entscheidung hat das Arbeitsgericht Würzburg getroffen?

d Welche Entscheidung hat das Landesarbeitsgericht getroffen? Wie begründet es diese?

e Welchen weiteren Rechtsschritt hat das Landesarbeitsgericht zugelassen?

2

Nachhaltige Existenzsicherung

→ Welche Bedeutung hat das soziale Netz für den Bürger und die Gesellschaft?

→ Welche Leistungen erbringen die gesetzlichen Sozialversicherungen?

→ Wie werden die Leistungen der gesetzlichen Sozialversicherungen finanziert?

→ Wie solidarisch ist das System der gesetzlichen Sozialversicherungen?

→ Wie wappnen wir uns gegen die Risiken im Berufs- und Alltagsleben?

→ Wie kann soziale Gerechtigkeit verwirklicht werden?

→ Vor welche Aufgaben stellt der demografische Wandel die Gesellschaft?

→ Wie kann ich mich gegen die Risiken des Lebens absichern?

2.1 Das soziale Netz

Das soziale Netz – sicher geknüpft?

- Was versteht man unter einem Sozial-system?
- Was sagt die Karikatur vorder-gründig aus? Wie kann man sie vor dem Hintergrund der sozialpoliti-schen Entwicklung in den letzten Jahren auslegen?
- Ist die Aussage der Karikatur angemessen? Beründen Sie Ihre Meinung.

Früher unterstützten sich mehrere Generationen bei der Erziehung der Kinder und der Betreuung der älteren Generation. Diese Aufgaben werden heute vermehrt sozialen Einrichtungen wie Kinderhorten, Seniorenstätten und Pflegestationen übertragen. Die Sozialleistungen wurden stark ausgebaut (siehe Tabelle 2.1), und die gesetzlichen Sozialversicherungen verursachen hohe Kosten (Schaubild 2.1) bei den Arbeitgebern und hohe Abzüge von den Bruttolöhnen der Arbeitnehmer.

Soziale Sicherung – jeder ist betroffen und verantwortlich.

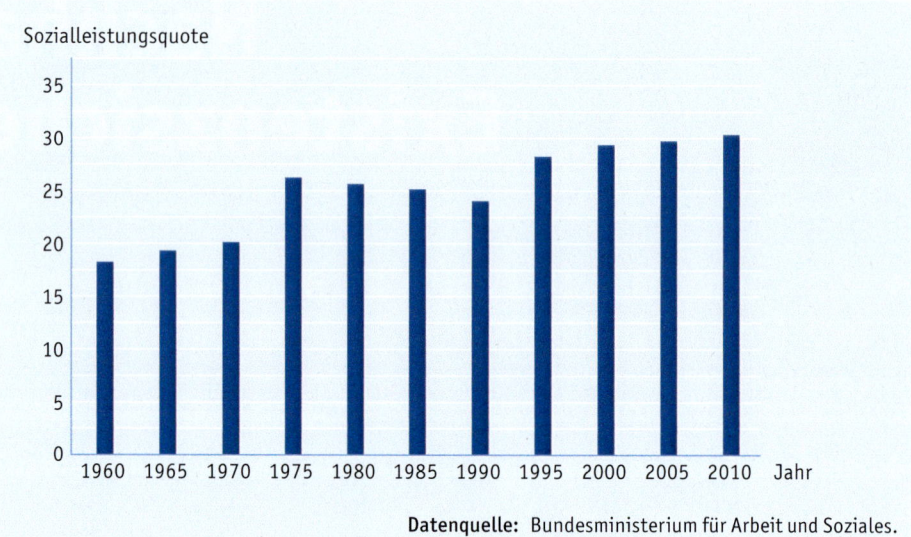

Datenquelle: Bundesministerium für Arbeit und Soziales.

Schaubild 2.1: Sozialleistungen im Verhältnis zur Wirtschaftsleistung in Deutschland (in % des Bruttoinlandsprodukts)

Der Sozialstaat soll den Anspruch auf soziale Gerechtigkeit verwirklichen, ohne dabei das soziale Netz zu eng zu knüpfen. Der Einzelne muss bei persönlicher Schieflage eigenverantwortlich handeln. Der Sozialstaat bewahrt ihn vor sozialen Härten, nimmt ihm aber nicht alle finanziellen Lasten ab.

Jahr der Einführung	Soziale Errungenschaft
1883	gesetzliche Krankenversicherung
1884	gesetzliche Unfallversicherung
1889	gesetzliche Rentenversicherung
1924	Sozialhilfe-Regelung
1927	gesetzliche Arbeitslosenversicherung
1954	Kindergeld
1957	dynamische Rente, Lohnfortzahlung im Krankheitsfall für Angestellte
1960	Jugendarbeitsschutzgesetz
1970	Lohnfortzahlung für Arbeiter im Krankheitsfall
1971	BAföG-Regelung (staatliche Ausbildungsförderung)
1985	Erziehungsgeld, Erziehungsurlaub
1995	gesetzliche Pflegeversicherung
1996	freie Wahl der Krankenkasse
2007	Gesundheits- und Rentenreform
2008	Gesundheitsfonds
2009	Rentenschutzklausel
2011	Finanzierungsgesetz für gesetzliche Krankenversicherungen

Tabelle 2.1: Soziale Errungenschaften

Die **gesetzliche Sozialversicherung** umfasst die fünf folgenden Zweige:
– Krankenversicherung
– Pflegeversicherung
– Arbeitslosenversicherung
– Rentenversicherung
– Unfallversicherung

Grundlegend für die Sozialpolitik in Deutschland sind die allgemeinen Prinzipien der Solidarität, der Subsidiarität, der Äquivalenz und der Verbundenheit der Generationen (Schaubild 2.2) sowie die drei Prinzipien der sozialen Sicherung (Tabelle 2.2).

Solidarität …
zwischen Arbeitnehmern, Arbeitgebern und Sozialversicherungsträgern:
Die Beiträge der Versicherten werden zur Finanzierung der Leistungen für die Berechtigten verwendet. Der Staat kann Zuschüsse an Versicherungsträger gewähren.

Subsidiarität …
heißt abgestufte Hilfe: Die nächsthöhere Instanz wird erst dann aktiv, wenn die betrachtete Ebene mit der Erfüllung der Aufgabe überfordert ist. Wenn zum Beispiel die Familie mit der Pflege eines Bedürftigen überfordert ist, übernimmt der Pflegedienst diese Aufgabe.

Äquivalenzprinzip …
stellt sicher, dass sich die Rentenhöhe an den gezahlten Beiträgen und an der allgemeinen Lohnentwicklung orientiert.

Generationenvertag …
zwischen Erwerbstätigen und Rentnern: Arbeitgeber und Arbeitnehmer finanzieren die Renten der jetzigen Rentnergeneration.

Schaubild 2.2: Allgemeine gesellschaftspolitische Prinzipien

Leistungen nach dem ...	Versicherungsprinzip	Versorgungsprinzip	Fürsorgeprinzip
durch die ...	Sozialversicherung	öffentliche Versorgung	Grundsicherung (Sozialhilfe)
erhalten ...	Mitglieder der Sozialversicherung, wenn sie Versicherungsbeiträge gezahlt haben	bestimmte Bevölkerungsgruppen, wenn sie besondere Opfer oder Leistungen für die Gemeinschaft erbracht haben	alle Bürgerinnen und Bürger, wenn sie bedürftig sind
finanziert durch ...	Versicherungsbeiträge und Staatszuschüsse	Steuermittel	Steuermittel

© Erich Schmidt Verlag

ZAHLENBILDER
141 050

Tabelle 2.2: Prinzipien der sozialen Sicherung

Art. 20 Grundgesetz:
(1) Die Bundesrepublik Deutschland ist ein demokratischer und sozialer Bundesstaat.

Artikel 20 des Grundgesetzes (GG) fordert dazu auf, unsere Gesellschaft sozial und gerecht zu gestalten. Sozialpolitik soll dem Menschen ein Leben in Würde ermöglichen. Was soziales und gerechtes Handeln ausmacht und unter welchen Umständen ein Leben in Würde möglich ist, wird dabei in Politik und Gesellschaft immer wieder diskutiert.

BEISPIEL

- Vor der Bundestagswahl 2009 wurden 2500 € Auto-Abwrackprämie und die einmalige Zahlung von 100 € pro Kind als Anschubhilfen für das Wirtschaftswachstum beschlossen. Inwieweit sind diese Maßnahmen dem Wähler gegenüber vertretbar?
- Inwieweit ist es sozialpolitisch zu verantworten, dass Bezieher von Arbeitslosengeld II mit der Hälfte des Netto-Monatseinkommens eines Durchschnittsverdieners auskommen müssen?

Gerade in wirtschaftlichen Krisenzeiten ist es politisch besonders schwierig, den Bürgern Einschränkungen des sozialen Systems zumuten zu müssen. Soll es doch vor sozialen Härten schützen und den sozialen Frieden in unserem Staat sichern.

Aufgaben zum Thema soziales Netz

1 Worauf ist Ihrer Ansicht nach der Anstieg der Sozialausgaben zurückzuführen?
2 Erläutern Sie die wesentlichen Unterschiede zwischen Versicherungs-, Versorgungs- und Fürsorgeprinzip.
3 Grenzen Sie die Begriffe Solidarität, Äquivalenzprinzip, Generationenvertrag und Subsidiarität gegeneinander ab. Verwenden Sie dazu die Kugellagermethode.
4 Erläutern Sie den Sozialstaatsgedanken aus der Sicht der Sozialpolitik.

2.2 Gesetzliche Krankenversicherung

Situation

Das ist doch in Ordnung. Die Gesundheitskosten müssen ja schließlich gesenkt werden.

Für meine Herztropfen muss ich jetzt auch noch zuzahlen.

Gesundheit, unser höchstes Gut

- Welche Leistungen der gesetzlichen Krankenversicherung können Versicherte beanspruchen?
- Wie werden die Ausgaben der Krankenversicherungen finanziert?
- Was versteht man unter Beitragssatz und Beitragsbemessungsgrenze?
- Wie funktioniert der Gesundheitsfonds?
- Welcher Hauptunterschied besteht zwischen gesetzlich und privat Krankenversicherten?
- Was versteht man unter Trägerschaft der Krankenversicherung?

Krankheit – finanzielle Absicherung ist gewährleistet.

In Deutschland sind grundsätzlich alle Arbeitnehmer, Arbeitslosen, Rentner, Studenten und Freiwilligendienstleistenden dazu verpflichtet, in die gesetzliche Krankenversicherung einzutreten. Diese Pflicht entfällt nur dann, wenn das Bruttoeinkommen der betreffenden Person über der sogenannten Versicherungspflichtgrenze von 4237,50 € pro Monat liegt (Stand 2012). In diesem Fall besteht wiederum die Möglichkeit, sich freiwillig versichern zu lassen.

Die **Krankenkasse,** bei der sie sich versichern wollen, können die Bürger frei wählen. Ehegatten und Kinder sind im Fall der gesetzlichen Versicherung mitversichert, wenn sie kein oder nur ein geringfügiges Einkommen beziehen.

Der **Beitragssatz** der gesetzlichen Krankenversicherungen beläuft sich einheitlich auf 15,5 %, bezogen auf das monatliche Bruttoeinkommen. Davon trägt der Arbeitnehmer 8,2 %, der Arbeitgeber 7,3 %. Bei der Beitragsbemessung gilt eine Höchstgrenze, jenseits derer kein Beitrag anfällt. Diese sogenannte **Beitragsbemessungsgrenze** beträgt 3825 € pro Monat (Stand 2012). Die Solidarität zwischen Arbeitnehmer und Arbeitgeber ist aufgrund der unterschiedlichen Beitragsbelastung verwässert.

Oberhalb einer bestimmten Einkommensgrenze entfällt die **Versicherungspflicht.** An ihre Stelle tritt die **freiwillige Versicherung** bei einer gesetzlichen Krankenkasse oder einer privaten Versicherungsgesellschaft.

BEISPIELE

- Tante Carola verdient als Krankenschwester 2450 € im Monat. Von ihrem Verdienst muss sie 200,90 € an die Krankenversicherung zahlen (2450 € × 8,2/100 = 200,90 €). Der Arbeitgeber zahlt 7,3 % von 2450,00 €, das heißt 178,85 €.
- Tante Carolas Schwester Lisa arbeitet am selben Krankenhaus als Ärztin. Ihr Verdienst liegt deutlich höher. Er beläuft sich auf 6700 €. Lisa ist freiwillig gesetzlich krankenversichert. Sie muss monatlich 313,65 € an die Krankenkasse zahlen (3825 € × 8,2/100 = 313,65 €). Der Teil ihres Verdienstes, der über der Beitragsbemessungsgrenze liegt, das heißt der Unterschiedsbetrag in Höhe von 2875 € (= 6700 € – 3825 €), ist beitragsfrei. Der Anteil des Arbeitgebers beläuft sich auf 279,23 €.

Träger der gesetzlichen Krankenversicherung sind zum Beispiel

- Ortskrankenkassen,
- Innungskrankenkassen,
- Ersatzkassen

sowie für besondere Berufsgruppen

- landwirtschaftliche Krankenkasse,
- Bundesknappschaft,
- Seekrankenkasse.

Die Krankenversicherungen bezahlen ärztliche Behandlungen, Medikamente und Krankengeld. Diese Leistungen erbringen sie unabhängig davon, wie hoch der vom Versicherten gezahlte Beitrag ist.

Private Krankenkassen berücksichtigen bei ihrer Beitragsbemessung auch die individuellen Krankheitsrisiken ihrer Kunden.

Private Krankenkassen unterscheiden bei der Beitragshöhe im Gegensatz zu den gesetzlichen zusätzlich nach dem Alter, dem Gesundheitsprofil und dem Geschlecht ihrer Kunden, das heißt, sie nehmen eine **Risikobewertung** vor.

In Schaubild 2.3 ist zusammengefasst, auf welche Art und Weise die Ausgaben der gesetzlichen Krankenversicherungen durch die Beiträge der Versicherten sowie durch zusätzliche Mittel gedeckt werden. Künftige Beitragserhöhungen muss allein der Arbeitnehmer tragen. Die Krankenkassen können vom Arbeitnehmer einen Zusatzbeitrag von bis zu 2 % des Bruttoeinkommens fordern.

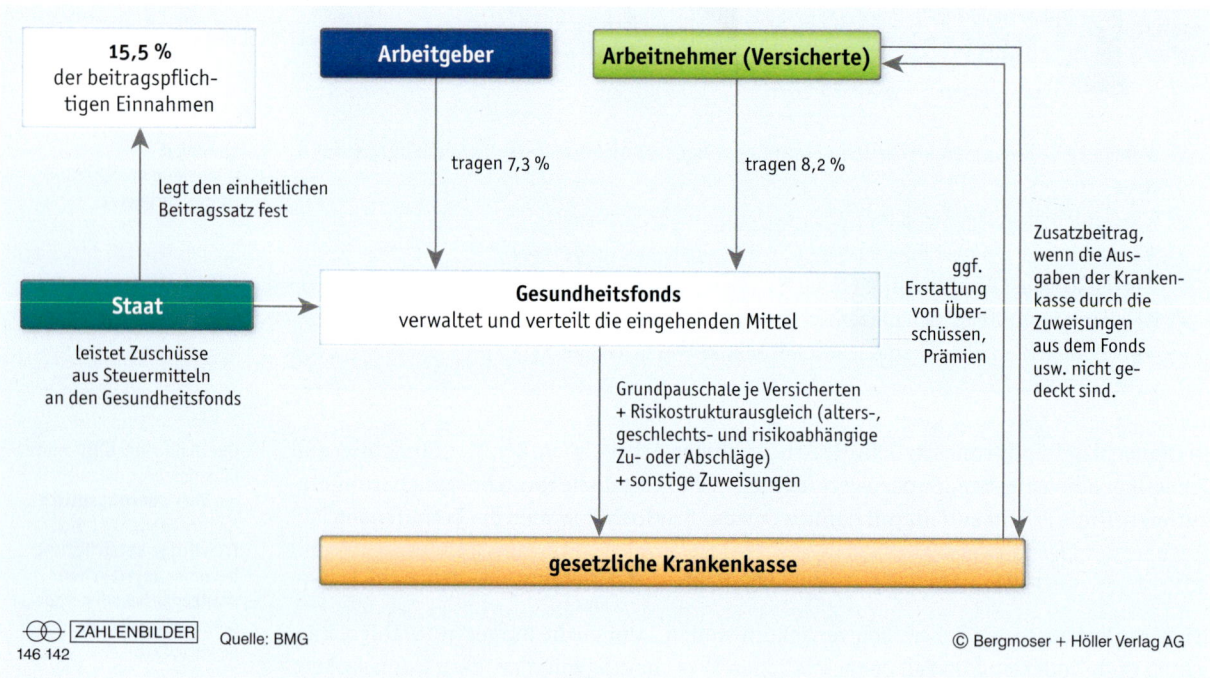

Schaubild 2.3: Finanzierung der Gesundheitsausgaben – der Gesundheitsfonds

In Schaubild 2.4 ist das System der gesetzlichen Krankenversicherung in Deutschland übersichtlich zusammengefasst.

Quer durch alle Parteien, aber auch innerhalb der Parteien bestehen sehr unterschiedliche Auffassungen über den „goldenen Mittelweg" zur sozialen Gerechtigkeit.

Alle im Zuge der Reformen der letzten Jahre vorgestellten Gesundheits- und Finanzierungsmodelle sind darauf ausgerichtet, dass Arbeitnehmer und Arbeitgeber sozial gerecht behandelt und Beiträge gesenkt werden. Was hierbei jedoch als „sozial gerecht" angesehen wird, ist sehr stark vom Standpunkt der Parteien, von der Sichtweise der Gesundheitsorganisationen und vom Empfinden der betroffenen Bürger abhängig.

Schaubild 2.4: Das System der gesetzlichen Krankenversicherung in Deutschland

Aufgaben zum Thema Krankenversicherung

1 Wie lauten die absolute Beitragshöhe und der prozentuale Beitragssatz Ihrer Krankenkasse? Hilfsmittel: Sozialversicherungsausweis, Abrechnung über die Ausbildungsvergütung.

2 Nahezu jeder Bürger ist krankenversichert. Nennen Sie vier Personengruppen, die in einer Krankenversicherung pflichtversichert sein müssen.

3 Wie hoch ist der maximale Beitrag zur gesetzlichen Krankenversicherung für Arbeitgeber und Arbeitnehmer bei einem Beitragssatz von 15,5 %?

4 Beschreiben Sie, wie der Gesundheitsfonds funktioniert.

5 „Beitragsermessungsgrenze und Versicherungspflichtgrenze sind viel zu niedrig!" – Nehmen Sie zu dieser Behauptung Stellung.

6 Beurteilen Sie die Ungleichverteilung der Beitragslast zwischen Arbeitgeber und Arbeitnehmer in der gesetzlichen Krankenversicherung.

7 Nennen Sie drei Krankenversicherungsträger und geben Sie vier Leistungen an, deren Kosten von Krankenkassen übernommen werden.

8 Ein leitender Angestellter bezieht ein Monatseinkommen von 6400 €, sein Mitarbeiter erhält 4400 €. Berechnen Sie den jeweiligen Krankenversicherungsbeitrag.

2.3 Gesetzliche Pflegeversicherung

Mit Gebrechen würdevoll leben

Situation

> Pflegeheim – das wäre nichts für unsere Oma.

> Find ich auch. Schließlich muss ich bereits um halb sieben aus dem Haus.

> Gut, dass jeden Morgen die nette Pflegerin nach mir schaut.

- Welche Leistungen der gesetzlichen Pflegeversicherung können Versicherte beanspruchen?
- Wie werden die Ausgaben der Pflegeversicherungen finanziert?
- Was versteht man unter Beitragssatz und Beitragsbemessungsgrenze?
- Welche Pflegebedürftigkeiten und Pflegestufen werden unterschieden?
- Was versteht man unter Prävention und Rehabilitation?
- Was ist eine Patientenverfügung und wozu dient sie?

Pflegeversicherung – Ergänzung zur Krankenversicherung

Die medizinische Versorgung wird stets besser, und die Menschen werden immer älter. Damit wächst auch die Zahl der Pflegebedürftigen. Seit der Einführung des Pflegeversicherungsgesetzes (PflegeVG) im Jahr 1995 ist jeder Bürger durch die gesetzliche oder durch eine private Pflegeversicherung abgesichert. Die Pflegeversicherung ist der jeweiligen Krankenkasse angegliedert.

Träger der gesetzlichen Pflegeversicherung sind die Krankenkassen.

Der monatliche **Beitragssatz** beträgt 1,95 %, bezogen auf das Bruttoeinkommen. Arbeitnehmer und Arbeitgeber tragen jeweils die Hälfte davon (0,975 %). Kinderlose zahlen einen **Zuschlag** von monatlich 0,25 %. Hiervon ausgenommen sind Versicherte unter 23 Jahren, Freiwilligendienstleistende, Bezieher von Arbeitslosengeld II sowie Versicherte, die vor 1940 geboren sind. Es gilt dieselbe Beitragsbemessungsgrenze wie in der Krankenversicherung (Stand 2012).

Laut PflegeVG ist **pflegebedürftig**, wer wegen einer Krankheit oder Behinderung auf Dauer oder voraussichtlich für mindestens sechs Monate auf erhebliche Hilfe angewiesen ist.

BEISPIEL
- Sofias Tante Carola verdient als Krankenschwester 2450 € im Monat. Sie hat eine minderjährige Tochter. Ihr Gesamtbeitrag zur Pflegeversicherung beläuft sich auf 47,78 €. Die Hälfte davon, das heißt 23,89 €, trägt ihr Arbeitgeber.
- Wäre Carola kinderlos, so müsste sie neben zu dem anteiligen Beitragssatz 0,975 % einen Zusatzbeitrag von 0,25 % entrichten. Damit würde sich ihr Beitragsanteil von 23,89 € auf 30,01 € erhöhen.

Bei den Leistungen der Pflegeversicherung wird zwischen Sach- und Geldleistungen unterschieden.

BEISPIEL
- Zu den Sachleistungen zählen der ambulante Pflegedienst und die Betreuung durch eine Sozialstation in häuslicher Umgebung.
- Zu den Geldleistungen zählen finanzielle Zuschüsse für pflegende Familienangehörige (Beiträge zur gesetzlichen Rentenversicherung) sowie für Pflegehilfsmittel wie Gehhilfen oder spezielle Vorrichtungen in der Wohnung der zu pflegenden Person.

In Tabelle 2.3 ist das System der Pflegestufen zusammengefasst.

Pflegebedürftige sollen durch die gebotene Hilfe ein menschenwürdiges, möglichst selbstständiges und eigenbestimmtes Leben führen können.

Pflegestufe	Erhebliche Pflegebedürftigkeit (I)	Schwere Pflegebedürftigkeit (II)	Schwerste Pflegebedürftigkeit (III)	Härtefall
Zeitaufwand pro Tag	mehr als 90 Min. (davon mind. 45 Min. Grundpflege)	mehr als 3 Std. (davon mind. 2 Std. Grundpflege)	mehr als 5 Std. (davon mind. 4 Std. Grundpflege)	mehr als 7 Std. (davon mind. 2 Std. in der Nacht)
Monatlicher Zuschuss				
stationäre Pflege	max. 1023 €	max. 1279 €	max. 1550 €	max. 1918 €
ambulante Pflege	max. 450 €	max. 1100 €	max. 1550 €	max. 1918 €
Pflegegeld für pflegende Privatpersonen	max. 235 €	max. 440 €	max. 700 €	–

Tabelle 2.3: Das System der Pflegestufen (Stand 2012)

Die erforderliche **Pflegestufe** wird auf der Grundlage einer Begutachtung durch den Medizinischen Dienst der Krankenkasse festgesetzt. Maßgeblich für die Einstufung sind der Grad und die Häufigkeit der täglich erforderlichen Hilfe, wobei zwischen der Grundpflege (zum Beispiel Körperpflege, Ernährung, Mobilität) zum einen und der hauswirtschaftlichen Versorgung (zum Beispiel Einkaufen) zum andern unterschieden wird.

Grundsätzlich hat ambulante Pflege Vorrang vor stationärer Pflege und Prävention vor Rehabilitation. Die häusliche Pflege übernehmen häufig Familienangehörige. Pflegende Familienangehörige haben ein Anrecht auf Urlaub, um sich von der Belastung durch die Pflegetätigkeit erholen zu können. Deshalb kann für maximal vier Wochen pro Jahr eine Pflegevertretung oder eine Kurzzeitpflege in einer Pflegestation bewilligt werden.

Die **Pflegekosten** werden von der Pflegekasse nur bis zu einem Höchstbetrag übernommen (siehe Tabelle 2.3). Den Restbetrag muss die pflegebedürftige Person selbst aufbringen. Reicht ihr Einkommen nicht aus, so müssen sich die Angehörigen angemessen an der Finanzierung beteiligen. Etwa verbleibende Restkosten trägt die Sozialhilfe.

Aus ärztlicher Sicht ist es ein zwingendes Gebot, Leben unter allen Umständen zu erhalten. Ist dies aber auch der Wunsch des Betroffenen? Sofern es dem Patienten in solchen Krankheitsfällen noch möglich ist, seinen eigenen Willen zu äußern, kann er sich lebensverlängernden Maßnahmen widersetzen. Doch was geschieht, wenn eine Willensäußerung nicht mehr möglich ist? Immer mehr Menschen entschließen sich zu einer vorsorglichen Patientenverfügung. Darin legen sie fest, inwiefern sie mit lebensverlängernden Maßnahmen einverstanden sind und was für sie ein „Sterben in Würde" bedeutet.

In der Politik werden in Bezug auf die Reformierung der Pflegeversicherung unter anderem die folgenden Fragen diskutiert:

- Soll der Beitragssatz mit zunehmendem Alter steigen?
- Soll ambulante Pflege stärker bezuschusst werden als stationäre?
- Soll der Beitragssatz verdoppelt und sollen damit die Pflegeleistungen ausgeweitet werden?
- Sollen die dadurch höheren Lohnnebenkosten der Arbeitgeber durch Streichung eines Feiertags ausgeglichen werden?

Prävention
= Vorsorgemaßnahme zur Vermeidung einer Höherstufung in der Pflege

Rehabilitation
= Einsatz von Maßnahmen zur Aufhebung von Pflegebedürftigkeit oder zur Vermeidung von Verschlimmerungen

Patientenverfügung –
den Willen des Patienten respektieren

Aufgaben zum Thema Pflegeversicherung

1 Nehmen Sie Stellung zu den Aussagen in der Illustration eingangs dieses Abschnitts (S. 54). Führen Sie das Gespräch in einem Rollenspiel weiter.
2 Wie hoch ist Ihr persönlicher Finanzierungsbeitrag zur Pflegeversicherung?
3 Pflege- und Krankenversicherung liegen häufig in einer Hand. Unter welchen Voraussetzungen kann man Leistungen aus der Pflegeversicherung beziehen?
4 Welche Pflegeleistungen kann ein Pflegebedürftiger in Anspruch nehmen?
5 Diskutieren Sie die Wirksamkeit der Reformvorschläge zur Pflegeversicherung.
6 Was sind die Konsequenzen für einen Menschen, der in seiner Patientenverfügung festschreibt, dass er bei schwerer Krankheit auf lebensverlängernde medizinische Maßnahmen verzichtet?
7 Stellen Sie gesellschaftliche und wirtschaftliche Auswirkungen heraus, wenn immer mehr Menschen bewusst auf lebensverlängernde medizinische Maßnahmen verzichten.

2.4 Gesetzliche Rentenversicherung

Finanzielle Sicherheit im Alter?

Die Altersrente beruht auf dem **Generationenvertrag.**

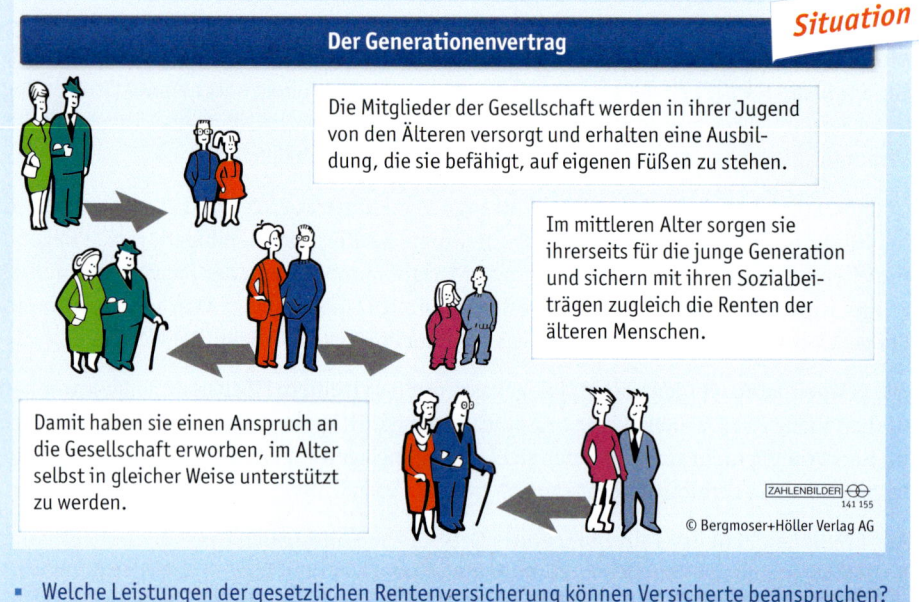

Der Generationenvertrag — *Situation*

Die Mitglieder der Gesellschaft werden in ihrer Jugend von den Älteren versorgt und erhalten eine Ausbildung, die sie befähigt, auf eigenen Füßen zu stehen.

Im mittleren Alter sorgen sie ihrerseits für die junge Generation und sichern mit ihren Sozialbeiträgen zugleich die Renten der älteren Menschen.

Damit haben sie einen Anspruch an die Gesellschaft erworben, im Alter selbst in gleicher Weise unterstützt zu werden.

ZAHLENBILDER
141 155
© Bergmoser+Höller Verlag AG

- Welche Leistungen der gesetzlichen Rentenversicherung können Versicherte beanspruchen?
- Wie werden die Ausgaben der Rentenversicherung finanziert?
- Wie hoch sind Beitragssatz und Beitragsbemessungsgrenze?
- Welche Möglichkeiten der Altersvorsorge gibt es?
- Wie berechnet sich die Rentenhöhe?
- Wodurch unterscheiden sich gesetzliche Altersrente und betriebliche Zusatzrente?
- Warum steigt das Renteneintrittsalter in Zukunft an?

Demografiefaktor
(Nachhaltigkeitsfaktor)
= Verhältnis von Beitragszahlern zu Rentenempfängern

Der sogenannte Generationenvertrag verpflichtet die arbeitende Bevölkerung und die Arbeitgeber, mit ihren Beiträgen zur Rentenversicherung die Altersrente der Ruheständler zu finanzieren. Über das Umlageverfahren werden die laufend eingehenden Beiträge umgehend zur monatlichen Rentenauszahlung herangezogen. Heute finanzieren etwa drei Beitragszahler einen Rentenempfänger. Bis zum Jahr 2030 wird dieses Verhältnis nach Expertenschätzungen auf rund 2 zu 1 absinken.

Um die Finanzierung der Altersrenten zu verbessern, wurde mit der Rentenreform von 2008 beschlossen, dass die Altersgrenze für den Bezug der Regelaltersrente, ab der Versicherte in den Ruhestand wechseln können, angehoben wird. Sie soll in den Jahren 2012 bis 2029 schrittweise von 65 auf 67 Jahre steigen (Schaubild 2.5).

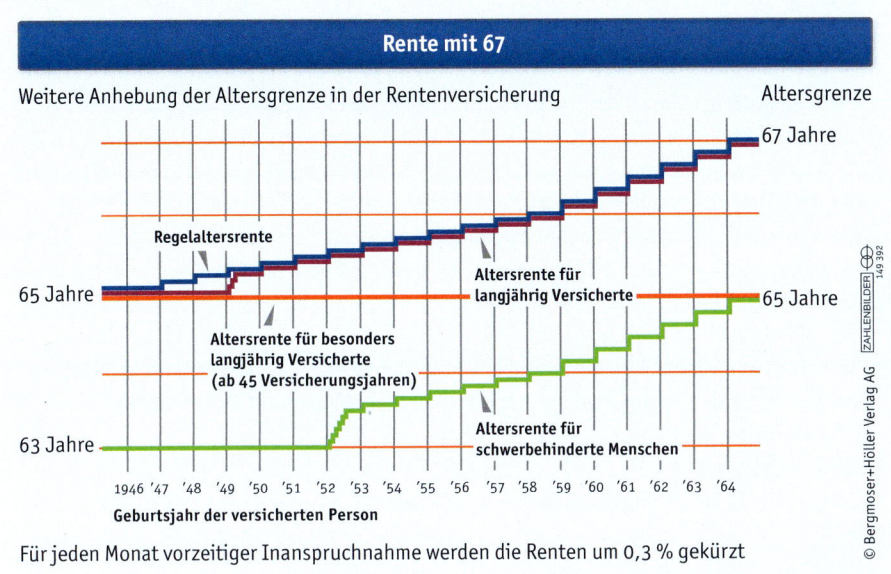

Schaubild 2.5: Anhebung der Altersgrenzen in der gesetzlichen Rentenversicherung

Frauen sind bei der Altersrente im Durchschnitt schlechter gestellt als Männer. Trotz Gleichberechtigung sind es überwiegend die Frauen, die die Kinder erziehen, den Haushalt versorgen und weniger lang berufstätig sind. Beim Tod des Ehepartners verschlechtert sich die Situation nochmals, da die Witwenrente geringer ausfällt als die Altersrente.

> Frauen sind bei der Altersrente gegenüber Männern im Nachteil.

Der **Beitragssatz** der Versicherten beträgt 19,6 %, bezogen auf das Bruttoeinkommen. Arbeitnehmer und Arbeitgeber bestreiten die Beitragszahlung jeweils zur Hälfte. Die Beitragsbemessungsgrenze beträgt in den alten Bundesländern 5600 € pro Monat, in den neuen 4800 € pro Monat (Stand 2012).

> Trägerin der gesetzlichen Rentenversicherung ist die **Deutsche Rentenversicherung Bund.** Informationen erhält man auch bei den Krankenkassen und den örtlichen Versorgungsämtern.

In Tabelle 2.4 sind die wichtigsten Merkmale der Alterssicherung bzw. der Altersvorsorge in Deutschland zusammengefasst.

Gesetzliche Altersrente	Betriebliche Zusatzrente	Private Altersvorsorge
▪ gesetzliche Rentenversicherung der Arbeitnehmer ▪ Beamtenversorgung ▪ berufsständische Alterssicherung für Selbstständige, Freiberufler	▪ betriebliche Altersversorgung für Arbeitnehmer ▪ Zusatzversorgung für Arbeitnehmer im öffentlichen Dienst	▪ staatliche Förderung, z. B. Lebensversicherung, Aktienfonds, Riester-Rente ▪ privater Vermögensaufbau, z. B. Wohneigentum, Ersparnisse, Aktienbesitz
→ Finanzierung durch Beiträge der Arbeitnehmer und Arbeitgeber sowie durch Bundeszuschüsse	→ Finanzierung durch Rücklagen im Betrieb oder Kapitalanlage auf Finanzmärkten	→ Finanzierung durch Kapitalanlage, Versicherungsbeiträge auf Finanzmärkten

Tabelle 2.4: Die drei Säulen der Alterssicherung bzw. Altersvorsorge

Die **Rentenhöhe** berechnet sich nach der sogenannten Rentenformel. Diese setzt sich folgendermaßen zusammen:

$$\text{Monatsrente} = \text{EP} \times \text{ZF} \times \text{RAF} \times \text{ARW}$$

Hierbei bedeuten

Die Bestandteile der Rentenformel

- EP = **Entgeltpunkt.** Für Beiträge, die aufgrund des sich jährlich verändernden Durchschnittsgehalts (2011: 30 268 €) gezahlt wurden, erhält der Rentner pro Versicherungsjahr einen EP.
- ZF = **Zugangsfaktor.** Dieser Faktor beträgt 1 (oder 100 %), wenn der Versicherte zum gesetzlichen Renteneintrittsalter in den Ruhestand geht. Er verkleinert sich um 0,003 (oder 0,3 %-Punkte) pro Monat bei früherem Eintritt in den Ruhestand. Umgekehrt vergrößert er sich um 0,005 (oder 0,5 %-Punkte) pro Monat bei späterem Rentenbeginn.
- RAF = **Rentenartfaktor.** Dieser Faktor beträgt 1 im Fall der Altersrente, 0,5 bei teilweiser Erwerbsminderung und 0,6 im Fall der Witwenrente.
- ARW = **aktueller Rentenwert oder Basisfaktor.** Er wird jährlich neu festgelegt. Seit dem 1. Juli 2011 beträgt er 27,20 € für Versicherte in den alten sowie 24,13 € für Versicherte in den neuen Bundesländern.

BEISPIEL

- Herr Klug hat 45 Jahre lang gearbeitet und jedes Jahr genau das Durchschnittsgehalt verdient. Er hat also 45 Entgeltpunkte angesammelt. Er geht im gesetzlichen Rentenalter (ZF = 1) in Altersrente (RAF = 1). Daraus folgt:
  Monatsrente = 45 × 1 × 1 × 27,20 E = 1224 €
- Herr Ott hat 43 Jahre lang gearbeitet und geht zwei Jahre früher in den Ruhestand. Daraus folgt:
  Monatsrente = 43 × 1 × (1 − 24 × 0,003) × 27,20 € = 1085,39 €

Die gesetzliche Rente allein reicht vielfach nicht mehr aus.

Neben der gesetzlichen Alterssicherung werden betriebliche sowie privat abgeschlossene Rentenversicherungen immer wichtiger. Viele Unternehmen zahlen freiwillig oder aufgrund einer tarifvertraglichen Bestimmung eine **Betriebsrente.** Diese wird bei Erreichen des Rentenalters als Einmal- oder als laufende Monatszahlung gewährt. Ergänzend sollte der Bürger während des Erwerbslebens Vermögen bilden, um im Alter finanziell abgesichert zu sein.

Durch die Reform des Rentensystems von 2008 soll sichergestellt sein, dass der Beitragssatz nicht über die Grenze von 20 % angehoben werden muss. Deshalb muss entweder die Zahl der Beitragszahler steigen, oder es müssen die Beitragszeiten verlängert oder die Versicherungsleistungen vermindert werden. Ein erster Schritt ist die schon oben erwähnte Erhöhung des gesetzlichen Renteneintrittsalters von 65 auf 67 Jahre.

Aufgaben zum Thema Rentenversicherung

1   Bei welchen Auskunftsstellen können Sie sich über Ihr aktuelles Rentenkonto informieren?
2   Stellen Sie die Finanzierung der Rente (Stichwörter: Generationenvertrag, Umlageverfahren) in einem Kurzreferat vor.
3   Erläutern Sie die grundsätzliche Problematik, die sich für Ihre Generation im Hinblick auf die Rentenhöhe und Rentenfinanzierung ergibt.
4   Wie kann die schlechte finanzielle Absicherung von Frauen im Alter verbessert werden?
5   Tragen Sie zusammen, welche Gründe zur Krise des Generationenvertrags geführt haben.
6   Erläutern Sie mithilfe der Kugellagermethode die drei Säulen der Alterssicherung.
7   Warum erlangen betriebliche und private Altersvorsorge neben der gesetzlichen Rentenversicherung immer mehr Bedeutung?
8   Erstellen Sie eine Pro-und-Kontra-Liste zu der folgenden Frage: Soll die gesetzliche Rentenversicherung durch eine rein privat organisierte Altersversicherung ersetzt werden?
9   Warum wird das Renteneintrittsalter stufenweise angehoben?
10 Wie sichern Sie sich für das Alter finanziell ab?

2.5 Gesetzliche Arbeitslosenversicherung

Arbeitslose fördern
und fordern?!

- Welche Leistungen der gesetzlichen Arbeitslosenversicherung können Versicherte beanspruchen?
- Wie werden die Ausgaben der Arbeitslosenversicherung finanziert?
- Wie hoch sind Beitragssatz und Beitragsbemessungsgrenze?
- Unter welchen Voraussetzungen gilt ein Mensch, der keine Arbeit hat, als arbeitslos?
- Unter welchen Bedingungen erhält man Arbeitslosengeld?
- Wie viel Arbeitslosengeld erhält ein Arbeitsloser?
- Was versteht die Arbeitsvermittlung unter „Fördern und fordern"?

Die Arbeitslosenversicherung versichert das Risiko der Arbeitslosigkeit. Die Beiträge der Arbeitnehmer und Arbeitgeber bilden den finanziellen Grundstock für die Versicherungsleistungen der **Bundesagentur für Arbeit** in Nürnberg mit einem bundesweiten Netz von örtlichen Arbeitsagenturen. Hinzu kommen Zuschüsse aus dem Bundeshaushalt, wenn die Beitragseinnahmen nicht ausreichen, um sämtliche Leistungen der Bundesagentur zu finanzieren.

Beitragssatz:
3,0 %, bezogen auf das Bruttoeinkommen (Arbeitgeber und Arbeitnehmer jeweils zur Hälfte

Beitragsbemessungsgrenze:
5600 € / Monat (West),
4800 € / Monat (Ost)
(Stand 2012)

Leistungen der Arbeitslosenversicherung sind:

- Zahlung von Entgeltersatzleistungen (Arbeitslosengeld, Kurzarbeitergeld, Winterausfallgeld, Insolvenzausfallgeld und Beiträge zur Sozialversicherung für Arbeitslose),
- Berufsberatung,
- Förderung der beruflichen Aus- und Weiterbildung,
- Kindergeldzahlung aus der Familienkasse.

Schaubild 2.6 fasst die Merkmale zusammen, die nach der Definition der Bundesagentur für Arbeit maßgeblich sind für Arbeitslosigkeit.

Schaubild 2.6: Merkmale von Arbeitslosigkeit

Nur wer die in Schaubild 2.6 aufgeführten vier Kriterien erfüllt, wird in den offiziellen Arbeitslosenstatistiken geführt und hat unter bestimmten Voraussetzungen Anspruch auf Arbeitslosengeld I (ALG I).

Wer hat Anspruch
auf Arbeitslosengeld?

Arbeitslosengeld I erhält, wer

- die vier Merkmale der Arbeitslosigkeit erfüllt,

offizielle **Merkmale**
von Arbeitslosigkeit

- in den letzten zwei Jahren vor der Arbeitslosigkeit mindestens zwölf Monate gearbeitet und dabei in die Arbeitslosenversicherung eingezahlt hat,
- sich umgehend persönlich arbeitslos gemeldet hat.

Die **persönliche Meldung** über die Beendigung des Arbeitsverhältnisses muss unmittelbar nach Kenntnisnahme erfolgen, zum Beispiel bei Erhalt der Kündigung. Handelt es sich um einen befristeten Vertrag, so muss sich der Betroffene drei Monate vor Ablauf des Vertrags bei der Arbeitsagentur melden. Diese Regelung gilt nicht für betriebliche Ausbildungsverhältnisse. Eine verspätete Meldung löst Kürzungen des Arbeitslosengeldes aus.

Die Höhe des Arbeitslosengeldes beläuft sich auf 60 % (bzw. 67 % für Arbeitslose mit Kind) des Nettoentgelts, das in der letzten Beschäftigung vor der Arbeitslosigkeit durchschnittlich erzielt wurde. Wie lange ein Arbeitsloser Anspruch auf Arbeitslosengeld hat, ist abhängig von seinem Alter und der Zahl seiner Versicherungsjahre.

ALG II, siehe Grundsicherung
für Arbeitsuchende, S. 71–73

Nach Ablauf des Anspruchs auf Arbeitslosengeld kann **Arbeitslosengeld II** (ALG II) beantragt werden. Dieses ist allerdings keine Leistung der Arbeitslosenversicherung, sondern eine staatliche Transferleistung, die durch Steuergelder finanziert wird.

„Fördern und fordern"

Durch den arbeitsmarktpolitischen Grundsatz „Arbeitslose sind zu fördern, müssen aber auch gefordert werden" soll der Druck auf Arbeitslose erhöht werden, einen angebotenen Arbeitsplatz anzunehmen. Einem Arbeitslosen, der wiederholt die Annahme eines Arbeitsplatzes verweigert, kann vorübergehend das Arbeitslosengeld gestrichen werden.

Arbeitslosigkeit, offene
Stellen und Qualifikations-
unterschiede

Wie soll Arbeitsförderung funktionieren, wenn es nicht genügend Arbeitsplätze gibt? Andererseits ist die Nachfrage nach qualifizierten Fachkräften so hoch, dass sie oft durch den Arbeitsmarkt nicht gedeckt werden kann. In einigen Branchen, beispielsweise in der Elektro- und Metallbranche, wird mangelndes Arbeitskräfteangebot besonders deutlich. Über den Erfolg der Fördermaßnahmen entscheidet allein der Arbeitsmarkt durch Angebot und Nachfrage. Sowohl die Bundesagentur für Arbeit als auch der Gesetzgeber und die Bundesregierung schaffen keine neuen Arbeitsplätze. Sie können lediglich die Rahmenbedingungen verbessern, unter denen die Betriebe bereit sind, zusätzliche Arbeitskräfte zu beschäftigen.

Insolvenz,
siehe Kapitel 5,
Abschnitt 5.5, S. 231–34

BEISPIEL

Barbara (28 Jahre alt) hat eine Berufsausbildung als Technische Zeichnerin abgeschlossen. („Technische Zeichnerin" ist die Vorgängerbezeichnung von „Technische Produktdesignerin".) Nach der Lehre wurde sie von ihrem Ausbildungsbetrieb auf der Basis eines unbefristeten Vertrags übernommen. Ein Auftragseinbruch zwang den Betrieb, Kurzarbeit anzumelden. Ein halbes Jahr später musste der Betrieb Insolvenz anmelden und kurz darauf schließen, weil das Unternehmen seinen Zahlungspflichten nicht mehr ausreichend nachkommen konnte. Nach mehrmonatiger Suche vermittelte die örtliche Arbeitsagentur Barbara eine Anstellung in einem Metallwarenhandel mit der Auflage, sich zur Bürokauffrau ausbilden zu lassen. Ein Jahr nach Abschluss dieser Zweitausbildung nutzte Barbara die Gelegenheit, zwei Jahre lang neben ihrer Berufstätigkeit den von der Arbeitsagentur geförderten IHK-Kurs „Industriefachwirtin" zu besuchen.

Welche Regeln zur Bemessung des Arbeitslosengeldes im Fall von Alleinstehenden gelten, ist in Schaubild 2.7 zusammengefasst.

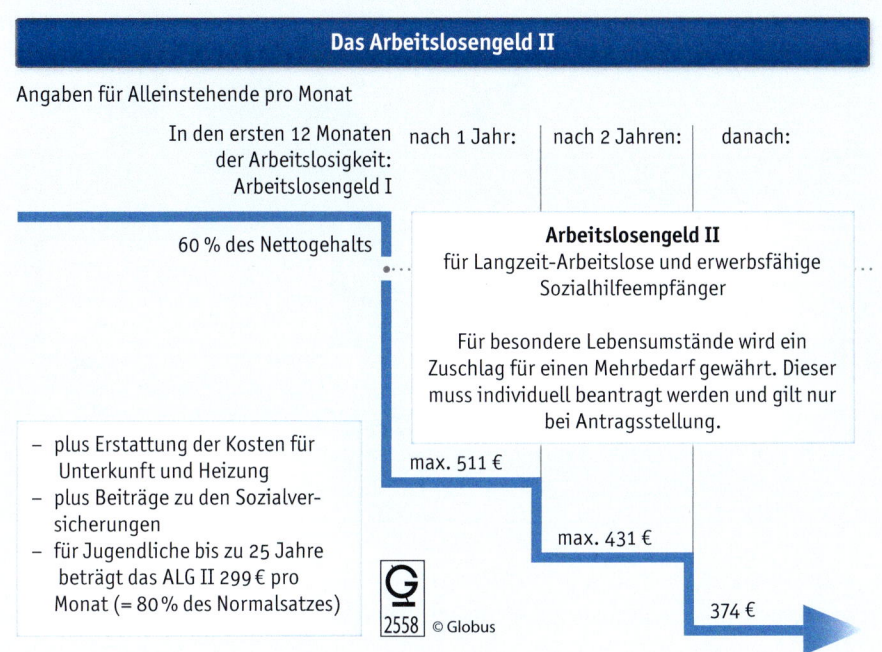

Schaubild 2.7: Womit alleinstehende Arbeitslose rechnen können

Aufgaben zum Thema Arbeitslosenversicherung

1 Beurteilen Sie die Aussagen, die mit den beiden Fotos am Beginn dieses Abschnitts (S. 59) verbunden sind.

2 Haben Sie Angebote der Agentur für Arbeit genutzt? Wenn ja, welche waren dies?

3 Auf welche Leistungen haben Arbeitslose einen Anspruch?

4 Ein 37-jähriger Facharbeiter ist arbeitslos. Nennen Sie fünf Leistungen, die der Arbeitslose von der Arbeitslosenversicherung erwarten kann.

5 Auf welche Leistungen hat die Arbeitnehmerin Barbara im Fallbeispiel „Technische Zeichnerin" (S. 60) Anspruch?

6 Wie hoch ist Ihr monatlicher Beitrag zur Arbeitslosenversicherung?

7 Recherchieren Sie, wie lange Arbeitslose einen Anspruch auf ALG I haben.

8 Die Leistungen für Arbeitslose werden zusehends verringert und die Sanktionen bei Ablehnung eines angebotenen Arbeitsplatzes verschärft. Beurteilen Sie die Wirkung solcher Maßnahmen auf den Arbeitslosen selbst, auf die Gesellschaft und die Rückwirkung auf die Arbeitslosenversicherung.

2.6 Gesetzliche Unfallversicherung

Unfallversicherung
= sozialer Arbeitsschutz

- Über welchen Unfall unterhalten sich die Auszubildende und ihr Ausbilder?
- Wie wird sich das Gespräch wohl fortsetzen?
- Welche Versicherung kann hier in Anspruch genommen werden?

Dachverband:
Deutsche Gesetzliche Unfallversicherung (DGUV)

Fusionierte Berufsgenossenschaften (BG), sind zum Beispiel:
– BG ETEM (Energie, Textil, Elektro, Medienerzeugnisse)
– BG Holz und Metall
– BG Nahrungsmittel und Gastgewerbe

Direkter Weg: kürzeste bzw. sicherste Wegstrecke zwischen Wohnungstür und Arbeitsstätte; kleinere Umwege – etwa um Kinder vom Kindergarten abholen oder mitfahrende Arbeitskollegen zu Hause abzusetzen – sind mitversichert.

Die gewerblichen und landwirtschaftlichen Berufsgenossenschaften sowie der Bundesverband für Unfallkassen sind die Träger der gesetzlichen Unfallversicherung. **Unfallverhütungsvorschriften** wie zum Beispiel das Arbeitsschutz- und Arbeitssicherheitsgesetz oder die Arbeitsstätten- und die Gefahrstoffverordnung tragen dazu bei, dass die betrieblichen Unfallzahlen zurückgehen. Bei einer berufsbedingten Gesundheitsschädigung sind der Arbeitnehmer und seine Familie durch die zuständige Berufsgenossenschaft finanziell abgesichert.

Ein Verdacht auf eine Berufskrankheit muss der Berufsgenossenschaft vom Arbeitgeber gemeldet werden. Bestätigt eine ärztliche Überprüfung den Verdacht, so kann die Krankheit als Berufskrankheit anerkannt werden. Wegeunfälle unter Alkoholeinfluss (oder berauschend wirkenden Medikamenten bzw. Drogen) sind nicht versichert, wenn der Unfall im nüchternen Zustand bei gleicher Sachlage wahrscheinlich nicht passiert wäre.

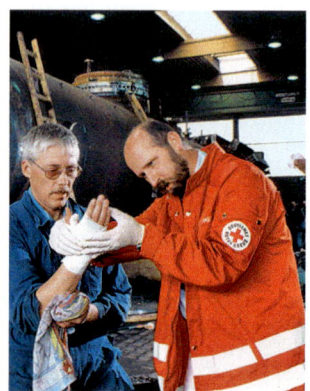  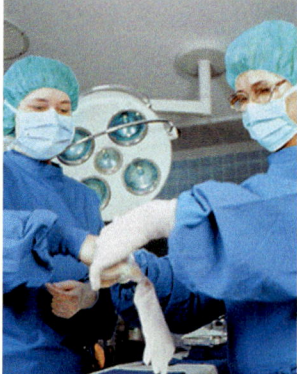

Schaubild 2.8: Arbeitsunfall, Wegeunfall, Berufskrankheit

Nach Angaben der DGUV ereigneten sich im Jahr 2010 in Deutschland 954 459 Arbeitsunfälle, davon 519 mit tödlichem Ausgang, und 223 973 Wegeunfälle, davon 367 mit tödlichem Ausgang. Es wurden 70 277 Meldungen auf Verdacht einer Berufskrankheit abgegeben, in 31 219 Fällen wurde der Verdacht bestätigt. Überdies verzeichnet die DGUV 2486 Todesfälle infolge einer Berufskrankheit. (Quelle: www.dguv.de.)

Schaubild 2.9 vermittelt eine Übersicht über die verschiedenen Leistungsbereiche der Unfallversicherung.

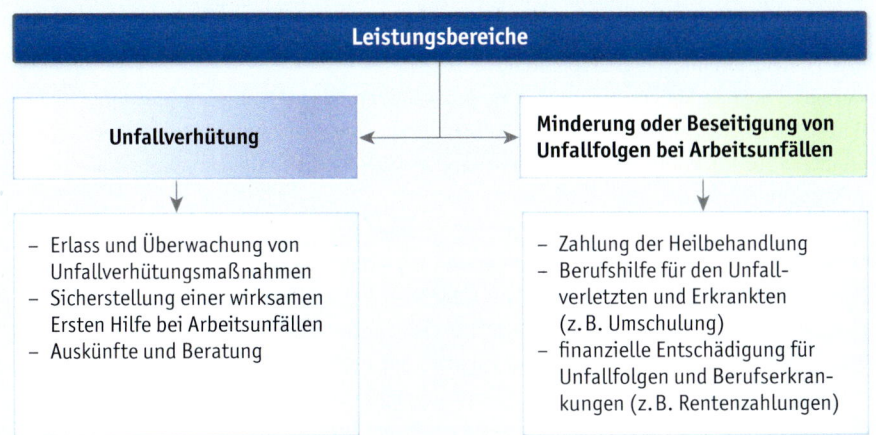

Schaubild 2.9: Leistungsbereiche der Unfallversicherung

Bei Berufsunfähigkeit erhält der Betroffene nur dann eine Rente, wenn er vor 1961 geboren ist. Jüngere Arbeitnehmer sollten unbedingt eine private Berufsunfähigkeitsversicherung abschließen.

Die **Beiträge** an die Unfallversicherung hängen von der Gefahrenklasse der Branche, der betrieblichen Lohnsumme und einer je nach Gewerbezeig bemessenen Umlageziffer ab. In Tabelle 2.5 wird beispielhaft gezeigt, wie sich die Beitragseinnahmen der Unfallversicherung eines Kalenderjahrs zusammensetzen.

Gefahren-klasse	Gewerbezweig	Lohnsumme (€)	Gesamtbeitrag (€)	Anzahl der Versicherten
14,0	elektrotechnische Großinstallation	836 340 182	38 230 324	29 457
9,5	elektrotechnische Installation	3 053 572 740	90 811 650	156 553
7,0	Energieversorgung	2 903 289 648	66 759 156	73 887
5,5	Informations-technik	1 766 802 498	31 028 439	65 632

Tabelle 2.5: Beispielhafte Beitragsfinanzierung der Unfallversicherung

Bei langjährig geringen Schadenssummen kann der Betrieb einen Beitragsbonus erhalten – ähnlich wie in der Kraftfahrzeugversicherung. Im Unterschied zu den vier anderen gesetzlichen Sozialversicherungen kommt der Arbeitgeber in der gesetzlichen Unfallversicherung allein für die Beiträge auf.

Versicherungsleistungen und Beitragsfinanzierung

Einen Anspruch auf Berufsunfähigkeitsrente können nur Personen geltend machen, die vor 1961 geboren sind.

Gefahrenklasse: Je höher die Schadenssumme im Betrieb ist, desto höher ist die Gefahrenklasse.

Umlageziffer: Zahlenwert, den die Berufsgenossenschaft aufgrund des gesamten Schadenaufwands und der gesamten Lohnsumme innerhalb eines Gewebezweigs festsetzt.

Die Beiträge zur Unfallversicherung zahlt der Arbeitgeber alleine.

Aufgaben zum Thema Unfallversicherung

1   Bei welcher Berufsgenossenschaft ist Ihr Betrieb unfallversichert?

2   Was kann Ihr Betrieb tun, um die Kosten der Unfallversicherung niedrig zu halten?

3   Welcher Versicherungsträger ist jeweils für einen Unfall auf dem Weg zur beruflichen Schule bzw. zum Ausbildungsbetrieb zuständig?

4   Warum ist die Anerkennungsquote bei Verdacht auf Berufskrankheit relativ gering?

5   Halten Sie ein Kurzreferat zum Thema „Leistungen der gesetzlichen Unfallversicherung".

6   Erläutern Sie drei unterschiedliche Versicherungsfälle, für die Berufsgenossenschaften Leistungen erbringen.

7   Erläutern Sie den Unterschied zwischen einer privaten und der gesetzlichen Unfallversicherung.

8   Berechnen Sie mithilfe der Tabelle 2.5 die folgenden Werte: prozentualer Beitragssatz, durchschnittlicher Jahresverdienst und Beitrag pro Versichertem. Bewerten Sie Ihre Ergebnisse.

9   „Auch Arbeitnehmer sollten sich an der Finanzierung der gesetzlichen Unfallversicherung beteiligen." – Nehmen Sie Stellung zu dieser Aussage eines Unternehmers.

10 Die folgenden Bilder stellen Szenen dar, die aus Ihrem Berufsleben stammen könnten. Sie werben auf Postern einer Berufsgenossenschaft für die strikte Einhaltung von Sicherheitsvorschriften. Den Bildern schließen sich Statistiken der Deutschen Gesetzlichen Unfallversicherung an (Tabelle 2.6). Nutzen Sie diese Quellen und Ihre Kenntnisse aus dem Fachkundeunterricht, um die folgenden Aufgaben zu lösen.

Haare schützen!

Ohren schützen!

Gegen Wiedereinschalten sichern!

Spannungsfreiheit feststellen!

Arbeits- und Wegeunfälle	UV der gewerblichen Wirtschaft und der öffentlichen Hand		
	2009	2010	Veränderung in %
Meldepflichtige Arbeitsunfälle	886 122,000	954 459,000	+ 7,71
je 1000 Vollarbeiter	24,300	25,840	+ 6,32
Meldepflichtige Wegeunfälle	178 590,000	223 973,000	+ 25,41
je 1000 Versicherungsverhältnisse	4,240	5,250	+ 23,59
Meldepflichtige Unfälle zusammen	**1 064 712,000**	**1 178 432,000**	**+ 10,68**
Neue Arbeitsunfallrenten	16 590,000	16 564,000	− 0,16
je 1000 Vollarbeiter	0,455	0,448	− 1,45
Neue Wegeunfallrenten	5944,000	6076,000	+ 2,22
je 1000 Versicherungsverhältnisse	0,141	0,142	+ 0,74
Neue Unfallrenten zusammen	**22,534**	**22 640,000**	**+ 0,47**
Tödliche Arbeitsunfälle	456	519	+ 13,82
Tödliche Wegeunfälle	362	367	+ 1,38
Tödliche Unfälle zusammen	**818**	**888**	**+ 8,31**

Tabelle 2.6: Arbeits- und Wegeunfälle 2009 und 2010 in Deutschland, Quelle: www.dguv.de.

a Ordnen Sie möglichst vielen Bildern Sicherheitsvorschriften zu, die für Ihren Berufsalltag gelten. Erläutern Sie die Notwendigkeit dieser Vorschriften genauer.

b Werten Sie die Statistik der Deutschen Gesetzlichen Unfallversicherung nach folgenden Gesichtspunkten aus: (1) Entwicklung der meldepflichtigen Arbeitsunfälle, (2) Entwicklung der Wegeunfälle, (3) Tendenz der Rentenfälle aufgrund von Wege- oder Arbeitsunfällen.

c Überlegen Sie, welche Ursachen es für die unter b) angesprochene Entwicklung geben könnte.

d Wählen Sie einen geeigneten Maßstab und stellen Sie die Entwicklung der jeweiligen Unfälle in einem Diagramm dar (Säulendiagramm oder Liniendiagramm). Tipp: Diese Aufgabe kann auch mithilfe von Excel gelöst werden.

e Erklären Sie, warum nach einem schweren Arbeitsunfall stets gilt: Rehabilitation des Unfallopfers geht vor Berentung. Hinweise: (1) Was gehört alles zu einer vollständigen Rehabilitation? (2) Ist eine Rehabilitation nach einem schweren Arbeitsunfall gegenüber einer Verrentung (zum Beispiel für einen 32 -jährigen Arbeitnehmer) finanziell rentabel? Begründen Sie ihre Annahme. (3) Beurteilen Sie den Anspruch „Rehabilitation vor Rente" unter dem menschlich-sozialen Aspekt.

f Zeichnen Sie ein eigenes Bild, das eine weitere Sicherheitsvorschrift darstellt und für deren Einhaltung wirbt.

2.7 Übersicht: Sozialversicherungsrechengrößen und Beitragsberechnung

Tabelle 2.7 vermittelt einen raschen Überblick über die wichtigsten Daten der gesetzlichen Sozialversicherungen in Deutschland. Zu beachten ist, dass sich die dort ausgewiesenen Werte teilweise jährlich ändern können.

Versicherungszweig	Beitragssatz	Arbeitgeberanteil	Arbeitnehmeranteil	Bemessungsgrenzen (Monat)	
				Westd.	Ostd.
Rentenversicherung	19,6 %	9,8 %	9,8 %	5600 €	4880 €
Arbeitslosenversicherung	3,0 %	1,5 %	1,5 %		
Krankenversicherung	15,5 %	7,3 %	7,3 % + 0,9 % (Sonderbeitrag) = 8,2 %	3825 €	
Pflegeversicherung	1,95 %	0,975 %	0,975 % (+ Zuschlag für Kinderlose ab 23 Jahren von 0,25 % = 1,225 %)	3825 €	

Tabelle 2.7: Die grundlegenden Rechengrößen der gesetzlichen Sozialversicherungen (Stand 2012)

BEISPIEL

Dem nachfolgenden Beispiel (Tabelle 2.8) liegt die Ausbildungsvergütung eines 16-jährigen Auszubildenden im Bauhandwerk zugrunde. Übersteigt das monatliche Entgelt den steuerlichen Grundfreibetrag, bis zu dem keine Steuer gezahlt werden muss, so werden dem Arbeitnehmer zusätzlich Lohnsteuer, der Solidaritätszuschlag und eventuell Kirchensteuer abgezogen. Die Summe dieser Beträge führt der Arbeitgeber an das Finanzamt ab.

Versicherungszweig	Beitragssatz	Bezugsgröße	Beitragshöhe	
			Arbeitgeber	Arbeitnehmer
Krankenversicherung	15,5 %	900,00 €	65,70 €	73,80 €
Pflegeversicherung	1,95 %	900,00 €	8,78 €	8,78 €
Rentenversicherung	19,6 %	900,00 €	88,20 €	88,20 €
Arbeitslosenversicherung	3,0 %	900,00 €	13,50 €	13,50 €
Summe Sozialversicherungsbeiträge			176,18 €	184,28 €
Anteil an der Brutto-Ausbildungsvergütung: Auszubildender 20,48 %, Arbeitgeber 19,58 %				

Tabelle 2.8: Sozialversicherungsbeiträge eines Auszubildenden – ein Beispiel

Im nachfolgenden Beispiel (Tabelle 2.9) sind die gesetzlichen Sozialversicherungsbeiträge berechnet, die für einen Arbeitnehmer anfallen, dessen Brutto-Monatsgehalt von 6500 € über den beiden Beitragsbemessungsgrenzen liegt. Der Versicherte hat zwei minderjährige Kinder, sein Arbeitsplatz befindet sich in Wuppertal.

Versicherungszweig	Beitragssatz	Bezugsgröße	Beitragshöhe	
			Arbeitgeber	Arbeitnehmer
Krankenversicherung	15,5 %	3825,00 €	279,23 €	313,65 €
Pflegeversicherung	1,95 %	3825,00 €	37,29 €	37,29 €
Rentenversicherung	19,6 %	5600,00 €	548,80 €	548,80 €
Arbeitslosenversicherung	3,0 %	5600,00 €	84,00 €	84,00 €
Summe Sozialversicherungsbeiträge			949,32 €	983,74 €
Anteil am Brutto-Monatsgehalt: Arbeitnehmer 15,14 %, Arbeitgeber 14,61 %				

Tabelle 2.9: Sozialversicherungsbeiträge eines Arbeitnehmers mit hohem Einkommen

2.8 Sozialversicherung bei geringen Einkommen

Für Arbeitnehmer, die noch in der Ausbildung sind und/oder die eine gering bezahlte Beschäftigung ausüben, gelten die folgenden Beitragsregeln:

- Im Fall eines sogenannten **Mini-Jobs,** der mit maximal 400,00 € pro Monat vergütet wird, zahlt der Arbeitgeber einen Krankenversicherungsbeitrag von 13 %. Handelt es sich bei dem Arbeitgeber um einen Privathaushalt, so sinkt dieser Satz auf 5 %. In die Rentenversicherung zahlt er 125 % (bzw. 5 %) ein, und überdies führt er Lohnsteuer in Höhe von 2 % ans Finanzamt ab.

- Im Fall eines sogenannten **Midi-Jobs,** der mit monatlich mehr als 400 €, höchstens aber mit 800 € vergütet wird, zahlen der Arbeitnehmer und der Arbeitgeber nicht die vollen, sondern gleitende, im Verhältnis zum Einkommen steigende Sozialversicherungsbeiträge. Ab einem Einkommen von mehr als 800 € pro Monat muss der volle Beitragssatz bezahlt werden.

  > Der Midi-Job ist durch die **Gleitzone** definiert, das heißt durch einen Verdienst in der Spanne von 400,01 € bis 800 €.

- Bei Auszubildenden beträgt die **Geringverdienergrenze** 325 € pro Monat; bis zu diesem Verdienst kommt der Arbeitgeber allein für die Sozialversicherungsbeiträge auf.

2.9 Sozialgerichtsbarkeit

Sozialstaat auf dem Prüf-
stand

Situation

> Jetzt soll meine Rente wegen der Nachberechnung gekürzt werden.

> Keine Angst, Opa. Das lassen wir überprüfen.

- Warum sind Sozialgerichte überhaupt erforderlich?
- Welche Instanzen gibt es in der Sozialgerichtsbarkeit?
- Was ist mit „Sozialgesetzbüchern I bis XII" gemeint?
- Welche Klagemöglichkeiten hat der Bürger im Rahmen der Sozialgerichtsbarkeit?
- Wie laufen Sozialgerichtsverfahren formal ab?

Sozialgerichte –
Anlaufstelle bei Streitigkeiten über Sozialleistungen

Sozialgerichte entscheiden über öffentlich-rechtliche Streitigkeiten bei der Auslegung der Sozialgesetze (siehe Tabelle 2.10). Jeder Bürger hat das Recht, vor dem Sozialgericht kostenfrei zu klagen. Dabei muss der Verfahrensweg über ein außergerichtliches Vorverfahren (Wider-spruchsverfahren) eingehalten werden.

Das sozialgesetzliche Regel-
werk in Deutschland heißt
Sozialgesetzbuch (SGB). Es
besteht aus zwölf Büchern
und weiteren, speziellen Gesetzen z. B. zur Ausbil-
dungsförderung und zum
Kindergeld.

Buch	Titel
SGB I	Allgemeiner Teil
SGB II	Grundsicherung für Arbeitsuchende
SGB III	Arbeitsförderung
SGB IV	Gemeinsame Vorschriften für die Sozialversicherung
SGB V	Gesetzliche Krankenversicherung
SGB VI	Gesetzliche Rentenversicherung
SGB VII	Gesetzliche Unfallversicherung
SGB VIII	Kinder- und Jugendhilfe
SGB IX	Rehabilitation und Teilhabe behinderter Menschen
SGB X	Verwaltungsverfahren und Sozialdatenschutz
SGB XI	Pflegeversicherung
SGB XII	Sozialhilfe

Tabelle 2.10: Die zwölf Bücher des deutschen Sozialgesetzes

Die Instanzen der Sozialgerichtsbarkeit sind das Sozialgericht, das Landessozialgericht und das Bundessozialgericht (Schaubild 2.10).

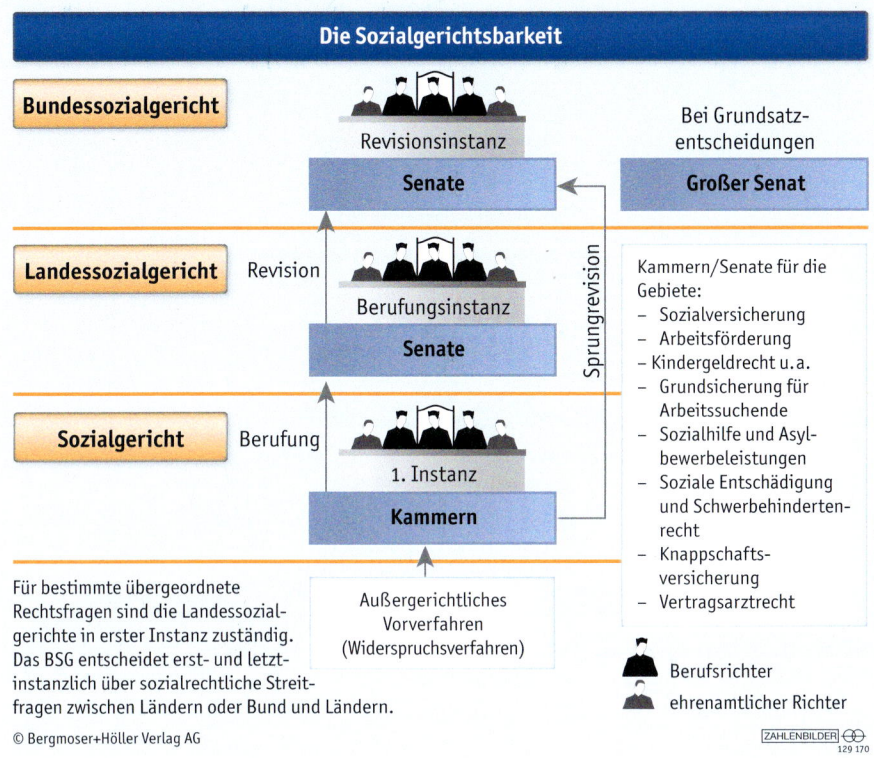

Schaubild 2.10: Aufbau der Sozialgerichtsbarkeit

Die Kammern des **Sozialgerichts** sind mit einem Berufsrichter und zwei ehrenamtlichen Richtern – einem Vertreter der Versicherten und einem Vertreter der Arbeitgeber – besetzt. Das Gericht klärt den Sachverhalt und ist nicht an die Beweisanträge der Verfahrensbeteiligten gebunden. Dies unterscheidet das Sozialgericht vom Zivilgericht.

Gegen Urteile des Sozialgerichts können die Verfahrensbeteiligten Berufung vor dem Senat des **Landessozialgerichts** einlegen. Dieser beurteilt den Streitfall nochmals bezüglich der sachlichen Gegebenheiten und des Verfahrenswegs.

Berufung: Der Streitfall wird bezüglich der sachlichen Gegebenheiten und des Verfahrenswegs bewertet.

Im Revisionsverfahren vor dem **Bundessozialgericht** in Kassel wird nicht die Sache, sondern der Verfahrensweg überprüft. Der **Große Senat** entscheidet in Rechtsfragen, die von grundsätzlicher Bedeutung sind, und bei unterschiedlicher Rechtsauffassung zwischen den einzelnen Senaten.

Revision: Nur der rechtliche Verfahrensweg wird bewertet.

Das Sozialgerichtsverfahren ist in Schaubild 2.11 skizziert.

Sozialgerichtsverfahren –
vom Widerspruch zum Urteil

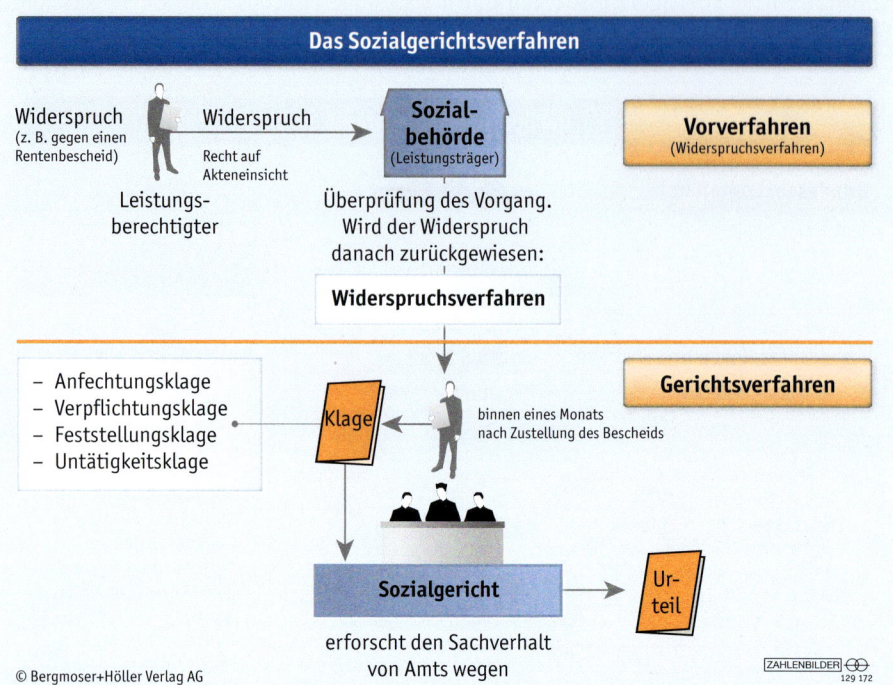

Schaubild 2.11: Struktur des Sozialgerichtsverfahrens

Beispiel: Eine Rentnerin
widerspricht ihrem Rentenbescheid.

> **BEISPIEL**
>
> **Schritt 1:** Die Rentnerin legt innerhalb eines Monats schriftlich Widerspruch gegen den Rentenbescheid ein.
> **Schritt 2:** Die Deutsche Rentenversicherung überprüft den Bescheid und weist den Widerspruch zurück.
> **Schritt 3:** Die Rentnerin reicht innerhalb eines Monats schriftlich Klage beim Sozialgericht ein.
> **Schritt 4:** Die Kammer des Sozialgerichts überprüft den Sachverhalt und entscheidet durch Urteil.

Jeder Bürger kann seine Rechtsansprüche mit verschiedenen Arten der Klage geltend machen. Zu unterscheiden sind die folgenden vier Arten:

- **Anfechtungsklage.** Der Kläger / die Klägerin strebt die Aufhebung oder Abänderung eines Verwaltungsvorgangs an – zum Beispiel die Rücknahme einer Rentenkürzung.
- **Verpflichtungsklage.** Die Behörde soll verpflichtet werden, höhere Leistungen zu erbringen – zum Beispiel soll sie den Anspruch auf eine höhere Rente anerkennen.
- **Feststellungsklage.** Der Kläger möchte sein Interesse umgehend mittels einer sogenannten einstweiligen Verfügung durchsetzen – zum Beispiel soll der vorläufige Rentenbescheid genehmigt werden.
- **Untätigkeitsklage.** Die Behörde wird aufgefordert, das Verfahren nicht zu verzögern – zum Beispiel einen Rentenantrag schneller zu bearbeiten.

Aufgaben zum Thema Sozialgerichtsbarkeit

1 Für welche Rechtsfälle sind Sozialgerichte zuständig?
2 Welches Verfahren muss einer Klage vor dem Sozialgericht vorausgehen?
3 Nennen Sie die drei Instanzen der Sozialgerichtsbarkeit.
4 Beschreiben Sie den Verfahrensweg vor dem Sozialgericht.
5 Nennen und erläutern Sie die vier Arten der Klage vor dem Sozialgericht im Partnergespräch.

2.10 Soziale Gerechtigkeit

Situation

Der Sozialstaat ...

... sollte viel mehr für uns tun.

... stellt viele Leistungen kostenfrei zur Verfügung.

... kann nur soviel ausgeben, wie er einnimmt.

... hilft dann, wenn man sich selbst nicht mehr helfen kann.

Soziale Gerechtigkeit – Utopie oder realistische Möglichkeit?

- Warum lässt sich soziale Gerechtigkeit nur sehr schwer verwirklichen?
- Warum müssen auch künftig die sozialen Leistungen des Staates eingeschränkt werden?
- Welche Arten von sozialer Grundsicherung sind zu unterscheiden?
- Wer hat Anspruch auf Grundsicherung und wer auf Sozialhilfe?
- Welche Sozialleistungen verursachen jährlich die höchsten Ausgaben?
- Wie werden Grundsicherungsansprüche errechnet?

Sozialpolitik hat das Ziel, soziale Gerechtigkeit zu verwirklichen. Gesetzliche Regelungen, aber auch Selbstverpflichtungen gesellschaftlicher Interessenvertretungen wie etwa kirchliche oder andere karitative Sozial- und Wohlfahrtsverbände sind nötig, um soziale Gerechtigkeit zumindest ansatzweise herstellen zu können. Staat, Kommunen, Unternehmer, gesellschaftliche Gruppierungen und jeder einzelne Bürger werden in die Pflicht genommen, um den Sozialstaat zu modernisieren und dabei seine Funktionsfähigkeit zu erhalten.

Sozialreformen – mehr als gerechtfertigt, aber auch sozial gerecht?

Selbst wenn ein hohes Maß an sozialer Gerechtigkeit verwirklicht sein sollte, wird dies wohl nie von allen gesellschaftlichen Gruppen anerkannt werden. Persönliche Betroffenheit, Einzelschicksale und zuweilen auch ein ausgeprägtes Anspruchsdenken gegenüber der Gemeinschaft erschweren die Anerkennung der Leistungen des Sozialstaats.

Mit den Reformen der Sozialsysteme wurden wohlfahrtsstaatliche Leistungen gekürzt. Menschen in relativer Armut müssen mit noch weniger auskommen oder zusätzliche Ansprüche an das Sozialsystem stellen, um die Erfüllung ihrer Grundbedürfnisse zu sichern.

Je nach der Situation des Anspruchsberechtigten werden die folgenden vier Formen der sozialen Grundsicherung unterschieden (siehe auch Schaubild 2.12):

- **Grundsicherung** für **Arbeitsuchende** nach den Bestimmungen des SGB I erhält derjenige, der erwerbsfähig und hilfebedürftig ist.
- **Sozialhilfe** (SGB XII) steht nicht erwerbsfähigen **Bedürftigen** zu.
- **Existenzsicherung** für **Asylbewerber** gemäß dem Asylbewerberleistungsgesetz (AsylbLG) wird überwiegend in Form von Sachleistungen gewährt.
- **Grundsicherung im Alter** und **bei Erwerbsminderung** können Personen ab dem 65. Lebensjahr sowie dauerhaft voll erwerbsgeminderte Personen ab dem 18. Lebensjahr erhalten.

Dauerhaft voll erwerbsgemindert sind nach dem Gesetz Versicherte, die wegen Krankheit oder Behinderung auf nicht absehbare Zeit außerstande sind, unter den üblichen Bedingungen des allgemeinen Arbeitsmarktes mindestens drei Stunden täglich zu arbeiten.

Schaubild 2.12: Formen sozialer Grundsicherung

soziale Grundsicherung –
Baustein für soziale
Gerechtigkeit

Die bedarfsorientierte Grundsicherung soll verhindern, dass die betroffenen Menschen in die Sozialhilfe abgleiten. Überdies soll sie die „verschämte Armut" eindämmen, denn viele Menschen verzichten darauf, Sozialhilfe zu beantragen, obwohl sie dazu berechtigt sind. Das gilt vor allem für ältere Menschen aus dem Kreis der Berechtigten.

BEISPIEL

Die Berechnung der Grundsicherung sieht im Fall eines Rentnerehepaars etwa folgendermaßen aus (Tabelle 2.11): Das Rentnerehepaar bezieht Altersrenten in Höhe von 600 € (Ehemann) und 300 € (Ehefrau). Die Beiträge zur Kranken- und Pflegeversicherung sind bereits abgezogen. Die monatlichen Aufwendungen für Miete betragen 300 € und für Heizkosten 80 €.

Aufwendungen, Bedarf	Ehemann	Ehefrau
Regelsatz	374,00 €	262,00 €
Zuschlag* von 15 %	56,10 €	
Miete anteilig	150,00 €	150,00 €
Heizkosten anteilig	40,00 €	40,00 €
Bedarfssumme	620,10 €	452,00 €
– Renteneinkommen	600,00 €	300,00 €
ungedeckter Bedarf	20,10 €	152,00 €
Grundsicherungsanspruch	172,10 €	

* 15 % vom Regelsatz des Haushaltsvorstands; damit sind die sogenannten einmaligen Leistungen nach dem Bundessozialhilfegesetzes pauschal abgegolten.

Tabelle 2.11: Grundsicherungsanspruch eines Rentnerehepaars – ein Beispiel

Bei der Grundsicherung müssen eigene Vermögenswerte und diejenigen des Ehe- oder Lebenspartners zur Sicherstellung des Lebensunterhalts herangezogen werden. Sind diese Werte bis auf den gesetzlich festgelegten Eigenbedarf aufgebraucht, so kann Grundsicherung beantragt werden.

Leistungen der Grundsicherung werden dann nicht bewilligt,

- wenn die Eltern oder Kinder des Antragstellers ein jährliches Einkommen von mehr als 100 000 € beziehen oder
- wenn der Antragsteller über ein anrechenbares Vermögen verfügt oder
- wenn der Antragsteller seine Bedürftigkeit während der letzten zehn Jahre grob fahrlässig oder vorsätzlich verursacht hat.

Schaubild 2.13 fasst die Bausteine der sozialen Sicherung und die jeweiligen jährlichen Ausgaben zusammen.

Anders als bei der Sozialhilfe wird bei der Grundsicherung auf das Einkommen der Eltern oder Kinder erst bei Überschreitung einer Obergrenze zurückgegriffen.

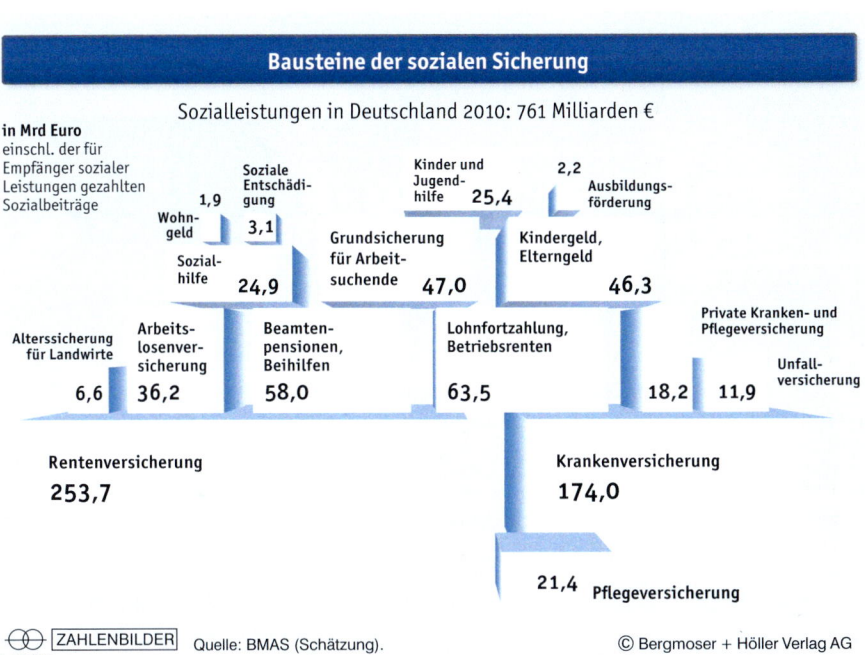

Schaubild 2.13: Sozialleistungen 2010 in Deutschland

Aufgaben zum Thema soziale Sicherung und soziale Gerechtigkeit

1 Deutschland ist ein Sozialstaat. Erläutern Sie den Zusammenhang von sozialer Gerechtigkeit, Solidarität, Subsidiarität und Generationenvertrag an einem Beispiel.

2 Was verstehen Sie persönlich unter sozialer Gerechtigkeit?

3 Kritiker des Sozialstaats behaupten, dass immer mehr Bürger dazu neigen, das soziale Netz missbräuchlich zu nutzen. Nehmen Sie hierzu in einer Pro-und-Kontra-Diskussion kritisch Stellung.

4 Welche vier Formen der sozialen Grundsicherung sind zu unterscheiden?

5 Welche zwei Bausteine der sozialen Sicherung belasten das soziale Netz am meisten und wie hoch ist deren prozentualer Anteil an den gesamten Sozialleistungen?

6 Führen Sie ein Partnergespräch zum Thema „Soziale Grundsicherung". Konzentrieren Sie sich dabei auf die Bereiche Grundsicherung für Arbeitsuchende sowie Grundsicherung im Alter und bei Erwerbsminderung.

7 Ein Alleinstehender bezieht eine Rente in Höhe von 220 € nach Abzug der Beiträge zur Kranken- und Pflegeversicherung. Für Miete sind 260 € und für Heizung 55 € aufzuwenden; Wohngeld wird in Höhe von 90 € gewährt. Berechnen Sie den Grundsicherungsanspruch dieser Person.

2.11 Staatliche Transferleistungen

Staatliche Transfers – ein wichtiges Element unseres Sozialstaats

Situation

> Auswärts eine Lehre zu machen ist ganz schön teuer. Ich muss nebenbei jobben.

> Mir geht es genauso. Aber ich werde vom Staat unterstützt.

- Unter welchen Bedingungen Tanja und Alexa wohl leben?
- Wie könnte Tanja ihren „finanziellen Engpass" beheben?

Transferleistungen als **Geldleistungen,** zum Beispiel Kindergeld, Wohngeld, Elterngeld, steuerlicher Kinderfreibetrag, Mietzuschuss, Heizkostenzuschuss, Schüler-BAföG, Berufsausbildungsbeihilfe

Transferleistungen als **Sachleistungen,** zum Beispiel kostenfreier Kindergartenplatz, Kostenfreiheit des Schulwegs

Transferleistungen erhöhen das verfügbare Einkommen. Finanzielle Mehrbelastungen von Familien sollen dadurch teilweise ausgeglichen werden. Anders als bei den gesetzlichen Sozialversicherungen werden staatliche Transferleistungen gewährt, ohne dass der Empfänger zuvor Beiträge in einen zur Finanzierung dieser Leistungen bestimmten Fonds eingezahlt hat. Stattdessen werden die Leistungen aus Steuern finanziert.

Die nachfolgenden Beispiele verdeutlichen die Ziele der Transferleistungen – Verwirklichung des Sozialstaatsgedankens (Art. 20 GG), freie Entfaltung der Persönlichkeit (Art. 2 GG) und freie Berufswahl (Art. 12 GG).

BEISPIELE

Berufsausbildungsbeihilfe (BAB) wird während einer beruflichen Ausbildung geleistet, ebenso wie während einer berufsvorbereitenden Bildungsmaßnahme einschließlich der Vorbereitung auf den nachträglichen Erwerb des Hauptschulabschlusses oder eines gleichwertigen Schulabschlusses. Eine grundlegende Voraussetzung dafür ist, dass der/die Auszubildende während der Ausbildung nicht bei den Eltern wohnen kann, weil der Ausbildungsbetrieb vom Elternhaus zu weit entfernt ist.

Bei der Ausbildungsförderung für Schüler/-innen und Studierende nach dem Bundesausbildungsförderungsgesetz (Bafög) ist unter Umständen ein Teil der Geldleistungen lediglich ein Darlehen, das nach Beendigung der Ausbildung zurückzuzahlen ist.

1. Berufsausbildungsbeihilfe

Anträge auf Berufsausbildungsbeihilfe sind bei der Agentur für Arbeit zu stellen. Wird die Beihilfe erst nach Beginn der Ausbildung beantragt, so wird sie rückwirkend längstens vom Beginn des Monats an geleistet, in dem die Leistungen beantragt wurden.

Tanja (16) wohnte bisher bei ihren Eltern in Bad Bramstedt. Dort fand sie keine passende Ausbildungsstelle als Floristin. Deshalb hat sie sich für einen Ausbildungsplatz in Kiel entschieden. Zuvor hat sie sich informiert und erfahren, dass Auszubildende, die aufgrund einer großen Entfernung zwischen Ausbildungsbetrieb und Wohnort nicht bei ihren Eltern wohnen, Berufsausbildungsbeihilfe beantragen können. Das hat Tanja und ihren Eltern die Entscheidung für den Ausbildungsplatz in Kiel sehr erleichtert. Tanja hat ein Zimmer angemietet, das 230 € monatlich kostet. Im ersten Ausbildungsjahr bekommt sie eine Ausbildungsvergütung in Höhe von 320 €. Tanjas Beihilfeanspruch errechnet sich wie in Tabelle 2.12 dargestellt.

Position	Betrag
Grundbedarf	348,00 €
Miete („Grenzmietsatz")	149,00 €
Zuschlag, soweit die Mietkosten 149 Euro übersteigen, höchstens jedoch	75,00 €
Arbeitskleidung (12 €), Busfahrten zwischen Wohnung und Betrieb (41 €), Familienheimfahrt (Bahn) pro Monat (14 €)	67,00 €
Gesamtbedarf	639,00 €
abzgl. anzurechnendes Einkommen*	262,00 €
Höhe der Berufsausbildungsbeihilfe	377,00 €

* Angerechnet werden Teile von Tanjas Einkommen und vom Einkommen der Eltern. Von Tanjas Ausbildungsvergütung wird ein Freibetrag von 58 € abgezogen, sodass ein anzurechnendes Einkommen von 262 € verbleibt. Vom Einkommen der Eltern (1900 €) werden der Grundfreibetrag von 1605 € sowie ein zusätzlicher Freibetrag von 567 € abgezogen, sodass das Einkommen von Tanjas Eltern anrechnungsfrei bleibt. (Würde das Elterneinkommen die Summe der Freibeträge übersteigen, so würden 50 % vom Unterschiedsbetrag angerechnet.)

Tabelle 2.12: Berufsausbildungsbeihilfe – ein Beispiel

2. BAföG-Leistung

Alexa (17) möchte kaufmännische Assistentin werden. Die nächste Berufsfachschule liegt so weit von der Wohnung ihrer Eltern entfernt, dass sie auswärts in einem Wohnheim wohnt. Sie ist bei ihren Eltern in der Kranken- und Pflegeversicherung mitversichert. Alexas Schwester Janina ist im siebten Schuljahr, ihr Bruder Daniel besucht den Kindergarten. Die Mutter ist Hausfrau und erzielt kein Einkommen. Der Vater hatte vor zwei Jahren ein Bruttojahreseinkommen von 46 500 €. Er zahlt in eine Riester-Rente ein. Das für Alexas Ausbildungsförderung bedeutsame Elterneinkommen im Sinne des BAföG wird berechnet wie in Tabelle 2.13 ausgewiesen.

Leistungen nach dem BAföG sind beim zuständigen Amt für Ausbildungsförderung zu beantragen. Die Adressen und Telefonnummern aller Ämter sind im Internet unter www.bafög.de aufgeführt.

Position	Betrag
Bruttoeinkommen aus nichtselbstständiger Arbeit (1/12 des Jahreseinkommens)	3875,00 €
abzgl. Werbungskosten (mindestens 1/12 des jährlichen Werbungskostenpauschbetrages von 920 €)	76,67 €
abzgl. Sozialpauschale (14,4 %, Höchstbetrag 525 € monatlich)	525,00 €
abzgl. Zahlung für „Riester-Rente"	95,92 €
abzgl. geleistete Steuern (Lohnsteuertabelle 2008, Steuerklasse III) Einkommensteuer 532,50 €, Kirchensteuer 14,12 €, Solidaritätszuschlag 0,00 €	546,62 €
Elterneinkommen	2630,79 €
abzgl. Grundfreibetrag: für die Eltern 1605 €, für Janina 485 €, für Daniel 485 €	2575,00 €
Elterneinkommen nach Abzug der Grundfreibeträge	55,79 €
abzgl. Zusatzfreibetrag (50% für die Eltern und je 5% für Janina und Daniel)	33,47 €
Anrechnungsbetrag vom Elterneinkommen	22,32 €

Tabelle 2.13: Ausbildungsförderung in Abhängigkeit vom Elterneinkommen – ein Beispiel

Alexas BAföG-Anspruch beläuft sich folglich, ausgehend vom Grundbedarf einer auswärts wohnenden Berufsfachschülerin von 445,00 €, auf 445,00 € – 22,32 € = 422,68 €.

2.12 Private Vorsorge

Eigenverantwortung ist gefordert.

Situation

Die von der Versicherung meint, ich solle unbedingt eine Lebensversicherung abschließen – und auch noch eine Versicherung fürs Alter.

Ach ja, ich wusste gar nicht, dass du demnächst eine Familie gründen wirst.

- Von welchen grundsätzlichen Fragen wird der Sohn geplagt?
- Welche Überlegungen stellt der Vater an, um seinen Sohn zu beraten?

Freiwillige Vorsorge – wie viel ist nötig?

Die gesetzlichen Sozialversicherungen sind verpflichtende Versicherungen für Arbeitnehmer und Arbeitgeber. Durch sie sollen die Grundrisiken aller Bürger abgedeckt werden. Weitere Risiken wie Freizeitunfälle oder Verluste von Sachwerten durch Diebstahl können zusätzlich **privat versichert** werden.

Grundsätzlich sind die drei Versicherungsarten Personenversicherung, Sachversicherung und Vermögensversicherung zu unterscheiden (Tabelle 2.14).

Versicherungsart	Personenversicherung	Sachversicherung	Vermögensversicherung
Merkmal	... gewährt finanziellen Schutz, wenn der Versicherte in eine persönliche Notsituation gerät.	... gewährt finanziellen Schutz, wenn eigene Sachen (Eigentum) beschädigt werden.	... schützt das eigene Vermögen, wenn ein Geschädigter Schadenersatzansprüche stellt.
Beispiele	<ul><li>Berufsunfähigkeitsversicherung</li><li>Krankenzusatzversicherung</li></ul>	<ul><li>Brandversicherung</li><li>Hausratsversicherung</li></ul>	<ul><li>Kfz-Haftpflichtversicherung</li><li>Berufshaftpflichtversicherung</li></ul>

Tabelle 2.14: Drei Arten der Versicherung

Leitlinien für Versicherungsnehmer

Wer vor dem Abschluss einer Versicherung steht, der sollte die folgenden Punkte prüfen:

- Wie ist die eigene Lebenssituation heute beschaffen und wie wird sie zukünftig aussehen?
- Ist die Versicherung tatsächlich notwendig?
- Welche Versicherungsgesellschaften kommen infrage und wie stellen sich die angebotenen Leistungen im Vergleich dar?
- Was ist im „Kleingedruckten" des Versicherungsvertrags aufgeführt?
- Welche Laufzeit sollte für den Vertrag gelten?
- Welche Kündigungsbedingungen sehen die Versicherungen vor?

Nach dem Abschluss der Versicherung ist es sinnvoll, in regelmäßigen Abständen zu prüfen, ob die Versicherungssumme noch ausreicht oder ob es angebracht ist, sie herabzusetzen, um dadurch Beiträge zu sparen.

Unterdeckung oder Überdeckung?

Wer ein Kraftfahrzeug erwirbt, der ist durch das Gesetz zum Abschluss einer Kraftfahrzeug-Haftpflichtversicherung verpflichtet. Der Fahrzeughalter kann überdies mittels Fahrzeugversicherung sein finanzielles Risiko für den Fall von Schäden am Fahrzeug durch eine Teilkasko- oder Vollkasko-Versicherung mit oder ohne Selbstbeteiligung verringern. Annähernd gleiche Leistungen werden durch unterschiedliche Prämienhöhen finanziert.

Die **Kfz-Versicherung** umfasst eine Halter-Haftpflichtversicherung und eine Fahrzeugversicherung.

Die Versicherungsprämien richten sich nach mehreren Risikomerkmalen wie dem Jahr des Führerscheinerwerbs, der Zahl der unfallfreien Jahre des Halters, der Jahresfahrleistung, dem Fahrzeugtyp und der Regional- und Schadensklasse. Überdies wird ihre Höhe regelmäßig an den allgemeinen Schadensverlauf in der Vergangenheit angepasst.

> **BEISPIEL**
>
> Markus ist Halter eines Mittelklassewagens. Damit verursacht er einen Verkehrsunfall, bei dem ein Sportwagen beteiligt ist. Markus trägt – wie später gerichtlich festgestellt wird – an dem Unfall die Alleinschuld. Bei dem Unfall wurden er selbst, seine beiden Mitfahrer und die Insassen des Sportwagens verletzt. An beiden Fahrzeugen sind hohe Sachschäden entstanden.
>
> Markus hat die folgenden Versicherungen abgeschlossen: Kfz-Haftpflichtversicherung, Kfz-Vollkaskoversicherung mit 600 € Selbstbeteiligung, Rechtsschutzversicherung, Kraftfahrt-Unfallversicherung. Auf Markus kommen hohe Entschädigungsforderungen zu, die seine Versicherungen zumindest teilweise abdecken.

Künftig wird die gesetzliche Rentenhöhe nur noch zwischen 50 und 60 % des letzten Nettoeinkommens betragen. Um auch im Alter den gewohnten Lebensstandard annähernd halten zu können, sollte das verfügbare Einkommen im Ruhestand durch private Altersvorsorge auf 75 bis 80 % des zuvor erzielten Erwerbseinkommens aufgestockt werden.

Private Altersvorsorge – staatlich gefördert

Alle Anlageformen der sogenannten Riester-Rente (zum Beispiel Rentenversicherung, Bankensparplan, Aktienfondssparplan) werden vom Staat finanziell bezuschusst und mit Steuerfreiheit der Versicherungsbeiträge belohnt. Betriebe müssen ihren Mitarbeitern eine betriebliche – ebenso staatlich geförderte – Altersvorsorge anbieten. Diese sogenannte Entgeltumwandlung kann als Kapitalanlage beispielsweise in einem Pensionsfonds angelegt werden.

Wer wird gefördert?

▶ Pflichtversicherte der gesetzlichen Rentenversicherung; Beamte, Richter, Soldaten; Wehr- und Zivildienstleistende; Pflegepersonen; Ehegatten der Förderberechtigten

Was wird gefördert?

▶ Kapitalanlagen im Rahmen anerkannter (zertifizierter) Altersvorsorgeverträge
▶ Bestimmte Formen der betrieblichen Altersversorgung
▶ Anlage in selbstgenutzten Wohnimmobilien („Eigenheim-Rente")

© Bergmoser+Höller Verlag AG

ZAHLENBILDER
149 480

Staatliche Zulagen bei einer Sparleistung* von 4 % des versicherungspflichtigen Bruttoeinkommens (ab 2008) (*Sparleistung = Eigenbetrag + Zulagen)	
– Grundzulage	154 €
– Kinderzulage je Kind	185 €
– Kinderzulage ab Geburtsjahr 2008	300 €
Mindesteigenbeitrag:	60 € pro Jahr
Steuerliche Berücksichtigung der Sparbeiträge als Sonderausgaben bis zu	2100 €

Schaubild 2.14: Die „Riester-Rente" – staatlich geförderte zusätzliche Altersvorsorge

Staatlich gefördert werden Sparleistungen bis maximal 4 %, bezogen auf das sozialversicherungspflichtige Bruttoeinkommen (siehe Schaubild 2.14). Mit Rentenbeginn kann der Rentner maximal 30 % seines Rentenkapitals sofort beanspruchen. Der Rest wird in Monatsraten bis zu seinem Tod oder in der Regel bis zu seinem 85. Lebensjahr ausbezahlt. Stirbt der Rentner vorzeitig, so haben die Erben – je nach Vertragsinhalt – Anspruch auf die Restsumme.

Aufgaben zum Thema private Vorsorge

1 Erläutern Sie die drei grundsätzlichen Versicherungsarten.

2 Welche Versicherungen haben Sie abgeschlossen? Nennen Sie auch die Gründe für Ihre Entscheidung.

3 Welche Versicherung kommt in dem Fallbeispiel „Verkehrsunfall" (S. 77) für die folgenden Schädigungen auf?

   a Sachschäden an den beiden Fahrzeugen   **c** Prozesskosten der beiden Fahrzeughalter

   b Schadenersatzansprüche der Mitfahrer

4 „Was ich in eine Kfz-Versicherung hineinstecke, muss ich irgendwann wieder herausholen." – Bewerten Sie diese Aussage.

5 Welche Möglichkeiten der Altersvorsorge fördert der Staat, damit mehr Menschen fürs Alter hinreichend finanziell vorsorgen?

6 Welche Personenkreise werden mit der Riester-Rente staatlich gefördert?

7 Warum wird die private Altersvorsorge durch Zuschüsse und Steuererleichterungen gefördert?

8 Grenzen Sie die drei Arten von individuell abschließbaren Versicherungen gegeneinander ab.

9 Angenommen, ein 33-jähriger Arbeitnehmer mit einem Monatseinkommen oberhalb der Versicherungspflichtgrenze lässt sich nicht freiwillig krankenversichern. Beurteilen Sie diese Art der Eigenverantwortung.

10 Beurteilen Sie die Notwendigkeit, als junger Mensch eine Berufsunfähigkeits- und Krankenzusatzversicherung abzuschließen.

11 Erläutern Sie die Problematik der Unter- und Überdeckung bei Versicherungssummen.

Aufgaben zum Thema soziale Sicherung allgemein

1 Der arbeitende Mensch ist unterschiedlichen Risiken ausgesetzt. Nennen Sie fünf solcher Risiken und geben Sie an, welche Vorsorgemaßnahmen hierfür getroffen werden.

2 In unserem Sozialstaat ist die soziale Sicherung in ihren Kernbereichen gesetzlich geregelt. Begründen Sie, warum dies – in einem gewissen finanziellen Rahmen – sinnvoll ist.

3 „Ein Zuviel an Sozialstaat schafft in Teilbereichen unserer Gesellschaft Probleme." – Nehmen Sie Stellung.

4 Was bedeutet die Beitragsbemessungsgrenze für die Sozialversicherungsbeiträge der Arbeitnehmer?

5 Der Auszubildende Jan-Uwe erhält eine Monatsvergütung von 900 €. Berechnen Sie die Sozialversicherungsbeiträge, die der Arbeitgeber und Jan-Uwe jeweils entrichten müssen.

6 Berechnen sie die Sozialversicherungsbeiträge für die folgenden Fälle.

   a Hilde Beck (1 Kind) arbeitet als technische Zeichnerin und verdient monatlich brutto 2800 €.

   b Christian Groll (3 Kinder) ist leitender Angestellter bei der Tel-Mobil GmbH und bezieht ein Brutto-Monatseinkommen von 6200 €.

   c Melanie Steigmann, 28 Jahre, verdient als Bürokauffrau 1900 € monatlich. Sie hat keine Kinder.

7 Vergleichen Sie die Versicherungsfälle a und b aus Aufgabe 6 miteinander und beurteilen Sie, inwieweit die unterschiedliche prozentuale Beitragsbelastung sozial gerechtfertigt ist.

8 Ein Ausbildungsvertrag sieht im ersten Ausbildungsjahr eine tarifliche Ausbildungsvergütung von 325 € pro Monat vor. Der Ausbildungsbetrieb zahlt freiwillig 20 Euro mehr. Sie durchschauen die hintergründige Absicht des Ausbildungsbetriebs. Nennen Sie sein Motiv.

3

Unternehmen und Verbraucher in Wirtschaft und Gesellschaft

→ Welche Regeln gelten für Kommunikation und Teamarbeit?

→ Welche Prinzipien gelten für wirtschaftliches Handeln?

→ Wie greifen die Abläufe in einer Volkswirtschaft ineinander?

→ Welche Rolle spielen die Verbraucher in der Wirtschaft, welche die Unternehmen?

→ Wie kommen Verträge zustande, und was geschieht, wenn sie nicht eingehalten werden?

→ Weshalb und wie werden Verbraucher geschützt?

→ Was müssen Verbraucher bei der Kreditaufnahme beachten?

→ Wie können Kreditnehmer Zahlungsschwierigkeiten meistern?

3.1 Kommunikation

Einige Sachbearbeiterinnen der Automotive GmbH stehen vor dem Schwarzen Brett im ersten Stock und studieren den neuen Anschlag der Unternehmensleitung. Inga meint: „Was soll das denn nun wieder heißen? Da müssen wir ja wohl alle hin!" Agnes entgegnet: „Ich habe überhaupt keine Lust dazu. Gerade Dienstag, nachmittags. Da habe ich eigentlich gar keine Zeit und muss pünktlich Feierabend machen." Inga entgegnet zustimmend: „Ich verstehe das auch nicht; als wenn man Kommunikation lernen müsste." Agnes: „Kommunikation kann doch jeder. Das kann man doch von klein auf. Da gibt es doch gar nichts zu lernen!" Wolfgang kommt angeschlendert: „Na, meine Süßen. Ist das nicht toll, dass wir endlich trainieren können, wie wir besser miteinander auskommen." Da hat er aber in ein Wespennest gestochen! Agnes: „Du spinnst doch, was hat Kommunikation denn damit zu tun, wie man miteinander auskommt." Inga: „Du hast das Training wirklich nötig. Wir sind doch nicht ‚deine Süßen'."

- Wie denken Sie über die geschilderte Szene?
- Was bedeutet das Wort Kommunikation?
- Wie kommunizieren Menschen „richtig" miteinander?
- Welche Bestandteile eines Kommunikationsprozesses können oder müssen gar geschult werden?
- Welches Interesse hat ein Unternehmen am Kommunikationstraining seiner Mitarbeiterinnen und Mitarbeiter?

Wenn Menschen Gemeinschaften bilden, sei es als eine Familie, ein Sportverein oder ein ganzes Volk, dann kommen sie nur dann miteinander aus, wenn sie sich untereinander verständigen. Menschen kommunizieren – ob sie es nun bewusst tun oder nicht. Haben Sie schon einmal versucht, **nicht** zu kommunizieren?

Kommunikation ist der Austausch von Informationen zwischen einem Sender und einem Empfänger.

Kommunikation setzt voraus, dass es einen Sender und einen Empfänger gibt.

> Der Meister sagt zu seinem Auszubildenden: „Hol' doch mal den Zwölferschlüssel, Max!" Max
> hört die Anweisung und antwortet: „Mach' ich, Meister, sofort."
>
> **BEISPIEL**

In dem obigen Beispiel tritt Max als Empfänger der Nachricht des Meisters auf. Nachdem er die
Botschaft des Meisters gehört hat, gibt er ihm eine Rückmeldung, indem er selbst „auf Sendung
geht".

3.1.1 Formen und Mittel

Der Sender hat mehrere Möglichkeiten, um dem Empfänger Informationen zu übermitteln,
beispielsweise durch das gesprochene Wort, durch eine Zeitung, einen Brief oder ein Bild.

Den Informationsaustausch mit Wörtern wie in unserem Beispiel nennt man verbale Kommunikation. Die verbale Kommunikation wird durch nonverbale Elemente ergänzt. Das
bedeutet, dass die Beteiligten beispielsweise durch ihren Tonfall oder durch ihre Körper-
haltung zusätzliche Informationen geben. Beide Kommunikationsformen zusammen, die
verbale und die nonverbale, entscheiden darüber, ob die Verständigung zwischen Sender und
Empfänger funktioniert und ob das Gespräch als angenehm empfunden wird.

Verbale Kommunikation
= Was wird gesagt?

Nonverbale Kommunikation
= Wie wird etwas gesagt?

Zusätzliche Elemente der nonverbalen Kommunikation können nur ausgetauscht werden, wenn
die Personen, die miteinander in Verbindung
treten, anwesend sind oder zumindest direkt miteinander sprechen, zum Beispiel über eine Tele-
fonleitung. Der Inhalt des Gesagten („Was wird
gesagt?") macht dann, wenn die Kommunikationspartner anwesend sind, nur 7 % der gesamten ausgetauschten Information aus (Schaubild
3.1). Viel bedeutender als das, was gesagt wird, ist
also, wie etwas gesagt wird (Sprechtechnik) und
welche nonverbalen Signale (Körpersprache)
dabei ausgesendet werden.

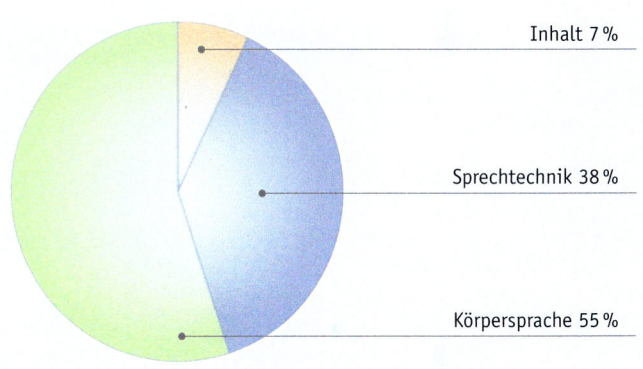

Inhalt 7 %

Sprechtechnik 38 %

Körpersprache 55 %

Schaubild 3.1: Das Gewicht der verbalen und der nonverbalen Kommunikation

> Es kommt also darauf an, ob der Meister den Satz ruhig und gelassen sagt oder ob er ihn sehr
> schnell ausruft, weil er den Schlüssel dringend braucht. Max wird – vor allem dann, wenn er he-
> raushört und vielleicht auch sieht, dass es eilig ist – alles stehen und liegen lassen, um dem
> Meister den Zwölfer zu bringen. Anders wird er reagieren, wenn der Meister seinen Auftrag in
> ruhigem Ton ausspricht, weil er das Werkzeug sortiert und den Schlüssel an den richtigen Platz
> hängen will. In diesem Fall wird Max seine Tätigkeit nicht schlagartig unterbrechen, sondern
> zunächst das Zwischenergebnis sichern und erst danach den Auftrag des Meisters erfüllen.
>
> **BEISPIEL**

Bei einem direkten Gespräch ist also die Sprache der Kommunikationspartner von großer
Bedeutung. Aber auch andere Faktoren spielen eine Rolle.

Egon, der Auszubildende zum Hörgeräteakustiker, hat heute im Laden Dienst. Er schreibt gerade an einer Bestandsliste, als die Stammkundin Frau Müller das Geschäft betritt. Frau Müller bleibt an der ersten Gondel stehen. Egon beschäftigt sich ungerührt weiter mit seiner Liste. Schon mit ihrer Ankunft hat Frau Müller „gesendet": Hier kommt die Stammkundin Frau Müller, die dafür sorgt, dass Geld in die Kasse kommt und das Unternehmen seinen Auszubildenden bezahlen kann. Egon „sendet" seinerseits: Ich bin ein ganz wichtiger Mitarbeiter, der diese Liste zu Ende führen will. Dabei stören Kunden. Unversehens ist aus diesem nonverbalen Informationsaustausch ein Konflikt entstanden, der die weitere Verständigung belastet: Die Kundin fühlt sich nicht wahrgenommen, Egon fühlt sich gestört.

Kommunikations-hindernisse abbauen

Viel aussichtsreicher würde die Kommunikation verlaufen, wenn Egon sogleich auf FrauMüller zugehen, sie anschauen und freundlich mit den Worten begrüßen würde: „Guten Tag Frau Müller. Was kann ich für Sie tun?" Auf diese Weise würde er Kommunikationshindernisse beseitigen und dafür sorgen, dass er die Kundin zufriedenstellen kann (Tabelle 3.1).

Aktion	Bedeutung	Wirkung
Frau Müller tritt ein. Egon blickt auf.	Nonverbal: Frau Müller signalisiert ein Anliegen, Egon signalisiert, dass er Frau Müller sieht.	Frau Müller fühlt sich wahrgenommen.
Frage Egons: „Was kann ich für Sie tun?"	Verbal: Egon spricht Frau Müller mit einer offenen Frage direkt an.	Frau Müller erfährt, dass Egon für Sie da ist und versuchen wird, ihre Probleme zu lösen.
Egon kommt hinter der Theke hervor.	Nonverbal: Egon geht auf Frau Müller zu.	Egon beseitigt die Kommunikationsbarriere „Theke" und stellt sich auf die gleiche Stufe mit der Kundin.

Tabelle 3.1: Wirkung der verbalen und nonverbalen Kommunikation

Hände, die nicht zu sehen sind, gelten seit jeher als gefährlich, weil Waffen darin sein könnten.

Egon wirkt aber auch dadurch, dass er gepflegt gekleidet und frisiert ist, deutlich und in einem angenehmen Tonfall spricht, nicht mehr nach der Knoblauchmahlzeit von gestern Abend riecht und saubere Schuhe trägt. Seine Hände zeigt er offen an der Körperseite oder auch in Hüfthöhe ineinander gelegt. So kann Frau Müller sofort erkennen, dass Egon nichts Böses im Schilde führt.

Der erste Eindruck, den die Kommunikationspartner voneinander gewinnen, ist sehr wichtig. Er führt zu ersten Einteilungen: Ist der Kommunikationspartner männlich oder weiblich, jung oder alt, bekannt oder unbekannt, passt er zu mir oder nicht, ist er aufmerksam oder unaufmerksam? Für derartige Abschätzungen braucht der Mensch im Höchstfall nur wenige Sekunden.

Nach den ersten Sekunden erfolgt eine weitere Abschätzung – dieses Mal aufgrund des äußeren Erscheinungsbildes und der nonverbalen Signale: Wirkt der Gesprächspartner widersprüchlich, ist er angenehm oder abstoßend, ist er sympathisch oder nicht? Spätestens jetzt werden auch verbale Signale ausgetauscht, die das Bild vervollständigen. Nach etwa drei Minuten ist die erste Beurteilung abgeschlossen.

Der erste Eindruck von einem Menschen lässt sich nur schwer korrigieren.

Die Vorstellung, die sich ein Kommunikationspartner von seinem Gegenüber bildet, muss nicht objektiv richtig sein. Andere kämen vielleicht zu anderen Bewertungen. Nichtsdestoweniger lässt sich das erste Bild nur schwer verändern. Darum sollte jeder Kommunikationspartner bestimmte Mittel einsetzen, um erfolgreich Informationen auszutauschen (Tabelle 3.2).

Mittel	Art des Einsatzes
Erscheinungsbild	angemessene Kleidung, gepflegte Erscheinung (z. B. Frisur, Hände, Fingernägel, Deodorant)
Gestik	Hände offen, möglichst oberhalb der Taille
Mimik	freundlicher Blickkontakt
Körperhaltung	offen, mit beiden Beinen auf der Erde
Sprache	angemessen laut, deutlich, mit unterstreichender Betonung

Tabelle 3.2: Mittel der verbalen und nonverbalen Kommunikation

Selbst wer alle in Tabelle 3.2 zusammengefassten Tipps beachtet, ist gegen Kommunikationsprobleme nicht gefeit. Das liegt daran, dass jede verbale Kommunikation auf vier Ebenen stattfindet. Herausgefunden hat das der Kommunikationswissenschaftler Friedemann Schulz von Thun.

*Jede verbale Kommunikation findet auf **vier Ebenen** statt.*

3.1.2 Verbale Kommunikation

Schulz von Thuns Einteilung ist als das sogenannte Vier-Ohren-Modell bekannt. Danach wird jede Information des Senders an den Empfänger auf vierfache Weise wirksam. Oder anders gesagt: Jede Äußerung umfasst vier Botschaften an den Empfänger, die jeweils auf einer speziellen Ebene angesiedelt sind (Schaubild 3.2). Die Qualität eines Gesprächs hängt davon ab, in welcher Weise die „vier Ohren" und die „vier Münder" zusammenspielen.

Vier-Ohren-Modell

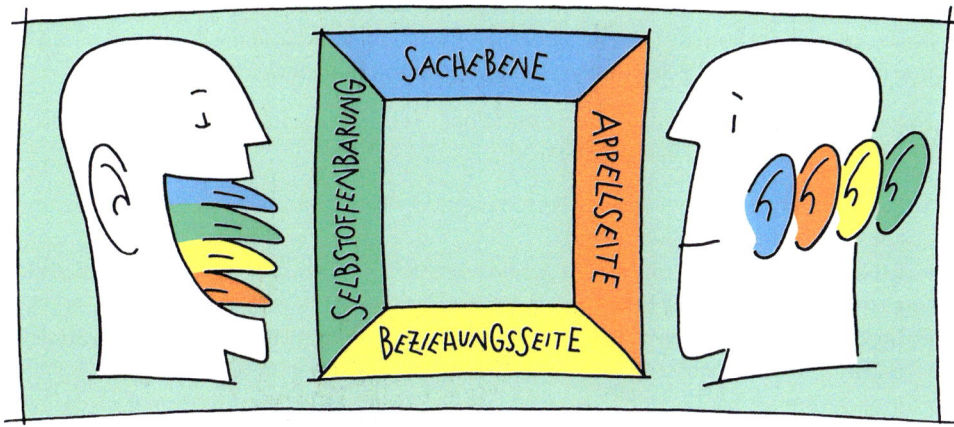

Schaubild 3.2: Vier-Ohren-Modell nach Schulz von Thun

- Auf der **Sachebene** steht die Information über eine Sache im Mittelpunkt. Der Sender vermittelt Fakten, Daten, Sachverhalte, Meinungen. Oberstes Ziel ist die klare und verständliche Formulierung der Information.
- Auf der **Ebene der Selbstkundgabe** gilt, dass alle Äußerungen des Senders immer auch etwas über seine eigene **Person** aussagen – ob vom Sender gewollt oder nicht.
- Auf der **Beziehungsebene** gibt der Sender durch bestimmte Formulierungen oder durch den Tonfall seiner Äußerungen zu erkennen, in welcher Beziehung er zu dem Empfänger steht und was er von ihm hält.
- Auf der **Appell-Ebene** geht es dem Sender darum, den Empfänger zu beeinflussen: Er fordert ihn – wenn auch nicht immer bewusst – zu einer Handlung auf, das heißt, er richtet einen Appell an ihn.

Appell
= Aufruf, Mahnung, Handlungsaufforderung

Der Meister hat Max die folgenden Botschaften auf den vier verschiedenen Ebenen geschickt:

- Der Zwölferschlüssel wird gebraucht → Sachebene;
- Ich brauche Hilfe → Selbstkundgabe-Ebene;
- Du bist der Azubi, der mir zuarbeitet → Beziehungsebene;
- Bring' mir den Zwölferschlüssel → Apell-Ebene.

Dabei hat er durch seinen Tonfall (zum Beispiel leise oder laut, gemäßigt oder hektisch, gelassen oder eindringlich) und seine nonverbalen Signale (zum Beispiel entspannter oder hilfesuchender Gesichtsausdruck) deutlich gemacht, welche Bedeutung er jeder der vier Ebenen zumisst.

Damit die Kommunikation erfolgreich ist, muss der Empfänger die Botschaften auf allen vier Ebenen akzeptieren. Je weniger er davon akzeptiert, desto schwieriger wird die Kommunikation. Wer jedoch dieses Wissen über die Kommunikation kennt und konsequent anwendet, der kann die Ziele, die er mit der Kommunikation verfolgt, leichter erreichen.

3.1.3 Konfliktlösung

Ein Konflikt ist ein Zusammenstoß, Widerstreit oder Zwiespalt.

Durch eine missglückte Kommunikation kann es zu einem Konflikt kommen. Ein Konflikt kann entstehen,

- wenn zwei oder mehr Partner unterschiedliche Interessen haben und
- wenn die Beteiligten sich nicht einigen können, inwieweit und auf welche Weise ihre jeweiligen Interessen durchgesetzt werden sollen.

Dabei können die Beteiligten zweierlei versuchen: Entweder sie verschärfen den Konflikt, sodass er zu einem Streit führt; oder sie versuchen, ihn zu entschärfen, sodass er ausgetragen und letztlich eine für alle Beteiligten tragbare Lösung gefunden werden kann.

Fünf Ansätze zur Konfliktverschärfung:
- Idealisierung
- Projektion
- Ersatzbefriedigung
- Resignation
- Killerphrasen

Folgende Verhaltensmuster, Strategien und/oder Persönlichkeitsmerkmale können dazu führen, dass ein Konflikt verschärft wird:

- Bei der Idealisierung der eigenen Person meint der Betreffende, stets recht zu haben und alle Probleme lösen zu können.
- Bei der Verallgemeinerung und Projektion versucht der Betreffende, anderen die Schuld zuzuweisen oder eigene Fehler auf andere zu übertragen.
- Im Rahmen von Ersatzbefriedigungen werden unbefriedigte Bedürfnisse umgewandelt und durch Ersatzhandlungen gestillt, die der Konfliktlösung im Weg stehen.
- Je nach ihrer Persönlichkeit reagieren manche Menschen auf Konflikte mit Resignation. Hierbei richten sie die aufgestaute Energie nicht nach außen, etwa durch aggressives Verhalten, sondern gegen sich selbst. Menschen mit einem geringen Selbstwertgefühl neigen besonders häufig zu Resignation. Sie setzen sich in Konfliktsituationen nicht zur Wehr, sondern ertragen ihre Frustration.

Projektion bedeutet, eigene Verhaltensmuster auf den Kommunikationspartner zu übertragen.

- Die Verwendung von Killerphrasen gehört ebenfalls zu den konfliktverschärfenden Verhaltensmustern. Hierunter versteht man Aussagen, die der gegnerischen Partei signalisieren: „SO GEHT ES NICHT!" Killerphrasen blockieren die Suche nach einem Kompromiss und verhindern schöpferisches Denken. Sie entmutigen das Gegenüber und verschlechtern das Gesprächsklima.

Gebräuchliche Killerphrasen sind:

- „Sie denken wohl, Sie haben die Weisheit mit Löffeln gefressen?"
- „Das funktioniert eh nicht!"
- „Das haben wir schon probiert, das führt zu nichts."

Im Gegensatz zu den konfliktverschärfenden Verhaltensmustern stehen konstruktive Formen der Konfliktbearbeitung. Hierbei folgen auf die empfundene Frustration

konstruktive Strategien zur **Konfliktlösung**

- das Erkennen des Konflikts,
- die Suche nach einer Aussprache und
- die Aussprache selbst, die zu einem möglichen Kompromiss oder Konsens führt.

Konfliktgespräche zwischen allen Beteiligten zählen zu den konstruktiven Strategien. Ihr Ziel ist es, den Konflikt gemeinsam zu verarbeiten und einen Kompromiss zu finden, dem alle zustimmen können. Je nach Situation bietet es sich an, einen Mediator hinzuzuziehen.

Mediator = Vermittler

Der Erfolg eines Konfliktgesprächs hängt von den folgenden Voraussetzungen ab:

- Der Konflikt wurde erkannt.
- Die Beteiligten sind zu dem Gespräch bereit.
- Die Beteiligten haben die Möglichkeit, die Problemlösung zu beeinflussen.
- Eine eventuelle Mittlerperson wird von allen Beteiligten akzeptiert.

Erfolgsfaktoren eines Konfliktgesprächs

In der Praxis werden Konfliktgespräche im Team je nach den konkreten Umständen als Vier-Augen-Gespräch oder Sechs-Augen-Gespräch bezeichnet. Ersteres wird von den beiden beteiligten Personen oder Parteien alleine geführt. Beim Sechs-Augen-Gespräch ist ein Mediator beteiligt.

Der Mediator hat folgende Aufgaben:

- Er oder sie schildert die eigenen Eindrücke, ohne Partei zu ergreifen, beispielsweise: „Ich stelle fest, dass dieser Aspekt für Partei A von großer Bedeutung ist."
- Er gibt methodische Hilfestellungen, beispielsweise: „Welche Reaktion hätten Sie von Ihrem Gegenüber erwartet?"

Zu seinen Aufgaben gehört es hingegen nicht, den Konflikt der beteiligten Parteien zu lösen. Das darf und soll er nicht. Die Konfliktparteien müssen vielmehr selbst einen Lösungsweg finden.

Ein Mediator ist unparteiisch. Er vermittelt zwischen gegnerischen Parteien und gibt dabei methodische Hilfestellungen.

Zur Bewältigung von Konflikten sind vor allem die folgenden Regeln zu beachten:

sechs Regeln zur Führung eines Konfliktgesprächs

- Die Parteien halten Blickkontakt, auch wenn es schwerfällt, weil der Konfliktgegner anderer Meinung ist.
- Der Konfliktgegner wird nicht abgewertet, etwa durch abfällige Gesten oder gar Aussagen.
- Jeder lässt den anderen ausreden, auch wenn der andere nach der Meinung seines Gegners im Unrecht ist.
- Jeder beschreibt in seinen eigenen Worten, wie er seinen Konfliktgegner verstanden hat. Im Zweifel fragt er nach, ob seine Worte das Gemeinte korrekt wiedergeben.
- Jeder formuliert seine Beiträge in der Ich-Form, sendet also Ich-Botschaften aus, wenn er seine Meinung, seine Gefühle, seinen Standpunkt beschreibt.
- Auch wenn die Konfliktgegner unterschiedliche Meinungen vertreten, verstehen sie einander als Partner: Um den Konflikt beilegen zu können, sind sie aufeinander angewiesen.

3.2 Teamarbeit

Ein **Team** ist nicht dasselbe wie eine Gruppe.

Eine Gruppe besteht aus mehreren Menschen, die jeder für sich auf ein Ziel hinarbeiten. In einem Team dagegen nimmt jedes Teammitglied eine bestimmte Rolle ein. Jeder akzeptiert die Rollen aller übrigen und schätzt sie. Jeder weiß, dass seine Arbeit dadurch, dass er sie in das Team einbringt, wertvoller wird. Auch in einem Team gibt es verschiedene Aufgaben, die arbeitsteilig zu erfüllen sind. Allerdings sind alle Aufgaben gleich wichtig. Das heißt zugleich, dass kein Teammitglied einen höheren Stellenwert hat als alle übrigen.

> **BEISPIEL** Eine Fußballmannschaft, die aus elf fantastischen Einzelkönnern zusammengestellt ist, wird niemals so erfolgreich sein wie eine Mannschaft, die aus elf Spielern besteht, denen es Spaß macht, ein Spiel gemeinsam zu gewinnen. Ein Team, das sich als solches versteht, wird immer erfolgreicher sein als ein Einzelkönner, auch wenn jeder Einzelne noch so genial sein mag.

Die **Teamleitung** agiert weniger als Vorgesetzter denn als Garant für den **Zusammenhalt** des Teams.

Natürlich braucht ein Team jemanden, der es anführt. **Der Teamleiter** ist aber nicht in erster Linie Vorgesetzter. Seine Aufgabe besteht vielmehr vor allem darin, darauf zu achten, dass es zwischen den Mitgliedern seines Teams keine Unstimmigkeiten gibt. Die Teamleitung muss für Offenheit und Sachlichkeit sorgen. Sie muss außerdem wissen, dass jeder Konflikt eine positive Seite hat: Er kann Denkanstöße vermitteln und der Weiterentwicklung der Arbeit im Team dienen. Das gilt allerdings nur dann, wenn der Konflikt sachlich und in einer Atmosphäre gegenseitiger Wertschätzung ausgetragen wird.

Teamarbeit ist dadurch gekennzeichnet, dass die einzelnen Teammitglieder sehr intensiv miteinander in Beziehung treten. Die Zusammenarbeit ist vergleichsweise zeitaufwendig und dauerhaft. Ein echtes Team verträgt keine häufigen Personalwechsel. Vielmehr braucht es zumindest einen stabilen Kern von Mitgliedern. Weitere Merkmale sind partnerschaftliches Verhalten und Vertrauen. Die Zusammenarbeit lebt davon, dass die einzelnen Mitglieder einander schätzen und akzeptieren.

In der Bewertung der Leistungen der Teammitglieder herrscht das sogenannte **Äquivalenzprinzip.** Voraussetzung für Teamarbeit ist also eine Arbeitsatmosphäre, in der jeder weiß, dass er die gleichen Rechte hat wie alle übrigen Teammitglieder.

Teams brauchen einen **stabilen Kern** von Mitgliedern.

Gerade in modernen Unternehmen ist die Fähigkeit zur Teamarbeit eine wichtige Kompetenz der Mitarbeiter. Das Team bildet im Unternehmen eine Arbeitseinheit, die eine gemeinsame Aufgabe hat und ein gemeinsames Ziel verfolgt. Die Teammitglieder unterstützen sich dabei gegenseitig.

Teamarbeit hat eine ganze Reihe von **Vorzügen.** Mit ihrer Hilfe kann beispielsweise

- Kreativität freigesetzt werden,
- vorhandenes Wissen besser genutzt werden,
- der Informationsfluss verbessert werden,
- die Identifikation mit dem Unternehmen gestärkt werden,
- die gegenseitige Unterstützung der Mitarbeiter wachsen,
- die Qualität der Arbeit verbessert werden und
- die Arbeitszufriedenheit wachsen.

Teamarbeit ist aber keine Garantie für Arbeitszufriedenheit und Erfolg. Die oben genannten Merkmale und Voraussetzungen guter Teamarbeit sind nicht leicht zu erfüllen.

Zudem gilt es zu beachten, dass Menschen nicht unter allen Umständen zu einem Team zusammenwachsen. Denkbar ist vielmehr auch, dass Einzelne sich als Teil einer Gruppe fühlen und die Gruppe als „Hängematte" nutzen, in der sie eigene Anstrengungen zurückstellen können, ohne dass dies unmittelbar erkennbar wird. Teamarbeit ist daher nicht frei von Kritik. Oftmals ist zu hören, dass TEAM nichts anderes bedeute als die Abkürzung des Mottos

Toll, ein anderer macht's.

Diese Einstellung geht allerdings an wirklicher Teamarbeit vorbei und dürfte weit häufiger in der Gruppenarbeit zu finden sein.

Aufgaben zu den Themen Kommunikation und Teamarbeit

1 Begründen Sie, ob es ausreicht, wenn Kommunikation als Gespräch bezeichnet wird.
2 Erläutern Sie, auf welchen unterschiedlichen Wegen Informationen ausgetauscht werden können.
3 Beschreiben Sie jeweils drei Kommunikationselemente
  a der Körpersprache,
  b der Sprechtechnik,
  c des Inhalts.
4 Analysieren Sie, weshalb die Körpersprache wichtiger ist als Sprechtechnik und Inhalt zusammengenommen.
5 Wie lange braucht ein Mensch, um sich von einem anderen Menschen ein Bild zu machen und ihn als sympathisch oder unsympathisch einzuschätzen?
6 „Sören, schalten Sie endlich Ihr Handy aus, sonst muss ich es einziehen!" Dieser Satz eines Lehrers an seinen Schüler enthält Bedeutungen auf vier unterschiedlichen Ebenen.
  a Nennen Sie diese Ebenen nach Schulz von Thun.
  b Erläutern Sie die vier Botschaften, die der Lehrer an Sören mit diesem einen Satz gesendet hat.
7 Erläutern Sie, was ein Konflikt ist.
8 Beschreiben Sie die zwei Strategien, mit denen die Konfliktbeteiligen auf den Konfliktausbruch reagieren können.
9 Zählen Sie fünf konfliktverschärfende Verhaltensweisen auf.
10 Zählen Sie sechs Verhaltensweisen auf, die helfen können, einen Konflikt zu bewältigen.
11 Die 17-jährige Mathilde durchläuft eine Ausbildung zur Kfz-Mechatronikerin. Sie ist seit zwei Monaten jeden Samstag zum Notdienst eingeteilt worden, ohne dass sich dadurch die Arbeitszeit an den anderen Werktagen vermindert hätte.
  a Beschreiben Sie den Konflikt, in dem sich Mathilde befindet.
  b Entwickeln Sie für Mathilde eine Strategie, mit der sie den Konflikt bewältigen kann.
12 Unterscheiden Sie zwischen Team und Gruppe.
13 Warum sollte sich ein Teamleiter nicht in erster Linie als Vorgesetzter verstehen?
14 Worauf sollten Sie achten, wenn Sie ein Team zur Bewältigung einer bestimmten Aufgabe zusammensetzen müssen?
15 Nennen Sie fünf Argumente, die dafür sprechen, Aufgaben in Teamarbeit durchzuführen.
16 Nehmen Sie selbst Stellung zur Teamarbeit.

3.3 Verbraucherverhalten

Situation

Wolfgang liest im Wirtschaftsteil der Zeitung den folgenden Leserbrief:
Welches ist denn eigentlich das zentrale wirtschaftliche Problem, das alle
Menschen auf dieser Welt haben? Die Antwort fällt leicht: Die Welt ist kein
Schlaraffenland, in dem jeder alles haben kann, was er möchte. Es gibt viel zu wenige Roh-
stoffe und Produktionsmittel, um sämtliche Konsumwünsche der Menschen vollständig zu
befriedigen. Die Mittel, um all die Wünsche der Menschen zu befriedigen, sind knapper als die
Wünsche selbst. Darum ist es unbedingt notwendig, dass wir in möglichst freier Form wirtschaften!

- Beschreiben Sie Ihre Vorstellung vom Schlaraffenland.
- Überlegen Sie, ob Sie gerne im Schlaraffenland leben möchten.
- Analysieren Sie, warum Wirtschaften eine Möglichkeit ist, um das Problem der Verteilung
  von Gütern zu lösen.

„Je mehr er hat, je mehr er will, nie schweigen seine Klagen still." In diesem alten Text ist die
Rede vom Menschen. Er will uns sagen, dass die Menschen schier unendlich viele Wünsche
haben. Wenn ein Wunsch erfüllt ist, erwächst daraus ein anderer, sodass man niemanden
finden wird, der gar keine Wünsche mehr hat. Die Volkswirtschaftslehre nennt die Wünsche,
die der Mensch gerne für sich erfüllt wissen will, Bedürfnisse.

3.3.1 Freie und knappe Güter

Um seine Bedürfnisse zu befriedigen, braucht der Mensch Güter, die Mittel der Bedürfnisbefriedigung. Lange Zeit gingen die Wirtschaftswissenschaften davon aus, dass es freie Güter
gebe. Damit sind Güter gemeint, die in so großen Mengen vorhanden sind, dass jeder unbegrenzt viel davon verbrauchen kann, ohne etwas dafür zahlen zu müssen. In diese Kategorie
fallen beispielsweise das Sonnenlicht oder der Sauerstoff.

Heute müssen wir aber auch zur Bereitstellung vieler Güter, die früher noch als frei galten,
Anstrengungen unternehmen.

BEISPIELE

- Kraftwerke und Kraftfahrzeuge werden mit Abgasfiltern ausgestattet, um die Luft rein zu
  halten und zu verhindern, dass Schadstoffe in den Boden und ins Grundwasser eindringen.
- Die Abwässer werden in Kläranlagen gereinigt, bevor sie wieder in den natürlichen Wasser-
  kreislauf zurückgeführt werden. Nur so lassen sich Umweltschäden wie Schädigungen der
  Fischbestände in den Flüssen oder Verunreinigungen des Grundwassers vermeiden.

Ein **knappes Gut** ist ein Gut,
das nur begrenzt vorhanden
ist. Deshalb muss der Mensch
zu seiner Bereitstellung
Opfer bringen, das heißt
einen Preis zahlen.

Man muss also heute davon ausgehen, dass es nur knappe Güter gibt. Jedes knappe Gut hat
einen Preis. Wer aber bekommt die Güter? Das sind diejenigen, die bereit und fähig sind, die
geltenden Preise der Güter zu zahlen.

BEISPIEL

Ein Mensch, der ein großes Vermögen besitzt, kann dann, wenn er es sich wünscht, ein teures
Auto oder einen Luxuswagen wie einen Maserati kaufen. Andere Menschen haben womöglich
noch nicht einmal genügend Geld, um sich einen gebrauchten Kleinwagen zu kaufen.

Menschen versehen also ihre Bedürfnisse mit Kaufkraft, das heißt, sie überlegen sich, wie viel ihnen die Befriedigung ihrer Bedürfnisse wert ist. Als Maßstab zur Bewertung setzen sie Geld ein. Auf diese Weise ergibt sich ihr Bedarf. Geht der Verbraucher dann in ein Geschäft, so spricht die Volkswirtschaftslehre davon, dass er Nachfrage ausübt (Schaubild 3.3).

Bedarf
= mit Kaufkraft versehene Bedürfnisse

Nachfrage
= am Markt wirksam werdender Bedarf

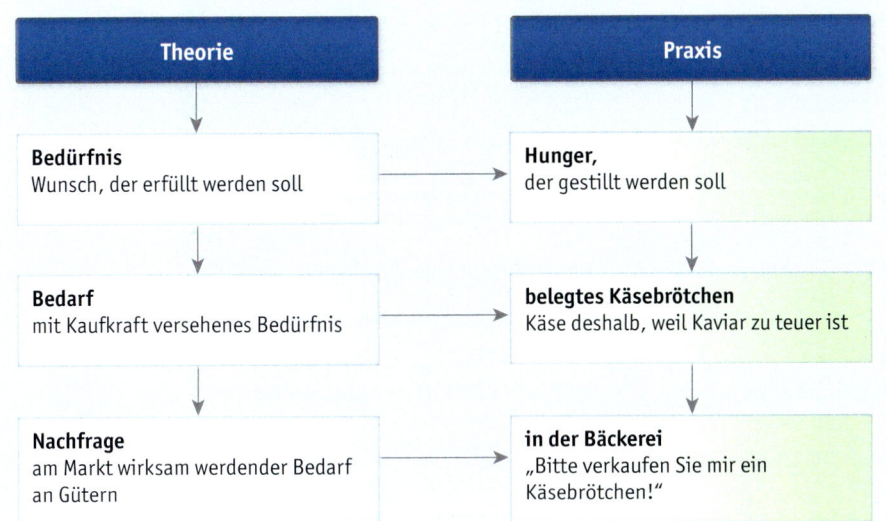

Schaubild 3.3: Vom Bedürfnis zur Nachfrage

Als Ursprung für die Produktion von Gütern können die vielfältigen Wünsche der Menschen gelten. Unsere Urahnen erlegten Saurier, weil sie Hunger hatten. Sie waren bestrebt, das Fleisch so aufzubewahren, dass es nicht verderben konnte, denn sie wussten nicht, wann ihnen ein erneuter Fang gelingen würde.

Um das Knappheitsproblem zu bewältigen, muss der Mensch wirtschaften, das heißt seine begrenzten Mittel sparsam einsetzen.

Auch der moderne Mensch muss wirtschaften, um mit einer begrenzten Menge an Gütern seine prinzipiell unbegrenzten Bedürfnisse befriedigen zu können (Schaubild 3.4).

Schaubild 3.4: Bedürfnisse und Mittel zu ihrer Befriedigung

Die Güter als Mittel zur Befriedigung von Bedürfnissen können nach verschiedenen Gesichtspunkten eingeteilt werden (Tabelle 3.3).

Unterscheidungsmerkmal	Güterarten	Beispiele
Preis	Wirtschaftliche (oder knappe) Güter haben einen Preis. Freie Güter haben keinen Preis.	Zeitschriften Sauerstoff
Ort der Verwendung	Konsumgüter werden in Haushalten verwendet. Investitionsgüter werden in Unternehmen verwendet.	Messer Produktionsmaschinen
Häufigkeit der Verwendung	Verbrauchsgüter gehen mit ihrer Verwendung unter. Gebrauchsgüter können mehrfach verwendet werden.	Wurst Fahrrad
Beschaffenheit	Materielle Güter sind aus Rohstoffen hergestellt. Dienstleistungen sind nichtstoffliche Güter.	Computer Haarschnitt
Austauschbarkeit	Substitutionsgüter sind gegeneinander austauschbar. Komplementärgüter ergänzen einander.	Reis oder Nudeln Handy und Handytasche

Tabelle 3.3: Fünf Möglichkeiten zur Unterscheidung von Güterarten

> **BEISPIEL**
>
> Ein Wohnzimmerstuhl ist sowohl ein wirtschaftliches Gut als auch ein Konsumgut. Er zählt als materielles Gut zu den Gebrauchsgütern. Ein Stuhlkissen ist, bezogen auf den Stuhl, ein Komplementärgut. Währenddessen ist ein Küchenstuhl ein Substitutionsgut, weil er gegen ein anderes Stuhlmodell ausgetauscht werden kann.

3.3.2 Wirtschaftlich handeln

Dass Menschen sich heute relativ viele Wünsche erfüllen können, liegt daran, dass die Güter meistens industriell hergestellt werden. Der Handwerker stellt ein Stück nach dem anderen her, wobei jedes Stück seine Eigenheiten hat. Demgegenüber werden in der industriellen Produktion riesige Stückzahlen nach einem gleichbleibenden Muster gefertigt. Deshalb wird der Preis für das einzelne Produkt erschwinglich.

Massenproduktion, siehe S. 216–218

In der Produktion kombinieren die Unternehmen die drei folgenden Produktionsfaktoren:

- **Boden** – Jede Fabrik und jedes Geschäft hat einen Standort und braucht dafür ein Grundstück.
- **Arbeit** – Auch wenn die Fertigung stark automatisiert ist, so ist menschliche Arbeit dennoch niemals verzichtbar.
- **Kapital** – Das Unternehmen benötigt Geld, um die Maschinen und die Rohstoffe zu bezahlen, die es zur Produktion benötigt.

Weil es für eine wachsende Wirtschaft so wichtig ist, wird häufig das **technische Wissen** als vierter Produktionsfaktor gesondert untersucht.

limitational = begrenzt
substitutional = austauschbar

Rationalisierung = Maßnahme zur Steigerung der Wirtschaftlichkeit

Minimalprinzip heißt, ein gegebenes Ziel mit dem geringsten möglichen Einsatz zu erreichen.

Der Produktionsfaktor Boden ist limitational, das heißt, er steht nur begrenzt zur Verfügung und lässt sich schwer bis gar nicht durch einen anderen Produktionsfaktor ersetzen. Menschliche Arbeit ist dagegen substitutional, das heißt, sie kann häufig durch Maschinen ersetzt werden. Wenn ein Unternehmen die Produktion rationalisiert, dann tauscht es in der Regel teurere Produktionsfaktoren gegen preisgünstigere Produktionsfaktoren aus, um die Produktionskosten zu senken.

Unternehmen streben danach, so wirtschaftlich oder ökonomisch vorteilhaft wie möglich zu produzieren. Dabei folgen sie gewöhnlich dem Minimalprinzip: Sie planen die Produktion einer bestimmten Menge, von der sie annehmen, dass sie am Markt abgesetzt werden kann. Diese Menge fertigen sie zu den geringsten möglichen Kosten. Das Ziel ist also festgelegt und der Mitteleinsatz wird minimiert, das heißt so gering wie möglich gehalten.

Auch die Haushalte verhalten sich ökonomisch. Nur arbeiten sie eher nach dem Maximalprinzip: Sie haben jeden Monat ein bestimmtes Einkommen zur Verfügung, mit dem sie sich möglichst viele Wünsche erfüllen möchten. Die Mittel stehen fest, das Ziel wird maximiert.

Maximalprinzip heißt, mit gegebenen Mitteln das höchste mögliche Ergebnis zu erreichen.

Prinzip	Ziel	Mittel	Beispiel
Minimalprinzip	bestimmt	minimiert	100 km Auto fahren mit möglichst geringem Benzinverbrauch
Maximalprinzip	maximiert	bestimmt	Mit 10 l Benzin so viele Kilometer fahren wie möglich

3.3.3 Wirtschaftskreislauf

Zwischen den privaten Haushalten und den Unternehmen bestehen enge Kontakte. Die Haushalte stellen den Unternehmen die Produktionsfaktoren Boden, Arbeit und Kapital zur Verfügung. Auf diese Weise ermöglichen sie den Unternehmen die Produktion. Die dem Güterstrom entsprechenden Leistungen erbringen die Haushalte natürlich nicht kostenlos. Vielmehr erhalten sie dafür eine Vergütung.

- Die Bereitstellung von **Boden** erfolgt gegen Pacht oder Miete.
- Für die **Arbeit,** die die Beschäftigten im Unternehmen leisten, beziehen sie einen Lohn oder ein Gehalt.
- Wer **Kapital** zur Verfügung stellt, erhält dafür Zinsen oder eine Beteiligung am Gewinn des Unternehmens.

Bei den Einkommensarten der privaten Haushalte unterscheidet man zwischen **Pacht** oder **Miete, Lohn, Zinsen** und **Gewinn.**

Dem Güterstrom der Produktionsfaktoren, der von den Haushalten zu den Unternehmen verläuft, steht ein Geldstrom gegenüber, der in umgekehrter Richtung verläuft (Schaubild 3.5).

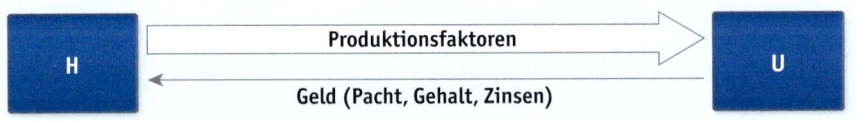

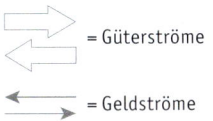

Schaubild 3.5: Güter- und Geldströme zwischen Haushalten und Unternehmen

Auf der anderen Seite erhalten die Haushalte ihre Mittel zur Bedürfnisbefriedigung, also die Güter, von den Unternehmen. Die Güter müssen mit Geld bezahlt werden Schaubild 3.6).

Schaubild 3.6: Güter- und Geldströme zwischen Unternehmen und Haushalten

Es ist leicht erkennbar, dass es zwei Güterströme gibt, die zwei jeweils in der umgekehrten Richtung fließende Geldströme zur Folge haben. Alle Ströme können in einem Bild zusammengefasst werden (Schaubild 3.7).

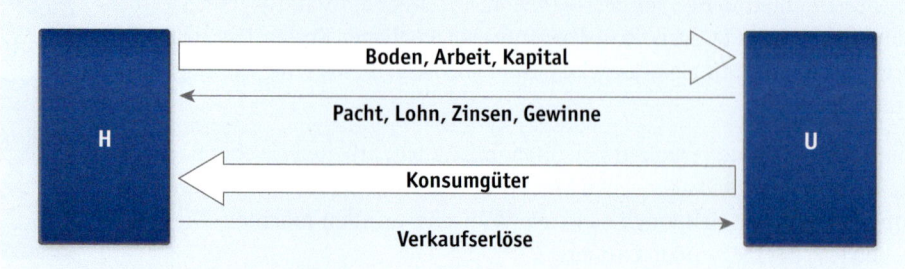

Schaubild 3.7: Einfacher Wirtschaftskreislauf

Die Wirtschaft befindet sich dann im Gleichgewicht, wenn alle Güter- und Geldströme einander entsprechen.

So entsteht in der volkswirtschaftlichen Theorie ein ganz einfacher Wirtschaftskreislauf. Dieser Kreislauf lässt sich aber nur dann gleichmäßig aufrechterhalten, wenn alle Ströme gleich groß sind.

Der einfache Wirtschaftskreislauf kann durch weitere Wirtschaftssubjekte, wie den Staat oder das Ausland, erweitert werden. An der Notwendigkeit, dass alle Ströme gleich groß sein müssen, damit der Wirtschaftskreislauf im Gleichgewicht ist, ändert das aber nichts.

3.3.4 Konjunktur und Geldwert

Das Statistische Bundesamt stellt regelmäßige volkswirtschaftliche Gesamtrechnungen (VGR) an, um die Ströme zu messen, die in ihrer Gesamtheit den Wirtschaftskreislauf bilden (Schaubild 3.8, S. 94). Die Menge aller Güter und Dienstleistungen, die im Inland hergestellt werden, wird als Bruttoinlandsprodukt (BIP) bezeichnet.

Bruttoinlandsprodukt
= Menge aller im Inland produzierten Güter und Dienstleistungen

Wenn die Nachfrage nach Gütern wächst, werden mehr Güter hergestellt. Das ist für die Menschen und die Wirtschaft vorteilhaft, denn die Produktionsfaktoren werden besser ausgelastet, Unternehmen und Haushalte verdienen mehr Geld und können mehr Güter kaufen. Es kommt ein wirtschaftlicher Aufschwung zustande.

In der Konjunkturtheorie spricht man vom **Konjunkturzyklus** als Abfolge von Aufschwung, Hochkonjunktur, Abschwung und Konjunkturtief.

Es kann aber auch sein, dass die privaten Haushalte mehr sparen wollen und deshalb weniger Geld ausgeben. Wenn infolgedessen die Nachfrage zurückgeht, dann werden weniger Güter produziert, sodass die Beschäftigung sinkt. Wenn dementsprechend die Summe der Löhne und Gehälter sinkt, dann können die Haushalte nur noch weniger Geld ausgeben. Es kommt zu einem wirtschaftlichen Abschwung.

Konjunkturpolitik
= Gesamtheit der Maßnahmen zum Ausgleich von Konjunkturschwankungen

Die Wirtschaftsgeschichte hat gezeigt, dass die wirtschaftliche Entwicklung immer eine Abfolge von Auf- und Abschwüngen ist. Eine solche Entwicklung bezeichnet man als schwankende Konjunktur. Der Staat kann versuchen, Konjunkturschwankungen durch Konjunkturpolitik auszugleichen.

Das Wirtschaftsgeschehen ist in erheblichem Maße auch abhängig vom Wert des Geldes. Geld hat die in Tabelle 3.4 zusammengefassten Funktionen.

Funktionen des Geldes	Bedeutung
allgemeines Tauschmittel	Ohne Geld müssten die Menschen Güter direkt gegeneinander tauschen.
gesetzliches Zahlungsmittel	Alle Bürger sind verpflichtet, mit Geld zu zahlen und Geld als Zahlungsmittel anzunehmen.

Tabelle 3.4: Geldfunktionen

Funktionen des Geldes	Bedeutung
Wertaufbewahrungsmittel	Eingenommenes Geld kann gespart werden, das heißt, Geld kann als Mittel zur Aufbewahrung von Wert verwendet werden.
Recheneinheit und Wertmaßstab	Geld ist Rechnungseinheit für Tauschvorgänge aller Art, zum Beispiel Arbeitsleistung gegen Lohn. Durch Geld lassen sich Güter bewerten und unmittelbar miteinander vergleichen.

Tabelle 3.4: Geldfunktionen (Fortsetzung)

Geld ist
– Maßstab für Werte,
– Recheneinheit,
– Mittel zur Aufbewahrung von Werten,
– Tauschmittel,
– gesetzliches Zahlungsmittel.

Geld ist also ein Gegenwert aller Güter und Dienstleistungen, die in einer Volkswirtschaft zur Verfügung stehen.

> Wenn man den Preis für ein Pfund Brot beobachtet, dann erkennt man, ob er sich verändert, das heißt, ob Brot mit der Zeit teurer oder billiger wird. Steigt der Preis, so muss man mehr Geld ausgeben, um ein Pfund Brot zu erwerben. Der Geldwert sinkt. Geht der Brotpreis hingegen zurück, so braucht man weniger Geld für ein Pfund Brot. In diesem Fall nimmt der Geldwert zu.

BEISPIEL

Was für den Brotpreis gilt, das trifft auch auf alle übrigen Güter zu, die ein Haushalt erwirbt. Um Veränderungen des allgemeinen Geldwerts zu ermitteln, hat das Statistische Bundesamt eine Palette von Waren und Dienstleistungen zusammengestellt, die ein privater Haushalt typischerweise kauft (Tabelle 3.5).

	Ausgabenbereich	Anteil an den Gesamt-ausgaben in %
01	Nahrungsmittel und alkoholfreie Getränke	10,4
02	Alkoholische Getränke, Tabakwaren	3,1
03	Bekleidung und Schuhe	4,9
04	Wohnung, Wasser, Strom, Gas und andere Brennstoffe	30,8
05	Einrichtungsgegenstände (Möbel), Apparate, Geräte und Ausrüstungen für den Haushalt sowie deren Instandhaltung	5,6
06	Gesundheitspflege	4,0
07	Verkehr	13,2
08	Nachrichtenübermittlung	3,1
09	Freizeit, Unterhaltung und Kultur	11,6
10	Bildungswesen	0,7
11	Beherbergungs- und Gaststättendienstleistungen	4,4
12	Andere Waren und Dienstleistungen	7,5
Summe		**100,0**

Der vom Statistischen Bundesamt definierte **Warenkorb** umfasst rund 700 Güterarten, die in zwölf Ausgabenbereiche unterteilt sind.

Tabelle 3.5: Warenkorb und Wägungsschema des Statistischen Bundesamts 2005

Inflation
= Verteuerung des Warenkorbes, d. h. Geldentwertung

Deflation
= Verbilligung des Warenkorbs, d. h. Verteuerung des Geldes

Der Staat zahlte im Jahr 2009 zur Stützung der Konjunktur allen Bürgern, die ein altes Auto verschrotteten und ein neues kauften, eine Umweltprämie von 2500 €. Sie wurde umgangssprachlich als Abwrackprämie bezeichnet.

Im Jahr 2010 wurden in Deutschland Waren und Dienstleistungen im Wert von per saldo fast 2500 Mrd. € produziert.

Durch die regelmäßige Ermittlung der Preise der in dem Warenkorb vertretenen Güter lässt sich feststellen, um wie viel teurer oder billiger der Warenkorb geworden ist. Ist die Teuerung deutlich erkennbar, das heißt, beträgt sie beispielsweise 2 %, so spricht man von einer Inflation. Werden die Güter dagegen deutlich billiger, so handelt es sich um eine Deflation. In beiden Fällen besteht die Gefahr, dass der Wirtschaftskreislauf aus dem Gleichgewicht gerät.

BEISPIEL Als im Rahmen der weltweiten Finanzkrise, die im Jahr 2007 ausbrach, die Banken ihre Kreditvergabe einschränkten, gerieten viele Unternehmen in Schwierigkeiten. Weil sie nur noch weniger Kredite zur Finanzierung ihrer Produktionsmittel erhielten, mussten sie ihre Produktionsmengen verringern und in den Betrieben Kurzarbeit anordnen. Die Wirtschaft geriet aus dem Gleichgewicht und musste durch befristete konjunkturpolitische Maßnahmen wie die Umweltprämie gestützt werden.

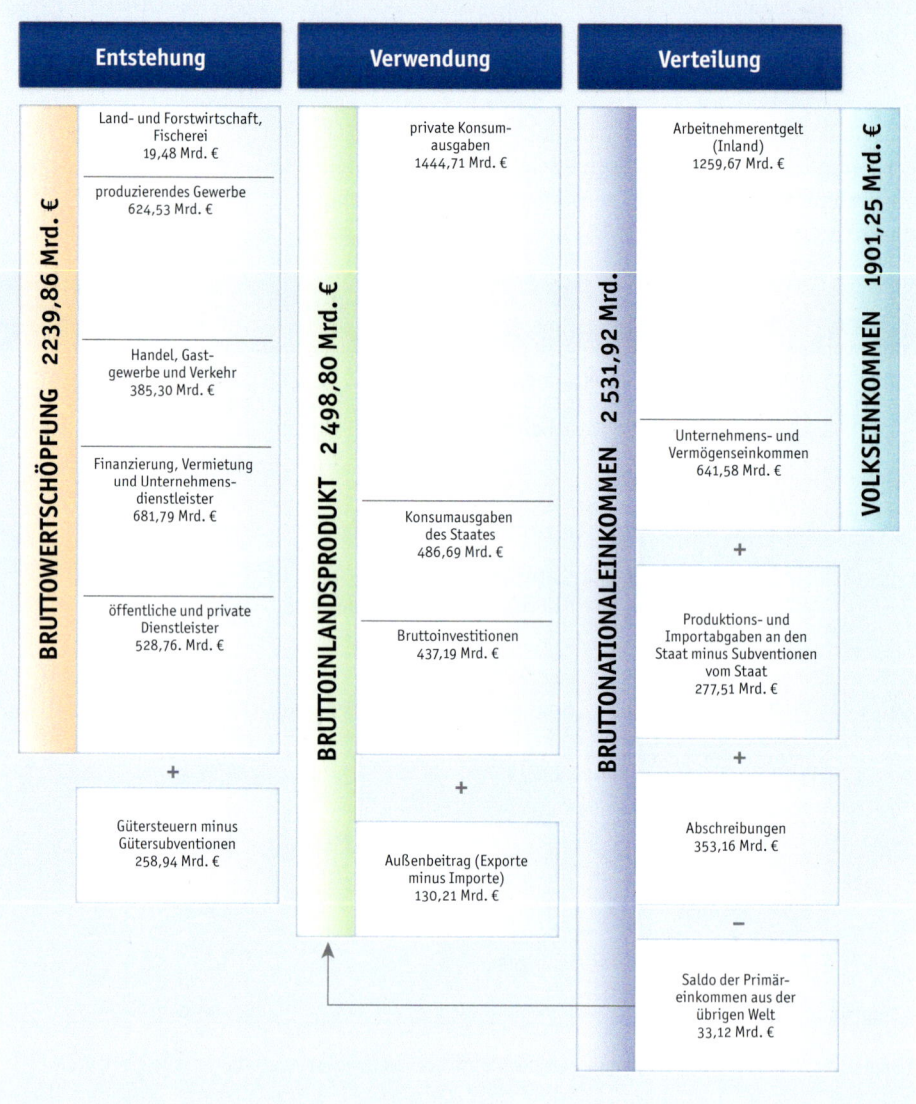

Schaubild 3.8: Bruttoinlandsprodukt für Deutschland 2010

3.3.5 Erklärungen des Verbraucherverhaltens

Die gängige Wirtschaftstheorie geht davon aus, dass der Mensch ein sogenannter *homo oeconomicus* ist, also ein allein dem wirtschaftlichen Denken verpflichteter Mensch.

> **BEISPIEL**
>
> Wenn der Staat die Steuern senkt, müsste der Verbraucher mehr einkaufen, weil er nun mehr Geld zur Verfügung hat und daher mehr Bedürfnisse befriedigen kann. Unter Umständen plant der Verbraucher aber einen Urlaub in zwei Jahren und will dafür sparen. Oder er hört in der veröffentlichen Meinung, dass die Rentenversicherung zu wenige Rücklagen hat. Deshalb gerät er in Sorge, verringert seine Ausgaben und legt das gesparte Geld an, um für seinen Lebensunterhalt im Alter vorzusorgen.

Dieses Beispiel mag zeigen, dass der Mensch nicht nur nach wirtschaftlichen Gesichtspunkten denkt und entscheidet. Vielmehr lässt er sich auch von einer Reihe weiterer Einflüsse leiten, zum Beispiel von psychologisch oder soziokulturell begründeten (Schaubild 3.9).

Das Bild vom Menschen als homo oeconomicus *ist ein stark vereinfachtes Bild.*

> **BEISPIEL**
>
> Frank braucht einen neuen Pullover. Den kann er in einem Textildiscount-Geschäft kaufen, aber auch von einem Markenhersteller. Der Markenpullover kostet ein Vielfaches des Discountmodells. Frank hat zwar nicht viel Geld, aber trotzdem entscheidet er sich für den Markenpulli, denn die Marke ist in seiner Clique gerade angesagt, und wenn Frank dazugehören will, braucht er einen solchen Pulli.

Konsumentenverhalten

Wirtschaftliche Ansätze gehen vom *homo oeconomicus* aus und untersuchen im Hinblick auf Entscheidungen vorrangig die Wechselbeziehungen zwischen Einkommen, Güterpreisen und Bedürfnissen.

Psychologische Ansätze untersuchen, welche Prozesse bei Kaufentscheidungen im Inneren einer Person ablaufen und somit ihr Verhalten beeinflussen.

Soziokulturelle Ansätze untersuchen im Hinblick auf das Konsumentenverhalten die soziale Umwelt und die kulturellen Gegebenheiten.

Schaubild 3.9: Ansätze zur Erklärung des Konsumentenverhaltens

Der Verbraucher wägt nach unterschiedlichen Gesichtspunkten ab, welchen zusätzlichen Nutzen – und damit ist nicht nur der wirtschaftliche gemeint – ein Produkt für ihn hat. Die Höhe des sogenannten Grenznutzens ist dann die Grundlage für seine Entscheidung.

Verbraucher fällen Entscheidungen nach Maßgabe ihres Grenznutzens nicht nur nach rationalen, das heißt verstandesmäßigen Erwägungen, sondern auch aus emotionalen Beweggründen, also aus einem bestimmten Gefühl heraus. Wissenschaftler gehen davon aus, dass ein Verbraucher über die Hälfte seiner Kaufentscheidungen vorwiegend aus dem Gefühl heraus trifft, also impulsiv und nicht nach genauer rationaler Abwägung. Das gilt nicht nur für die täglichen Versorgungskäufe, sondern auch für die Anschaffung von langlebigen Gebrauchsgütern wie Autos. Sie haben nachgewiesen, dass Menschen ihre Entscheidung beispielsweise für das neue Fahrzeug gefühlsmäßig treffen und erst nachträglich durch rationale Gründe auch vor sich selbst rechtfertigen.

Grenznutzen
= zusätzlicher Nutzen durch das beschaffte Gut

Impulskauf
= Beschaffung ohne rationale (verstandesmäßige) Rechtfertigung

Entsprechend den unterschiedlichen Erklärungsansätzen für das Verbraucherverhalten lassen sich Kunden nach ihren persönlichen Merkmalen in unterschiedliche Gruppen einteilen (Schaubild 3.10).

Die **Typenlehre** versucht, Menschen nach ihren psychologischen Eigenschaften einzuteilen. Es gibt hier viele verschiedene Ansätze.

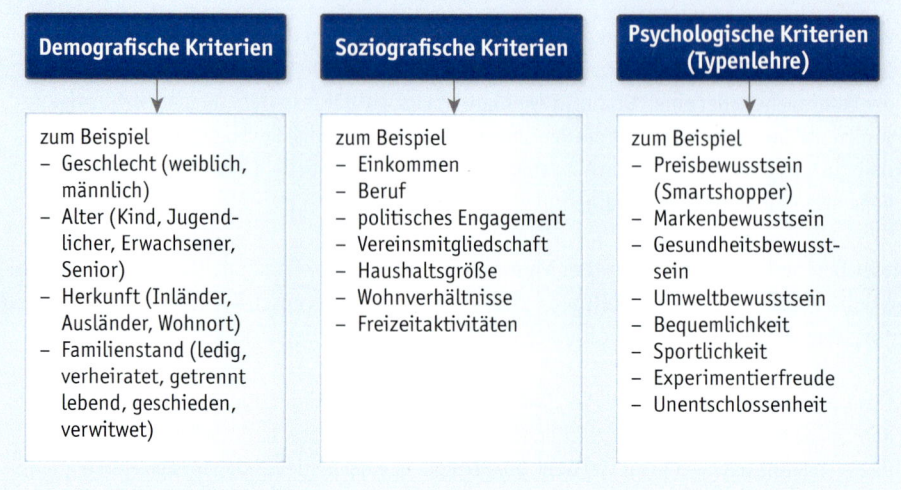

Schaubild 3.10: Kriterien zur Bildung von Kundengruppen

Die Ergebnisse der **Marktforschung** lassen sich kaum verallgemeinern.

Marktforscher analysieren das Kunden- und Konsumverhalten oft im Auftrag von Industrie oder Handel. Ergebnis solcher Studien sind meist Kunden- und Konsumtypologien, die sich nur auf eine bestimmte Branche beziehen und deshalb nicht ohne Weiteres verallgemeinert werden können.

> **BEISPIELE**
> - Der experimentierfreudige Hobbykoch → Branche Lebensmittel
> - Die extravagant Gekleidete → Branche Textil und Bekleidung
> - Der Hautpflegetyp → Branche Körperpflege und Kosmetik

Wie schwierig für den Verkäufer die Auswertung von Kundengruppen anhand einzelner Merkmale wie etwa dem des Alters sein kann, soll an dem folgenden Beispiel verdeutlicht werden.

> **BEISPIEL**
> Das Marktforschungsinstitut ACNielsen hat das Kaufverhalten der sogenannten Best Ager (Generation 45+) unter die Lupe genommen. Aufgrund dessen hat es die folgenden fünf Typen ermittelt:
>
> - die klassischen Oldies,
> - die Gebildeten,
> - die Aktuellen,
> - die Unbewussten,
> - die Unternehmungslustigen.
>
> Anhand dieser Systematik ist erkennbar, dass das Kaufverhalten der Gruppe der „Best Ager" nicht nur durch ihr Alter geprägt wird, sondern auch durch ihre Lebenseinstellung.

Eine weitere Schwierigkeit, Kunden bestimmten Typen zuzuordnen, ergibt sich daraus, dass das Kundenverhalten oft situationsabhängig und nicht von charakterlichen Eigenschaften geprägt ist.

- Ein Kunde, der sich beim Kauf einer Digitalkamera als sehr anspruchsvoll zeigt, legt geringen Wert auf die Qualität modischer Artikel. Er kann also nicht generell als anspruchsvoller Kunde bezeichnet werden.
- Ein Kunde, der lautstark eine Reklamation vorträgt, lässt sich nicht ohne Weiteres als aggressiver Kunde einstufen.

Trotz aller Einschränkungen erlaubt die Marktforschung Erkenntnisse über das typische Kaufverhalten bestimmter Kundengruppen. Dem Verkäufer können diese Erkenntnisse als Orientierungshilfe für das persönliche Beratungsgespräch dienen. Er kann sich dann schnell auf die unterschiedlichen Kunden einstellen und angemessen reagieren.

Typisierungen von Kunden machen es den Unternehmen leicht, sich auf ihre Kunden einzustellen. Umgekehrt hat es der Verbraucher, der sich treffend selbst einschätzt, leichter, seine wirtschaftlichen Entscheidungen rational zu prüfen und – wenn er es will – vernünftiger zu handeln.

Kenntnisse über das Kaufverhalten von Kunden erleichtern den Verkauf.

3.4 Kundenorientierung

Jedes Unternehmen will sich auf seine Kunden einstellen. Vor allem in einer Zeit, in der die Konkurrenz härter wird, muss es dies auch tun. Diese Notwendigkeit bezieht sich aber nicht nur auf die demografischen, die soziografischen und die psychologischen Merkmale. Kundenorientierung wird heute umfassender gesehen. Sie bedeutet zugleich auch Kundenfreundlichkeit in einem umfassenden Sinne. Sie ist mehr als die Haltung des Verkaufspersonals.

Unternehmen müssen verschiedene Anforderungen erfüllen, um kundenorientiert handeln zu können. Kundenorientierung muss im **Leitbild** des Unternehmens verankert sein, das heißt, sie muss im Unternehmen als Idealvorstellung verankert und auch praktiziert werden. Sowohl Vorgesetzte als auch Mitarbeiter müssen nach dieser Unternehmensphilosophie handeln, dann empfindet sie auch der Kunde als positiv.

Kundenorientierung bedeutet, dass sich das gesamte Denken und Handeln des Unternehmens an den Wünschen, Bedürfnissen und Problemen des Kunden vor, während und nach dem Auftrag orientiert.

Der Anbieter muss die Möglichkeit haben, bei Kundenwünschen schnell und kompetent zu handeln. Dazu muss er Kompetenzen zuweisen und die Abläufe im Unternehmen beispielsweise im Fall von Kundenreklamationen festlegen. Das heißt, er muss festlegen, wer bei Beanstandungen Entscheidungen trifft und wie die zugrunde liegenden Probleme schnellstmöglich ausgeräumt werden können.

Ziel der Kundenorientierung ist es letztlich, die Erwartungen der Kunden zu übertreffen, um die Kunden nicht nur zufriedenzustellen, sondern um sie regelrecht zu begeistern. Ein zufriedener oder gar begeisterter Kunde wird sehr wahrscheinlich wiederkommen und weitere Aufträge erteilen. Er wird anderen von seinen Erfahrungen berichten und sie somit für seinen Lieferanten als weitere Kunden gewinnen. Kunden ist vor allem Folgendes wichtig:

- Einfühlungsvermögen – der Verkäufer bietet dem Kunden nicht nur Produkte an, um den Umsatz zu steigern, sondern er erfasst und erkennt die Kundenwünsche und -bedürfnisse und bietet dem Kunden passende Lösungen an;
- Auftreten – der Kunde erwartet einen freundlichen und glaubwürdigen Verkäufer mit einem gepflegten Erscheinungsbild;
- Begleitende Serviceleistungen wie Anlieferung, Montage und Reparaturen;
- Auswahl unter verschiedenen Zahlungsweisen.

Dem Kunden sind vor allem Einfühlungsvermögen, Auftreten, Service und Wahlmöglichkeiten wichtig.

Zufriedene Kunden

- beauftragen öfter und mit höheren Summen,
- sind weniger preissensibel,
- werben bei ihren Freunden und Bekannten für das Unternehmen,
- reklamieren weniger und
- sind gezielt ansprechbar, beispielsweise im Rahmen von Werbemaßnahmen.

Kundenzufriedenheit wirkt sich positiv auf die Kundenbindung aus. Zufriedene Stammkunden sichern durch gleichmäßig fließende Erlöse langfristig den Bestand des Unternehmens. Volkswirtschaftlich gesehen leisten sie einen positiven Beitrag zum Bruttoinlandsprodukt.

Aufgaben zu den Themen Verbraucherverhalten und Kundenorientierung

1 Erläutern Sie die folgenden Begriffe:
   a Bedürfnis   **b** Bedarf   **c** Nachfrage   **d** Güter

2 Welche Rolle spielen die Güterpreise im Zusammenhang mit den Begriffen aus Aufgabe 1?

3 Begründen Sie, warum in unserer Welt auf jeden Fall gewirtschaftet werden muss. Erläutern Sie dabei auch, was es bedeutet, zu wirtschaften.

4 Beschreiben Sie Ihren eigenen Wirtschaftsplan für den laufenden Monat.

5 Nennen Sie jeweils Beispiele für
   a ein freies Gut,   **d** ein Verbrauchsgut,   **g** ein Substitutionsgut,
   b ein wirtschaftliches Gut,   **e** ein materielles Gut,   **h** ein Komplementärgut.
   c ein Gebrauchsgut,   **f** eine Dienstleistung,

6 Machen Sie am Beispiel Ihres Ausbildungsbetriebs deutlich, dass jedes Unternehmen für seine Tätigkeit drei verschiedene Arten von Produktionsfaktoren benötigt.

7 Welche der Produktionsfaktoren lassen sich als limitational bezeichnen und welche als substitutional?

8 Erklären Sie, wie ein Unternehmen, beispielsweise Ihr eigener Ausbildungsbetrieb, den Arbeitsablauf rationalisieren kann.

9 Die Auszubildende Shakira möchte ihre neu bezogene Wohnung mit möglichst wenig Farbe möglichst gut streichen. Erläutern Sie Shakira, warum sie mit dieser Strategie keinen Erfolg haben wird. Machen Sie ihr einen praktikablen Vorschlag!

10 Begründen Sie, nach welchem wirtschaftlichen Prinzip Ihre Berufsschule arbeitet.

11 Private Haushalte und Unternehmen sind sogenannte Wirtschaftssubjekte. Beschreiben Sie, in welcher Beziehung diese Wirtschaftssubjekte zueinander stehen.

12 Zeichnen Sie einen Wirtschaftskreislauf mit vier Wirtschaftssubjekten auf, indem Sie Geld- und Güterströme zwischen den Wirtschaftssubjekten anlegen.

13 Überlegen Sie, was passieren würde, wenn die Haushalte ihre Einnahmen nicht mehr für Konsumgüter ausgeben, sondern stattdessen das Geld unter dem Kopfkissen sparen würden.

14 Überlegen Sie, was passieren würde, wenn die Unternehmen aufgrund schlechter Zukunftserwartungen ihre Produktion einschränken würden.

15 Beschreiben Sie die Aufgaben und die Stellung der Banken im Wirtschaftskreislauf.

16 Die Konjunktur ist ein zentraler Begriff zur Kennzeichnung des Zustands einer Volkswirtschaft. Zeigen Sie auf, wie sich die Konjunktur messen lässt.

17 Eine Konjunkturwelle besteht aus einem Tiefpunkt, einem Aufschwung, einem Höhepunkt und einem Abschwung. Erklären Sie, wie sich das Bruttoinlandsprodukt in den einzelnen Phasen entwickelt.

18 Überlegen Sie, welche Auswirkungen Schwankungen der Konjunktur auf Ihr persönliches Leben haben können.

19 Die Konjunktur wird unter anderem anhand von Geldeinheiten gemessen. Beschreiben Sie die vier Funktionen des Geldes.

20 Analysieren Sie, ob Sie selbst lieber in einer Situation leben würden, in der Inflation oder Deflation herrscht.

21 Nehmen Sie Stellung zu der Frage, ob der Mensch ein *homo oecomicus* ist.

22 Sie überlegen sich, ob Sie sich einen Blue-Ray-Player anschaffen oder lieber Ihr altes Smartphone gegen das neueste Modell austauschen wollen. In der Welt der Wirtschaftstheorie würden Sie Ihre Entscheidung nach dem Grenznutzen treffen. Erläutern Sie, was das bedeutet, und untersuchen Sie, ob diese Theorie stimmt.

23 Warum werden ältere Menschen in den kommenden 40 Jahren für unsere Wirtschaft und Gesellschaft eine sehr viel größere Bedeutung haben als in der Vergangenheit? Begründen Sie Ihre Antwort.

24 Nennen Sie jeweils vier Beispiele für Versorgungskäufe und Impulskäufe in einem Einzelhandelsgeschäft.

25 Begründen Sie, warum es für die meisten Unternehmen in unserer Zeit so wichtig ist, sich auf ihre spezielle Kundschaft einzustellen.

26 Unternehmen können ihre Kunden nach demografischen, soziografischen und psychologischen Kriterien einteilen. Nehmen Sie eine solche Einteilung vor. Gehen Sie dabei vom Beispiel Ihres Ausbildungsunternehmens oder eines Ihnen bekannten Einzelhandelsgeschäfts aus.

27 Beschreiben Sie die Unternehmensphilosophie Ihres Ausbildungsbetriebs.

28 Welche Rolle spielen Kundenorientierung und Kundenzufriedenheit in der Unternehmensphilosophie Ihres Ausbildungsbetriebs?

29 Beschreiben Sie das Reklamations- und/oder Beschwerdemanagement Ihres Ausbildungsbetriebs (selbstverständlich ohne Betriebsgeheimnisse zu verraten).

30 Warum versuchen die meisten Unternehmen, Stammkunden zu gewinnen?

31 Begründen Sie, ob in der nachfolgenden Szene gewirtschaftet wird.

3.5 Rechtsordnung

Hannes ist vor vier Wochen 17 Jahre alt geworden. Zum Geburtstag hatte ihm sein Lieblingsonkel heimlich zusätzlich 50 € in die Hand gedrückt und gesagt: „Du hast sicher einen extra Wunsch, von dem nicht jeder wissen muss. Hier, kauf dir was!" Hannes hatte tatsächlich einen Extrawunsch. Vor drei Monaten ist er unter die Graffitisprayer gegangen. Die herrlich bunten Bilder auf den öden Hauswänden und den einfallslosen Vorortzügen gefallen ihm. Das Geld, das sein Onkel ihm geschenkt hat, kann er gut für neue Spraydosen gebrauchen. Heute will Hannes seiner Freundin Gaby seine Kunst vorführen. Gaby scheint allerdings nicht begeistert zu sein. „Das ist doch verboten. Und was passiert, wenn uns jemand erwischt?", fragt sie. „Keine Sorge", erwidert Hannes, „bis jetzt hat mich noch keiner gesehen. Außerdem, was kann schon passieren? Bestrafen kann mich keiner. Ich bin doch noch nicht volljährig. Ich bin erst 17!"

- Begründen Sie an diesem Beispiel, weshalb eine Rechtsordnung für eine Gesellschaft unbedingt nötig ist.
- Überlegen Sie, wie lange es schon „Recht" gibt in unserer Welt.
- Wie beurteilen Sie den Grafittisprayer-Fall? Welche Rolle spielt das Geschenk des Lieblingsonkels? Darf Hannes Graffiti an Hauswänden anbringen? Oder verstößt er gegen das Gesetz und wird eventuell sogar bestraft, wenn er beim Sprayen erwischt wird?
- Überprüfen Sie Ihre Einschätzung, nachdem Sie die Abschnitte 3.5 und 3.6 durchgearbeitet haben.

Gesetze sind allgemeingültige Spielregeln, die die Parlamente, das heißt der Bundestag und die Landtage, beschlossen haben.

Wenn 80 Millionen Menschen zusammenleben – und so viele sind es in etwa in der Bundesrepublik Deutschland –, dann ist es notwendig, dass dieses Zusammenleben organisiert wird. Jede Gesellschaft braucht eine Rechtsordnung, die die Grundlage für ihren Zusammenhalt ist. Die Rechtsordnung ist ein System verbindlicher Regeln. Oft können Konflikte, die sowohl im privaten als auch im beruflichen und im öffentlichen Leben auftreten, nur anhand solcher verbindlichen Regeln gelöst werden. Die Rechtsordnung umfasst verschiedene Arten von Rechtsnormen, zum Beispiel

- Gesetze, die das Parlament verabschiedet;
- Verordnungen, die der zuständige Minister erlässt sowie
- Verwaltungsakte, die die unteren Behörden vornehmen.

Die **Gewaltenteilung** ist ein grundlegender Bestandteil moderner Demokratien. Er besagt, dass die **Legislative** (Parlament) die **Exekutive** (Ministerien und nachgeordnete Behörden) und die **Judikative** (Gericht) nicht in einer Hand konzentriert sein sollen.

Alle Aktionen der gesetzgebenden Gewalten, auch Legislative genannt, und der ausführenden Gewalten, auch Exekutive genannt, müssen mit dem geltenden Recht vereinbar sein. Ob dies gegeben ist, wird im Zweifelsfall von den Gerichten, der sogenannten Judikative, geprüft und entschieden.

3.5.1 Öffentliches Recht und Privatrecht

Das **öffentliche Recht** regelt die Beziehungen zwischen dem Staat und seinen Bürgern.

Die Rechtsordnung der Bundesrepublik Deutschland kennt zwei große Bereiche. Das öffentliche Recht und das Privatrecht oder Zivilrecht. Im öffentlichen Recht sind die Rechtsbeziehungen zwischen den Hoheitsträgern und den Bürgern eines Landes geregelt. Hoheitsträger ist der Staat, die Bürger sind in der Sprache der Juristen die sogenannten Privatrechtssubjekte.

Das grundlegende Gesetz des öffentlichen Rechts der Bundesrepublik Deutschland ist das **Grundgesetz** vom 23. Mai 1949. Es ist folgendermaßen gegliedert:

Aufbau des Grundgesetzes

I. Die Grundrechte
II. Der Bund und die Länder
III. Der Bundestag
IV. Der Bundesrat
V. Der Bundespräsident
VI. Die Bundesregierung
VII. Die Gesetzgebung des Bundes
VIII. Die Ausführung der Bundesgesetze und die Bundesverwaltung
IX. Die Rechtsprechung
X. Das Finanzwesen

Neben dem Grundgesetz ist der öffentliche Rechtsbereich durch eine Vielzahl weiterer Gesetze geregelt.

> **BEISPIEL**
> Zu den dem Grundgesetz untergeordneten Regelwerken des öffentlichen Rechts zählen beispielsweise das Personalausweisgesetz, das Bundeswahlgesetz und das Sozialgesetzbuch.

Das Privatrecht regelt die Rechtsbeziehungen der Menschen untereinander. Es wird vom Grundsatz der gleichen Ordnung der Beteiligten bestimmt. Dieser Grundsatz besagt, dass jeder Bürger die gleichen Rechte hat. Das grundlegende Gesetz für das Privatrecht ist das **Bürgerliche Gesetzbuch** (BGB), das im Jahr 1896 erstmals verkündet wurde. Es besteht aus den folgenden Kapiteln, vom Gesetzgeber Bücher genannt:

Das **Privatrecht** regelt die Beziehungen zwischen den Bürgern.

- Erstes Buch: Allgemeiner Teil
- Zweites Buch: Recht der Schuldverhältnisse
- Drittes Buch: Sachenrecht
- Viertes Buch: Familienrecht
- Fünftes Buch: Erbrecht

Auch im privaten Recht treten neben das BGB zahlreiche weitere Gesetze.

> **BEISPIEL**
> Die Rechtsbeziehungen der Menschen untereinander werden neben dem BGB unter anderem durch die Zivilprozessordnung, das Versicherungsvertragsgesetz, das Produkthaftungsgesetz und das Umwelthaftungsgesetz geregelt.

Die Richter des Bundesgerichtshofs, des obersten deutschen Gerichts.

3.5.2 Rechtsfähigkeit

Rechte und Pflichten können nur von **Rechtssubjekten** übernommen werden.

Die in der Rechtsordnung verankerten Rechte und Pflichten setzen immer ein Rechtssubjekt als Träger ebendieser Rechte und Pflichten voraus. Rechte und Pflichten bestehen immer gegenüber anderen Rechtssubjekten.

Rechtssubjekte können natürliche oder juristische Personen sein. Natürliche Personen sind alle Menschen, unabhängig von ihrem Alter und ihrer geistigen und körperlichen Leistungsfähigkeit. Die Rechtsfähigkeit eines Menschen beginnt mit der Vollendung der Geburt und endet mit dem Tod (§ 1 BGB).

Natürliche Personen sind Menschen als Träger von Rechten und Pflichten.

Juristische Personen sind von Menschen geleitete Organisationen. Sie sind eigenständige Träger von Rechten und Pflichten.

Juristische Personen sind dagegen Personenvereinigungen, die in besonderer Form organisiert sind. Ihre Rechtsfähigkeit erlangen juristische Personen des Privatrechts dadurch, dass sie in ein öffentliches Register eingetragen werden. Die Eintragung in das Register ist die „Geburtsurkunde" für die juristische Person, die Löschung aus diesem Register die „Sterbeurkunde".

> **BEISPIEL**
>
> Juristische Personen sind Kapitalgesellschaften, eingetragene Vereine, Anstalten, Körperschaften oder Stiftungen, die bestimmte Aufgaben erfüllen. Ihnen wird bei der Eintragung die Fähigkeit verliehen, Träger von Rechten und Pflichten zu sein. Vereine werden ins Vereinsregister eingetragen, Wirtschaftsunternehmen in das Handelsregister (Schaubild 3.11), Genossenschaften in das Genossenschaftsregister.

Handelsregister des Amtsgerichts München

Abteilung B   Nummer: **HRB 135729**

1. **Anzahl der bisherigen Eintragungen:** 2
2. a) **Firma:** InterTimer GmbH
   b) **Sitz, Niederlassung, Zweigniederlassungen:** Puchheim, Landkreis Fürstenfeldbruck
   c) **Gegenstand des Unternehmens:** Betrieb von Internet-Portalen …
3. **Grund- oder Stammkapital:** 25 000,00 €
4. a) **Allgemeine Vertretungsregelung:** Ist nur ein Geschäftsführer bestellt, so vertritt er die Gesellschaft allein. Sind mehrere Geschäftsführer bestellt, so wird die Gesellschaft durch zwei Geschäftsführer oder durch einen Geschäftsführer gemeinsam mit einem Prokuristen vertreten.
   b) **Vorstand, Leitungsorgan, geschäftsführende Direktoren, persönlich haftende Gesellschafter, Geschäftsführer, Vertretungsberechtigte und besondere Vertretungsbefugnis:** Einzelvertretungsberechtigt; mit der Befugnis, im Namen der Gesellschaft mit sich im eigenen Namen oder als Vertreter eines Dritten Rechtsgeschäfte abzuschließen: Geschäftsführer: Blankenstein, Horst, Germering, *19.09.1967
5. **Prokura:** ---
6. a) **Rechtsform, Beginn, Satzung oder Gesellschaftsvertrag:** Gesellschaft mit beschränkter Haftung, Gesellschaftsvertrag vom 25.01.2001, zuletzt geändert durch Beschluss vom 06.12.2011

   …

Schaubild 3.11: Auszug aus dem Handelsregister beim Amtsgericht München (fiktiv)

Aufgaben zum Thema Rechtsordnung

1 Geben Sie jeweils drei Beispiele für Gesetze, Verordnungen und Verwaltungsentscheidungen. Verdeutlichen Sie dabei die Unterschiede zwischen diesen Arten von Rechtsnormen.

2 Warum hat schon der Staatstheoretiker Baron de Montesquieu (1689–1755) darauf bestanden, dass in einem demokratischen Staat die drei Gewalten geteilt sein sollten?

3 In jeder Gesellschaft gibt es ein „öffentliches Recht" und ein „privates Recht". Geben Sie für die Bundesrepublik Deutschland jeweils fünf Regelungen im öffentlichen Recht und im privaten Recht an.

4 Nennen Sie jeweils drei Beispiele für natürliche und für juristische Personen.

5 Nennen Sie drei Register, in denen juristische Personen verzeichnet sein müssen.

3.5.3 Rechtsgeschäfte

Rechtssubjekte sind in der Lage, selbstständig Geschäfte abzuschließen, aus denen sich Rechtsfolgen, das heißt Rechte und Pflichten ergeben. Sie schließen Rechtsgeschäfte ab. Rechtssubjekte können Rechtsverhältnisse

- begründen, etwa durch den Abschluss eines Kaufvertrags;
- aufheben, zum Beispiel durch die Kündigung eines Arbeitsvertrags;
- ändern, etwa durch die nachträgliche Einsetzung eines Alleinerbes in einem Testament.

Natürliche und juristische Personen können Rechtsgeschäfte abschließen.

Rechtsverhältnisse werden durch Willenserklärungen begründet, aufgehoben oder geändert. Eine Willenserklärung ist eine Äußerung des Geschäftswillens. Manche Willenserklärungen sind empfangsbedürftig, andere nicht.

*Damit ein Rechtsgeschäft zustande kommt, muss zumindest eines der beteiligten Rechtssubjekte eine **Willensbekundung** abgeben.*

> **BEISPIELE**
>
> - Der Vermieter möchte seinem Mieter wegen Eigenbedarfs kündigen. Damit die Kündigung rechtskräftig werden kann, muss er dem Mieter ausdrücklich erklären, dass er den Mietvertrag kündigen will, und außerdem dafür sorgen, dass der Mieter seine Erklärung zur Kenntnis nehmen kann.
> - Hannes' Onkel möchte seinem Neffen sein Aktiendepot vererben. Er erklärt seinen Willen und legt ihn schriftlich in seinem Testament fest. Hannes muss davon nichts wissen, das heißt, die Willenserklärung des Onkels ist nicht empfangsbedürftig.

Rechtsgeschäfte werden unterschieden in

- einseitige Rechtsgeschäfte, die durch die Willenserklärung einer Person entstehen, und
- mehrseitige Rechtsgeschäfte, die durch die übereinstimmenden Willenserklärungen von mindestens zwei Personen entstehen (Schaubild 3.12).

__einseitige__ und __mehrseitige__ Rechtsgeschäfte

Bei mehrseitigen Rechtsgeschäften kann entweder nur eine der beteiligten Personen zu etwas verpflichtet werden, oder aber sie begründen beiderseitige Pflichten.

> **BEISPIELE**
>
> - Bei einer Schenkung geht nur der Schenkende die Verpflichtung ein, den zu schenkenden Gegenstand an den Beschenkten auszuhändigen. Der Beschenkte muss hingegen lediglich erklären, dass er das Geschenk annehmen will.
> - Bei einem Kauf verpflichtet sich der Verkäufer zur Übergabe des verkauften Gegenstands, der Käufer verpflichtet sich hingegen zur Zahlung des vereinbarten Kaufpreises.

Schaubild 3.12: Einseitige und mehrseitige Rechtsgeschäfte

**Abgabe von Willens-
erklärungen**

Willenserklärungen können auf verschiedene Weise abgegeben werden:

- schriftlich,
- mündlich,
- schweigend oder
- durch schlüssiges Handeln.

Warum kann Schweigen eine Willenserklärung sein? Eine Antwort darauf findet sich beispielsweise im Handelsrecht.

> **BEISPIELE**
> - Wenn ein Kaufmann, der mit seinem Lieferanten in ständiger Geschäftsbeziehung steht, ein Angebot bekommt und daraufhin diesem Angebot nicht ausdrücklich wiederspricht, so gilt sein Schweigen als Zustimmung.
> - Wenn ein Käufer im Bahnhofskiosk auf eine Tafel Schokolade zeigt, die ihm der Verkäufer auf die Theke legt, ist ein Rechtsgeschäft zustande gekommen, weil der Kunde durch seine Gesten eindeutig gezeigt hat, was er möchte. Käufer und Verkäufer haben schlüssig gehandelt.

Aufgaben zum Thema Rechtsgeschäfte

1 Nur Wirtschaftssubjekte können Rechtsgeschäfte abschließen.
   a Was ist ein Rechtsgeschäft?
   b Welche Rolle spielen Willenserklärungen beim Zustandekommen eines Rechtsgeschäfts?
2 Beschreiben Sie vier Kommunikationswege, auf denen die Vertragspartner ihren Willen erklären können.
3 Begründen Sie, warum
   a ein Testament nicht empfangsbedürftig ist,
   b eine Kündigung empfangsbedürftig ist.

3.5.4 Rechts- und Geschäftsfähigkeit

Der Mensch ist von Geburt an Träger von Rechten und Pflichten. Das gilt beispielsweise im Hinblick auf die im Grundgesetz festgelegten Menschenrechte. Rechtsgeschäfte kann er aber erst dann abschließen, wenn er geschäftsfähig geworden ist. Auch die Geschäftsfähigkeit ist im BGB geregelt.

Geschäftsfähigkeit ist die Fähigkeit, selbstständig Rechtsgeschäfte abzuschließen. Geschäfte sind nur dann gültig, wenn sie von geschäftsfähigen Personen abgeschlossen wurden.

Geschäftsunfähig sind Kinder unter sieben Jahren sowie Personen, die dauernd geistig behindert sind. Rechtsgeschäfte, die ein Geschäftsunfähiger abschließt, sind ungültig. Für Geschäftsunfähige handeln die gesetzlichen Vertreter, also in der Regel die Eltern, manchmal auch ein Betreuer.

- Ein fünfjähriger Junge kauft in einem Laden ein Spielzeugauto. Das Rechtsgeschäft, hier ist es ein Kaufvertrag, ist nichtig. Auf Verlangen der Mutter muss der Verkäufer das Auto zurücknehmen und das Geld zurückgeben.
- Kauft dasselbe Kind für die Mutter ein, so handelt es als Bote. Das heißt, es überbringt die Willenserklärung der Mutter und nicht seine eigene. Der abgeschlossene Kaufvertrag ist dann gültig.

BEISPIELE

Geschäftsunfähigkeit

Beschränkt geschäftsfähig sind Minderjährige zwischen dem siebten und 18. Lebensjahr. Beschränkt Geschäftsfähige können Rechtsgeschäfte abschließen. Allerdings gelten diese nur dann, wenn der gesetzliche Vertreter eingewilligt hat oder seine nachträgliche Genehmigung gibt. Andernfalls kommen sie nicht zustande. Bis zur Genehmigung oder Ablehnung sind sie „schwebend unwirksam". Schweigt der gesetzliche Vertreter, so gilt die Genehmigung als nicht erteilt und das Rechtsgeschäft ist von Anfang an unwirksam.

beschränkte Geschäftsfähigkeit

Die 16-jährige Marit ist Auszubildende im Einzelhandel. Sie möchte sich von ihrer Ausbildungsvergütung einen Laptop für 1200 € kaufen. Die Eltern wissen nichts von ihrem Vorhaben. Der Kaufvertrag ist schwebend unwirksam, da der Preis des Laptops die Höhe der Ausbildungsvergütung übersteigt. Er wird erst dann gültig, wenn die Eltern nachträglich zustimmen. Er ist nichtig, wenn sie ihre Zustimmung verweigern.

BEISPIEL

In bestimmten Ausnahmefällen kann eine beschränkte Geschäftsfähigkeit zu einer vollen Geschäftsfähigkeit werden. Diese Ausnahmen sind im Gesetz genau festgelegt. Nach dem sogenannten Taschengeldparagraphen (§ 110 BGB) sind Geschäfte, die eine beschränkt geschäftsfähige Person mit ihrem Taschengeld begleicht, rechtsgültig. Allerdings gilt dies nur für Geschäfte, die sofort bar bezahlt werden, und nicht für Geschäfte, die auf Raten beglichen werden sollen. Über zukünftiges Taschengeld kann nicht verfügt werden.

Taschengeldparagraph,
§ 110 BGB

Lars Friedrich ist 14 Jahre alt und ein großer Fußballfan. Lars bekommt von seinen Eltern 20 € Taschengeld pro Monat. Ohne Zustimmung der Eltern kann er sich am Kiosk eine Fußballzeitschrift für 2,50 € kaufen oder andere Kaufverträge abschließen, wenn der Preis des Kaufgegenstandes nicht höher liegt als 20 €.

BEISPIEL

Eine weitere Ausnahme liegt dann vor, wenn eine beschränkt geschäftsfähige Person ein Geschäft abschließt, das ihr lediglich einen rechtlichen Vorteil einbringt. Ein solches Geschäft muss nicht von einem gesetzlichen Vertreter genehmigt werden.

Erlangung lediglich eines rechtlichen Vorteils,
§ 107 BGB

- Die zwölfjährige Jessica bekommt von ihrem Onkel ein Mountainbike geschenkt. Die Eltern halten das für zu gefährlich und sind dagegen. Da dieses Geschäft aber nur rechtliche Vorteile bringt, ist es auch ohne Zustimmung der Eltern gültig.
- Der sechsjährige Tom bekommt von seinen Großeltern ein Haustier geschenkt. Dieses Geschenk bringt aber eine spätere Verpflichtung mit sich, denn unter anderem müssen die Kosten für das Futter getragen werden. Hier ist die Einwilligung der Eltern notwendig.

BEISPIELE

Auch Geschäfte einer beschränkt geschäftsfähigen Person, die den Betrieb ihres Erwerbsgeschäfts betreffen, sind unter einer bestimmten Bedingung gültig: Die gesetzlichen Vertreter

selbstständiger Betrieb eines Erwerbsgeschäfts,
§ 112 BGB

und das Vormundschaftsgericht müssen ihre Erlaubnis zur selbstständigen Führung des Betriebs gegeben haben.

> **BEISPIEL**
>
> Ein 16-Jähriger betreibt mit Zustimmung seiner Eltern und der Genehmigung des Vormundschaftsgerichts einen Internetshop für Computerzubehör. Er kann die im Rahmen dieses Betriebs anfallenden Geschäfte selbst vornehmen. Zu solchen Geschäften zählen beispielsweise der Ein- und Verkauf von Waren und die Anmietung von Lagerräumen.

Dienst- oder Arbeitsverhältnis, §§ 56, 113 BGB

Schließlich darf auch ein Minderjähriger in einem Ausbildungsverhältnis sowie in einem Dienst- oder Arbeitsverhältnis Geschäfte, die dieses Verhältnis betreffen, unbeschränkt abschließen. Der Grund liegt darin, dass die gesetzlichen Vertreter zu diesem Verhältnis ihre Zustimmung gegeben haben. Minderjährige, die in einem Laden oder Warenlager angestellt sind, dürfen Waren eigenständig an Kunden verkaufen (§ 56 HGB).

> **BEISPIELE**
>
> - § 113 BGB: Einrichtung eines Kontos für die Ausbildungsvergütung, Kauf von Berufskleidung, Kündigung des Arbeitsverhältnisses
> - § 56 HGB: Die 17-jährige Wiebke ist im Einzelhandel für einen Ferienjob angestellt. Sie kann eigenständig Waren an einen Kunden verkaufen.

Die unbeschränkte Geschäftsfähigkeit besitzen alle juristischen Personen und alle natürlichen Personen über 18 Jahre, das heißt alle Volljährigen. Die Rechtssubjekte können gültige Rechtsgeschäfte abschließen und müssen die volle Verantwortung dafür übernehmen.

Aufgaben zum Thema Rechts- und Geschäftsfähigkeit

1 Unterscheiden Sie Rechtsfähigkeit und Geschäftsfähigkeit.
2 Analysieren Sie, ob die 15-jährige Maren berechtigt ist, sich von dem Taschengeld, das sie von ihren Eltern bekommt, ein bauchfreies Top im Wert des Taschengeldes zu kaufen.
3 Untersuchen Sie den unter Aufgabe 2 skizzierten Fall unter der Voraussetzung, dass Maren das Geld ohne Wissen ihrer Eltern von den Großeltern bekommen hat.
4 Marens fünfjähriger Bruder Eugen kauft sich von einem „Taler" = Euro, den Maren ihm im Beisein der Eltern geschenkt hat, beim Kaufmann nebenan eine Tafel Schokolade für 99 Cent. Bewerten Sie den Fall in Bezug darauf, ob zwischen Eugen und dem Kaufmann ein Kaufvertrag zustande gekommen ist.
5 Beschreiben Sie vier Fälle, in denen zwar eindeutige Willenserklärungen vorliegen, ein Rechtsgeschäft aber trotzdem nicht zustande kommt.

3.5.5 Nichtigkeit und Anfechtbarkeit

Die **Vertragsfreiheit** ist nicht grenzenlos.

In der freiheitlichen Gesellschaft der Bundesrepublik Deutschland gilt der Grundsatz der Vertragsfreiheit. Trotzdem hat der Gesetzgeber hier einige Spielregeln für notwendig befunden. Nicht nur die Rechtsgeschäfte von Minderjährigen sind unter den oben beschriebenen Umständen nichtig. Dasselbe gilt auch für die in Tabelle 3.6 zusammengestellten Rechtsgeschäfte, da diese mit anderen gesetzlichen Vorschriften nicht vereinbar sind.

Grund für die Nichtigkeit	Beispiel
Verstoß gegen die guten Sitten	das Ausnutzen einer Notlage des Käufers, der ein Produkt dringend braucht und der deswegen einem überhöhten Preis zustimmt
Verstoß gegen ein gesetzliches Verbot	ein Rechtsgeschäft, das den Kauf von Rauschgift zum Inhalt hat
Verstoß gegen Formvorschriften	Ein Immobilienkauf kann nur mit notarieller Beurkundung abgeschlossen werden.
Schein- oder Scherzgeschäft	Ein stark alkoholisierter Autofahrer verschenkt sein Fahrzeug an einen Passanten.
vorübergehende Geistesschwäche des Kunden	Ein Verkäufer macht seinen Kunden betrunken und nutzt den Zustand des Kunden aus, um einen Vertrag mit einem überhöhten Preis abzuschließen.

Nichtigkeit

Tabelle 3.6: Nichtige Rechtsgeschäfte

Anfechtbarkeit bedeutet, dass ein gültig zustande gekommenes Rechtsgeschäft rückwirkend für unwirksam erklärt werden kann. Ohne die Anfechtungserklärung bleibt das Rechtsgeschäft wirksam.

Anfechtbarkeit

Folgende Gründe können zur Anfechtung von Rechtsgeschäften führen:

- Irrtum in der Erklärung,
- Irrtum in der Übermittlung,
- Irrtum über wesentliche Eigenschaften einer Person oder einer Sache,
- arglistige Täuschung,
- widerrechtliche Drohung.

- Anstelle des tatsächlichen Preises von 199 € wird eine Ware versehentlich mit einem Preis von 19,90 € ausgezeichnet.
- Bei einer telefonischen Auftragserteilung werden anstelle von zehn PC durch eine schlechte Telefonverbindung ungewollt 110 PC bestellt.
- Der Verkäufer und der Käufer halten eine kostbare Ware aus dem 17. Jahrhundert für echt. Später stellt sich allerdings heraus, dass die Vase eine Fälschung ist.
- Der Verkäufer weiß, dass die Vase aus dem 17. Jahrhundert eine Fälschung ist, verkauft sie aber trotzdem gegen einen hohen Preis als echte Antiquität.
- Einer Person wird körperliche Gewalt angedroht, wenn sie nicht einen Kaufvertrag unterschreibt.

Aufgaben zum Thema Nichtigkeit und Anfechtbarkeit

1 Worin besteht der Unterschied in der Nichtigkeit und der Anfechtbarkeit von Rechtsgeschäften?
2 Zählen Sie die fünf möglichen Fälle auf, in denen ein Vertrag angefochten werden kann.
3 Geben Sie für jeden der fünf Fälle ein eigenes Beispiel an.

3.6 Verträge

Wenn man von Rechtsgeschäften spricht, sind meistens Verträge gemeint. Ein Vertrag ist ein Rechtsgeschäft, in dessen Rahmen sich die Vertragspartner zu bestimmten Leistungen verpflichten. In der Regel gehen sie wechselseitige Verpflichtungen ein. Der Vertrag, der wohl am häufigsten abgeschlossen wird, ist der Kaufvertrag.

3.6.1 Kaufvertrag

Das BGB legt in § 433 die Rechte und Pflichten der Vertragspartner genau fest.

> **GESETZ**
>
> **§ 433 [Grundpflichten des Verkäufers und des Käufers]**
> (1) Durch den Kaufvertrag wird der Verkäufer einer Sache verpflichtet, dem Käufer die Sache zu übergeben und das Eigentum an der Sache zu verschaffen. Der Verkäufer eines Rechtes ist verpflichtet, dem Käufer das Recht zu verschaffen und, wenn das Recht zum Besitz einer Sache berechtigt, die Sache zu übergeben.
> (2) Der Käufer ist verpflichtet, dem Verkäufer den vereinbarten Kaufpreis zu zahlen und die gekaufte Sache abzunehmen.

Besitz ist die tatsächliche Herrschaft über ein Gut. **Eigentum** ist die rechtliche Herrschaft über ein Gut.

> **BEISPIEL**
>
> Julia kauft beim Händler ein Fahrrad. Der Händler muss das Fahrrad übergeben und auf diese Weise das Eigentum an dem Fahrrad verschaffen. Julia hingegen muss dem Händler den vereinbarten Kaufpreis zahlen und das Fahrrad in Empfang nehmen.

Wenn man etwas anfassen kann, besitzt man es; wenn es jemandem gehört, ist es sein Eigentum. Besitz und Eigentum fallen in der Regel zusammen.

Der Kaufvertrag umfasst zwei Rechtsgeschäfte.

Genau besehen umfasst der Kaufvertrag zwei Rechtsgeschäfte: zum einen das Verpflichtungsgeschäft und zum anderen das Erfüllungsgeschäft.

> **BEISPIEL**
>
> Durch einen Kaufvertrag besiegeln der Kunde und der Möbelhändler den Kauf einer neuen Schrankwand. Damit gehen beide die Verpflichtungen nach § 433 BGB ein. Doch die Möbel werden vereinbarungsgemäß erst zwei Wochen später geliefert. Die aus dem Vertrag resultierenden Verpflichtungen werden also erst später erfüllt. Zwei Wochen später übergibt der Verkäufer die Möbel und damit das Eigentum daran und der Käufer muss – wenn nichts anderes vereinbart war – sofort den Kaufpreis zahlen.

Grundsätzlich gilt nach dem BGB, dass bei der Erfüllung eines Rechtsgeschäfts Zug um Zug vorgegangen werden muss. Das heißt, die einer erbrachten Leistung entsprechende Gegenleistung muss in der Regel sofort erfolgen. Die Vertragspartner können sich aber auch darauf einigen, die Zahlung erst 30 Tage nach Lieferung abzuwickeln. Dann handelt es sich um einen **Zielkauf** und der Kunde hat 30 Tage Zeit für die Bezahlung. Wenn der Verkäufer dem Kunden einen Anreiz geben möchte, früher zu zahlen, dann kann er ihm einen **Skonto** gewähren.

Skonto, siehe Kapitel 4, Abschnitt 4.6.4, S. 173

Kaufpreis für die neuen Möbel: 3500 € inklusive Umsatzsteuer, Ziel 30 Tage, bei Zahlung in zehn Tagen ab Rechnungsdatum 2 % Skonto. Ist die Rechnung vom 10. des Monats und sorgt der Käufer dafür, dass das Geld bis zum 20. des Monats beim Verkäufer eingeht, so zahlt er nicht 3500 €, sondern nur 3430 €.

So können Verkäufer und Käufer ganz individuelle Vereinbarungen treffen. Das betrifft auch die Kosten der Lieferung. Das BGB bestimmt, dass der Leistungs- oder der Erfüllungsort der Ort ist, an dem der Schuldner seinen Wohnsitz hat. Für die Warenschuld ist das der Ort des Lieferanten. Alle anfallenden Lieferkosten hat demnach der Käufer zu tragen. Hier können die Vertragspartner aber im Kaufvertrag eine abweichende Vereinbarung treffen. In der Regel werden dazu die in Tabelle 3.7 zusammengefassten Klauseln verwendet.

> Über die Verteilung der Lieferkosten können sich Verkäufer und Käufer individuell einigen. Tun sie das nicht, so zahlt der Käufer alles!

Klausel	Anfuhr	Verladung	Fracht	Entladung	Zufuhr
frei Haus	Verkäufer	Verkäufer	Verkäufer	Verkäufer	Verkäufer
frachtfrei	Verkäufer	Verkäufer	Verkäufer	Käufer	Käufer
unfrei	Verkäufer	Käufer	Käufer	Käufer	Käufer
ab Lager	Käufer	Käufer	Käufer	Käufer	Käufer

Tabelle 3.7: Klauseln zur Bestimmung der Verteilung der Transportkosten

Die Klausel „ab Lager" bezeichnet die gesetzliche Regelung des BGB. Sie muss nicht ausdrücklich vereinbart zu werden, kann aber der Klarheit wegen betont werden.

Die Hamburger Firma Pesva verkauft an einen Kunden, den Berliner Pizzaverkäufer Bruno, zwei Motorroller für die Belieferung von Brunos Kunden, die Pizza nach Hause bestellen. Für die Abwicklung des Geschäfts haben die beiden die Klausel „frachtfrei" gewählt. Die Pesva bringt also die beiden Roller von ihrem Geschäftssitz bis zum Bahnhof und lässt sie dort in den Waggon verladen. Dann werden die Roller von Hamburg nach Berlin transportiert. Dafür fallen Frachtkosten an. Die Kosten der Anfuhr, Verladung und Fracht trägt die Pesva. In Berlin werden die Roller entladen und zu Brunos Geschäftssitz gebracht. Die Kosten für die Entladung und die Zufuhr trägt Bruno.

Viele Unternehmen, vor allem solche, die im Einzelhandel tätig sind, schließen täglich Verträge ab. Hier ist es üblich, bestimmte, von den gesetzlichen Regelungen abweichende vertraglichen Bestimmungen in allgemeinen Geschäftsbedingungen (AGB) festzulegen. Die AGB werden dann Teil des abgeschlossenen Rechtsgeschäfts.

> **Allgemeine Geschäftsbedingungen** können Grundlage von Verträgen sein. Einschränkungen legt das BGB fest.

Das BGB legt fest, dass überraschende und mehrdeutige Klauseln nicht Vertragsbestandteil werden. Im Zweifel muss ein Gericht klären, ob eine Klausel in den AGB überraschend oder mehrdeutig ist. Diese Klausel wäre dann nichtig und somit ungültig. Die anderen Klauseln der AGB behalten hingegen ihre Geltung.

AGB, siehe auch Abschnitt 3.10, S. 127

Aufgaben zum Thema Kaufvertrag

1   Für den Kaufvertrag legt § 433 BGB fest, dass der Verkäufer und der Käufer mit dem Abschluss eines solchen Vertrags bestimmte Pflichten übernehmen. Tragen Sie die Pflichten in eine selbst erstellte Tabelle ein.

2   Merth hat sich von seinem Auszubildendengehalt ein gebrauchtes Auto gekauft. Als er seine Kollegin Claudia trifft, wundert er sich, dass diese einen nagelneuen Wagen fährt. Auf Nachfrage erfährt er, dass sie den Wagen geleast hat. Sie kann also den Wagen nutzen und bezahlt

dafür monatlich eine Gebühr. Nach Ablauf einer festgelegten Zeit kann sie den Wagen zurückgeben oder zum Restwert kaufen. Begründen Sie die Besitz- und Eigentumsverhältnisse im
Falle von Merth und von Claudia.

3 Warum ist es wichtig, beim Kaufvertrag zwischen dem Verpflichtungsgeschäft und dem Erfüllungsgeschäft zu unterscheiden?

4 Wenn zwei Parteien einen Kaufvertrag abgeschlossen und dabei nicht vereinbart haben, wann
gezahlt werden soll und wer die Lieferkosten trägt, dann gelten die Regelungen des BGB. Nehmen Sie an, der Kaufvertrag wurde am 20. April 20XX abgeschlossen.

   a Wann muss die Ware übergeben werden?

   b Wann muss die Zahlung erfolgen?

   c Der Kunde hat seinen Geschäftssitz in Hamburg, der Lieferer in Berlin. Es entstehen Versand-
   kosten in Höhe von 1250 €. Wer hat die Kosten zu tragen?

5 Unter welchen Voraussetzungen hätten allgemeine Geschäftsbedingungen des Lieferers, die
beispielsweise eine längere Lieferzeit zulassen könnten, wirksam werden können?

3.6.2 Weitere Vertragsarten

Neben dem Kaufvertrag gibt es noch eine Vielzahl anderer Vertragsarten. In Tabelle 3.8 sind
die häufigsten Vertragsarten zusammengefasst.

Vertragsart	Vertragsinhalte (beispielhaft)
Mietvertrag	Der Vermieter verpflichtet sich, den Wohnraum zur Verfügung zu stellen. Der Mieter verpflichtet sich, die Wohnung vertragsgemäß zu nutzen – das heißt zum Beispiel, darin keine Haustiere zu halten – und die vereinbarte Miete zu zahlen.
Kreditvertrag	Der Kreditgeber verpflichtet sich, dem Kreditnehmer eine bestimmte Kapitalsumme für eine bestimmte Zeit zu überlassen. Der Kreditnehmer verpflichtet sich, den Kredit zurückzuzahlen und die vereinbarten Zinsen zu zahlen.
Berufsaus-bildungsvertrag	Der Ausbilder verpflichtet sich unter anderem, dem Auszubildenden die notwendigen Kenntnisse zu vermitteln und ihm die vereinbarte Ausbildungsvergütung zu zahlen. Der Auszubildende verpflichtet sich, die notwendigen Kenntnisse zu erwerben.
Werkvertrag	Der Handwerker verpflichtet sich, eine bestimmte Leistung zu erbringen und beispielsweise die Satellitenantenne auf dem Dach des Hauses seines Kunden zu installieren. Der Kunde verpflichtet sich, den vereinbarten Preis zu zahlen.
Werklieferungs-vertrag	Zusätzlich zu der Leistung verpflichtet sich der Handwerker, die notwendigen Produkte zu liefern. Der Handwerker liefert den Satellitenempfänger und den Receiver und verpflichtet sich, beide Teile der Anlage zu installieren.

Tabelle 3.8: Häufige Vertragsarten

Aufgaben zum Thema Weitere Vertragsarten

Beschreiben Sie die Vertragsinhalte für beide Geschäftspartner, die Sie in den folgenden Verträgen
erwarten würden:

a Beherbergungsvertrag,   **c** Arbeitsvertrag,   **e** Reisevertrag.

b Leihvertrag,   **d** Schenkungsvertrag,

3.7 Kaufvertragsstörungen: Schlechtleistung (mangelhafte Lieferung)

Der Kaufvertrag umfasst zwei Schritte. Im ersten Schritt verpflichten sich der Verkäufer und der Käufer zu bestimmten Leistungen (Verpflichtungsgeschäft), im zweiten müssen die Verpflichtungen von beiden erfüllt werden (Erfüllungsgeschäft). Im Idealfall verlaufen beide Prozesse frei von Störungen.

> **BEISPIEL**
>
> Der Kunde geht zu seinem Augenoptiker, um eine Sonnenbrille zu kaufen. Er wird von dem Augenoptiker beraten, entschließt sich für ein Modell, bezahlt es und erhält die Sonnenbrille ausgehändigt. Mit dem Angebot des Optikers und der Entscheidung des Kunden für das angebotene Modell wird das Verpflichtungsgeschäft abgeschlossen, mit der Übergabe und Bezahlung der Sonnenbrille das Erfüllungsgeschäft.

Schon beim Verpflichtungsgeschäft kann es zu Störungen kommen, die zur Folge haben, dass der Kaufvertrag anfechtbar oder gar nichtig wird. Häufiger sind allerdings Fehler, die bei der Erfüllung des Kaufvertrags auftreten.

Nichtigkeit und **Anfechtbarkeit,** siehe Abschnitt 3.5.5, S. 106–107

Beim Abschluss des Kaufvertrags hat sich der Verkäufer verpflichtet, mangelfreie Ware zu liefern. Hatte die Ware bei Übergabe aber Mängel, so hat der Verkäufer seine Verpflichtung nicht vollständig erfüllt. Wann kann man aber von einer Schlechtleistung, in diesem Fall einer mangelhaften Lieferung, reden?

Wird die Sache vom Verkäufer **mangelfrei** übergeben?

Wann es sich im rechtlichen Sinne um einen **Sachmangel** handelt, ist im BGB geregelt. Nach § 434 BGB ist eine Sache dann frei von Mängeln, wenn sie bei der Übergabe die vereinbarte, vorausgesetzte oder übliche Beschaffenheit hat (Schaubild 3.13).

Eine mangelhafte Lieferung ist eine Kaufvertragsstörung.

- Von einer **vereinbarten** Beschaffenheit spricht man, wenn der Käufer und der Verkäufer eine ausdrückliche Vereinbarung über die Merkmale der Ware getroffen haben.
- Bei der **vorausgesetzten** Beschaffenheit ist die Eignung für die gewöhnliche Verwendung der Sache gemeint.
- Die Beschaffenheit der Sache ist **üblich,** wenn die Sache die Merkmale besitzt, die der Käufer nach der Art der Sache erwarten kann.

Schaubild 3.13: Dieser Kaffeemaschine fehlt offensichtlich die vorausgesetzte Beschaffenheit.

> **BEISPIELE**
> - Vereinbarte Beschaffenheit: Der Verkäufer versichert dem Kunden, dass das gekaufte Kellerregal eine Last von bis zu 100 kg aufnehmen kann.
> - Vorausgesetzte Beschaffenheit: Ein Gelegenheitsjogger mit Normalgewicht und ohne Fehlstellungen des Knochengerüsts kann davon ausgehen, dass er einen neuen Laufschuh über eine Gesamtstrecke von mindestens 500 km tragen kann.
> - Übliche Beschaffenheit: Eine neu erworbene Jeans muss sicherlich mehrere Waschgänge in der Waschmaschine ohne Schäden überstehen.

Ursachen
von Sachmängeln

Sachmängel können die verschiedensten Ursachen haben. Sie können beruhen auf

1. einem Fehler in der Beschaffenheit oder Qualitätsmangel,
2. einem Fehler bei der Montage oder Montagemangel,
3. einer fehlerhaften Montageanleitung,
4. der Lieferung einer anderen als der bestellten Ware oder Falschlieferung,
5. der Lieferung einer anderen als der bestellten Menge oder einem Quantitätsmangel,
6. einer Werbeaussage, die eine von der tatsächlichen Beschaffenheit der Ware abweichende Eigenschaft verspricht.

Im Folgenden werden die verschiedenen Arten von Sachmängeln genauer betrachtet.

Qualitätsmangel

Qualitätsmängel können durch Fehler in der Herstellung oder durch einen unsachgemäßen Umgang mit der Sache durch den Hersteller, Spediteur oder Händler entstehen.

> **BEISPIELE**
> - Der Überhitzungsschutz der Kaffeemaschine funktioniert nicht.
> - Das Gehäuse der Kaffeemaschine weist Kratzer auf.
> - Das Wasser in der Kaffeemaschine wird nicht ausreichend heiß.

Eine unsachgemäß durchgeführte Montage durch den Verkäufer oder dessen Beauftragten führt ebenfalls zu einem Sachmangel.

> **BEISPIEL**
> Die Tür der Glasvitrine lässt sich nicht richtig schließen. Sie hängt schief, weil der Lieferant die Scharniere nicht an den dafür vorgesehenen Stellen eingesetzt hat.

Auch wenn bei der Montage durch den Käufer Schäden an dem Kaufgegenstand entstehen, weil die Montageanleitung mangelhaft ist oder gar fehlt, liegt ein Sachmangel vor.

> **BEISPIEL**
> Der Käufer baut sein neues Regal selbst auf. Die Reihenfolge der Schritte in der Montageanleitung ist fehlerhaft wiedergegeben. Aufgrund dessen bricht die Rückwand des Regals.
>

Der Verkäufer liefert eine andere als die vom Käufer bestellte Sache.

> **BEISPIEL**
> Der Großhändler liefert dem Einzelhändler Buntstifte der Firma Stättler. Der Einzelhändler hatte allerdings Bleistifte der Firma Kaber Fastell bestellt.

Der Verkäufer hat zu wenig oder in einer falschen Abmessung geliefert.

> - Statt der 100 bestellten Pullover wurden 80 Stück geliefert.
> - Die in 3,00 m Länge bestellten Dekorationsstoffe wurden in 2,50 m Länge geliefert.
>
> **BEISPIELE**

Der Käufer muss sich auf die Aussagen in der Werbung, die Warenkennzeichnung und andere öffentliche Aussagen verlassen können. Verfügen die Waren nicht über die versprochenen Eigenschaften, sind sie mangelhaft.

> Der tatsächliche Wasserverbrauch der Spülmaschine ist wesentlich höher als der in der Werbung angegebene.
>
> **BEISPIEL**

3.7.1 Erkennbarkeit von Sachmängeln

Manche Sachmängel lassen sich sofort nach dem Kauf der Ware erkennen, andere werden erst später entdeckt. Deshalb hat der Gesetzgeber die Unterscheidung zwischen offenen, versteckten und arglistig verschwiegenen Mängeln getroffen.

Offene Mängel sind bei der Prüfung der Ware sofort sichtbar.   **offener Mangel**

> - Der Deckel des Joghurtbechers ist beschädigt.
> - Die Tischplatte ist zerkratzt.
> - Die Fensterscheibe ist gesprungen.
>
> **BEISPIELE**

Versteckte Mängel sind nicht sofort erkennbar. Sie werden erst bei Verwendung der Sache entdeckt.   **versteckter Mangel**

> Das Schwarzbrot ist verschimmelt, obwohl das auf der Verpackung angegebene Mindesthaltbarkeitsdatum noch nicht erreicht ist.
>
> **BEISPIEL**

Ist dem Verkäufer ein Mangel an der Sache bekannt und verheimlicht er dies gegenüber dem Käufer, so spricht man von einem arglistig verschwiegenen Mangel.   **arglistig verschwiegener Mangel**

> Ein aus Reklamationsrückläufen stammendes Radio, das mehrfach erfolglos repariert wurde, wird als neues Gerät zum vollen Preis verkauft.
>
> **BEISPIEL**

3.7.2 Umfang von Sachmängeln

Der Käufer kann im Fall einer mangelhaften Lieferung bestimmte Rechte geltend machen. Welche Rechte dies sind, hängt vom Umfang des Mangels ab.

Der Mangel ist erheblich, wenn dadurch die Verwendung der Sache stark eingeschränkt oder sogar unmöglich ist.   **erheblicher Mangel**

> - Das Bild des Farbfernsehgeräts flimmert.
> - Der Rahmen des Fahrrads weist einen Riss auf.
>
> **BEISPIELE**

geringfügiger Mangel

Wenn der vorliegende Mangel auf die Verwendung der Sache keinen großen Einfluss hat, liegt ein geringfügiger Mangel vor.

> **BEISPIEL**
>
> Das Make-Up von Blue Bell ist in eine Faltschachtel gepackt. Die Schachtel hat eine Delle und ist beschädigt.

Eine Leistung kann immer in dreifacher Hinsicht beurteilt werden (Tabelle 3.9).

Beurteilungsmerkmal	Sachmangel	Beschreibung
Umfang des Mangels	erheblich	Die Sache kann nicht so verwendet werden, wie es vorgesehen ist.
	geringfügig	Der Mangel ist für die Verwendung der Sache unerheblich.
Erkennbarkeit des Mangels	offen	Der Mangel ist sofort sichtbar.
	versteckt	Der Mangel stellt sich erst beim Gebrauch der Sache heraus.
	arglistig verschwiegen	Der Verkäufer kannte den Mangel, hat ihn dem Kunden aber nicht genannt.
Art des Fehlers	Falschlieferung (Mangel in der Art)	Es wird eine andere als die vereinbarte Sache geliefert.
	Quantitätsmangel (Mangel in der Menge)	Der Lieferant übergibt eine größere oder kleinere als die vereinbarte Menge.
	Qualitätsmangel (Mangel in der Beschaffenheit)	Die gelieferte Sache hat Fehler, die entweder schon in der Produktion oder später, beispielsweise während des Transports, entstanden sind.
	Fehler bei der Montage	Der Verkäufer oder die von ihm beauftragten Monteure haben die gekaufte Sache (beim Käufer) fehlerhaft montiert.
	Fehler in der Montageanleitung	Der Käufer hat die Sache nach einer Montageanleitung zusammengebaut, die fehlerhaft war, wodurch die Sache beschädigt oder unbrauchbar wurde.

Tabelle 3.9: Klassifikation von Sachmängeln nach Umfang, Erkennbarkeit und Art

Sachmängel lassen sich nach verschiedenen Gesichtspunkten einteilen.

> **BEISPIEL**
>
> Ein Lieferant liefert der Kfz-Werkstatt statt der bestellten fünf Druckluft-Schlagschrauber fünf Schlagbohrmaschinen. Das ist
>
> - ein erheblicher Mangel, da die gelieferten Geräte nicht für denselben Zweck benutzt werden können wie die bestellten;
> - ein offener Mangel, weil der Mangel sofort erkennbar ist und
> - ein Mangel in der Art, weil Druckluft-Schlagschrauber und Schlagbohrmaschinen zwei ganz unterschiedliche Geräte sind.

3.7.3 Rechte des Käufers

Weist die Ware bei der Übergabe an den Kunden einen Mangel auf und kennt der Kunde bei Vertragsabschluss den Mangel nicht, so kann er verschiedene Rechte geltend machen. Die folgenden Rechte kommen infrage:

Rechte des Käufers bei **Mängeln**, siehe § 437 BGB

- Nacherfüllung des Kaufvertrags,
- Rücktritt vom Kaufvertrag oder Minderung des Kaufpreises,
- Schadenersatz statt Leistung oder Ersatz vergeblicher Aufwendungen.

Kommt es durch die Mangelhaftigkeit der Ware zu weiteren Schäden beim Kunden, so kann dieser im Rahmen des Produkthaftungsgesetzes (ProdHaftG) weitere Rechte gegenüber dem Hersteller des Produkts geltend machen.

Produkthaftungsgesetz, siehe Abschnitt 3.10, S. 127–128

Betrachten wir zunächst die vorrangigen Rechte des Käufers. Wenn der Käufer einen Mangel an der Ware feststellt, hat er zunächst nur einen **Nacherfüllungsanspruch.** Dabei hat er die Wahl zwischen einer Neulieferung und einer Nachbesserung. Die Neulieferung beruht auf dem Recht des Käufers auf Lieferung einer mangelfreien Ware. Die Nachbesserung beruht auf seinem Recht auf Beseitigung des Mangels.

vorrangige Rechte

Neulieferung oder **Nachbesserung**

Wenn der Verkäufer den Mangel schuldhaft verursacht hat, dann kann der Käufer neben diesen beiden Rechten auch das **Recht auf Schadenersatz** geltend machen.

> **BEISPIEL**
>
> Der Käufer hat eine mangelhafte Ware erhalten. Er kann die Ware nicht verkaufen und nimmt dementsprechend kein Geld ein. Ihm entgeht also ein bestimmter Gewinn. Der Käufer verlangt Nacherfüllung. Dadurch fallen bei ihm zusätzliche Aufwendungen wie Transport-, Material- und Arbeitskosten an, die der Verkäufer ebenso ersetzen muss wie den entgangenen Gewinn.

zweiseitiger Handelskauf, siehe S. 118

Verbrauchsgüterkauf, siehe S. 218

allgemeine Geschäftsbedingungen, siehe S. 109

Der Verkäufer kann in seinen allgemeinen Geschäftsbedingungen das Wahlrecht des Käufers zwischen Neulieferung und Nachbesserung einschränken. Das gilt allerdings nur dann, wenn es sich um einen zweiseitigen Handelskauf handelt. Beim Verbrauchsgüterkauf hingegen darf das Wahlrecht nicht zum Nachteil des Verbrauchers ausgeschlossen werden.

Der Verkäufer kann die vom Käufer gewünschte Art der Nacherfüllung ablehnen, wenn eine der beiden folgenden Bedingungen erfüllt ist:

- Die Kosten der Neulieferung oder der Nachbesserung sind unverhältnismäßig hoch.
- Die Nacherfüllung ist unmöglich.

> **BEISPIELE**
>
> - Da die Reparatur einer Uhr teurer ist als die Beschaffung einer neuen, gleichartigen Uhr, kann der Verkäufer ohne Nachteil für den Käufer auf die andere Art der Nacherfüllung, nämlich die Neulieferung, zurückgreifen.
> - Die Sohlen eines Wanderschuhs lösen sich. Weil solche Schuhe nicht mehr nachbestellt werden können, beschränkt sich der Anspruch des Käufers auf die Reparatur des Schuhs.

Diejenige Frist bis zur Nacherfüllung ist **angemessen**, die dem Verkäufer die Gelegenheit belässt, die Ware zu liefern, ohne sie erst beschaffen oder herstellen zu müssen.

Für die Nacherfüllung muss der Käufer dem Verkäufer eine angemessene Frist einräumen. Beim **Fixkauf** und beim **Zweckkauf** ist eine **Nachfrist** nicht vorgeschrieben.

Fixkauf, siehe S. 119
Zweckkauf, siehe S. 119

Der Käufer kann weitere, nachrangige Rechte geltend machen, wenn eine der beiden folgenden Bedingungen erfüllt ist:

nachrangige Rechte

1. Der Mangel wurde auch nach zweimaliger Nachbesserung nicht behoben.
2. Die dem Verkäufer gesetzte Nachfrist ist erfolglos abgelaufen.

Der Kunde kann auf die Festsetzung einer Nachfrist verzichten, wenn

- der Verkäufer die Nacherfüllung verweigert oder
- die Nacherfüllung für den Verkäufer unzumutbar ist, beispielsweise wenn er durch sie unverhältnismäßig hohe Kosten auf sich nehmen müsste.

Sofern der Käufer nicht vom Gesetzgeber gehalten ist, eine Nachfrist zu setzen, hat er die folgenden Möglichkeiten:

- Er kann vom Vertrag zurücktreten.
- Er kann eine Minderung des Kaufpreises verlangen.
- Er kann Schadenersatz statt Leistung verlangen.
- Er kann den Ersatz vergeblicher Aufwendungen fordern.

Rücktritt vom Vertrag wegen nicht oder nicht vertragsgemäß erbrachter Leistung, siehe § 323 BGB

Beim Rücktritt vom Vertrag ist der Käufer zur Rückgabe der Ware und der Verkäufer zur Erstattung des gezahlten Kaufpreises verpflichtet. Der Käufer wird von seinem Rücktrittsrecht Gebrauch machen, wenn er an einer Erfüllung des Vertrags oder an einer Fortsetzung der Geschäftsbeziehung nicht mehr interessiert ist. Er kann das Rücktrittsrecht allerdings nur dann in Anspruch nehmen, wenn der Mangel erheblich ist.

> **BEISPIEL**
>
> Die Zusammenarbeit mit dem Lieferanten eines defekten Fernsehgeräts hat sich bereits bei den Nacherfüllungsversuchen als schwierig erwiesen. Das Fernsehgerät ist nicht gebrauchstüchtig. Die Käuferin hat kein Vertrauen mehr zu dem Lieferanten und möchte die Vertragsbeziehung abbrechen.

Minderung, siehe § 441 BGB

Ist die Ware nur geringfügig mangelhaft, so kann der Käufer lediglich eine Herabsetzung des Kaufpreises fordern. Der geforderte Preisnachlass muss angemessen sein. Zur Festlegung des angemessenen Betrags wird der Wert der mangelfreien Ware mit dem Wert der tatsächlich gelieferten Ware durch Schätzung verglichen. Die Differenz muss der Verkäufer erstatten.

> **BEISPIEL**
>
> Die Obsthändlerin hat Bananen bestellt, die so reif sind, dass sie am Tag nach der Lieferung verzehrt werden können. Die Bananen, die ihr Lieferant ihr bringt, sind jedoch noch grün. Die beiden einigen sich auf einen Preisnachlass von 20 %.

Schadenersatz statt Leistung, siehe § 281 BGB

Wenn der Mangel erheblich ist und den Verkäufer ein Verschulden trifft, kann der Käufer Schadenersatz statt der geschuldeten Leistung verlangen. Der Schadenersatzanspruch des Käufers ergibt sich nicht nur aus der Mangelhaftigkeit der Ware selbst, sondern darüber hinaus je nach Sachlage auch aus **Mangelfolgeschäden.** Der Gesetzgeber schränkt die Höhe der Schadenersatzansprüche des Käufers nicht ein. Der Verkäufer hat also auch dann den Schaden des Kunden in voller Höhe zu ersetzen, wenn er den Wert der Ware weit übersteigt.

Der Anspruch auf Schadenersatz beschränkt sich nicht auf den durch den Sachmangel bedingten Schaden.

Falls der Käufer Schadenersatz statt Leistung verlangt, ist sein Anspruch auf die Leistung ausgeschlossen. Er kann dann nicht mehr auf seine vorrangigen Rechte in Form der Behebung des Schadens oder der Lieferung mangelfreier Ware pochen. Allerdings kann er gleichzeitig mit dem Anspruch auf Schadenersatz auch sein Rücktrittsrecht geltend machen.

Schadenersatz und Rücktritt, siehe § 325 BGB

> **BEISPIEL**
>
> Durch einen nicht zu behebenden Defekt an einer soeben gekauften Kühltheke verdirbt ein großer Teil der darin gelagerten Lebensmittel. Der Schadenersatzanspruch erstreckt sich auf den ursprünglichen Wert der verdorbenen Lebensmittel, und der Käufer kann vom Kaufvertrag zurücktreten.

Der Käufer kann anstelle des Schadenersatzes statt Leistung den Ersatz der Aufwendungen fordern, die dadurch entstanden sind, dass er auf die Warenlieferung vertraut hat.

Ersatz vergeblicher Aufwendungen, siehe § 284 BGB

> Die vom Hersteller gelieferte Aktionsware ist aufgrund von Mängeln unverkäuflich und lässt sich kurzfristig nicht neu beschaffen. Der Käufer hat für diese Ware Werbeprospekte drucken lassen, die nun nicht mehr verteilt werden können. Die Druckkosten sind vergebliche Aufwendungen, die der Verkäufer ersetzen muss.

BEISPIEL

Auch den Ersatz vergeblicher Aufwendungen kann der Käufer nur bei Verschulden des Verkäufers und bei erheblichen Mängeln verlangen. Dieses Recht wird er in der Regel nur dann in Anspruch nehmen, wenn auch die vergeblichen Aufwendungen erheblich waren und wenn er langfristig nicht daran interessiert ist, die Geschäftsbeziehung mit dem Verkäufer aufrechtzuerhalten.

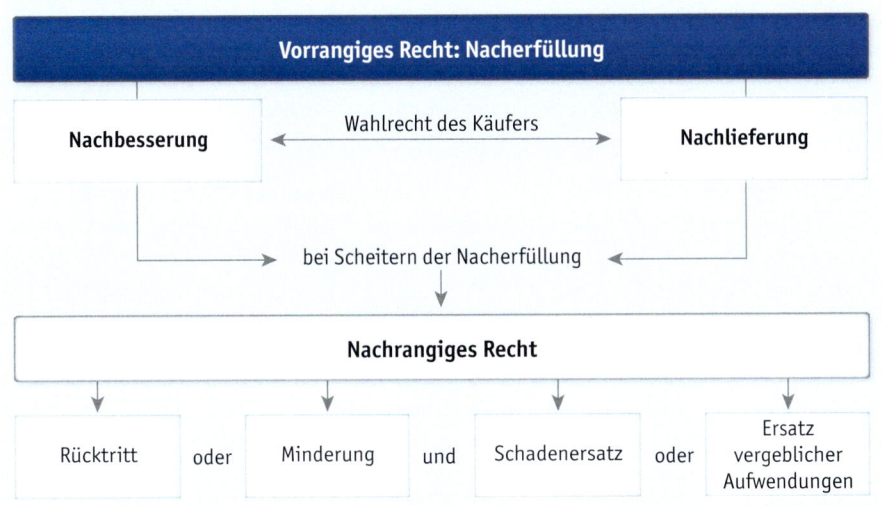

Schaubild 3.14: Vorrangige und nachrangige Käuferrechte im Fall von Sachmängeln

Damit der Käufer die in Schaubild 3.14 nochmals zusammengefassten Rechte wahrnehmen kann, muss ein gültiger Kaufvertrag vorliegen. Außerdem muss der Käufer bedenken, dass er seine Rechte geltend macht, bevor sie verjähren.

Wer seine Rechte in Anspruch nehmen will, muss Fristen beachten.

3.7.4 Verjährung

Wenn der Käufer Partner eines zweiseitigen Handelsgeschäfts ist, muss er die Ware bei Eingang prüfen. Beim Verbrauchsgüterkauf entfällt diese Prüfungspflicht Deshalb ergeben sich für die beiden Geschäftsarten unterschiedliche Gewährleistungsfristen, innerhalb derer der Käufer seine Rechte gelten machen kann.

Beim zweiseitigen Handelskauf und beim Verbrauchsgüterkauf gelten unterschiedliche Gewährleistungsfristen.

Sofern der Kaufmann im Rahmen eines **zweiseitigen Handelskaufs** bei der Prüfung der Waren Mängel sofort erkennen kann, ist er verpflichtet, diese dem Verkäufer unverzüglich mitzuteilen. Versteckte Mängel muss er unverzüglich nach ihrer Entdeckung rügen, jedoch spätestens innerhalb der gesetzlichen Gewährleistungsfrist von zwei Jahren. Wenn der Verkäufer den Mangel arglistig verschwiegen hat, verlängert sich die Verjährungsfrist von zwei auf drei Jahre.

unverzüglich = ohne schuldhaftes Verzögern

Der Kaufmann kann die Gewährleistungsfristen vertraglich bis auf ein Jahr einschränken oder bei gebrauchten Sachen auch ganz ausschließen.

Gegenstand und Dauer der Verjährung, siehe §§ 194 – 202 BGB

BEISPIEL

Ein Einzelhändler hat bei einem Großhändler für Bürobedarf am 15. Juli 2010 Folien erworben, die nach dessen Angaben kopiertauglich sein sollen. Als die Folien am 3. August 2012 erstmals eingesetzt werden sollen, stellt sich heraus, dass sie wider Erwarten nicht kopiertauglich sind. Nun ist der Käufer verstimmt, denn er kann keine Ansprüche gegen den Großhändler geltend machen, da die Verjährungsfrist mittlerweile verstrichen ist.

Entstehung des Anspruchs = Beginn der Verjährungsfrist   Ende der Verjährungsfrist

zwei Jahre

15. Juli 2010   15. Juli 2012

Verbrauchsgüterkauf

Im Rahmen eines **Verbrauchsgüterkaufs** kann sich der Käufer sowohl bei offenen als auch bei versteckten Mängeln auf eine Gewährleistungsfrist von zwei Jahren berufen, wenn die erworbene Ware neu ist. Bei gebrauchten Waren kann sich die Frist auf ein Jahr vermindern,

- wenn dies in den allgemeinen Geschäftsbedingungen festgelegt ist und
- wenn die allgemeinen Geschäftsbedingungen Bestandteil des Vertrags geworden sind.

Tritt ein Mangel innerhalb von sechs Monaten nach Übergabe der Ware auf, so wird zugunsten des Käufers vermutet, dass die Ware bereits bei der Übergabe mangelhaft war. Das bedeutet, dass der Verkäufer im Fall eines Mangels beweisen muss, dass die Ware bei der Übergabe fehlerfrei war. Hier liegt eine Umkehr der Beweislast vor, da nach den Grundsätzen der Beweislast eigentlich der Käufer den Schadensbeweis antreten muss. Nach Ablauf der besagten sechs Monate geht die Beweislast wieder auf den Käufer über.

Beweislastumkehr, siehe § 476 BGB

Die regelmäßige Verjährungsfrist beginnt mit dem Schluss des Jahres, in dem der Käufer von dem Mangel an der Ware Kenntnis erlangt hat. Auch beim Verbrauchsgüterkauf verlängert sich die Verjährungsfrist von zwei auf drei Jahre, wenn der Verkäufer den Mangel arglistig verschwiegen hat.

Beginn der **regelmäßigen Verjährungsfrist** und Höchstfristen, siehe § 199 BGB

Tabelle 3.10 fasst die Fristen zur Wahrung von Käuferrechten zusammen.

Kaufvertrag	Prüfungspflicht	Benachrichtigungspflicht
Verbrauchsgüterkauf *Verkäufer:* Kaufmann *Käufer:* Privatperson	zwei Jahre	Zwei Jahre, Beweislastumkehr nach sechs Monaten; zuvor muss der Verkäufer nachweisen, dass die Sache bei Übergabe fehlerfrei war.
zweiseitiger Handelskauf *Verkäufer:* Kaufmann *Käufer:* Kaufmann	unverzüglich	unverzüglich

Kaufmann im Sinne des Handelsgesetzbuchs ist, wer ein Handelsgewerbe betreibt.

Tabelle 3.10: Fristen zur Wahrung von Käuferrechten

3.8 Kaufvertragsstörungen: Nicht-rechtzeitig-Lieferung (Lieferungsverzug)

Wenn der Verkäufer die bestellte Ware nicht rechtzeitig liefert, das heißt wenn er die vereinbarte Lieferfrist überschreitet, spricht man von einem Lieferungsverzug. Der Käufer hat in diesem Fall das Recht, vom Vertrag zurückzutreten.

> **BEISPIEL**
>
> Im Kaufvertrag zwischen der Flott AG und der Blitzdruck GmbH wurde geregelt, dass die Druckmaschine innerhalb von vier Wochen ab dem Tag der Bestellung geliefert wird. Die Blitzdruck GmbH hat die Maschine am 26. März 2012 bestellt. Die Flott AG muss die Druckmaschine bis zum 23. April liefern, andernfalls gerät sie in Verzug.
> Kann die Blitzdruck GmbH die Maschine bei einem anderen Anbieter erwerben (Deckungskauf), so muss die Flott AG für etwaige dadurch bedingte Zusatzkosten der Blitzdruck GmbH aufkommen.

3.8.1 Rücktritt

Der Käufer kann vom Vertrag zurücktreten, wenn der Verkäufer mit der Lieferung in Verzug geraten ist. Dabei müssen die Voraussetzungen nach § 323 BGB erfüllt sein. Diese lauten:

1. Die Leistung ist fällig.
2. Der Käufer hat eine Nachfrist gesetzt, die entweder erfolglos oder entbehrlich war.

Voraussetzungen für den Rücktritt des Käufers vom Vertrag

Entbehrlich ist die Setzung einer Nachfrist dann, wenn es sich bei dem Geschäft um einen Fixkauf oder einen Zweckkauf handelt, wenn der Verkäufer die Leistung verweigert oder wenn besondere Umstände wie zum Beispiel ein Wasserrohrbruch vorliegen.

Ein **Fixkauf** ist ein Kauf, bei dem die Ware innerhalb einer bestimmten Frist oder zu einem bestimmten Termin geliefert werden muss.

> **BEISPIELE**
>
> Beispiele für einen Zweckkauf sind:
> - Maßanfertigung eines Hochzeitskleides,
> - Bufett für eine Betriebsfeier.

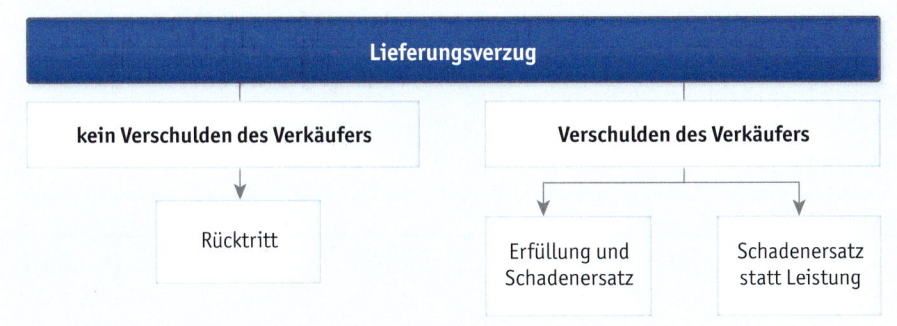

Schaubild 3.15: Rechte des Käufers bei Nicht-rechtzeitig-Lieferung

Wenn der Verkäufer den Lieferungsverzug auch zu verschulden hat, dann hat der Käufer zusätzliche Rechte.

3.8.2 Erfüllung und Schadenersatz

Erfüllung und Schadenersatz, siehe §§ 280, 286 BGB

Der Käufer kann die Erfüllung des Vertrags verlangen. Außerdem kann er Schadenersatz fordern, wenn sich die Lieferung verzögert. Dazu müssen gemäß § 286 BGB die folgenden Voraussetzungen erfüllt sein:

Voraussetzungen für Schadenersatz

1. Die Leistung ist fällig.
2. Der Käufer hat den Verkäufer gemahnt.
3. Der Verkäufer trägt die Schuld an dem Lieferungsverzug.

Eine Mahnung ist allerdings nicht notwendig, wenn

- für die Leistung eine Zeit nach dem Kalender bestimmt ist;
- der Liefertermin durch ein besonderes Ereignis bestimmt werden kann;
- der Verkäufer erklärt, dass er nicht liefert (Leistungsverweigerung);
- es sich um ein Zweckgeschäft handelt, das heißt, wenn der Kunde die Ware nach Ablauf der vereinbarten Lieferfrist nicht mehr bestimmungsgemäß verwenden kann;
- es sich um eilbedürftige Pflichten handelt, wie etwa die Reparatur eines Wasserrohrbruchs.

3.8.3 Schadenersatz statt Leistung

Schadenersatz statt Leistung, siehe § 281 BGB

Der Käufer kann Schadenersatz anstelle der Leistung verlangen, wenn

1. die Leistung fällig ist;
2. die Setzung einer Nachfrist erfolglos war. Eine Fristsetzung ist entbehrlich, wenn der Verkäufer die Leistung ernsthaft und endgültig verweigert oder wenn besondere Umstände vorliegen;
3. der Verkäufer die Schuld am Verzug der Lieferung trägt, weil er den Verzug vorsätzlich oder fahrlässig herbeigeführt hat.

Verschulden setzt **Vorsatz** oder **Fahrlässigkeit** voraus.

> **BEISPIEL**
>
> Die Flott AG muss die Druckmaschine bis zum 23. April 2012 liefern. Wenn bis zu diesem Datum keine Anlieferung an die Blitzdruck GmbH erfolgt ist, hat die Flott AG nicht rechtzeitig geliefert, da im Vertrag ein Liefertermin vereinbart wurde.
>
> Wenn die Flott AG schon zur Zeit des Abschlusses des Kaufvertrags wusste, dass sie bis zum vereinbarten Termin nicht liefern kann, wenn sie also vorsätzlich gehandelt hat, dann trägt sie die Schuld an dem Verzug. Dasselbe gilt, wenn sie den Liefertermin vergessen oder notwendige Teile für die Herstellung der Druckmaschine nicht rechtzeitig bestellt hat – wenn sie also fahrlässig gehandelt hat. Kann die Blitzdruck GmbH die Maschine bei einem anderen Anbieter erwerben (Deckungskauf), so muss die Flott AG für etwaige dadurch bedingte Zusatzkosten der Blitzdruck GmbH aufkommen.

3.9 Kaufvertragsstörungen: Nicht-recht- zeitig-Zahlung (Zahlungsverzug)

Der Kaufvertrag kennt zwei Schuldner – den **Warenschuldner** (Verkäufer) und den **Geldschuldner** (Käufer).

Beim Lieferungsverzug hat der Lieferant, also der Warenschuldner, die vereinbarte Leistung nicht rechtzeitig erbracht. Zahlt der Käufer eine Lieferung nicht rechtzeitig, so ist er als Schuldner der Zahlung in Verzug geraten. Da es sich in beiden Fällen um einen Schuldnerverzug handelt, ist die rechtliche Beurteilung vergleichbar.

3.9.1 Voraussetzungen

Damit sich ein Käufer rechtlich gesehen im Zahlungsverzug befindet, müssen mehrere Voraussetzungen erfüllt sein.

1. Es muss, wie bei allen anderen Erfüllungsstörungen auch, ein **gültiger Kaufvertrag** bestehen.
2. Der Käufer hat trotz **Fälligkeit** des Rechnungsbetrags nicht bezahlt. In der Regel wird im Kaufvertrag ein Zahlungstermin genannt, der die Fälligkeit der Rechnung bestimmt. Wenn kein Zahlungstermin genannt ist, ist die Zahlung bei Lieferung fällig.
3. Der Verkäufer hat die Zahlung **angemahnt** und den Käufer somit in Verzug gesetzt. Mit einer Mahnung fordert der Verkäufer den Käufer zur Zahlung des fälligen Betrags auf. Die Mahnung ist an keine bestimmte Form gebunden. Aus späteren Beweisgründen empfiehlt sich aber eine schriftliche Mahnung. Ist im Kaufvertrag kein Zahlungstermin genannt, so muss der Verkäufer dem Käufer eine Mahnung senden, in der er ihn zur Zahlung auffordert. Erst mit Zugang der Mahnung wird der Käufer in Verzug gesetzt.

Ein Zahlungsverzug setzt dreierlei voraus.

Allerdings gerät der Käufer in bestimmten Fällen auch ohne Mahnung in Verzug, und zwar dann, wenn

1. der Zahlungstermin im Kaufvertrag kalendermäßig bestimmt oder bestimmbar ist,
2. der Käufer die Zahlung verweigert,
3. ab dem Rechnungsdatum 30 Tage verstrichen sind.

Nicht immer bedarf es auch einer Mahnung, damit der Geldschuldner in Verzug gerät.

Der dritte Punkt greift nur dann, wenn der Zahlungstermin nicht kalendermäßig bestimmt wurde. Aber auch hier ist wieder zwischen dem zweiseitigen Handelskauf und dem Verbrauchsgüterkauf zu unterscheiden. Im letzteren Fall gilt Punkt 3 nämlich nur dann, wenn der Verkäufer in seiner Rechnung darauf hinweist, dass der Käufer auch ohne Mahnung nach Ablauf von 30 Tagen in Verzug gerät.

> Ein Blumengeschäft kauft am 14. März 2012 bei der Beska GmbH Kopierpapier auf Ziel. Der Zahlungstermin lautet: „Zahlbar innerhalb von zehn Tagen netto Kasse". Bei der Auslieferung vergisst der Fahrer, das Geld zu kassieren. Die Beska GmbH schickt keine Mahnung. Trotzdem gerät das Blumengeschäft am 26. März 2012 in Zahlungsverzug.
>
> **BEISPIEL**

Wenn im Rahmen eines zweiseitigen Handelskaufs der Käufer behauptet, die Rechnung nie erhalten zu haben, dann beginnt die 30-Tage-Frist ab dem Lieferdatum.

Bei Geldschulden wird angenommen, dass der säumige Käufer in nahezu allen Fällen den Zahlungsverzug zu verschulden hat.

> Herr Krause kauft auf Empfehlung seiner Bank ein größeres Aktienpaket. Durch eine schlechte Geschäftsführung sinkt der Wert der Aktien gegen null. Herr Krause hatte aber auf die Möglichkeit gesetzt, einen Teil der Aktien zu verkaufen und von dem Erlös bei der Beska GmbH einen Computer mit Bildschirm und Scanner zu kaufen. Er hat die Waren vor einem Monat bestellt und prompt geliefert bekommen. Jetzt gerät er in Zahlungsverzug. Die Beska GmbH kann Herrn Krause rechtlich belangen.
>
> **BEISPIEL**

3.9.2 Rechte des Verkäufers

Ist der Käufer in Zahlungsverzug geraten, so hat der Verkäufer verschiedene Rechte, die er geltend machen kann.

In vielen Fällen wird der Verkäufer darauf hoffen, dass der Käufer seiner Zahlungsverpflichtung am Ende doch noch nachkommt. Dann hat er ein Interesse daran, den Kaufvertrag aufrechtzuerhalten. Dasselbe gilt, wenn er eine Ware verkauft hat, die speziell für den Kunden angefertigt wurde, die er also nur schwer an einen Dritten veräußern kann. Er kann in diesen Fällen auf der Zahlung bestehen und Schadenersatz wegen Pflichtverletzung verlangen. Will er tatsächlich einen Verzugsschaden geltend machen, so muss dieser vom Käufer verschuldet sein. Diese Bedingung wird allerdings grundsätzlich als erfüllt angesehen.

Folgende **Schäden** können dem Käufer zusätzlich in Rechnung gestellt werden:

- Schäden, die durch die verspätete Zahlung entstanden sind, zum Beispiel Mahnkosten, Anwaltskosten und Telefonkosten;
- entgangene Zinsen. Der Verkäufer ist berechtigt, Verzugszinsen zu verlangen. Bei einem Verbrauchsgüterkauf werden grundsätzlich 5 % Zinsen über dem Basiszinssatz berechnet. Die Zinsen sind ab dem Verzugsdatum zu berechnen. Falls für den Zahlungsverzug eine Mahnung notwendig ist, gilt die Zeit ab dem Zugang der Mahnung. In der Praxis werden zwei Tag nach der Absendung der Mahnung als Zugangsdatum angenommen. Bei einem zweiseitigen Handelskauf beträgt der Zinssatz 8 % über dem Basiszinssatz, hier allerdings schon ab Fälligkeit der Zahlung.

> **BEISPIEL** Am 12. März 2012 betrug der Basiszinssatz 0,12 %. Für den Verbrauchsgüterkauf ergab sich daher ein Verzugszinssatz von 5,12 %, für den zweiseitigen Handelskauf von 8,12 %.

Dem Verkäufer kann durchaus ein höherer Verzugsschaden entstehen. Dieser Fall kann etwa dann eintreten, wenn er aufgrund der nicht erfolgten Zahlung des Käufers einen teuren Kredit aufnehmen muss. Entsprechend höhere Aufwendungen kann er ebenfalls geltend machen. Allerdings muss er Mehraufwendungen nachweisen, es sei denn, es wurde eine Konventionalstrafe vereinbart, die den Ersatz von Mehraufwendungen einschließt.

Erwartet der Verkäufer nicht mehr, dass der Käufer zahlen wird, so wird er danach streben, die Vertragsbeziehung zu beenden. In diesem Fall ist es für ihn sinnvoll, seine Rechte auf Rücktritt vom Kaufvertrag und je nach den konkreten Umständen auf Schadenersatz statt Leistung in Anspruch zu nehmen.

Dazu ist es allerdings notwendig, dass er dem Käufer eine angemessene Nachfrist zur Zahlung setzt. Diese Nachfrist ist wiederum nur dann entbehrlich, wenn der Käufer die Zahlung verweigert oder wenn der Zahlungstermin im Vertrag kalendermäßig bestimmt ist. Überdies muss deutlich sein, dass der Verkäufer bei nicht rechtzeitiger Zahlung kein Interesse mehr am Fortbestand des Vertrags hat.

Auf sein Recht auf Rücktritt vom Vertrag wird der Verkäufer dann zurückgreifen, wenn er die nicht bezahlte Ware an einen anderen Kunden verkaufen kann. Allerdings muss er damit rechnen, dass er bei einem erneuten Verkauf nur einen niedrigeren Preis erzielen wird. Den Unterschiedsbetrag zwischen seinem Verkaufserlös und dem im ursprünglichen Kaufvertrag vereinbarten, höheren Preis sowie etwaige Verzugszinsen kann er als Schaden geltend machen.

Der Verkäufer kann trotz Überschreitung des Zahlungstermins weiterhin die Zahlung verlangen. Außerdem kann er Schadenersatz geltend machen.

Verzugszinsen, siehe § 288 Abs. 1, 2 und 4 sowie § 353 BGB

Der **Basiszinssatz** wird regelmäßig zum 1. Januar und zum 1. Juli eines jeden Jahres von der Deutschen Bank neu festgelegt. Nach ihm richtet sich die Höhe der Verzugszinsen. Siehe www.basiszinssatz.info

Konventionalstrafe = dem Vertragspartner zugesagte Geldsumme für den Fall einer Pflichtverletzung

Will der Verkäufer die Vertragsbeziehung beenden, so muss er dies deutlich machen und je nach den Umständen dem Schuldner eine **Nachfrist** setzen.

3.9.3 Mahnverfahren

Erfüllt ein Käufer seine Zahlungsverpflichtung nicht, so kann der Verkäufer mithilfe des außergerichtlichen oder des gerichtlichen Mahnverfahrens versuchen, seinen Anspruch durchzusetzen. Das außergerichtliche Verfahren wird auch als kaufmännisches Verfahren bezeichnet.

Das kaufmännische Mahnverfahren soll den säumigen Kunden zur Zahlung veranlassen, ohne dass der Verkäufer dabei ein Gericht einschaltet. Es kann frei gestaltet werden, und so gibt es dafür auch keine einheitliche Vorgehensweise.

kaufmännisches Mahnverfahren

Wenn ein Kunde nicht pünktlich zahlt, so wird der Verkäufer nicht sofort von seinen gesetzlichen Rechten Gebrauch machen. Legt er Wert darauf, die Geschäftsbeziehung aufrechtzuerhalten, so versucht er zunächst, auf gütliche Weise zum Ziel zu kommen.

Ablauf eines kaufmännischen Mahnverfahrens

In der Praxis beginnt das kaufmännische Mahnverfahren in der Regel mit einer freundlich formulierten Zahlungserinnerung. Führt diese nicht zum Erfolg, so werden die folgenden Mahnungen schrittweise eindringlicher formuliert (Schaubild 3.16).

Bonität
= Kreditwürdigkeit

Liquidität
= Zahlungsfähigkeit

Folgender Ablauf ist denkbar:

1. Eine höflich formulierte Zahlungserinnerung wird zusammen mit einer Kopie der Rechnung verschickt.
2. Die zweite Mahnung wird nicht unfreundlich, aber entschieden formuliert. Unter Hinweis auf die Fälligkeit der Schuld enthält sie die Aufforderung zur Zahlung und eine Zahlungsfrist.
3. Die dritte Mahnung enthält die schärfer formulierte Aufforderung zur Zahlung zusammen mit einer Rechnung über die nunmehr angefallenen Mahnkosten und Verzugszinsen.
4. In der vierten Mahnung droht der Verkäufer rechtliche Schritte an, wenn bis zu einem neuerlich gesetzten Termin noch immer keine Zahlung erfolgt ist.

Schaubild 3.16: Folgemahnungen sollen dem Schuldner den Ernst der Lage verdeutlichen.

Ob ein Unternehmen den beispielhaften Ablauf übernimmt, ist ihm freigestellt. Möglich ist auch, dass es bereits im ersten Schreiben rechtliche Schritte androht. Die Auswahl unter den möglichen Maßnahmen hängt von folgenden Faktoren ab:

- Höhe der Rechnung,
- Kreditwürdigkeit (Bonität) des säumigen Kunden,
- vermutete Zahlungsfähigkeit (Liquidität) des säumigen Kunden.

Das **gerichtliche Mahnverfahren** stellt ein standardisiertes Verfahren dar, mit dem ein Gläubiger schnell und kostengünstig an sein Geld kommen kann. Um ein solches Verfahren einzuleiten, muss der Gläubiger beim Amtsgericht einen Mahnbescheid beantragen.

Schaubild 3.17: Amtliches Formular zur Beantragung eines Mahnbescheids

Ein **Mahnbescheid** ist eine Mahnung des Gerichts, das heißt die Aufforderung des Gerichts zur Begleichung der Schuld.

Antragsformulare zur Erteilung eines Mahnbescheids sind in jedem Schreibwarenladen, aber auch im Internet erhältlich (Schaubild 3.17).

Wenn der Antrag erstellt ist, wird er an das Amtsgericht geschickt, das sodann dem säumigen Kunden den entsprechenden Bescheid schickt. Die Rechtmäßigkeit des Anspruchs wird durch das Gericht nicht geprüft.

Ablauf des gerichtlichen Mahnverfahrens

Ein gerichtlicher Mahnbescheid ist dann sinnvoll, wenn zu erwarten ist, dass der säumige Kunde nicht zahlen wird. Der Gläubiger kann dann schneller zu seinem Geld kommen als durch ein langwieriges kaufmännisches Mahnverfahren.

Das gerichtliche Mahnverfahren läuft wie folgt ab (siehe auch Schaubild 3.18):

1. Der Gläubiger (der Verkäufer) stellt beim zuständigen Amtsgericht einen Antrag auf Erteilung des Mahnbescheids.
2. Das Amtsgericht erlässt den Mahnbescheid und stellt ihn dem Schuldner (dem säumigen Käufer) zu. Dieser hat nun drei Möglichkeiten, auf den Mahnbescheid zu reagieren:

Mögliche Gründe für einen **Einspruch** des Schuldners:
– Die Forderung ist schon beglichen.
– Es besteht eine Gegenforderung.
– Es gibt keinen Kaufvertrag.

   a. Er zahlt an den Gläubiger und beendet damit das Verfahren.
   b. Er erhebt innerhalb von zwei Wochen Widerspruch beim Gericht. Daraufhin wird der Gläubiger vom Gericht benachrichtigt und aufgefordert, seinen Anspruch zu begründen. Das Gericht setzt sodann einen Termin für eine mündliche Verhandlung fest.
   c. Wenn der Schuldner innerhalb von zwei Wochen nichts unternimmt, kann der Gläubiger innerhalb von sechs Monaten einen Antrag auf Erlass eines Vollstreckungsbescheids stellen.
3. Das Amtsgericht erlässt den Vollstreckungsbescheid auf Antrag des Gläubigers. Nach dessen Zustellung hat der Schuldner folgende Möglichkeiten:
   a. Er zahlt an den Gläubiger und beendet somit das Verfahren.
   b. Er erhebt innerhalb von zwei Wochen Einspruch. Dann wird der Fall auf Antrag des Gäubigers vor Gericht verhandelt.
   c. Er unternimmt nichts. Damit wird der Vollstreckungsbescheid rechtskräftig.
4. Die Zwangsvollstreckung wird, wenn Fall b oder c eintritt, durch einen Gerichtsvollzieher durchgeführt.

Der **Vollstreckungsbescheid** ist die letzte Zahlungsaufforderung des Gerichts. Er ist ein vollstreckbarer Titel, der es dem Gläubiger erlaubt, gegen den Schuldner die Zwangsvollstreckung durchzuführen.

Auch die Zwangsvollstreckung folgt einem festgelegten Schema. Der Gerichtsvollzieher sucht den Schuldner auf und **pfändet** zunächst dessen Vermögensgegenstände, zum Beispiel Geld, Schmuck oder Wertpapiere. Dann nimmt er die Pfandsachen in Besitz, um sie zugunsten des Gläubigers zu verwerten. Andere verwertbare Gegenstände nimmt er nicht sofort mit, kennzeichnet sie aber durch das Aufkleben eines Pfandsiegels („Kuckuck") als gepfändet.

Die **Zwangsvollstreckung** umfasst alle Maßnahmen, um gerichtlich festgestellte Ansprüche durchzusetzen.

Zum Leben und zur Berufsausübung notwenige Sachen dürfen nicht gepfändet werden.

Unpfändbar sind lebensnotwendige Gegenstände und Gegenstände, die der Schuldner zur Ausübung seines Berufs benötigt. Haben diese nichtpfändbaren Gegenstände aber einen außerordentlich hohen Wert, so können sie im Rahmen einer **Austauschpfändung** durch andere Objekte ersetzt werden, die demselben Zweck dienen und weniger wert sind. Neben den beweglichen Gegenständen können auch Rechte wie Forderungen und Gehaltsansprüche sowie unbewegliche Gegenstände wie Häuser und Grundstücke gepfändet werden.

Zum Abschluss des Verfahrens erhält der Schuldner eine Abrechnung. Einen etwaigen Überschuss erhält er ausbezahlt.

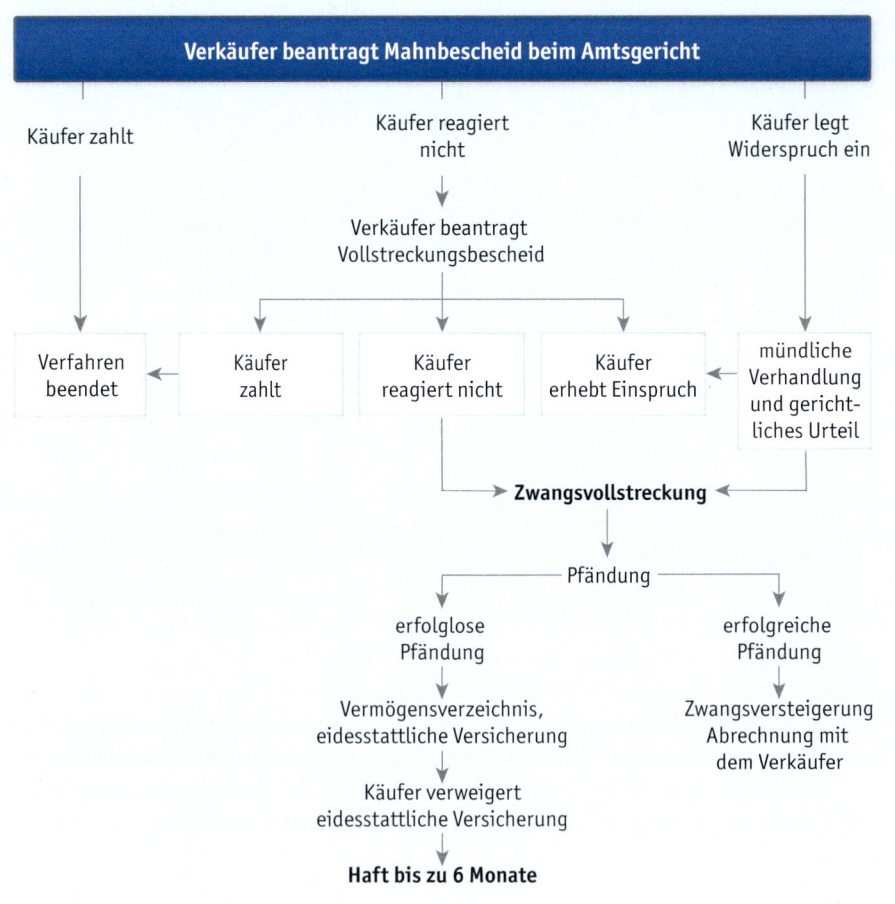

Schaubild 3.18: Ablauf des gerichtlichen Mahnverfahrens

In einer **eidesstattlichen Versicherung** bekräftigt der Schuldner, dass er kein Vermögen besitzt. Daraufhin wird amtlicherseits ein Vermögensverzeichnis angefertigt.

3.9.4 Klageverfahren und Inkassoinstitute

Kommt es im Rahmen des gerichtlichen Mahnverfahrens zu einem Widerspruch oder Einspruch des Schuldners, so wird die Rechtmäßigkeit der Forderung in einer gerichtlichen Verhandlung geprüft. Selbstverständlich kann der Verkäufer als Gläubiger auch sofort den Weg der Klage vor Gericht beschreiten. Dies ist aber selten der Fall. Klagen vor Gericht sind sehr zeitaufwendig und kosten Geld, umso mehr, als sie meist die Einschaltung eines Rechtsanwalts erfordern.

Inkassoinstitute übernehmen gewerbsmäßig den Einzug von Geldforderungen Dritter. Aufgrund ihrer Erfahrungen und ihres Organisationsgrads sind sie in der Lage, alle Möglichkeiten des kaufmännischen und des gerichtlichen Mahnverfahrens zu nutzen. Der Verkäufer spart Zeit und Verwaltungskosten, muss dafür aber eine Gebühr an das Inkassoinstitut zahlen.

Klagen sind meist zeitaufwendig und teuer.

Bei der Wahl des **Inkassoinstituts** ist es wichtig, dessen Ruf zu prüfen.

Aufgaben zum Thema Vertragsstörungen

1　Zählen Sie jeweils drei mögliche Störungen auf:
　　a　beim Verpflichtungsgeschäft des Kaufvertrags,
　　b　beim Erfüllungsgeschäft des Kaufvertrags.

2 Begründen Sie in den folgenden Fällen, um welche Schlechtleistung des Lieferers es sich handelt:

  a Statt der bestellten 300 Stück werden 310 Stück geliefert.

  b Das gelieferte Ersatzteil ist verbogen.

  c Beim Einbau des gelieferten Autoradios stellt die Werkstatt fest, dass die Stromversorgung des Radios nicht funktioniert.

  d Statt der bestellten Holsteiner Schaufeln werden Grabspaten geliefert.

  e Obwohl der Techniker sich genau an die Anweisung zum Aufbau der Satellitenanlage gehalten hat, funktioniert die Anlage nicht, weil der Anschluss des LNB falsch beschrieben wurde.

3 Begründen Sie, welche Rechte Sie in den in Aufgabe 2 genannten Fällen a bis e in Anspruch nehmen könnten. Begründen Sie auch, welche von diesen Rechten Sie in Anspruch nehmen würden, wenn Sie selbst betroffen wären.

4 Ihr Ausbildungsbetrieb hat am 2. Mai 20XX neues Werkzeug bestellt, nachdem der Lieferant ein gutes Angebot gemacht hatte. Über den Lieferzeitpunkt wurde nichts vereinbart.

  a Wann können Sie die Lieferung erwarten?

  b Ab wann besteht Lieferungsverzug?

  c Welche Rechte können Sie bei Nicht-rechtzeitig-Lieferung in Anspruch nehmen? Welche würden Sie in Anspruch nehmen, wenn das alte Werkzeug auch noch einige Wochen weiterbenutzt werden könnte?

5 Für eine Lieferung muss Ihr Ausbildungsbetrieb 5500 € bezahlen. Die Rechnung trägt das Datum 10. Juni 20XX. Ein Zahlungstermin wurde nicht vereinbart.

  a Begründen Sie, wann die Rechnung bezahlt werden sollte.

  b Am 20. Juni 20XX geht vom Lieferanten eine Mahnung zur Zahlung ein. Der Lieferant verlangt eine Versäumnisgebühr von 100 € und droht Ihrem Ausbildungsbetrieb an, die Ware wieder abzuholen, wenn die Zahlung nicht bis zum 23. Juni 20XX eintrifft. Untersuchen Sie die rechtliche Grundlage und die rechtliche Relevanz der Rücktrittsdrohung.

3.10 Verbraucherschutz

Unternehmen sind Tag für Tag damit befasst, Verträge abzuschließen und darauf zu achten, dass die Vertragspartner die vereinbarte Leistung erbringen. Sie führen deshalb entweder eigene Rechtsabteilungen oder arbeiten zumindest eng mit einem Rechtsanwalt zusammen.

Der Verbraucher ist dagegen in der Regel weniger erfahren und muss deshalb nach Meinung des Gesetzgebers durch verschiedene Gesetze und Verordnungen unterstützt und geschützt werden (Schaubild 3.19).

Verbraucher sind in Rechtsfragen weniger erfahren als Unternehmen, die Anwälte oder ganze Rechtsabteilungen beschäftigen.

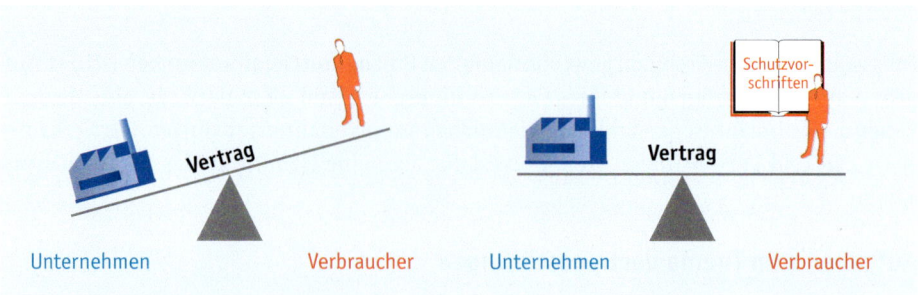

Schaubild 3.19: Verbraucherschutzbestimmungen sollen vertragliche Benachteiligungen der Verbraucher verhindern.

Für den Verbraucher hat der Gesetzgeber Bestimmungen zu Form und Inhalt der allgemeinen Geschäftsbedingungen in das BGB eingefügt. Sie sollen den Verbraucher vor unlauteren, das heißt unfairen AGB schützen und damit Benachteiligungen durch die Anbieter verhindern. Insbesondere darf der Gehalt einer gesetzlichen Regel nicht zum Nachteil des Käufers geändert werden.

allgemeine Geschäftsbedingungen (AGB), siehe Abschnitt 3.6.1, S. 109

> **BEISPIEL** Eine AGB-Klausel, die jegliche Haftung für Mängel ausschließt, ist rechtlich nicht zulässig und daher unwirksam.

Theoretisch können AGB zwar vom Kunden abgelehnt oder abgeändert werden, in der Praxis ist dies jedoch selten der Fall. Hinsichtlich der Wirksamkeit von AGB gelten laut BGB unter anderem die folgenden Regeln:

Lehnt der Käufer die AGB ab, so kommt unter Umständen kein Kaufvertrag zustande.

- Individuelle Absprachen haben stets Vorrang vor den AGB.
- Überraschende und mehrdeutige Klauseln werden nicht Vertragsbestandteil.

> **BEISPIEL** Eine überraschende Klausel, das heißt eine Klausel, die nach allgemeinem Empfinden ungewöhnlich und deshalb nicht zu erwarten ist, liegt dann vor, wenn der Verkäufer in seinen AGB einen ausländischen Gerichtsstand bestimmt, um deutsches Recht zu umgehen.

Wenn eine bestimmte AGB-Klausel unwirksam ist, bleibt der Vertrag als solcher dennoch gültig. Allerdings treten in diesem Fall an die Stelle der AGB die gesetzlichen Regelungen.

Damit AGB gültig und Vertragsbestandteil werden, sind sie dem Kunden in zumutbarer Weise, das heißt beispielsweise schriftlich oder durch einen Aushang im Ladenlokal des Einzelhändlers bekanntzumachen.

AGB müssen den Kunden zumutbar zur Kenntnis gebracht werden.

Der Verbraucher wird in den Geschäften auch durch die **Preisangabenverordnung** (PAngV) geschützt. Deren § 1 legt fest, dass derjenige, der Letztverbrauchern gewerbs- oder geschäftsmäßig Waren oder Leistungen anbietet, diese Waren oder Leistungen mit Preisen zu benennen hat, die einschließlich Umsatzsteuer und sonstiger Preisbestandteile unabhängig von einer Rabattgewährung vom Käufer zu zahlen sind.

*Der **Bruttopreis** oder **Endpreis** enthält alle Preisbestandteile einschließlich der Umsatzsteuer.*

Neben der Pflicht, die Bruttopreise zu nennen, legt die PAngV folgende Bestandteile der Auszeichnung fest:

- die handelsübliche Waren- und Gütebezeichnung,
- die Einheit der Ware,
- die zusätzliche Kennzeichnung der Ware mit dem Grundpreis, um Preisvergleiche zu erleichtern.

***Grundpreise** müssen ausgewiesen werden bei Gewichts- und Mengenangaben, die Teilmengen von Einheiten wie 1 Liter oder 1 Kilogramm sind.*

Ausgenommen von der Pflicht zur Preisauszeichnung sind Sammlerstücke, Kunstgegenstände sowie Blumen und Pflanzen, die direkt vom Freiland oder dem Gewächshaus bezogen werden.

Nach der PAngV müssen die Preisangaben den Grundsätzen der Klarheit und der Wahrheit entsprechen, das heißt, sie müssen dem Angebot oder der Werbung eindeutig zugeordnet, leicht erkennbar und deutlich lesbar sein. Der Gesetzgeber hat bewusst strenge Anforderungen an den Handel gestellt, um die Endverbraucher zu schützen.

Preisangaben müssen wahr und klar und dem Artikel eindeutig zuzuordnen sein.

Kommt der Verkäufer seiner Verpflichtung, mangelfreie Ware zu liefern, nicht zufriedenstellend nach, so hat der Verbraucher bestimmte Rechte. Der Gesetzgeber hat aber darüber hinaus für alle Fälle, in denen die Mangelhaftigkeit der Ware zu weiteren Schäden beim Kunden

*Bei mangelhafter Ware hat der Verbraucher (abgesehen vom BGB) gemäß **Produkthaftungsgesetz** unter Umständen Regressansprüche gegen den Hersteller.*

führt, das Produkthaftungsgesetz (ProdHaftG) erlassen. Es gewährt dem Kunden weitere Rechte gegenüber dem Hersteller des Produkts.

BEISPIEL

Das Produkthaftungsgesetz legt fest, dass der Hersteller dem Kunden Schäden zu ersetzen hat, die dadurch entstanden sind, dass sein Produkt fehlerhaft ist. Dabei spielt es keine Rolle, ob der Kunde selbst Schaden genommen hat oder ob durch das Produkt eine Sache beschädigt wurde.

Je nach der Art des Schadens stehen dem Kunden unterschiedlich hohe Schadenersatzansprüche zu. Der Höchstbetrag für Personenschäden liegt derzeit bei 85 Millionen €.

Immer mehr Verbraucher kaufen nicht mehr im stationären Handel ein, sondern im Internet. Um auch diese Kunden vor einer Übervorteilung durch Unternehmen zu schützen, hat der Gesetzgeber Bestimmungen zum Fernabsatzgeschäft in das BGB eingefügt. Wer bei einem Anbieter per Fernkommunikation Waren bestellt, kann diese innerhalb von zwei Wochen nach Erhalt ohne Angabe von Gründen zurückschicken. Er hat also im Gegensatz zu dem im stationären Handel abgeschlossenen Kaufvertrag ein Widerrufsrecht. Das Unternehmen ist verpflichtet, den Kunden ausreichend und eindeutig auf dieses Recht hinzuweisen. Tut es dies nicht, so verlängert sich die Rückgabefrist entsprechend. Vom Widerrufsrecht ausgenommen sind die folgenden Waren:

- verderbliche Waren,
- individuell nach Wunsch gefertigte Artikel,
- Verträge über Pauschalreisen sowie
- CDs, DVDs, Videos und Software, deren Siegel geöffnet wurde.

Der Rücktransport ab einem Bestellwert von 40 € muss vom Händler bezahlt werden und geht auch auf dessen Risiko. Der Kunde ist verpflichtet, die Ware sachgerecht einzupacken.

Auch für die sogenannten Haustürgeschäfte gilt ein Widerrufsrecht. Es soll den Verbraucher vor übereilt abgeschlossenen Verträgen schützen. Das Widerrufsrecht muss dem Kunden durch einen schriftlichen Vertragszusatz bekanntgemacht werden, den er durch seine Unterschrift als gelesen und verstanden bestätigen muss. Der Widerruf kann innerhalb von zwei Wochen in Textform oder durch Rücksendung der Ware erklärt werden. Die Widerspruchsfrist beginnt, sobald der Verbraucher von ihr in Kenntnis gesetzt wurde.

Nicht nur für Kaufverträge gibt es Gesetze, die den Verbraucher schützen sollen, sondern auch für Kreditverträge. Danach muss jeder mit einem Verbraucher abgeschlossene Kreditvertrag schriftlich abgefasst sein und genaue Angaben zum Kreditbetrag, Nominalzins, effektiven Zins und zu den vereinbarten Sicherheiten enthalten.

Ein Verbraucherkreditvertrag kann in aller Regel vom Kreditgeber dann gekündigt werden, wenn der Verbraucher

- die Raten zweimal nicht beglichen hat,
- mit mindestens 10 % der Kreditsumme in Verzug ist und
- eine zweiwöchige Frist überschritten hat, ohne zu zahlen.

Bei einer Kündigung wird der gesamte Kreditbetrag in einer Summe fällig. Auch im Fall des Verbraucherkredits gibt der Gesetzgeber dem Verbraucher oder Kreditnehmer ein auf zwei Wochen befristetes Widerrufsrecht. Der Widerruf muss dem Kreditgeber gegenüber nicht begründet, aber rechtzeitig schriftlich formuliert werden. Die Laufzeit der Zweiwochenfrist beginnt erst, nachdem der Verbraucher über sein Widerrufsrecht belehrt wurde.

Ein **fehlerhaftes Produkt** liegt nach dem ProdHaftG immer dann vor, wenn das Produkt nicht die Sicherheit bietet, die man unter Berücksichtigung aller Umstände von ihm erwarten kann.

Ein **Fernabsatzgeschäft** (siehe BGB, § 312 ff.) ist ein Geschäft, dessen Anbahnung und Abschluss per Telefon, Internet oder über ein sonstiges Mittel der Fernkommunikation erfolgen.

Das **Widerrufsrecht** gilt nicht für alle Produkte und auch nicht bei Käufen von nicht gewerblichen (privaten) Anbietern.

Ein **Haustürgeschäft** (siehe § 312 BGB) ist ein Geschäft, das auf öffentlichen Plätzen, bei Kaffeefahrten, am Arbeitsplatz oder an der Haustür abgeschlossen wird.

Im Gegensatz zur sonst üblichen Vertragsfreiheit gibt es bei **Verbraucherkreditverträgen** verbindliche Inhalte.

Effektivzins
= Zinsen zuzüglich sonstiger Kosten des Kredits im Verhältnis zur Kreditsumme

3.11 Das Gesetz gegen unlauteren Wettbewerb – Instrument zum Schutz von Verbrauchern und Mitbewerbern

Zum Schutz der Verbraucher und zum Schutz der Unternehmen vor unlauteren Praktiken von Mitbewerbern wurde das Gesetz gegen den unlauteren Wettbewerb (UWG) geschaffen. Es setzt geschäftlichen Handlungen, die Unternehmen vor, bei oder auch nach einem Geschäftsabschluss vornehmen, rechtliche Grenzen.

Der § 1 UWG regelt den Zweck des Gesetzes, § 3 verbietet unlautere geschäftliche Handlungen.

GESETZ

§ 1 Zweck des Gesetzes

Dieses Gesetz dient dem Schutz der Mitbewerber, der Verbraucherinnen und Verbraucher sowie der sonstigen Marktteilnehmer vor unlauteren geschäftlichen Handlungen. Es schützt zugleich das Interesse der Allgemeinheit an einem unverfälschten Wettbewerb.

§ 3 Verbot unlauterer geschäftlicher Handlungen

(1) Unlautere geschäftliche Handlungen sind unzulässig, wenn sie geeignet sind, die Interessen von Mitbewerbern, Verbrauchern oder sonstigen Marktteilnehmern spürbar zu beeinträchtigen.

...

(3) Die im Anhang dieses Gesetzes aufgeführten geschäftlichen Handlungen gegenüber Verbrauchern sind stets unzulässig.

Im Anhang des UWG sind 30 Tatbestände aufgeführt, die auch ohne „spürbare Beeinträchtigung" grundsätzlich verboten sind. Dieser Anhang wird gemeinhin als „Schwarze Liste" bezeichnet.

In den §§ 4 und 5 werden beispielhaft unlautere und irreführende geschäftliche Handlungen sowie Irreführung durch Unterlassung (§ 5a), vergleichende Werbung (§ 6) und unzumutbare Belästigung (§ 7) aufgeführt.

3.11.1 Grundsätzlich verbotene Handlungen

Grundsätzlich verboten sind solche geschäftlichen Handlungen, die im **Anhang zu § 3 UWG** aufgeführt sind. Das Verbot gilt auch dann, wenn die Handlungen andere Marktteilnehmer nicht „spürbar beeinträchtigen".

Die Nummern 1 bis 24 der im Anhang aufgeführten „Schwarzen Liste" behandeln spezielle irreführenden, die Nummern 25 bis 30 spezielle aggressive Handlungen.

BEISPIELE

Die folgenden Handlungen zählen zu den gemäß § 3 UWG verbotenen (irreführenden oder aggressiven) Handlungen:

- Gütezeichen, Qualitätskennzeichen oder Ähnliches ohne die erforderliche Genehmigung zu verwenden;
- Waren oder Dienstleistungen zu einem bestimmten Preis anzubieten, die der Unternehmer nicht für einen angemessenen Zeitraum in angemessener Menge zum genannten Preis bereitstellen kann. Ist die Bevorratung kürzer als zwei Tage, muss der Unternehmer die Angemessenheit beweisen;
- wider besseres Wissen anzugeben, dass bestimmte Waren oder Dienstleistungen allgemein oder zu bestimmten Bedingungen nur für einen sehr begrenzten Zeitraum verfügbar seien, um den Verbraucher zu einer sofortigen geschäftlichen Entscheidung zu veranlassen, ohne dass dieser Zeit und Gelegenheit hat, sich aufgrund von zusätzlichen Informationen zu entscheiden;

spezielle Fälle **irreführender** und **aggressiver** Handlungen

- für eine Ware oder Dienstleistung zu werben, die der Ware oder Dienstleitung eines Mitbewerbers ähnlich ist, wenn dies in der Absicht geschieht, Interessenten über die betriebliche Herkunft der beworbenen Ware oder Dienstleistung zu täuschen;
- wahrheitswidrig anzugeben, der Unternehmer werde demnächst sein Geschäft aufgeben oder seine Geschäftsräume verlegen;
- anzugeben, durch eine bestimmte Ware oder Dienstleistung ließe sich die Gewinnchance bei einem Glücksspiel erhöhen;
- wahrheitswidrig anzugeben, eine Ware oder Dienstleistung könne Krankheiten, Funktionsstörungen oder Missbildungen heilen;
- die Teilnahme an einen Wettbewerb oder Preisausschreiben anzubieten, wenn weder die in Aussicht gestellten Preise noch ein angemessener Ersatz vergeben werden;
- eine Ware oder Dienstleistung als „gratis", „umsonst" oder „kostenfrei" anzubieten, wenn für sie gleichwohl Kosten zu tragen sind. Dies gilt nicht für Kosten, die im Zusammenhang mit dem Eingehen auf das Waren- oder Dienstleistungsangebot oder für die Abholung oder Lieferung der Ware oder die Inanspruchnahme der Dienstleistung unvermeidbar sind;
- Werbematerial unter Beifügung einer Zahlungsaufforderung zu übermitteln, wenn damit der unzutreffende Eindruck vermittelt wird, die beworbene Ware oder Dienstleistung sei bereits bestellt.

3.11.2 Unlautere Handlungen

BEISPIELE

Beispiele für unlautere geschäftliche Handlungen gemäß § 4 UWG sind:

- Psychologischer Druck wird ausgeübt, wenn es in einer Werbung heißt: „Bei jedem Kauf eines Produkts der Boch GmbH helfen Sie den Flutopfern in der Dominikanischen Republik."
- Einer 90-jährigen sehbehinderten Rentnerin wird ein deutlich überteuertes Fernsehgerät mit der Begründung verkauft, dass sie nun wieder besser fernsehen könne. Hier wird die Leichtgläubigkeit einer Verbraucherin ausgenutzt.
- Um Schleichwerbung handelt es sich, wenn in einer Fernsehshow Gummibärchen verzehrt werden, die deutlich erkennbar von einer bestimmten Firma stammen.
- Ein Lebensmittelhändler behauptet, ohne dies nachweisen zu können, dass sein Mitbewerber Lebensmittel mit abgelaufenen Mindesthaltbarkeitsdaten verkauft. Hier wird ein Mitbewerber verunglimpft.
- Der Bäcker Kohlhaas unterstellt seinem Mitbewerber Schulze, dass dieser für seine Backwaren minderwertige Rohstoffe verwendet. Er schädigt den Ruf des Schulze, da er nicht nachweisbare herabsetzende Behauptungen verbreitet.
- Ein Mitbewerber wird behindert, wenn ein anderer seine Werbeplakate überklebt.
- Ein Mobilfunkbetreiber schließt mit einem 17-Jährigen einen Handyvertrag über zwei Jahre ab. Dies ist aufgrund des Alters des Käufers und seiner daraus folgenden geschäftlichen Unerfahrenheit rechtlich nicht zulässig.

3.11.3 Irreführende Handlungen

Eine irreführende geschäftliche Handlung gemäß § 5 UWG ist beispielsweise dann gegeben, wenn ein Einzelhändler mit guten Testergebnissen einer Fachzeitschrift wirbt, obwohl seine Artikel gar nicht getestet wurden.

Irreführend und daher verboten ist auch die Werbung für Preisherabsetzungen, sofern der ursprüngliche höhere Preis nur für eine unangemessen kurze Zeit verlangt wurde. Bei Rechtsstreitigkeiten muss der Einzelhändler beweisen, dass der höhere Preis tatsächlich über eine längere Zeit bestanden hat.

*Werbung für **Preisherabsetzungen***

Aber nicht nur wer falsche Angaben im Rahmen von geschäftlichen Handlungen macht, handelt irreführend. Vielmehr können auch unterlassene Angaben zu einer Irreführung der Verbraucher beitragen und sind somit laut § 5a UWG verboten. Von einer Unterlassung ist immer dann auszugehen, wenn der Verbraucher unter Kenntnis aller wesentlichen Informationen seine Kaufentscheidung anders getroffen hätte. Zu den wesentlichen und daher unverzichtbaren Informationen zählen Angaben

*Auch **unterlassene Angaben** können zur Irreführung von Verbrauchern beitragen.*

- zu den wesentlichen Merkmalen der Ware oder Dienstleistung in Abhängigkeit vom gewählten Werbeträger,
- zur Identität und Anschrift des Einzelhändlers,
- zum Endpreis der Ware einschließlich aller Nebenkosten wie Fracht-, Liefer- und Zustellkosten,
- zu den Zahlungs- und Lieferbedingungen sowie
- zum Recht auf Rücktritt oder Widerruf.

Auf wesentliche Angaben kann nur dann verzichtet werden, wenn sie sich unmittelbar aus den Umständen der Werbung ergeben.

> Ein Einzelhändler, der in der örtlichen Tageszeitung mit der Preisreduzierung genau bezeichneter Artikel aus seinem Sortiment wirbt und in der Anzeige seine Geschäftsadresse angibt, übermittelt im Rahmen der Anzeige alle wesentlichen Informationen. Er muss keine weiteren Angaben mehr hinzufügen.
>
> **BEISPIEL**

Gerade der Umstand, dass immer mehr Menschen eine Vielzahl von Artikeln aus dem Internet beziehen, macht es den schwarzen Schafen unter den Einzelhändlern leicht, für die Kaufentscheidung wichtige Angaben zu unterlassen. Der Kunde, der im Internet kauft, tut dies in der Regel auch deshalb, weil er auf diese Weise Zeit spart. Sehr schnell ist dann ein Häkchen an der Stelle gesetzt worden, das unter Kenntnis aller Angaben nicht gesetzt worden wäre.

3.11.4 Vergleichende Werbung

Auch wenn durch vergleichende Werbung eine Verwechslungsgefahr mit einer anderen Ware eines Mitbewerbers hervorgerufen wird, kann eine irreführende geschäftliche Handlung vorliegen.

Zwar ist vergleichende Werbung prinzipiell erlaubt (Schaubild 3.20). Sie ist jedoch dann verboten, wenn der Vergleich irreführend, herabsetzend oder verunglimpfend ist. Es dürfen nur nachprüfbare und typische Wareneigenschaften miteinander verglichen werden. Durch die Werbung darf es außerdem nicht zu Verwechslungen der Mitbewerber oder der angebotenen Produkte kommen.

Vergleichende Werbung gemäß § 6 UWG ist eine Werbung, in der das eigene Produkt mit dem eines Mitbewerbers verglichen wird.

Schaubild 3.20: Diese Anzeige ist ein Beispiel für zulässige vergleichende Werbung.

> **BEISPIEL**
>
> In einer Anzeige eines Mitbewerbers der Beska GmbH heißt es: „Selbstverständlich können Sie Ihre Lebensmittel bei der Beska GmbH kaufen. Aber haben Sie sich schon einmal den Schmutz hinter deren Fleischtheke angesehen?! Kommen Sie lieber zu uns, wir arbeiten hygienisch sauber."

3.11.5 Unzumutbare Belästigungen

Direktwerbung ist nur eingeschränkt erlaubt.

Von einer unzumutbaren Belästigung gemäß § 7 UWG ist auszugehen, wenn erkennbar ist, dass der Empfänger die Werbung nicht wünscht. Dies gilt insbesondere im Fall von Direktwerbung durch Telefonautomaten, per Fax oder per E-Mail (Spam), ohne dass eine Einwilligung des Empfängers vorliegt.

Für persönliche Telefonanrufe bei Verbrauchern muss eine ausdrückliche Einwilligung vorliegen; bei Telefonaten mit anderen Marktteilnehmern ist deren mutmaßliche Einwilligung ausreichend.

> **BEISPIELE**
>
> - Grundsätzlich ist Briefkastenwerbung zulässig. Sie ist allerdings dann verboten, wenn der Verbraucher den Hinweis „Bitte keine Werbung" an seinem Briefkasten angebracht hat.
> - Die Keil GmbH möchte ihr neu eingeführtes Produkt bekannt machen. Von allen privaten Stammkunden gibt es in ihrer Datenbank Telefonnummern. Allerdings liegt der Keil GmbH von keinem Stammkunden die Einwilligung vor, telefonisch umworben zu werden. Die Geschäftsführung beschließt trotzdem, alle Stammkunden anzurufen. Dadurch verstößt sie gegen das UWG.

Zulässig ist Telefon-, Fax- oder E-Mail-Werbung dann,

- wenn der Verbraucher vorher sein Einverständnis gegeben hat und
- wenn die Identität des Absenders klar zu erkennen ist.

E-Mail-Werbung ist ebenfalls zulässig, wenn der Verbraucher mit dem Werbenden bereits wegen einer ähnlichen Arbeitsleistung in Kontakt getreten ist.

> **BEISPIEL**
>
> Frau Jung hat bei einer Buchhandlung verschiedene Bücher bestellt und dabei ihre E-Mail-Adresse hinterlassen. Der Buchhändler kann Frau Jung eine Werbe-E-Mail für Bücher zusenden. Frau Jung kann dieser Art der Werbung aber widersprechen.

3.11.6 Strafvorschriften und Rechtsfolgen

Verstöße gegen das UWG ziehen Freiheits- oder Geldstrafen nach sich.

In den §§ 16 ff. UWG sind die Strafvorschriften geregelt. Nach § 16 UWG ist Werbung strafbar, wenn der Werbende absichtlich durch unwahre Angaben beim Verbraucher den Anschein eines besonders günstigen Angebots hervorruft. Diese Werbung kann mit einer Freiheitsstrafe von bis zu zwei Jahren oder mit einer Geldstrafe belegt werden.

> **BEISPIEL**
>
> Ein Kunde möchte bei der Wolf GmbH einen Rasenmäher Typ XW 321 kaufen. Er betritt den Laden und bekommt einen Verkaufspreis von 150,99 € genannt. Demgegenüber macht das Unternehmen durch einen Prospekt öffentlich bekannt, dass es den Rasenmäher für 29,90 € zum Kauf anbietet.

Auch der Verrat von Geschäfts- und Betriebsgeheimnissen (§ 17 UWG) und die unbefugte Verwendung von Vorlagen (§ 19 UWG) können mit Freiheits- oder Geldstrafe geahndet werden. Vorlagen können insbesondere Zeichnungen, Modelle und Rezepte sein.

> Ein Mitarbeiter des Einzelhandelsgeschäfts Blum e. K. beschafft sich Unterlagen, aus denen hervorgeht, dass das Unternehmen schließen wird, und verkauft diese Unterlagen an die Konkurrenz.

BEISPIEL

Auf Antrag kann ein Wettbewerber, der gegen das UWG verstoßen hat, dazu verpflichtet werden, seine wettbewerbswidrigen Handlungen zu unterlassen und einen eventuell entstandenen Schaden zu ersetzen. Die entsprechende Abmahnung sollte aus Beweisgründen schriftlich per Einschreiben erfolgen.

Eine vollständige Abmahnung umfasst die folgenden Punkte:

1. Die unzulässige Wettbewerbshandlung wird dargestellt.
2. Das wettbewerbswidrige Verhalten wird rechtlich begründet.
3. Der Gemahnte wird aufgefordert, eine Unterlassungserklärung zu unterschreiben und an den Abmahnenden zurückzusenden.
4. Der Gemahnte wird aufgefordert, für die durch die Abmahnung entstandenen Kosten aufzukommen und eine entsprechende Zahlung an den Abmahnenden zu leisten. (Üblich sind etwa 150 €, bei Einschaltung eines Anwalts etwa 800 €.)

In der Unterlassungserklärung (Schaubild 3.21) verpflichtet sich der Erklärende zur Unterlassung der angemahnten Maßnahme. Außerdem verpflichtet er sich, im Fall einer Wiederholung der wettbewerbswidrigen Handlung eine Vertragsstrafe an den Abmahnenden zu zahlen. Die Vertragsstrafe beträgt zwischen 1000 € und 5000 €. Sie ist von der Schwere des Verstoßes abhängig.

*Zur **Abmahnung** sind berechtigt: Mitbewerber, Wirtschafts- und Fachverbände, Wettbewerbszentralen, Industrie- und Handelskammer (IHK) oder Handwerkskammern (HWK). Verbraucherzentralen dürfen ebenfalls gegen Wettbewerbsverstöße vorgehen, sofern Verbraucherinteressen betroffen sind.*

Zentrale zur Bekämpfung unlauteren Wettbewerbs e. V.: www.wettbewerbszentrale.de

Unterlassungserklärung

Unterlassungserklärung

Hiermit verpflichte ich mich gegenüber [Abmahner], es ab sofort zu unterlassen, [Formulierung der zu unterlassenden Handlung] und wie folgt zu inserieren:

[Text der beanstandeten Anzeige].

Ich sichere zu, bei Zuwiderhandlung eine vom Unterlassungsgläubiger nach billigem Ermessen festzusetzende Vertragsstrafe an [Abmahner] zu zahlen.

Ort   Datum   Unterschrift

_____   _____   _____

BEISPIEL

Schaubild 3.21: Unterlassungserklärung

Führt das Abmahnverfahren zu keinem Ergebnis, so können die wettbewerbswidrigen Verstöße auf besonderen Antrag des Abmahnenden von der Staatsanwaltschaft verfolgt werden. Damit es bei Verstößen gegen das UWG und den daraus resultierenden Streitigkeiten nicht sofort zu Prozessen kommt, ist die Einigungsstelle bei der Industrie- und Handelskammer um Schlichtungen bemüht.

Einigungsstelle

Über die gesetzlichen Regelungen hinaus hat der Verbraucher vielfältige Möglichkeiten, sich bei neutralen Stellen über Produkte, Leistungen, Preise und Rechte zu informieren. In jedem

Verbraucherzentralen

Bundesland gibt es Verbraucherzentralen, die in allen größeren Städten Beratungsstellen unterhalten. Dort erhält der Verbraucher:

Ausgangsseite zur Recherche:
http://www.verbraucher-zentrale.de

- Produktberatung,
- Schuldnerberatung,
- Rechtstipps.
- Finanzberatung,
- Energieberatung,

Geht es vor allem darum, neutrale Produktinformationen zu erhalten, so kann sich der Verbraucher an die Stiftung Warentest wenden. Von der Bundesregierung als unabhängige Organisation gegründet, prüft die Stiftung Warentest Waren und Dienstleistungen mithilfe von wissenschaftlichen Methoden und veröffentlicht die Ergebnisse.

Stiftung Warentest:
www.test.de

Auch andere spezielle Massenmedien und die zuständigen Ministerien, aber auch private Vereine wie der Mieterverein oder der VBS Verbraucherschutz e.V. halten vielfältige Informationen und Tipps bereit.

Aufgaben zum Thema Verbraucherschutz

1 Nennen Sie Rechtsgeschäfte, bei denen im Verkaufsbereich der Gesetzgeber für die Verbraucher besondere Schutzmaßnahmen durch gesetzliche Vorschriften erlassen hat.

2 Beurteilen Sie die folgenden Fälle unter dem Gesichtspunkt des Verbraucherschutzes:

a Auf der Rückseite eines Kaufvertragsformulars sind die allgemeinen Geschäftsbedingungen abgedruckt. Eine Klausel darin lautet: „Sollte die vorhandene Ware nicht vorhanden sein, kann auch Ersatzware nach Überlegung des Lieferers geliefert werden."

b Im Verkaufsraum eines Geschäfts für TV-Geräte hängt ein Schild: „Alle Preise in unserem Geschäft beinhalten die gesetzliche Mehrwertsteuer."

c Ein Kunde hat beim örtlichen Einzelhandel einen Heißwasserbereiter gekauft. Beim ersten Gebrauch verbrennt er sich die Hand, weil der Handgriff nicht ordentlich isoliert ist. Wer muss für den Schaden aufkommen?

d Nachdem Irene im Internet ein tolles Kleid erworben hat, stellt sie nach der Lieferung fest, dass es ihr doch nicht so gut steht, wie sie erwartet hatte. Sie schickt es deshalb nach vier Tagen per Paket zurück. Nach zwei weiteren Tagen erhält sie von dem Lieferanten erneut ein Paket mit dem Kaufgegenstand. Darin liegt ein Brief des Lieferanten. Er enthält die Mitteilung, dass sie einen Kaufvertrag abgeschlossen hat, den sie auch einhalten müsse.

e Ludmilla hat einen Verbraucherkreditvertrag abgeschlossen. Zwei Tage später überlegt sie es sich anders. Nun fragt sie sich, ob und wie sie sich aus dem Vertrag befreien kann.

3.12 Kredit und Verbraucherinsolvenz

Situation

Mein Auto

Meine Haus

Mein Boot

Mein Girokonto: – 1218 Euro

„Oh, Mann! Vielleicht hätte ich mir den neuen HD-Fernseher doch nicht auf Raten kaufen sollen", stöhnt der Auszubildende Dennis auf dem Weg zum Parkplatz seines Berufskollegs. „Was ist denn los?", will sein Kumpel Edgar wissen, mit dem Dennis eine Fahrgemeinschaft hat. „Ach", entgegnet Dennis, „ich hab' mein Girokonto überzogen und bin mit mehr als 1200 € in den Miesen. Ich wundere mich schon, dass mir die Bank noch nicht das Konto gesperrt hat. Mein Kreditlimit liegt nur bei 1000 €." – „Echt?" ruft Edgar erstaunt aus, „ich dachte, als Azubi bekommt man gar nicht die Gelegenheit, auf seinem Girokonto in die Miesen zu gehen. Wieso hast du eigentlich so viele Schulden?" Dennis zeigt leicht geknickt auf sein Auto. „Da siehst du's", meint er, „die Kiste hab' ich doch auch über einen Bankkredit finanziert. Langsam wachsen mir die ganzen Raten wirklich über den Kopf, ich schwöre." Edgar grinst. „Na, zur Not legst du halt eine Privatinsolvenz hin", lacht er, „das machen doch viele. Mit 19 Jahren würdest du allerdings früh damit anfangen."– „Ach, hör' auf", knurrt Dennis und startet seinen Boliden.

- Wer kann Kredite aufnehmen?
- Welche Kreditarten gibt es?
- Was ist ein Dispositionskredit?
- Was sollte man vor dem Abschluss eines Kreditvertrags beachten?
- Wieso verschulden sich viele Menschen?
- Welche Aufgabe haben Unternehmen wie die SCHUFA?
- Wie läuft eine Privat- oder Verbraucherinsolvenz ab?

3.12.1 Grundbegriffe

Wer sich im Finanzierungsdschungel verirrt, lebt gefährlich und landet allzu oft im Schuldensumpf. Im Folgenden werden die wichtigsten Grundbegriffe zur Orientierung erklärt (Schaubild 3.22).

Von Annuität bis Zins –
die wichtigsten Begriffe
der Kreditfinanzierung

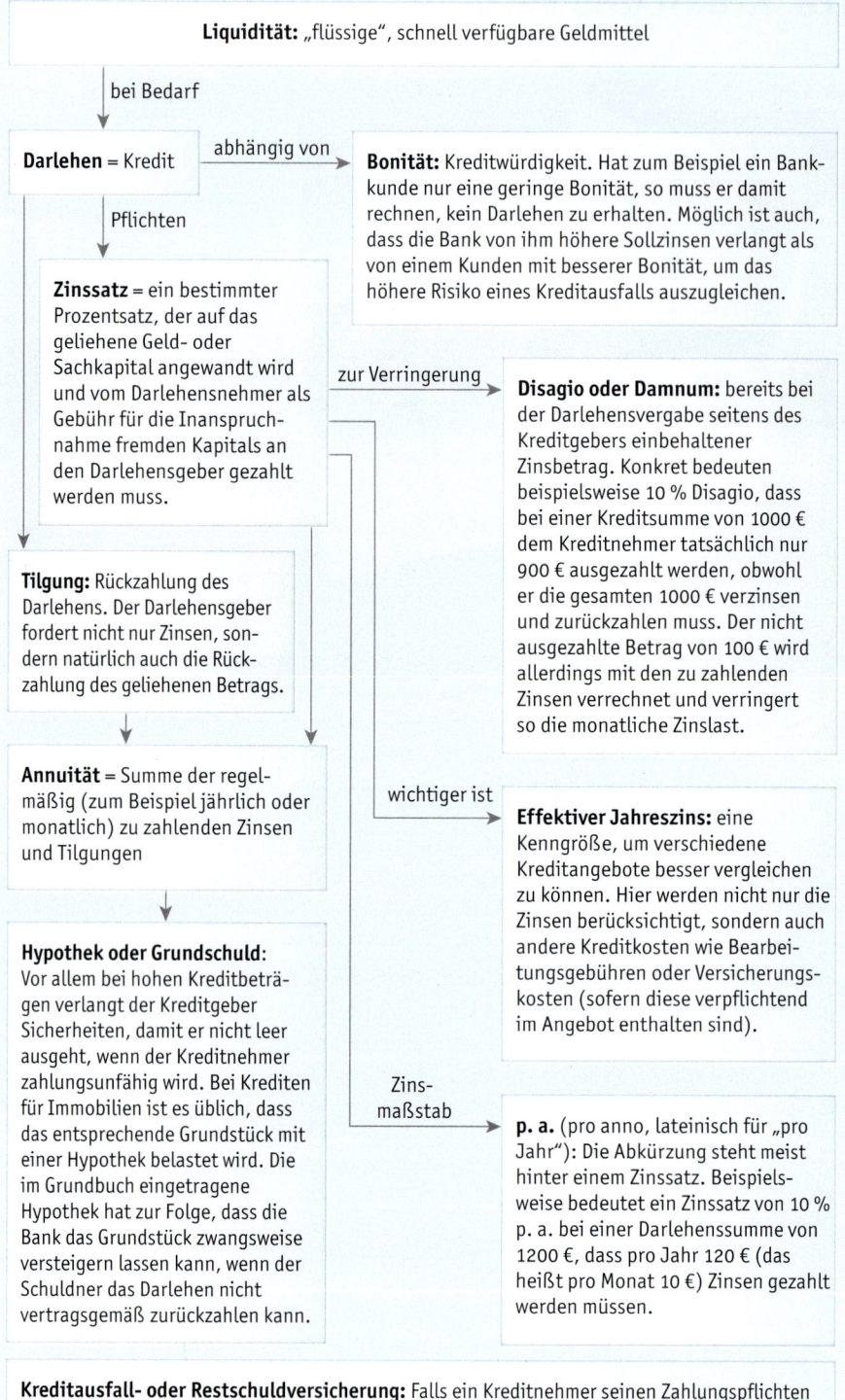

Liquidität: „flüssige", schnell verfügbare Geldmittel

bei Bedarf

Darlehen = Kredit　　abhängig von

Bonität: Kreditwürdigkeit. Hat zum Beispiel ein Bankkunde nur eine geringe Bonität, so muss er damit rechnen, kein Darlehen zu erhalten. Möglich ist auch, dass die Bank von ihm höhere Sollzinsen verlangt als von einem Kunden mit besserer Bonität, um das höhere Risiko eines Kreditausfalls auszugleichen.

Pflichten

Zinssatz = ein bestimmter Prozentsatz, der auf das geliehene Geld- oder Sachkapital angewandt wird und vom Darlehensnehmer als Gebühr für die Inanspruchnahme fremden Kapitals an den Darlehensgeber gezahlt werden muss.

zur Verringerung

Disagio oder Damnum: bereits bei der Darlehensvergabe seitens des Kreditgebers einbehaltener Zinsbetrag. Konkret bedeuten beispielsweise 10 % Disagio, dass bei einer Kreditsumme von 1000 € dem Kreditnehmer tatsächlich nur 900 € ausgezahlt werden, obwohl er die gesamten 1000 € verzinsen und zurückzahlen muss. Der nicht ausgezahlte Betrag von 100 € wird allerdings mit den zu zahlenden Zinsen verrechnet und verringert so die monatliche Zinslast.

Tilgung: Rückzahlung des Darlehens. Der Darlehensgeber fordert nicht nur Zinsen, sondern natürlich auch die Rückzahlung des geliehenen Betrags.

Annuität = Summe der regelmäßig (zum Beispiel jährlich oder monatlich) zu zahlenden Zinsen und Tilgungen

wichtiger ist

Effektiver Jahreszins: eine Kenngröße, um verschiedene Kreditangebote besser vergleichen zu können. Hier werden nicht nur die Zinsen berücksichtigt, sondern auch andere Kreditkosten wie Bearbeitungsgebühren oder Versicherungskosten (sofern diese verpflichtend im Angebot enthalten sind).

Hypothek oder Grundschuld:
Vor allem bei hohen Kreditbeträgen verlangt der Kreditgeber Sicherheiten, damit er nicht leer ausgeht, wenn der Kreditnehmer zahlungsunfähig wird. Bei Krediten für Immobilien ist es üblich, dass das entsprechende Grundstück mit einer Hypothek belastet wird. Die im Grundbuch eingetragene Hypothek hat zur Folge, dass die Bank das Grundstück zwangsweise versteigern lassen kann, wenn der Schuldner das Darlehen nicht vertragsgemäß zurückzahlen kann.

Zinsmaßstab

p. a. (pro anno, lateinisch für „pro Jahr"): Die Abkürzung steht meist hinter einem Zinssatz. Beispielsweise bedeutet ein Zinssatz von 10 % p. a. bei einer Darlehenssumme von 1200 €, dass pro Jahr 120 € (das heißt pro Monat 10 €) Zinsen gezahlt werden müssen.

Kreditausfall- oder Restschuldversicherung: Falls ein Kreditnehmer seinen Zahlungspflichten nicht nachkommen kann (Kreditausfall), übernimmt eine solche Versicherung die noch ausstehende Restschuld. Die Gründe für einen Kreditausfall sind vielfältig. Zu ihnen zählen etwa Tod, Arbeitslosigkeit oder durch eine Krankheit bedingte Arbeitsunfähigkeit des Kreditnehmers. Entsprechend vielfältig sind auch die Versicherungsangebote. Dabei gilt: Je mehr Risiken ein Kreditnehmer absichern möchte, desto höher fällt die Versicherungsgebühr aus.

Schaubild 3.22: Grundbegriffe der Kreditfinanzierung

3.12.2 Kreditarten

In Tabelle 3.11 sind die wesentlichen Merkmale der wichtigsten Verbraucherkreditarten zusammengefasst.

Die folgenden allgemeinen Regeln gelten für jeden Verbraucherkredit:

- Jeder Kreditnehmer muss voll geschäftsfähig sein, unter anderem also mindestens 18 Jahre alt sein.
- Die vereinbarten Bedingungen der Kreditvergabe sind schriftlich zu fixieren.
- Ein Kreditvertrag kann innerhalb von 14 Tagen widerrufen werden. Allerdings gilt dies nicht im Fall von Nullprozentfinanzierungen, das heißt zum Beispiel beim Ratenkredit, bei dem der geschuldete Kaufpreis eines Fernsehgeräts in Raten gezahlt wird, ohne dass zugleich vom Kreditnehmer Zinsen verlangt werden. Hier ist ein Widerruf nicht möglich.
- Der Kreditnehmer kann den Vertrag auch kündigen; allerdings verlangt der Kreditgeber in diesem Fall häufig einen gewissen Betrag für die Zinserträge, die ihm entgangen sind (Vorfälligkeitsentschädigung), sodass eine Kündigung für den Kreditnehmer auch Kosten verursacht.

Wer auf „zu großem Fuß" lebt und selbst die Urlaubsreise über Ratenzahlungen finanziert, dem wachsen die Zahlungsverpflichtungen leicht über den Kopf.

Kreditart	Dispositionskredit (kurz: Dispo)	Bankdarlehen	Verbraucher-/ Ratenkredit
Kurzbeschreibung	Überziehung des Girokontos; man geht „ins Minus".	klassischer Bankkredit	Ratenzahlung beim Kauf von Waren
Zweck und Höhe der Finanzierung	kurzfristiger, geringer Geldbedarf (bis zu wenigen Tausend Euro)	größere Anschaffungen wie teure Maschinen oder Immobilien/Grundstücke; ab 10 000 € aufwärts	Kauf von höherwertigen Konsumgütern, z. B. Fernsehgeräten oder Kameras; selten über 8000 €
weitere Voraussetzungen zur Nutzung	Das Kreditinstitut bewilligt für das Girokonto eine bestimmte Kreditlinie, legt also fest, wie weit man „ins Minus gehen" kann.	abhängig von vielen Faktoren (Bonität, Darlehenshöhe, Laufzeit, Sicherheiten); Einrichtung eines speziellen Darlehenskontos	keine negativ bewertete Bonität; bei höheren Beträgen teilweise auch aktuelle Einkommensnachweise
Zinslast der Kreditarten im Vergleich	hoch (zwischen 9 % und 14 %)	mittel (5 % bis 12 %); häufig auch abhängig von der Bonität des Kunden	bei manche Angeboten zinslos (Nullprozentfinanzierung), sonst um 10 %
weitere Kosten	Wird die bewilligte Kreditlinie überschritten (was viele Kreditinstitute dulden), so erhöhen sich für den entsprechenden Betrag die Dispozinsen nochmals um 4 bis 5 %-Punkte.	je nach Vertrag zusätzliche Bearbeitungsgebühren, Provisionen oder Versicherungsprämien (z. B. Restschuldversicherung)	möglich. Selbst bei einer Nullprozentfinanzierung kann der Kreditgeber zusätzliche Gebühren verlangen, wenn der Kunde in Zahlungsverzug gerät.
Laufzeiten/ Rückzahlung	keine festgelegte Laufzeit. Eingehende Zahlungen werden sofort verrechnet und verringern den Dispokredit.	je nach Vertrag veränderliche oder feste Annuität mit häufig langen Laufzeiten (bis zu 20 Jahre)	feste monatliche Rate bei eher kürzeren Laufzeiten (meist 12 bis 24 Monate)

Tabelle 3.11: Die wichtigsten Merkmale von Dispokredit, Bankdarlehen und Ratenkredit

Das Gegenstück zum Dispo für Privatkunden ist der **Kontokorrentkredit**.

Tabelle 3.12 fasst die wichtigsten Hinweise und Tipps für Kreditnehmer zusammen.

Kreditart	Dispositionskredit (kurz: Dispo)	Bankdarlehen	Verbraucher-/ Ratenkredit
Tipps/ Hinweise	▪ Auch der billigste Dispokredit ist teurer als ein Bankdarlehen. Sind die Auszahlungen für längere Zeit höher als die Einzahlungen, so kann es sich lohnen, den Dispo durch ein Darlehen abzulösen (Umschuldung). ▪ Veränderungen des Zinssatzes oder der Kreditlinie werden häufig nur auf dem Kontoauszug mitgeteilt und können leicht übersehen werden.	▪ Verschiedene Angebote vergleichen und auf den effektiven Jahreszins achten ▪ Beim Vertragsabschluss sollte ein Sondertilgungsrecht vereinbart werden.	▪ Auch das Kleingedruckte im Vertrag lesen und nach versteckten Kosten untersuchen ▪ Bei Nullprozentfinanzierungen ist ein Widerruf des Vertrags nicht möglich. ▪ Die Ware bleibt bis zur vollständigen Bezahlung das Eigentum des Verkäufers/Kreditgebers.
Spezialtipps	▪ Den Überblick über die eigene finanzielle Lage behalten! Nicht zu viele Zahlungsverpflichtungen eingehen. Die monatliche Belastung sollte möglichst nicht mehr als 15 % des Gesamteinkommens betragen. ▪ Gewerbliche Kreditvermittler oder Kreditplattformen im Internet sind nach Meinung vieler Verbraucherschützer eher zu meiden – vor allem dann, wenn sie mit extrem günstigen Angeboten werben oder auf eine Bonitätsprüfung und eine SCHUFA-Auskunft verzichten. Diese Lockangebote sind in der Regel unseriös und verschlimmern letztlich nur die finanzielle Lage der Kunden. ▪ Wenn ein klassisches Kreditinstitut einen Kredit verweigert, sollte man hingegen prüfen, woran dies liegt. Spätestens bei einer drohenden Überschuldung sollte man professionellen Rat suchen! Die anerkannten Schuldner- und Insolvenzberatungsstellen helfen bei der Erstellung von Sanierungsplänen und Verhandlungen mit Gläubigern.		
Goldene Regel	Der günstigste Kredit ist derjenige, den man nicht in Anspruch nimmt.		

Tabelle 3.12: Die wichtigsten Hinweise und Tipps für Kreditnehmer

Sondertilgungsrecht, siehe S. 140

Die **SCHUFA Holding AG** (Schutzgemeinschaft für allgemeine Kreditsicherung) ist eine Wirtschaftsauskunft, die getragen wird von Unternehmen der Kreditwirtschaft.

Überschuldung liegt dann vor, wenn die Haushaltsausgaben regelmäßig höher sind als die Haushaltseinnahmen.

3.12.3 Bankdarlehen und Darlehenstilgung

Wenn man sich Geld von einer Bank leiht (Darlehen), werden in der Regel die Abzahlungsraten (Annuitäten) zum Teil für die zu zahlenden Zinsen und zum restlichen Teil zur Rückzahlung des geliehenen Geldes (Tilgung) verwendet.

Herr A möchte das neue Auto mit einem Kredit finanzieren. Der Kreditvertrag umfasst die folgenden Bedingungen:

- Kreditsumme: 10 000 €,   • Zinssatz: 10 % p. a., fest,   • Laufzeit: fünf Jahre.

Herr A möchte den Kredit in gleichbleibenden Raten abzahlen. Er wählt also ein sogenanntes Annuitätendarlehen. In Tabelle 3.12 ist ein möglicher Tilgungsplan zusammengefasst.

Beim **Abzahlungsdarlehen** bleibt der Tilgungsbetrag gleich, während die zu zahlende Rate mit fortschreitender Tilgung sinkt.

Beim **Annuitätendarlehen** bleibt der vom Darlehensnehmer zu zahlende Betrag immer gleich und teilt sich auf in Zinsen und Tilgung.

Jahr	Kreditbetrag am Jahresanfang (in €)	Feste Rückzahlungsrate (in €)		Verbleibender Kredit am Jahresende (in €)
		davon für Zinsen	davon für Tilgung	
1	10 000	2637,97		8362,03
		1000	1637,97	
2	8362,02	2637,97		6560,26
		836,20	1801,77	
3	6560,26	2637,97		4578,32
		656,03	1981,94	
4	4578,32	2637,97		2398,18
		457,83	2180,14	
5	2398,18	2637,97		0,00
		239,81	2398,18	

Die Zinslast nimmt ständig ab.   Die Tilgungen nehmen ständig zu.

Tabelle 3.13: Tilgungsplan im Fall eines Annuitätendarlehens

Die Höhe der Annuität, das heißt der festen jährlichen Zahlung, ergibt sich aus der Kreditsumme, der Laufzeit des Kredits und dem vereinbarten Zinssatz. Da die Kreditschuld durch die regelmäßige Tilgung von Jahr zu Jahr sinkt, sinkt auch der jeweils am Jahresende fällige Zinsbetrag. Daraus ergibt sich bei gleichbleibenden jährlichen Zahlungen ein steigender Tilgungsbetrag.

Im zweiten Jahr muss Herr A auf die Restschuld von 8362,03 € Zinsen in Höhe von 10 % zahlen, das heißt 836,20 €. Folglich wird von der festen Abzahlungsrate von 2637,97 € ein Teilbetrag von

2637,97 € – 836,20 € = 1801,77 €

zur Darlehenstilgung eingesetzt. Die Restschuld am Ende des zweiten Jahres beläuft sich auf

8362,03 € – 1801,77 € = 6560,26 €.

Die Zinslast sinkt im dritten Jahr also von 836,20 € auf 656,03 €, die Tilgung hingegen steigt von 1807,77 € auf 1981,94 €.

Je schneller ein Kredit getilgt wird, desto geringer ist die **Zinslast.**

Je schneller ein Kredit getilgt wird, desto geringer ist die Zinslast (siehe Tabelle 3.14). Wer einen Kredit aufnimmt, der sollte deshalb möglichst mit dem Kreditgeber ein Sondertilgungsrecht vereinbaren. Dieses Recht ermöglicht es ihm, den Kredit schneller zu tilgen, als es der Tilgungsplan vorsieht. Ohne dieses Recht könnte die Bank geneigt sein, auf den vereinbarten Tilgungen zu bestehen, denn zusätzliche Tilgungen verringern ihre Zinserträge, sofern sie die entsprechenden Beträge nicht an anderer Stelle zu einem höheren Zinssatz einsetzen kann.

BEISPIEL

	Kreditbetrag 5000 €			
	Effektiver Jahreszins 4,99 %			
gewünschte Laufzeit	24 Monate	48 Monate	72 Monate	steigende Laufzeit
monatliche Rate*	218,77 €	114,71 €	80,13 €	sinkende Raten
Summe der Sollzinsen während der Vertragslaufzeit	250,31 €	505,78 €	769,19 €	steigende Zinskosten
Summe der Zahlungen (Zinsen und Tilgung)	5250,31 €	5505,78 €	5769,19 €	steigende Kreditkosten

* Geringe Veränderungen der Ratenhöhe während der Laufzeit sind üblich.

Tabelle 3.14: Kreditlaufzeit und Zinskosten

3.12.4 Ursachen der Verschuldung

Die Gründe, sich zu verschulden, sind vielfältig und individuell verschieden. Untersuchungen haben jedoch gezeigt, dass es bestimmte Faktoren gibt, die das Risiko der Verschuldung erhöhen.

Matthias S., 39 Jahre:

- gescheiterte Selbstständigkeit
- geschieden und alleinlebend
- arbeitslos
- mit Suchtproblem
- finanziellen Überblick verloren

Verschuldungsrisiko → extrem hoch

Schaubild 3.23: Gründe für Verschuldung

Vor allem Menschen ohne Arbeit und alleinerziehende Frauen geraten in die Gefahr, sich zu überschulden.

Jeder einzelne in Schaubild 3.23 genannte Faktor erhöht das Risiko, sich zu verschulden. Darüber hinaus stellen auch Kinder unter Umständen ein Armuts- und damit Verschuldungsrisiko dar. So sind insbesondere alleinerziehende Frauen überproportional von Überschuldung betroffen. Ihr Verschuldungsrisiko ist dreimal höher als das des Durchschnitts der Bevölkerung. Der Hauptauslöser für eine Überschuldung ist allerdings lang anhaltende Arbeitslosigkeit.

3.12.5 SCHUFA, Creditreform und Co.

schufa

Der Schutz privater Daten wird für viele Menschen immer wichtiger. Und doch gibt es Unternehmen, die diese Daten sammeln, auswerten und die Ergebnisse an andere Unternehmen weiterverkaufen. Das passiert täglich Hunderttausende Mal, und zwar völlig legal. Wie ist das möglich? Ganz einfach. Wir erlauben diesen Auskunftsdiensten wie beispielsweise der SCHUFA die Speicherung und Weitergabe unserer Daten.

Bei jedem Online-Einkauf und bei jedem neuen Handy- oder Kreditvertrag wird der Kunde aufgefordert, die allgemeinen Geschäftsbedingungen (AGB) des Vertragspartners zu akzeptieren. Andernfalls käme ein Vertrag gar nicht zustande. Mit ihrer Unterschrift unter diesen AGB erlauben die Kunden ihrer Bank oder ihrem Handyanbieter, ihre Daten an eine Auskunft weiterzuleiten, über die Dritte Informationen über ihre Bonität abrufen können.

allgemeine Geschäftsbedingungen, siehe S. 109

Allein schon die SCHUFA weiß deshalb von über 66 Millionen Bürgern unter anderem bei welcher Bank sie ein Girokonto eröffnet oder einen Kredit beantragt haben. Vor allem aber weiß sie, wie hoch Schulden der bei ihnen registrierten Personen sind, ob diese ihre Handyrechnung ordnungsgemäß bezahlen oder ob bereits Mahnverfahren gegen sie eingeleitet wurden. Auch Informationen zu Zwangsvollstreckungen, möglichen Verbraucherinsolvenzen und Haftbefehlen werden gespeichert.

Finanzauskunftsdienste prüfen und bewerten die Bonität von Kunden. Neben der SCHUFA gibt es noch andere Auskunfteien wie Creditreform oder Infoscore.

Zwangsvollstreckung, siehe S. 124–125

Anhand dieser Daten werden mithilfe von geheimen statistischen Verfahren individuelle Score-Werte berechnet. Die Score-Werte geben Auskunft über die Bonität des Kunden, indem mit ihnen die Wahrscheinlichkeit bestimmt werden kann, mit der ein Kunde seinen Zahlungsverpflichtungen nachkommen wird.

Hinter dem sogenannten **Scoring** verbirgt sich ein mathematisch-statistisches Verfahren, mit dem die Wahrscheinlichkeit von Zahlungsausfällen berechnet wird.

> Ein Score-Wert von 90 % bedeutet, dass laut Wahrscheinlichkeitsrechnung eine Person in 90 von 100 Fällen zuverlässig zahlen wird. Mit anderen Worten: Die Wahrscheinlichkeit, dass der Kunde vertragsgemäß zahlt, liegt bei 90 %.
>
> **BEISPIEL**

Das englische Wort *score* bedeutet ursprünglich Spielstand oder Punktestand.

Neben dem sogenannten Basis-Score, der eine generelle Aussage zur Bonität trifft, werden auch branchenspezifische Scores erstellt.

Wie hoch ist der Score einer Privatperson?

> Ein Handwerksmeister ist eher daran interessiert, ob der Kunde seine Handwerkerrechnungen zuverlässig bezahlt, und weniger daran, ob er einen Kredit zurückzahlen würde.
>
> **BEISPIEL**

Nach § 34 **Datenschutzgesetz** kann jeder Bürger seit 2010 einmal jährlich eine kostenlose Eigenauskunft bei den Finanzauskunftsdiensten beantragen. Diese Neuerung soll den Bürgern die Chance geben, falsche Angaben zu erkennen und ihre Bonitätsbewertung entsprechend korrigieren zu lassen. Vordrucke für die Anfrage gibt es auf der Homepage des Bundesdatenschutzbeauftragten.

Eigenauskunft: Anfragevordrucke auf www.bfdi.bund.de, Suchbegriff „Auskunftsersuchen"

Eine Score-Auskunft für den Auszubildenden Dennis F. könnte so aussehen wie in Tabelle 3.15 wiedergegeben.

SCORE-Auskunft, No.1127878/000576, Dennis F.

I. Aktuelle Wahrscheinlichkeitswerte (17.05.20XX)

Bezeichnung	Score-Wert	Erfüllungs-wahrschein-lichkeit	Risiko in den Datenarten			
			Bisherige Zahlungsstörungen	Allgemeine Daten	Wohnanschrifts-daten*	Bedeutung insgesamt
BASIS-SCORE	24 807	90,04 %	–	–	–	zufriedenstellen-des bis erhöhtes Risiko
Score für Banken	9677	96,34 %	deutlich unter-durchschnittliches Risiko	unterdurchschnitt-liches Risiko	nicht verwendet	geringes bis über-schaubares Risiko
Score für Telekommuni-kations-unternehmen	9087	97,01 %	unterdurchschnitt-liches Risiko	unterdurchschnitt-liches Risiko	nicht verwendet	geringes bis über-schaubares Risiko
Score für Ver-sandhandel und Online-Shops	5565	55,23 %	stark überdurch-schnittliches Risiko	unterdurch-schnittliches Risiko	nicht verwendet	sehr hohes Risiko
Score für Kleingewerbe-treibende und Handwerker	478	95,21 %	unterdurchschnitt-liches Risiko	überdurchschnitt-liches Risiko	nicht verwendet	zufriedenstellen-des bis erhöhtes Risiko

* Zuweilen wird auch die Wohnanschrift in das Scoring mit einbezogen. Haben die Nachbarn häufig Schulden, so verschlechtert dies dann den eigenen Score-Wert, auch wenn man selbst allen Zahlungsverpflichtungen nachkommt.

Tabelle 3.15: Score-Auskunft

Auswirkungen des Scorings   Schlechte Score-Werte können unangenehme Folgen haben.

Der Auszubildende Dennis erreicht im Versandhandel-/Onlineshop-Score einen Wert von nur 55 %. Demnach werden bei fast der Hälfte aller Kunden mit ähnlichen Score-Werten Zahlungs-schwierigkeiten erwartet. Dies wird als sehr hohes Risiko bewertet. Dennis wird deshalb bei seinen Online-Bestellungen wohl nicht wie andere Kunden mit besserer Bonität die Zahlungsart „Rechnung" wählen können, sondern die Ware nur gegen Vorkasse erhalten. Ähnlich schlechte Score-Werte in anderen Branchen hätten zur Folge, dass ein Handyvertrag abgelehnt oder ein Kredit nur gegen erhöhte Zinsen zur Verfügung gestellt wird.

3.12.6 Verbraucherinsolvenz

Die Zahl der Verbraucherinsolvenzen in Deutschland ist nach Angaben des Statistischen Bundesamts seit 1999 deutlich angestiegen (Schaubild 3.24). Überschuldete Privatpersonen hatten im Jahr 2009 im Durchschnitt rund 35 000 € Schulden. Diesen Schuldenberg abzutra-gen, ist vor allem für Langzeit-Arbeitslose oder für Bürger mit geringem Einkommen nahezu unmöglich. Personen aus diesen Gruppen müssten lebenslänglich mit ihren Schulden leben. Ständige Zwangsvollstreckungen und Besuche des Gerichtsvollziehers bis ins hohe Renten-alter wären die Folge.

Die Zahl der Verbraucher-insolvenzen in Deutschland ist seit 1999 mit wenigen Ausnahmen stets ange-stiegen. Im Jahr 2011 lag sie bei über 100 000.

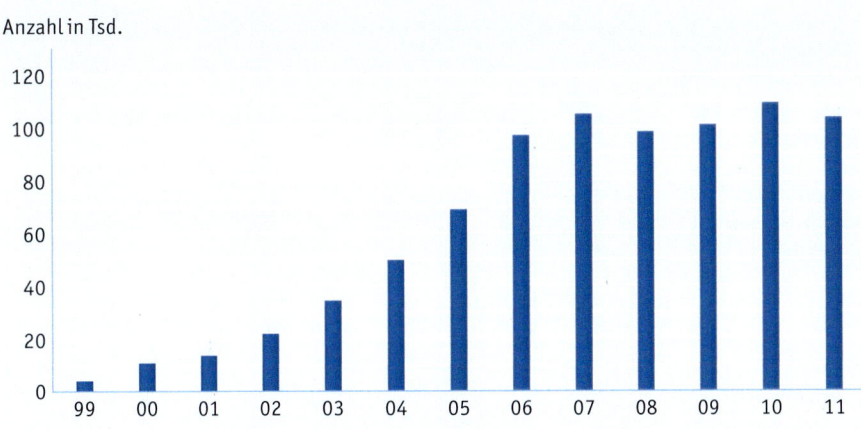

Anzahl in Tsd.

Schaubild 3.24: Entwicklung der Verbraucherinsolvenzen

Um hoffnungslos verschuldete Personen zu einem Neuanfang zu ermutigen, wurde 1999 das bisher nur für Unternehmen geltende **Regelinsolvenzverfahren** für Privatpersonen in vereinfachter Form geöffnet. Im Zuge des sogenannten Verbraucherinsolvenzverfahrens haben Schuldner nun die Chance, sich innerhalb von sechs Jahren vollständig von ihrer Schuldenlast zu befreien.

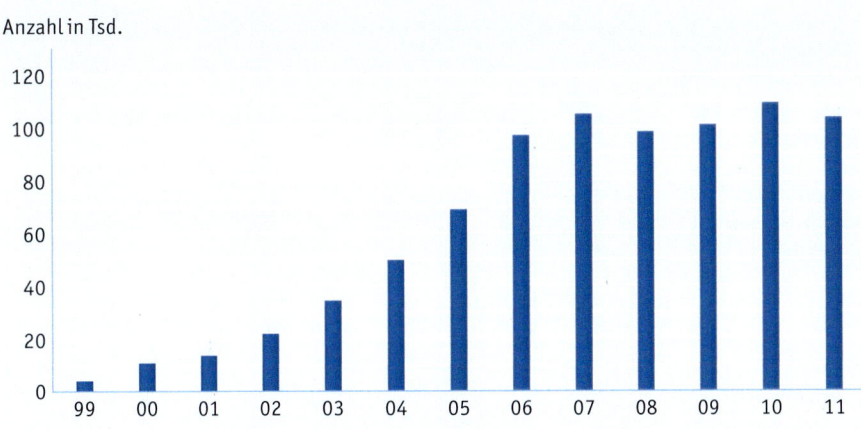

Regelinsolvenzverfahren, siehe S. 232–234

Das Verbraucherinsolvenzverfahren ist vierstufig aufgebaut (Schaubild 3.25):

1. Zunächst muss der Schuldner einen **Entschuldungsplan** aufstellen. Akzeptiert mindestens ein Gläubiger den Plan nicht, so gilt der Plan als gescheitert. Mit dem Nachweis des Scheiterns, den nur anerkannte Beratungsstellen, Rechtsanwälte oder Steuerberater ausstellen können, kann der Schuldner die Eröffnung des Insolvenzverfahrens beantragen.

2. Auf der zweiten Stufe prüft das zuständige Insolvenzgericht, ob tatsächlich keine Einigung zwischen Gläubigern und Schuldner möglich ist. Sieht es hierfür trotz des ersten gescheiterten Versuchs Chancen, so eröffnet es ein **Schuldenbereinigungsverfahren**. Im Schuldenbereinigungsverfahren soll mit Unterstützung des Gerichts ein Ausgleich zwischen den Gläubigern und dem Schuldner gefunden werden, indem zum Beispiel die Gläubiger auf einen Teil des ihnen zustehenden Geldes verzichten. Lehnen die Gläubiger einen Kompromiss mehrheitlich ab, so beginnt das Insolvenzverfahren.

3. Die Eröffnung des **Insolvenzverfahrens** und alle weiteren Verfahrensschritte werden öffentlich bekannt gemacht. Im Insolvenzverfahren selbst setzt das Gericht einen Treuhänder ein; meist ist dies ein Rechtsanwalt. Der Treuhänder hat unter anderem die Aufgabe, das (pfändbare) Vermögen des Schuldners an die Gläubiger zu verteilen. Während des laufenden Verfahrens muss der Schuldner den pfändbaren Teil seines Einkommens an den Treuhänder abgeben, der diesen anschließend an die Gläubiger verteilt. Arbeitslose Schuldner sind verpflichtet, jedes zumutbare Stellenangebot anzunehmen. In jedem Fall bleibt dem Schuldner nur das Existenzminimum zum Leben.

4. Auf der vierten und letzten Stufe prüft das Gericht, ob der Schuldner sich wie oben beschrieben „wohl verhalten" hat. Ist dies der Fall, so werden ihm sämtliche noch nicht bezahlten Schulden erlassen. Die Gläubiger verlieren ihr bis dahin noch ausstehendes Geld, der Schuldner kann einen schuldenfreien Neuanfang starten.

Eine Insolvenz ist vielleicht peinlich, aber keine Privatsache. Insolvenzverfahren werden daher auch im Internet öffentlich bekannt gemacht. Auf der Website www.insolvenzbekanntmachungen.de veröffentlichen die deutschen Insolvenzgerichte alle aktuellen Verfahren. Betroffene Unternehmen wie auch Privatpersonen sind hier mit vollständigem Namen und Anschrift zu finden.

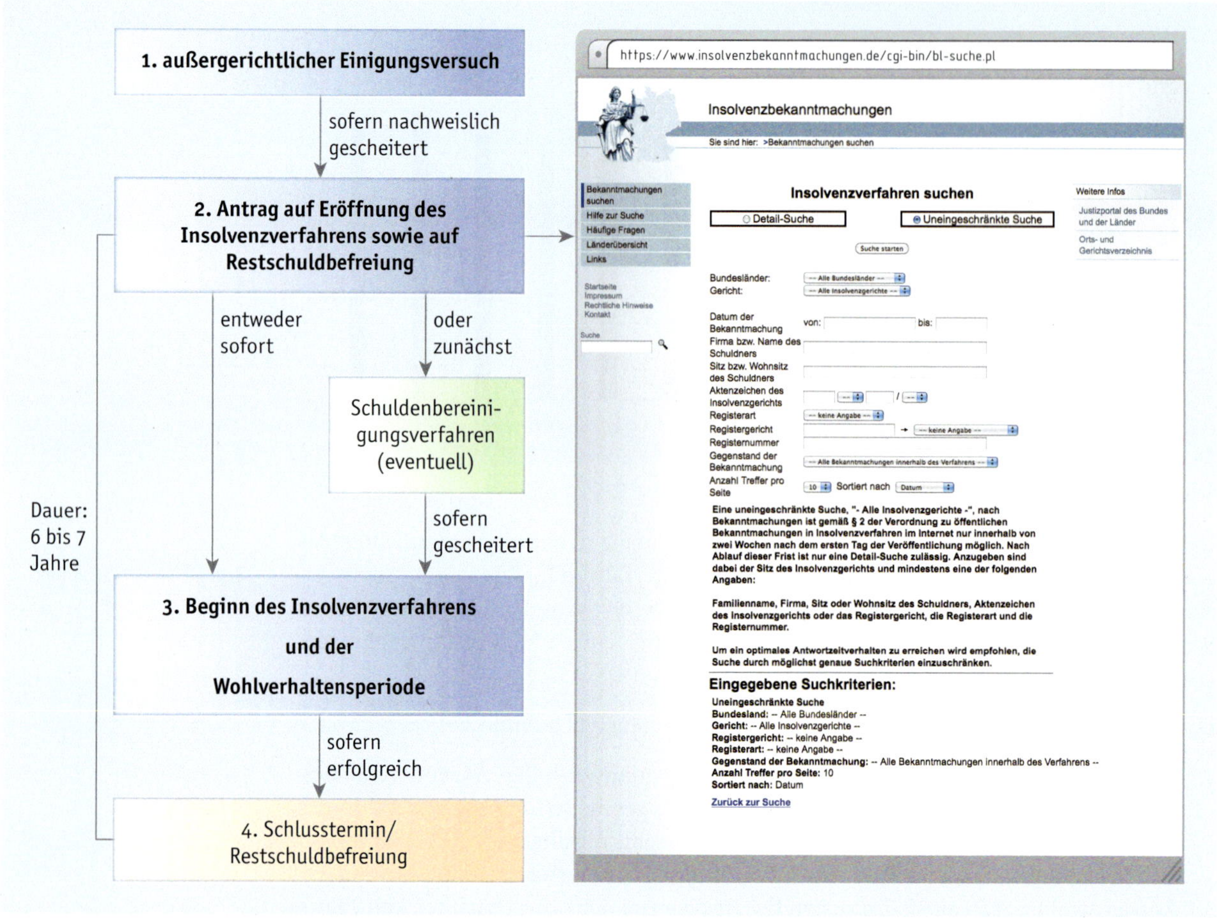

1. außergerichtlicher Einigungsversuch

sofern nachweislich
gescheitert

**2. Antrag auf Eröffnung des
Insolvenzverfahrens sowie auf
Restschuldbefreiung**

entweder
sofort

oder
zunächst

Schuldenbereini-
gungsverfahren
(eventuell)

sofern
gescheitert

Dauer:
6 bis 7
Jahre

**3. Beginn des Insolvenzverfahrens

und der

Wohlverhaltensperiode**

sofern
erfolgreich

4. Schlusstermin/
Restschuldbefreiung

https://www.insolvenzbekanntmachungen.de/cgi-bin/bl-suche.pl

Insolvenzbekanntmachungen

Sie sind hier: >Bekanntmachungen suchen

Bekanntmachungen suchen
Hilfe zur Suche
Häufige Fragen
Länderübersicht
Links

Startseite
Impressum
Rechtliche Hinweise
Kontakt

Suche

Insolvenzverfahren suchen

Detail-Suche   Uneingeschränkte Suche

Suche starten

Bundesländer: -- Alle Bundesländer --
Gericht: -- Alle Insolvenzgerichte --

Datum der
Bekanntmachung von: bis:
Firma bzw. Name des
Schuldners
Sitz bzw. Wohnsitz
des Schuldners
Aktenzeichen des
Insolvenzgerichts
Registerart -- keine Angabe --
Registergericht → -- keine Angabe --
Registernummer
Gegenstand der -- Alle Bekanntmachungen innerhalb des Verfahrens --
Bekanntmachung
Anzahl Treffer pro 10 Sortiert nach Datum
Seite

Weitere Infos

Justizportal des Bundes
und der Länder

Orts- und
Gerichtsverzeichnis

Eine uneingeschränkte Suche, "- Alle Insolvenzgerichte -", nach
Bekanntmachungen ist gemäß § 2 der Verordnung zu öffentlichen
Bekanntmachungen in Insolvenzverfahren im Internet nur innerhalb von
zwei Wochen nach dem ersten Tag der Veröffentlichung möglich. Nach
Ablauf dieser Frist ist nur eine Detail-Suche zulässig. Anzugeben sind
dabei der Sitz des Insolvenzgerichts und mindestens eine der folgenden
Angaben:

Familienname, Firma, Sitz oder Wohnsitz des Schuldners, Aktenzeichen
des Insolvenzgerichts oder das Registergericht, die Registerart und die
Registernummer.

Um ein optimales Antwortzeitverhalten zu erreichen wird empfohlen, die
Suche durch möglichst genaue Suchkriterien einzuschränken.

Eingegebene Suchkriterien:
Uneingeschränkte Suche
Bundesland: -- Alle Bundesländer --
Gericht: -- Alle Insolvenzgerichte --
Registergericht: -- keine Angabe --
Registerart: -- keine Angabe --
Gegenstand der Bekanntmachung: -- Alle Bekanntmachungen innerhalb des Verfahrens --
Anzahl Treffer pro Seite: 10
Sortiert nach: Datum

Zurück zur Suche

Schaubild 3.25: Ablauf des Verbraucherinsolvenzverfahrens

Wenn ein Verbraucherinsolvenzverfahren nötig wird, helfen die Berater der gemeinnützigen Beratungsstellen der Verbraucherzentrale, der Wohlfahrtsverbände oder der Städte – und das sogar kostenlos.

Aufgaben zu den Themen Kredit und Privatinsolvenz

1 Finden Sie das Lösungswort, mit dem viele finanzielle Probleme erst gar nicht entstehen würden (und notieren Sie es bitte auf einem gesonderten Blatt Papier!):

| 1 | 2 | 3 | S | U | M | V | 8 | R | 10 | 11 | C | H | 14 |

Hierzu müssen Sie die im Folgenden beschriebenen Fachwörter aus dem Finanzierungsbereich erkennen und den angegebenen Buchstaben über der entsprechenden Zahl im Lösungswort notieren.

1 = Kreditnehmer werden häufig zum Abschluss dieser Versicherungen verpflichtet.
     (Anfangsbuchstabe des Fachworts)

2 = Hierdurch verdienen die Kreditgeber. (Dritter Buchstabe)

3 = Gesamtsumme, die Kreditnehmer zur Abzahlung ihrer Schuld zahlen müssen.
     (Dritter Buchstabe)

8 = Anderes Wort für Kredit. (Zweitletzter Buchstabe)

10 = Kenngröße, um verschiedene Kreditangebote besser vergleichen zu können.
     (Viertletzter Buchstabe)

11 = Der Grund, warum manche Kreditnehmer mehr Zinsen zahlen müssen als andere. (Vierter Buchstabe)

14 = Fordert jeder Kreditgeber neben den Zinsen. (Anfangsbuchstabe)

2 Der nachfolgende Kontoauszug informiert den Kunden über gestiegene Zinssätze.

Girobank Frankfurt	USt-IdNr. DE123456789

Kundenhinweis

Sehr geehrte Kundin, sehr geehrter Kunde,

aufgrund des gestiegenen Zinsniveaus am Geldmarkt erhöhen wir mit Wirkung vom 01.01.2012 den Sollzinssatz auf Ihrem Girokonto um 0,25 %. Der dann gültige Sollzins beträgt 13,00 % p. a., für Überziehungen werden wir künftig 17,00 % p. a. berechnen. Gleichzeitig heben wir auch die Zinssätze für Einlagen an.
Wir werden die Zinsentwicklung weiter sorgfältig beobachten und Ihnen auch zukünftig marktgerechte und attraktive Konditionen bieten.

Ihre Girobank Frankfurt

a Wie heißt dieser Kredit?

b Erklären Sie, wann ein Kreditinstitut beispielsweise 13 % Sollzinsen verlangt und wann 17 % Überziehungszinsen.

c Was bedeutet die Abkürzung „p. a." hinter den Zinssätzen?

3 Welcher Kredit eignet sich für welchen Zweck?

   a Kauf einer Eigentumswohnung   c Mietzahlung

   b Kauf einer Spiegelreflexkamera

4 Priya nimmt ein Bankdarlehen über 60 000 € auf, zum Zinssatz von 8 % p. a. Feste Zahlungen sind ihr nicht wichtig. Sie entscheidet sich für ein Abzahlungsdarlehen mit variabler Rate und einem jährlichen Tilgungsbetrag von 10 000 €. Führen Sie den folgenden Tilgungsplan fort:

Jahr	Kreditbetrag am Jahresanfang (in €)	Variable Abzahlungsrate (in €)		Verbleibender Kredit am Jahresende (in €)
		davon für Zinsen	davon für Tilgung	
1	60 000	14 800		50 000
		4800	10 000	
2	50 000			
			10 000	
3				
			10 000	
4				
			10 000	
5				
			10 000	
6				0
			10 000	

5 Marvin möchte sich ein neues Fernsehgerät kaufen und dafür möglichst wenig bezahlen. Der Fachhändler weist ihn auf die Möglichkeit einer bequemen Finanzierung hin und zeigt ihm die folgende Tabelle mit möglichen Kreditlaufzeiten.

Mögliche Laufzeiten				
Laufzeit in Monaten	Monatliche Rate	Gesamtbetrag	Jährlicher Sollzinssatz	Effektiver Jahreszins
10	125,16 €	1251,59 €	9,47 %	9,90 %
12	99,91 €	1199,00 €	0,00 %	0,00 %
24	55,03 €	1320,72 €	9,47 %	9,90 %
48	30,10 €	1444,80 €	9,47 %	9,90 %

a Welche Laufzeit sollte Marvin wählen?

b Was sollte Marvin bedenken, wenn er sich für das günstigste Angebot entscheidet?

c Welche Auswirkungen haben die unterschiedlichen Laufzeiten?

6 Arbeitslosigkeit gilt als eine der Hauptursachen für Verschuldung. Vergleichen Sie die beiden folgenden Grafiken, um diese Behauptung zu überprüfen.

links:
Privatschuldungsindex in den Kreisen und kreisfreien Städten
Karte 2.5: Darstellung des Privatverschuldungsindex (PVI) für das Jahr 2011 auf Kreisebene

Quelle: SCHUFA Holding AG.

rechts:
Arbeitslosenquoten in Deutschland im Jahresdurchschnitt 2011 nach Ländern und Kreisen (in %)

Quelle: Bundesagentur für Arbeit.

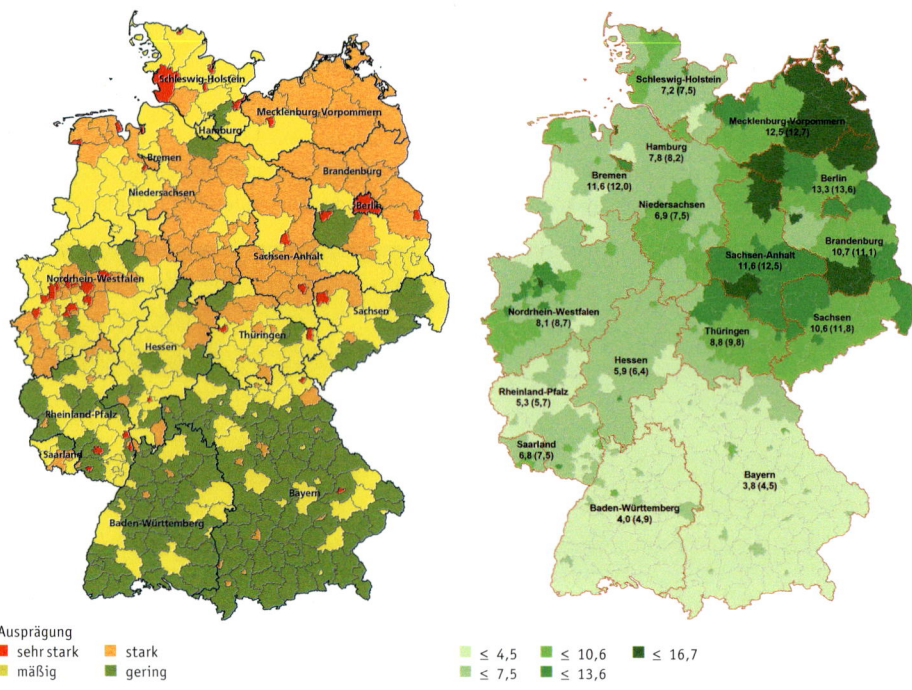

7 Sie benötigen einen Kredit und sehen im Internet eine Anzeige, in der für Sofortkredite ohne SCHUFA geworben wird. Was sollten Sie tun?

8 Dennis beantragt eine kostenlose Selbstauskunft bei der SCHUFA. Welche Informationen erhält er kurze Zeit später und welche Bedeutung haben diese Informationen?

9 Wie beurteilen Sie folgende These: Das Verbraucherinsolvenzverfahren sollte wieder abgeschafft werden. Schuldner werden so viel zu bequem ihre Schulden los! Nehmen Sie bitte kurz, aber begründet Stellung.

Die Rolle der Unternehmen in der Marktwirtschaft – organisieren und produzieren

→ Was ist ein Unternehmen?

→ Welche Ziele verfolgt ein Unternehmer?

→ Was tut der Unternehmer, um seine Ziele zu erreichen?

→ Wie sind Unternehmen organisiert?

→ Welche Unternehmensformen gibt es?

→ Wie beschafft das Unternehmen Material und wie wird es gelagert?

→ Wie wird die Fertigung geplant und durchgeführt?

Situation

Der Mann ist unmöglich. Er ist ein Hallodri. Er fährt in einem offenen Wagen zusammen mit Prostituierten durch Wien. Neun Monate lang ist er der Finanzminister Österreichs. Aber auch heute noch zählt er in der Fachwelt zu den wichtigsten Persönlichkeiten des vergangenen Jahrhunderts, und zwar weit über Österreich hinaus. Denn der Wirtschaftswissenschaftler erkannte: Wenn die Wirtschaft in eine schwere Krise gerät, dann kann nur einer helfen: der Unternehmer. Der Name ist Programm: Ein Unternehmer unternimmt etwas! Er zeichnet sich nicht dadurch aus, dass er etwas unterlässt, dass er die Dinge laufen lässt. Vielmehr ist er zielbewusst und handelt auch so. Deshalb weist der Mann, von dem hier die Rede ist, der Wirtschaftswissenschaftler und Sohn eines Tuchfabrikanten Joseph Schumpeter (1834–1950), den Unternehmern und ihren Unternehmen in der Wirtschaft eine ganz wichtige Rolle zu.

4.1 Betriebe und Unternehmen

Um den Unterschied zwischen einem Unternehmen und einem Betrieb zu verstehen, müssen Sie sich zunächst verdeutlichen, was in einem Betrieb vor sich geht. In einem Betrieb werden Leistungen erbracht, die an Kunden verkauft werden.

> **BEISPIEL**
>
> Ein Betrieb ist ein Ort, an dem Brötchen gebacken oder Kraftfahrzeuge repariert werden. Die Bäckerei ist ein Herstellungsbetrieb, die Kfz-Werkstatt ein Reparaturbetrieb. In beiden Betrieben werden Leistungen erbracht.

Um einen Betrieb erfolgreich führen zu können, braucht der Leiter des Betriebs einen Plan. Er muss festlegen,

- welche Leistungen er wem zu welchen Preisen anbieten will,
- welche Mittel er dazu benötigt und
- wo er und zu welchen Preisen er diese beschafft.

Er muss sich außerdem mit den rechtlichen Vorschriften auseinandersetzen, die die Erstellung und den Verkauf der Leistungen beeinflussen. Beispielsweise benötigt er Grundkenntnisse des Vertragsrechts, um wirksame Verträge mit seinen Lieferanten und Kunden abschließen zu können.

Rechtsformen siehe S. 157–167. Die zahlenmäßig bedeutendste Rechtsform in Deutschland ist die des Einzelunternehmens (69 % aller Unternehmen). Gemessen am Umsatz ist es hingegen die Rechtsform der GmbH (39 %).

Quelle: Statistisches Bundesamt, Wiesbaden 2012.

Der Unternehmer entscheidet sich überdies, seinen Betrieb in einer bestimmten Rechtsform zu führen. Die wirtschaftlichen, finanziellen und rechtlichen Bedingungen, unter denen ein Betrieb geführt wird, machen das **Unternehmen** aus. Indem der Unternehmer sich Ziele setzt und seinen Betrieb in rechtlichen Rahmen einpasst, wird aus seinem Betrieb ein Unternehmen. Gibt er dann seinem Unternehmen auch noch einen bestimmten Namen, dann hat er auch eine Firma, nämlich den Namen, unter dem er seine Geschäfte führt.

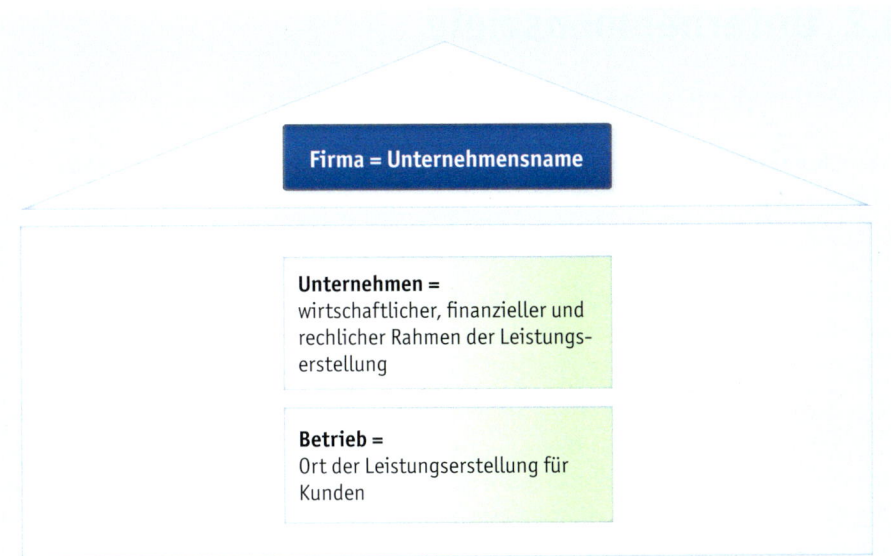

Firma, Unternehmen und Betrieb (Schaubild 4.1)

Schaubild 4.1: Betrieb, Unternehmen und Unternehmensname

Wird in einem Betrieb vorwiegend jedes Werkstück von Hand bearbeitet oder jeder Auftrag von Hand ausgeführt, so handelt es sich um einen Handwerksbetrieb. Werden jedoch unter Einsatz von Maschinen große Stückzahlen hergestellt, so handelt es sich um einen Industriebetrieb.

Betriebe lassen sich nach verschiedenen Aspekten unterscheiden (siehe auch Tabelle 4.1)

Wenn in einem Betrieb Güter für private Haushalte, also Gemeinschaften von Konsumenten, erstellt werden, spricht man von einem Konsumgüterbetrieb. Sind es dagegen Güter für andere Betriebe, so spricht man von Investitionsgüterbetrieben.

Schließlich unterscheidet man nach der Beschaffenheit der betrieblichen Leistungen zwischen Waren, das heißt stofflichen Gütern, und Dienstleistungen, das heißt immateriellen Gütern.

	Handwerk	**Industrie**	**Dienstleistungen**
Konsumgut	Kleiderschrank (individuell gefertigt)	Kochtopf	Einkommensteuererklärung
Investitionsgut	Pferdesättel für einen Reitstall	Metallpresse	Bauplan für eine Lagerhalle

Tabelle 4.1: Arten und Gegenstände von Betrieben

4.2 Unternehmensziele

Ein **Ziel** ist ein Zustand, der für die Zukunft angestrebt wird.

Wenn der Unternehmer seine Unternehmung gründet, verfolgt er damit bestimmte Ziele.

> **BEISPIEL**
>
> Ziel eines Auszubildenden kann es sein, die Abschlussprüfung mit einer besseren Note als einer 2 abzuschließen und anschließend in ein Arbeitsverhältnis übernommen zu werden.

In Unternehmen ergeben sich die Ziele im Wesentlichen aus der **Kundenorientierung**, die dem Unternehmer Wettbewerbsvorteile gegenüber den Konkurrenten verschaffen soll. Daraus leitet sich wiederum das Leistungsangebot ab.

Die **Rentabilität** des Unternehmens gibt seinen Erfolg (beispielsweise den Gewinn) im Verhältnis zu den von ihm eingesetzten Mitteln (beispielsweise zu seinem Eigenkapital) an.

Wirtschaftliche Ziele beziehen sich auf den gewünschten Erfolg des Unternehmens. Mithilfe von verschiedenen Kennzahlen, beispielsweise der Rentabilität, wird gemessen, wie erfolgreich das Unternehmen mit seinem Angebot an Waren und Dienstleistungen innerhalb eines bestimmten Zeitabschnitts war. Erfolgskennzahlen sind zugleich, wenn sie auf die Zukunft bezogen sind, Vorgaben, durch die festgelegt ist, welche Ziele erreicht werden sollen.

Neben den wirtschaftlichen Zielen verfolgen Unternehmen auch **soziale Ziele**. Gute Leistungen werden nur von motivierten Mitarbeitern erbracht. Die Motivation der Mitarbeiter ergibt sich aus ihrer Mitverantwortung am Arbeitsplatz. Weitere günstige Einflussfaktoren sind eine angemessene und gerechte Bezahlung und die Möglichkeit, im Rahmen der Beschäftigung eigene berufliche Ziele zu verfolgen. Ein gutes Betriebsklima, die mitarbeitergerechte Gestaltung von Arbeitsplätzen und freiwillige Sozialleistungen sind weitere Beispiele für soziale Ziele, die ein Unternehmen verfolgen kann. **Umweltziele** (ökologische Ziele) sind Vorgaben, die auf die Schonung der natürlichen Umwelt und ihrer Ressourcen im Rahmen des Leistungserstellungsprozesses bezogen sind.

Die Zielvorgabe kann hinsichtlich des **Zielausmaßes** bestimmt oder unbestimmt sein. Ziele können sich auf einen kurzfristigen (ein Quartal), mittelfristigen (ein bis zwei Jahre) oder langfristigen (über zwei Jahre) Zeitraum beziehen. Zwischen einzelnen Zielen können unterschiedliche Beziehungen bestehen. **Zielkonflikte** bestehen dann, wenn zwei oder mehr Ziele definiert sind und wenn ein bestimmtes Ziel nur dann erreichbar ist, wenn zugleich damit ein anderes Ziel verfehlt wird. **Komplementäre Ziele** sind einander ergänzende Ziele. Es gibt aber auch Fälle, in denen sich kein sinnvoller Zusammenhang zwischen zwei Zielen herstellen lässt, das heißt, in denen eine **indifferente Zielbeziehung** vorliegt.

> **BEISPIELE**
>
> **Zielkonflikt:** Das unternehmerische Ziel, die Kosten auf ein Mindestmaß zu verringern, gerät mit dem Ziel in Konflikt, im Rahmen der Produktion die Umwelt zu schonen, indem Produktionsabfälle gesammelt und in den Stoffkreislauf zurückgeführt werden. Ob allerdings zwischen wirtschaftlichen und ökologischen Zielen ein grundsätzlicher Konflikt besteht, darüber gehen die Meinungen in Theorie und Praxis auseinander.
>
> **Zielkomplementarität:** Die Verbesserung des Betriebsklimas führt zugleich zu einer Erhöhung der Rentabilität.
>
> **Zielindifferenz:** Die Aufnahme von Fremdkapital zur Finanzierung eines Investitionsvorhabens hat keinen Einfluss auf das Betriebsklima.

4.3 Unternehmensorganisation

Um die gewählten Unternehmensziele zu erreichen, müssen im Betrieb Menschen zusammenarbeiten. Das gilt unabhängig davon, ob das Unternehmen zwei oder 20 000 Menschen beschäftigt: Alle müssen stets am gleichen Strang ziehen. Deshalb muss die Zusammenarbeit organisiert werden.

Vorbedingung für eine effiziente Organisation ist die Zerlegung der Gesamtaufgabe des Unternehmens in Teilaufgaben. Bewährt hat sich die in Schaubild 4.2 wiedergegebene Aufteilung.

Je größer das Unternehmen ist, desto ausgefeilter muss die Organisation sein.

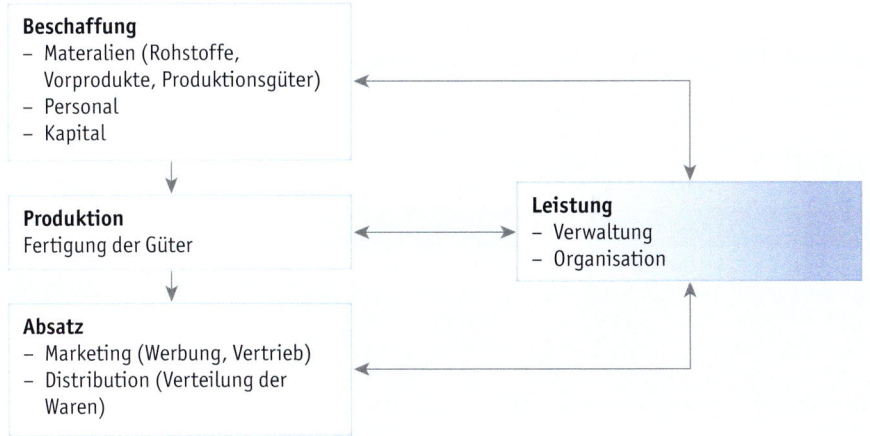

Schaubild 4.2: Aufgabenteilung im Unternehmen

Aufgabe der **Beschaffung** ist es, die Roh-, Hilfs- und Betriebsstoffe, die das Unternehmen in der Produktion benötigt, in ausreichender Menge zum richtigen Zeitpunkt zur Verfügung zu stellen.

*Ein Produkt besteht hauptsächlich aus **Rohstoffen**.*

***Hilfsstoffe** gehen als Nebenbestandteile mit in das Produkt ein.*

***Betriebsstoffe** dienen der Produktion, gehen aber nicht in das Produkt ein.*

> Eine Fahrradfabrik muss zur Produktion der Fahrradrahmen Stahlrohre (Rohstoffe) beschaffen. Sie braucht aber auch Schrauben, Muttern und Schweißdraht (Hilfsstoffe), um die Fahrradrahmen zusammenzufügen. Um die zur Produktion erforderlichen Maschinen zu betreiben, muss Energie in Form von Elektrizität oder Heizöl (Betriebsstoffe) bezogen werden.

BEISPIEL

Aufgabe der **Produktion** ist es, aus den Materialien ein vollständiges Produkt herzustellen. Dabei dürfen möglichst keine Fehler gemacht werden, da sonst die Produktionskosten steigen. Noch schlimmer wäre es, wenn fehlerhafte Produkte an die Kunden ausgeliefert würden.

Im Bereich **Absatz** wird das Produkt des Unternehmens an Kunden verkauft. Die Unternehmensleitung muss dazu wissen, was am Markt passiert, das heißt,

- welche Mitbewerber mit welchen Produkten am Markt tätig sind,
- welche Wünsche und Vorlieben die Kunden haben und
- welche Preise die Kunden für das Produkt des Unternehmens zu zahlen bereit sind.

Auf der Grundlage dieser Informationen, die durch Marktforschung als Teilbereich des **Marketings** gewonnen wurden, legt das Unternehmen fest, welche weiteren Marketingmaßnahmen ergriffen werden sollten, das heißt,

- welche Varianten des Produkts hergestellt,
- zu welchen Preisen die Varianten angeboten und
- mit welchem Werbeeinsatz sie beworben werden sollen.

Die Unternehmensleitung entscheidet über Ziele und die Maßnahmen zu ihrer Verwirklichung. Sie organisiert die betriebliche Tätigkeit und verwaltet die Mittel, die zur Betriebsführung notwendig sind.

Organigramm = grafische Darstellung der Aufbauorganisation, das heißt der Bereiche und Stellen des Betriebs

Die Unternehmensleitung ist dafür verantwortlich, dass die Beschäftigten in den einzelnen Unternehmensbereichen wissen, welche Aufgaben sie erfüllen sollen. Außerdem sorgt sie dafür, dass die Tätigkeiten, die in der betrieblichen Leistungserstellung anfallen, dokumentiert, die Rechtsvorschriften eingehalten und die Unternehmensziele fortgeschrieben werden.

In der **Aufbauorganisation** wird jeder einzelne Arbeitsplatz im Unternehmen als Stelle beschrieben. Außerdem wird das Leitungssystem festgelegt, das heißt, es wird festgelegt, welche Verantwortung die Inhaber der Stellen haben und welchen anderen Stellen gegenüber sie weisungsbefugt sind. Die wechselseitigen Abhängigkeiten werden in einem Organigramm dokumentiert. In der **Stellenbeschreibung** werden detailliert die Aufgaben des Stelleninhabers und seine Befugnisse aufgeführt.

BEISPIEL

Die Elektro- und Signalanlagen GmbH hat eine Organisation, die insgesamt 40 Stellen umfasst.

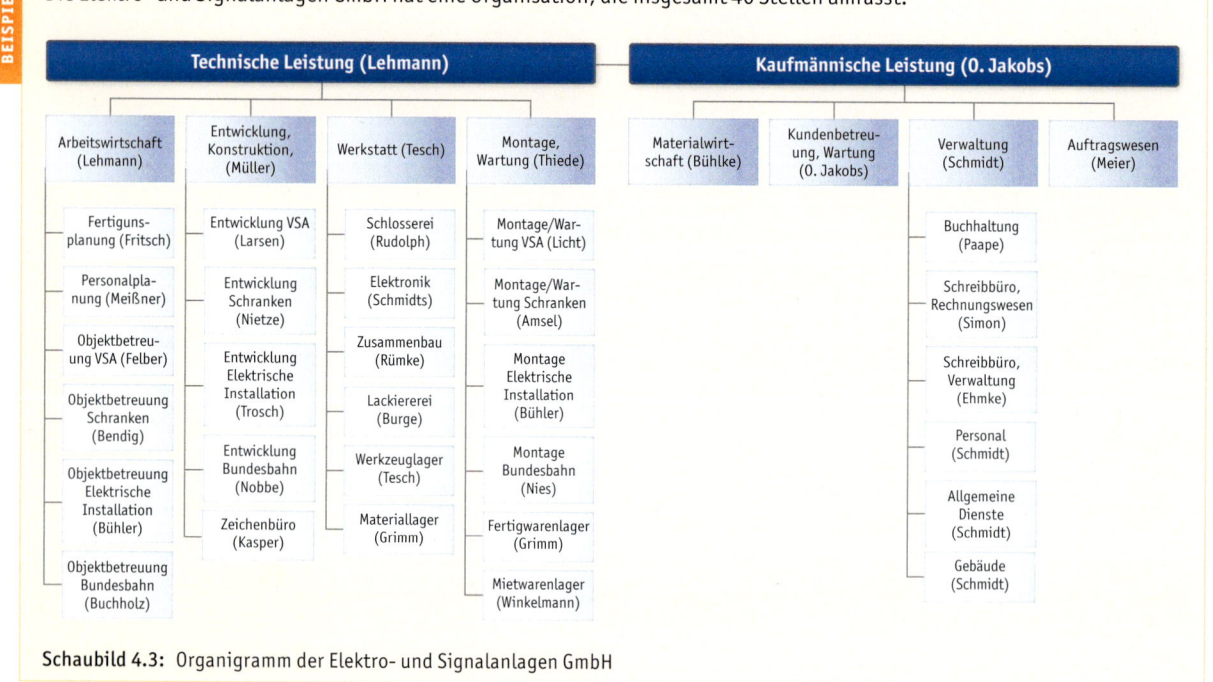

Schaubild 4.3: Organigramm der Elektro- und Signalanlagen GmbH

Beispiel für eine Stellenbeschreibung

Die Beschreibung der Stelle „Objektbetreuung Schranken" lautet folgendermaßen:

1 *Ausstattung:* ein Schreibtisch mit allem Zubehör, ein Bildschirmarbeitsplatz, Preislisten, technische Unterlagen

2 *Aufgaben:* Entgegennahme von Angebotsanfragen, Erstellung von Angeboten

3 *Rahmenbedingungen, Richtlinien, Befugnisse:* Angebotsanfragen werden in der Regel schriftlich, gelegentlich auch telefonisch, vom Kunden oder vom Architekten im Rahmen von öffentlichen oder beschränkten Ausschreibungen gestellt. Soweit die Ausführungsbeschreibungen der Schrankenanlagen nicht eindeutig sind, ist die gewünschte Ausführung anhand von telefonischen Rückfragen oder behördlichen Besprechungen zu klären. Vor allem bei Objekten, die in der näheren Umgebung liegen, soll sich der Stelleninhaber vor Ort einen Überblick verschaffen.

4 *Angebotserstellung:* Anhand eines Lageplans (Skizze) und einer Checkliste erstellt der Stelleninhaber ein Angebot aller Bauteile und Leistungen, die eingebaut werden sollen. Eventualpositionen und Alternativen sollten mit angeboten werden. Die Kosten für die Montage müssen nach Art und Umfang ermittelt werden. Mit der Ausführung von Pflasterarbeiten sollte eine Baufirma beauftragt werden. Wünscht der Kunde jedoch eine Leistung aus einer Hand, so ist diese Leistung mit anzubieten. Die Preise für Schrankenantriebe und deren Zubehörteile sollten nur nach Rücksprache mit dem nächsten direkten Vorgesetzten geändert werden. Besondere technische oder kaufmännische Schwierigkeiten können mit derselben Person erörtert werden. Lage- und Schleifenpläne können zum Teil von bereits vorhandenen Anlagen übernommen werden. Diese Pläne liegen im Archiv des Zeichenbüros. Die Lieferzeit für eine Schrankenanlage beträgt je nach Auftragslage vier bis sechs Wochen. In Ausnahmefällen kann die Anlage schneller ausgeliefert werden (Rücksprache mit technischer Leitung und Werkstatt). Zahlungsbedingungen: 30 Tage netto oder acht Tage mit 2 % Skonto. Unterschrift bei Standardangeboten von hier mit „i. A." (Im Auftrag), bei größeren und umfangreicheren Angeboten durch die technische Leitung.

In der Regel werden vier Typen von Leitungssystemen unterschieden: das Einliniensystem, das Mehrliniensystem, das Stabliniensystem und die Matrixorganisation.

Beim **Einliniensystem** (Schaubild 4.4) verzweigt sich die Leitungsbefugnis bzw. das Weisungsrecht fächerförmig von oben nach unten. Jeder Mitarbeiter hat genau einen Vorgesetzten. Das System ist klar gegliedert. Allerdings bringt es lange Weisungs- und Informationswege mit sich. Mitarbeiter können bei dienstlichen Angelegenheiten nur über ihre Vorgesetzten miteinander in Verbindung treten.

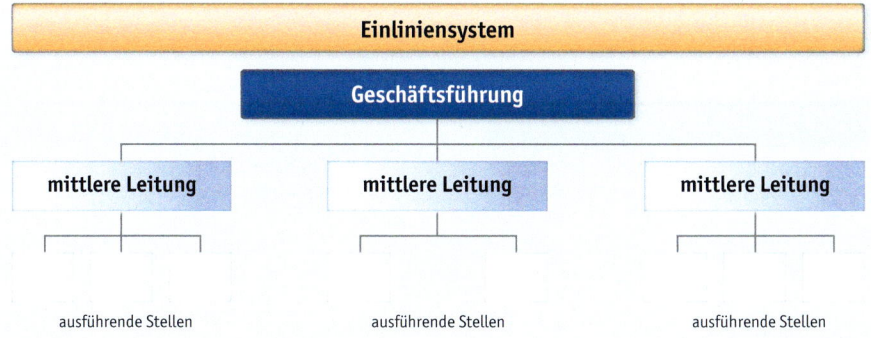

Schaubild 4.4: Grundschema des Einliniensystems

Beim **Mehrliniensystem** (Schaubild 4.5) wird zur besseren Nutzung der Fachkenntnisse das Weisungsrecht in mehrere Bereiche gegeben. Dadurch ist der Betriebsaufbau allerdings nicht mehr so klar gegliedert.

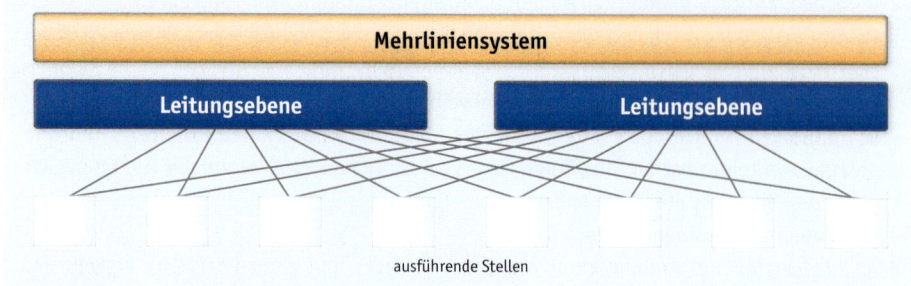

Schaubild 4.5: Grundschema des Mehrliniensystems

Im **Stabliniensystem** (Schaubild 4.6) sind den Leitungsstellen Stäbe zugeordnet, beispielsweise Assistenten, Berater oder wissenschaftliche Mitarbeiter. Die Stäbe haben in der Regel selbst keine Weisungsbefugnisse. Sie dienen vor allem der Erweiterung der Fachkenntnisse der Leitungsstelle.

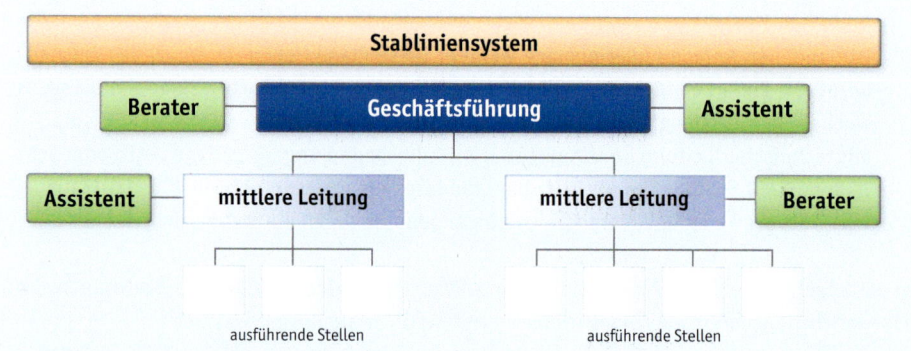

Schaubild 4.6: Grundschema des Stabliniensystems

Bei der **Matrixorganisation** (Schaubild 4.7) sind verrichtungsorientierte und objektorientierte Instanzen gleichberechtigt. Jeder ausführenden Stelle stehen zwei Instanzen gegenüber. Eine Instanz ist die jeweilige Abteilung (verrichtungsorientiert), die andere das jeweilige Produkt (objektorientiert).

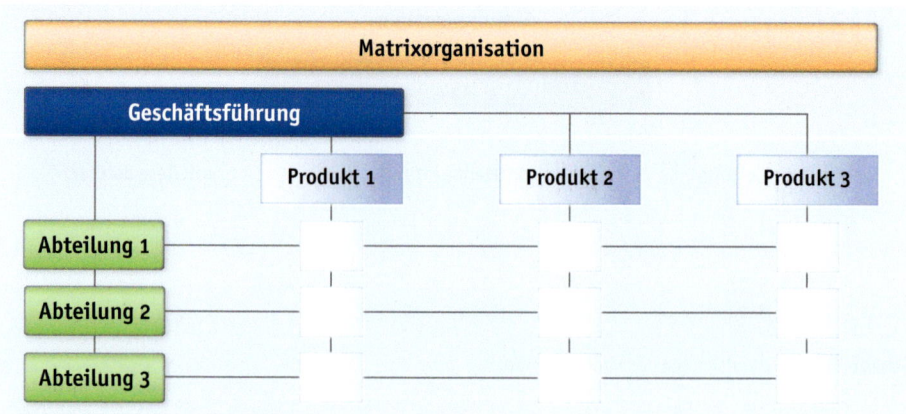

Schaubild 4.7: Grundschema der Matrixorganisation

Aufgabe der **Ablauforganisation** ist es, die Arbeitsabläufe zu gestalten. Dazu werden die Kommunikationswege und -zeiten sowie die Produktionswege und -zeiten bestimmt. Weiterhin werden der Einsatz der Arbeitskräfte und die Arbeitszeiten geplant. Ein wichtiges Ziel der Ablauforganisation ist es, die innerbetrieblichen Zeiten und Wege so kurz wie möglich zu gestalten.

Die **Ablauforganisation** dient der Bestimmung und Verbesserung der Betriebsabläufe.

Die Instrumente zur Festlegung der Arbeitsprozesse sind Arbeitsablaufdiagramme und Arbeitsanweisungen. Mithilfe des Arbeitsablaufdiagramms können Arbeitsprozesse auf einzelnen Stufen grafisch dargestellt werden. Zur Darstellung wird die Methode der ereignisgesteuerten Prozesskette (EPK) benutzt (Schaubild 4.8).

Die Arbeitsabläufe im Betrieb werden mithilfe von **Ablaufdiagrammen** und **Arbeitsanweisungen** festgelegt.

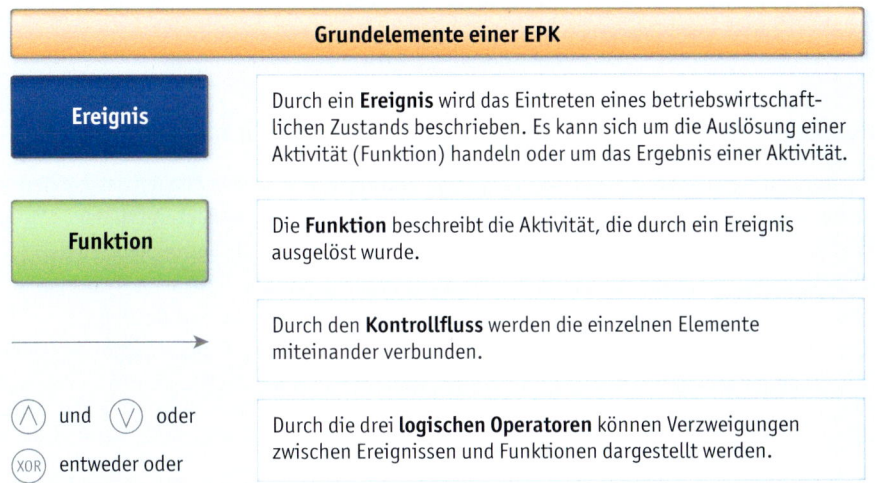

Schaubild 4.8: Grundelemente einer ereignisgesteuerten Prozesskette (EPK)

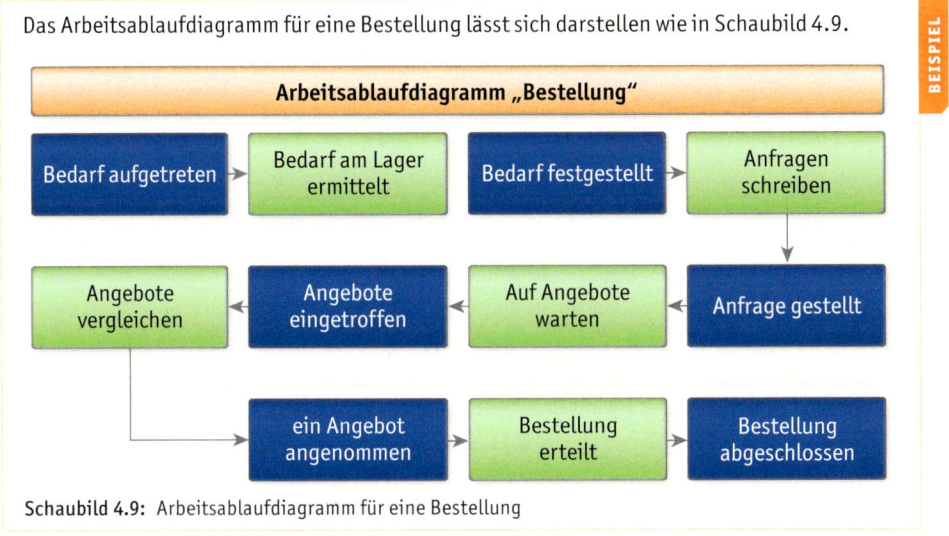

BEISPIEL

Das Arbeitsablaufdiagramm für eine Bestellung lässt sich darstellen wie in Schaubild 4.9.

Schaubild 4.9: Arbeitsablaufdiagramm für eine Bestellung

Beispiel für eine Arbeitsanweisung

Arbeitsanweisung zur Bearbeitung von Aufträgen für Schrankenanlagen:

1 Schriftliche oder telefonische Aufträge annehmen und mit eventuell vorhandenen Angeboten vergleichen

2 Schrankenantriebe und Kartenleser etwa fünf Wochen vor dem geplanten Montagetermin bestellen

3 Im Lager feststellen, ob genügend Zubehörteile vorhanden sind

4 Material objektbezogen zusammenstellen und beschriften. Nicht vorhandene Bauteile bestellen

5 Lage-, Schleifen- und Schaltpläne erstellen (möglichst nach vorhandenem Muster).

6 Liefertermin für Schranken und Kartenleser überwachen

7 Karteikarte für das Objekt ausstellen

8 Schaltpläne zeichnen lassen (eine Kopie zur Anfrage)

Aufgaben zu den Themen Betrieb, Unternehmen und Firma

1 Begründen Sie, bei welchen der folgenden Organisationen es sich um einen Betrieb handelt:

a Berufsschule   **c** Kfz-Werkstatt   **e** Bäckerei Müller

b Hotel Formule One   **d** Siemens AG   **f** Polizeidienststelle

2 Erläutern Sie, warum ein Betriebsleiter rechtliche Grundkenntnisse braucht.

3 Beschreiben Sie den Unterschied zwischen einem Unternehmen und einem Betrieb.

4 Umgangssprachlich werden die Begriffe Betrieb, Unternehmen und Firma oft synonym (sinnverwandt, mit gleicher Bedeutung) verwendet. Was unterscheidet die Firma von dem Unternehmen und dem Betrieb?

5 In Betrieben werden Güter hergestellt (siehe S. 148–149).

a Begründen Sie, warum in Industriebetrieben Güter preiswerter hergestellt werden können als in Handwerksbetrieben.

b Wenn Sie sich einen neuen (Hosen-)Anzug kaufen, ziehen Sie dann einen handwerklich oder einen industriell hergestellten Anzug vor? Begründen Sie Ihre Entscheidung!

6 Jedes Unternehmen braucht Ziele, die sein Handeln leiten. Zeigen Sie an vier unterschiedlichen Unternehmenszielen auf, dass Unternehmen nicht nur wirtschaftliche Ziele verfolgen.

7 Stellen Sie fest, ob die von Ihnen in Ihrer Lösung zu Aufgabe 6 genannten Ziele komplementär oder indifferent sind oder ob gar Zielkonflikte vorliegen.

8 Damit ein Unternehmen seine Ziele erreichen kann, bedarf es einer effizienten Organisation.

a Was bedeutet es, ein Unternehmen oder ein Projekt zu organisieren? Ziehen Sie zur Beantwortung dieser Frage Ihre Ausbildung oder ein anderes, selbst gewähltes Beispiel heran.

b Nennen Sie die vier Funktionsbereiche eines Produktionsunternehmens und beschreiben Sie deren jeweilige Aufgaben. Gehen Sie dabei von einem selbst gewählten Produktionszweig aus, beispielsweise der Herstellung von Brot.

c Welche Inhalte werden in der Aufbauorganisation festgelegt?

d Wodurch wird die Ablauforganisation bestimmt?

4.4 Rechtsformen

Franz wird im Sommer seine Ausbildung zum Elektrotechniker beenden. Da ihn sein Ausbildungsbetrieb nicht weiterbeschäftigen kann oder will, hat er sich vielfach beworben, unter anderem auch bei der Firma Möntmann. Den schriftlichen Einstellungstest hat er schon hinter sich gebracht und nun bereitet er sich auf das Vorstellungsgespräch vor. Er weiß natürlich, dass sicherlich auch geprüft werden wird, ob er sich im Vorfeld des Gesprächs über den eventuellen zukünftigen Arbeitgeber informiert hat. Deshalb sucht er sich mithilfe von Google die Website des Unternehmens und findet dort im Impressum die folgenden Informationen:

---

http://www.elektro-möntmann.de/impressum

Elektrotechnik Möntmann GmbH

Impressum

Elektrotechnik Möntmann GmbH
Löhner Hauptstraße 172
32120 Hiddenhausen

Telefon: 05223 12 345
Fax: 05223 67 891
E-Mail: info@elektro-moentmann.de
Homepage: www.elektro-moentmann.de

Vertretungsberechtigter Geschäftsführer: Egon Möntmann
Registergericht: Amtsgericht Herford
Handelsregisternummer: HRB 1234
Berufsrechtliche Regelungen:
Handwerksordnung: http://bundesrecht.juris.de/bundesrecht/hwo/
Kontaktscript: © by Martin Klausner, www.der-urmensch.net

Oh je, denkt sich Franz, ich bin zwar Elektrotechniker, aber auch von diesen wirtschaftlichen Informationen sollte ich ja wohl eine kleine Ahnung haben. Da muss ich mich doch mal schlau machen.

- Was ist eigentlich eine GmbH?
- Welche Aufgaben hat ein Geschäftsführer? Ist das denn nicht immer der Inhaber?
- Welche Rolle spielt das Amtsgericht? Es handelt sich bei Möntmanns doch um einen technischen Betrieb.
- Welche Bedeutung haben diese seltsamen Buchstaben und Zahlen „HRB 1070"?

Von den **gesetzlich festgeschriebenen Rechtsformen** sind die in der Praxis entwickelten **Mischformen** zu unterscheiden.

Für jeden Unternehmensgründer stellt sich die Frage, welche Rechtsform am besten zu seinem Unternehmen passt. Grundsätzlich hat der Gründer die Wahl zwischen verschiedenen Rechtsformen (Schaubild 4.10 und Tabelle 4.2). Einige davon sind gesetzlich festgeschrieben. Andere sind in der Praxis als vom Gesetzgeber ursprünglich nicht vorgesehene Mischformen entstanden, zum Beispiel die GmbH & Co. KG.

GmbH & Co. KG, siehe S. 163

Für die Wahl der Rechtsform gibt es keine Patentlösung. Jede Form hat Vor- und Nachteile und wirkt sich auf wichtige betriebswirtschaftliche Grundfragen aus, zum Beispiel auf

- die Möglichkeiten der Kapitalbeschaffung,
- die Geschäftsführung,
- die Verteilung von Gewinnen und Verlusten,
- die Haftung und
- die Besteuerung.

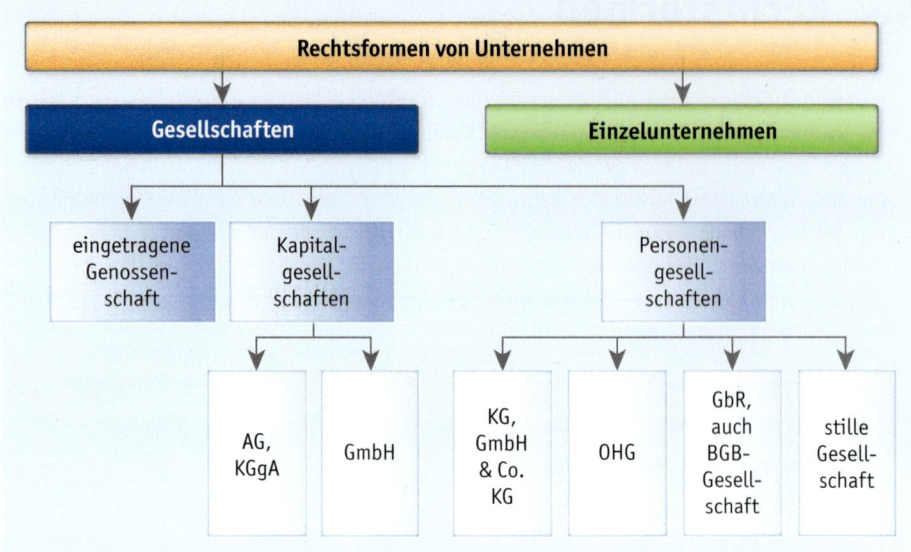

Schaubild 4.10: Rechtsformen von Unternehmen

Umsatzsteuerpflichtige Unternehmen in Deutschland 2010	
Unternehmen insgesamt	3,17 Mio.
Einzelunternehmen	2,18 Mio.
OHG, BGB-Gesellschaften	214 790
GmbH	483 730
KG, GmbH & Co. KG	141 530
AG, KGaA	7830
Genossenschaften	5200
öffentliche Betriebe	6380
sonstige Rechtsformen	130 540

Zahlen gerundet,
Quelle: Statistisches Bundesamt.

Tabelle 4.2: Die Häufigkeit der Rechtsformen in Deutschland

4.4.1 Einzelunternehmen

Ein **Einzelunternehmen** wird von einem einzigen Eigentümer geführt, der allein entscheidet, unbegrenzt haftet und den gesamten Gewinn erhält/Verlust trägt.

Das Einzelunternehmen (siehe Schaubild 4.11 und Tabelle 4.3) ist eine besonders häufige Rechtsform. Seine Gründung ist insoweit einfach, als es nicht an eine bestimmte Form gebunden ist. Ist für das Unternehmen jedoch ein kaufmännischer Geschäftsbetrieb erforderlich, so muss das Unternehmen ins Handelsregister eingetragen werden.

Erich Karl ist in einem Elektrofachgeschäft beschäftigt. Er möchte sich selbstständig machen, weil er endlich „sein eigener Herr" sein will. Erich rechnet zunächst mit Aufträgen von Privatkunden, denen er bereits bekannt ist. Die Verwaltungsarbeit wird seine Frau übernehmen. Ein kleines Büro kann er im Haus einrichten, und die Garage ist bis auf Weiteres groß genug, um als Lager für alle notwendigen Artikel dienen zu können. Viel Kapital braucht Erich zur Gründung des Unternehmens nicht, zumal er schon einen gebrauchten Transporter besitzt. Einen Namen für sein Unternehmen, die Firma, hat er auch schon: „Elektro Erich Karl e. K.".

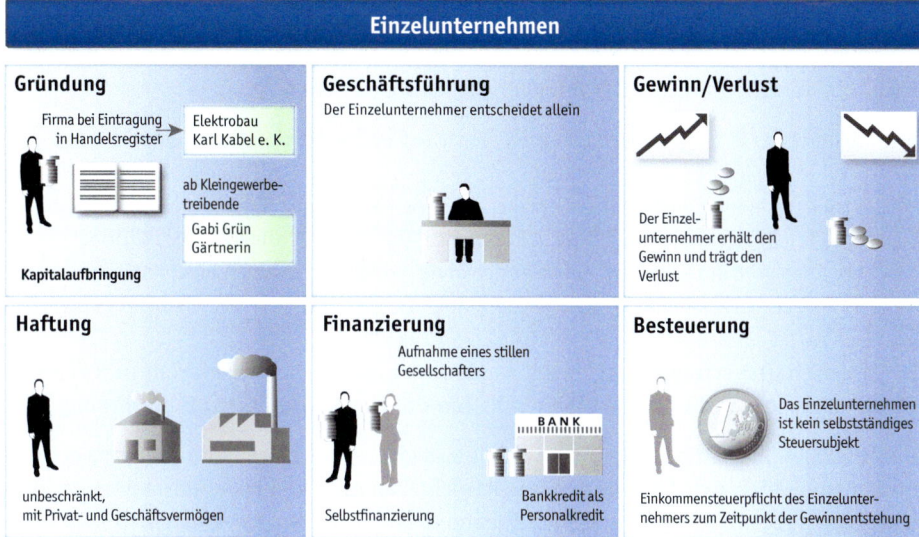

Gesetzliche Grundlagen: Es gelten die Vorschriften des Bürgerlichen Gesetzbuchs und des Handelsgesetzbuchs.

ZAHLENBILDER 201 115

© Erich Schmidt Verlag

Schaubild 4.11: Kernmerkmale des Einzelunternehmens

Vorteile	Nachteile
• geringer Kapitalaufwand • alleinige Entscheidungsbefugnis • erwirtschafteter Gewinn muss nicht geteilt werden • einfache und kostengünstige Gründung	• unbeschränkte Haftung auch mit Privatvermögen • beschränktes Wachstum durch begrenzte Arbeitskraft und begrenzte Geldmittel (Kreditbasis) • persönlicher Ausfall (z. B. Krankheit) führt leicht zur Krise des Unternehmens

Tabelle 4.3: Vor- und Nachteile des Einzelunternehmens

Einerseits muss der Einzelunternehmer das **Kapital** zur Finanzierung seines Unternehmens alleine aufbringen. Dabei geht er je nach der Höhe seines privaten Vermögens ein mehr oder weniger hohes finanzielles Risiko ein. Andererseits steht ihm der erzielte Gewinn allein zu. Auch die **Führung** des Unternehmens liegt allein in seiner Hand. Er trägt allein die Verantwortung gegenüber Mitarbeitern, Lieferanten und Kunden. Als Einzelunternehmer haftet er unbegrenzt für alle Schulden des Unternehmens; das bedeutet, dass er nicht nur mit dem Betriebsvermögen haftet, sondern auch mit seinem Privatvermögen.

4.4.2 Personengesellschaften

Eine **Gesellschaft** ist im Wirtschaftsleben eine Vereinigung von natürlichen und/oder juristischen Personen, die ein gemeinsames Ziel verfolgen und bei der Führung ihrer Geschäfte den Regeln des Privatrechts unterliegen.

Da heute auch eine Gesellschaft mit beschränkter Haftung oder eine Aktiengesellschaft von einer einzigen Person gegründet werden kann, ist die nebenstehende Definition – ebenso wie die traditionelle Definition des Einzelunternehmens – nicht ganz exakt.

Darüber hinaus gibt es auch Personenvereinigungen, die nicht dem Privatrecht unterliegen, sondern dem öffentlichen Recht. Dies sind beispielsweise der Bund, die Länder und Gemeinden, aber auch Anstalten des öffentlichen Rechts oder Stiftungen. Diese Vereinigungen fallen nicht unter den Gesellschaftsbegriff.

Charakteristisch für private Personengesellschaften ist es, dass die handelnden Personen natürliche Personen sind, die mit ihrem Privatvermögen haften.

stille Gesellschaft – gesetzliche Grundlagen: HGB, § 230 f.

Eine Variante der Personengesellschaft ist die stille Gesellschaft (siehe Schaubild 4.12).

Eine stille Gesellschaft entsteht, wenn ein Außenstehender einem Einzelunternehmen finanzielle Mittel zur Verfügung stellt, ohne nach außen in Erscheinung zu treten und ohne sich an der Geschäftsführung zu beteiligen.

> **BEISPIEL**
> Als Erich Karl seinem Cousin Wilfried erzählt, dass er einen eigenen Betrieb gründen will, zeigt dieser sich sehr interessiert und lässt sich von Erichs Geschäftsidee überzeugen. Wilfried möchte Erich gern unterstützen, indem er sich ohne großes Aufsehen mit einer Kapitaleinlage von 20.000 Euro am neuen Unternehmen beteiligt.

Im **Gesellschaftsvertrag** kann geregelt werden, ob und in welcher Höhe ein stiller Gesellschafter an einem Verlust beteiligt sein soll. Ihm steht jedoch eine Gewinnbeteiligung zu.

Ein stiller Gesellschafter wird nicht ins Handelsregister eingetragen und die Firma des Unternehmens ändert sich durch seinen Beitritt nicht. Benötigt ein Einzelunternehmen zusätzliche finanzielle Mittel, hat aber keinen Zugang zu Bankkrediten oder anderen Geldquellen, so kann ein stiller Gesellschafter durchaus vorteilhaft sein.

Schaubild 4.12: Kernmerkmale der stillen Gesellschaft

Gesellschaft bürgerlichen Rechts – gesetzliche Grundlagen: BGB, § 705 ff.

Eine Gesellschaft bürgerlichen Rechts (kurz: GbR oder BGB-Gesellschaft) muss aus mindestens zwei Gesellschaftern bestehen, die auch formlos einen Vertrag schließen können, durch den sie sich gegenseitig verpflichten, die Erreichung eines gemeinsamen Zieles zu fördern. Ausgenommen davon ist der Betrieb eines Handelsgewerbes im Sinne des Handelsgesetzbuchs (HGB). Daher erklärt sich auch der Name der Gesellschaft: Ihre Mitglieder dürfen keine Kaufleute im Sinne des HGB sein, vielmehr gelten für sie nur die Vorschriften des Bürgerlichen Gesetzbuchs (BGB).

> **BEISPIEL**
>
> Das Ziel einer GbR kann darin bestehen, einen gemeinsamen Geschäftsbetrieb zu führen, etwa eine Anwaltskanzlei oder ein Steuerberaterbüro. Wollten die Gesellschafter einen Laden gründen, in dem sie modische Herrenbekleidung verkaufen, so hieße das, ein gewerbliches Unternehmen zu betreiben, das sie zum Eintrag ins Handelsregister anmelden müssten.

Eine Gesellschaft bürgerlichen Rechts besteht aus zwei oder mehr Gesellschaftern, die sich verpflichten, die Erreichung eines gemeinsamen Ziels zu fördern.

Jeder Gesellschafter muss einen Beitrag leisten. Das können Geld- oder Arbeitsleistungen, aber auch die Einbringung von Kunden oder Know-how sein. Falls nichts Abweichendes vereinbart wird, haben die Gesellschafter gleiche Beiträge zu leisten und deshalb auch gleichen Anteil an Gewinn und Verlust.

Know-how = Fachwissen (wie etwas gemacht wird)

Die Beiträge und die durch die Geschäftsführung erworbenen Gegenstände werden gemeinschaftliches Vermögen der Gesellschafter. Sie bilden also das **Gesellschaftsvermögen.** Haben die Gesellschafter vertraglich keine speziellen Abmachungen getroffen, dann steht ihnen die **Geschäftsführung** gemeinschaftlich zu, das heißt, es gilt dann der Grundsatz der Einstimmigkeit. Grundsätzlich haften die Gesellschafter auch mit ihrem Privatvermögen.

Die offene Handelsgesellschaft (OHG, siehe Schaubild 4.13) ist eine Personengesellschaft, deren Zweck auf den Betrieb eines Handelsgewerbes unter gemeinschaftlicher Firma gerichtet ist. Eines der wesentlichen Merkmale dieser Rechtsform ist, dass bei keinem der Gesellschafter die Haftung gegenüber den Gläubigern der Gesellschaft beschränkt ist. Die Gläubiger können also unbeschränkt sowohl auf das Geschäfts- als auch auf das Privatvermögen der Gesellschafter zurückgreifen. Darüber hinaus können sie zur Einlösung ihrer Forderungen unmittelbar an einen beliebigen Gesellschafter herantreten. Hieraus erklärt sich auch der Name: Die OHG ist „offen", weil der Zugriff der Gläubiger auf das Vermögen der Gesellschafter offen ist. Die Gesellschafter sind eng miteinander verbunden, denn jeder hat für das Handeln aller übrigen solidarisch einzustehen.

Offene Handelsgesellschaft
– gesetzliche Grundlagen: BGB, § 105 ff.

> **BEISPIEL**
>
> Erich Karl hat mit seinen Erwartungen recht behalten. Sein Geschäft läuft glänzend – für ihn und seine Frau als alleinige Betreiber schon bald so gut, dass er darüber nachdenkt, es auszubauen. Nun erhält er einen großen Auftrag. Für ein Geschäftszentrum soll er sämtliche Elektroinstallationen vornehmen. Um diesen Auftrag bewältigen zu können, benötigt Erich zusätzliches Personal. Außerdem reicht die Fläche seines Wohnhauses nicht mehr aus, um alle Büro- und Lagerräume auf ihr unterzubringen. Erich braucht aber nicht nur mehr Platz, sondern auch einen größeren Fuhrpark und mehr Geräte und Werkzeuge. Allerdings stößt er an die Grenzen seiner finanziellen Möglichkeiten – vor allem deshalb, weil keine Bank bereit ist, ihm einen Kredit zur Erweiterung seines Geschäftsbetriebs zu geben. Erich setzt sich mit Anna Moser, einer ehemaligen Kollegin, in Verbindung. Zu seiner Freude ist Anna bereit, als Teilhaberin in das Unternehmen einzusteigen. Erich ist das recht, zumal Anna Kapital besitzt, das sie in die neue Gesellschaft einbringen könnte.

ELEKTRO **ERICH KARL** OHG

Die **Gründung** der OHG vollzieht sich in zwei Stufen: Zuerst wird ein Gesellschaftsvertrag abgeschlossen, und anschließend wird die Gesellschaft zur Eintragung ins Handelsregister angemeldet. Der Gesellschaftsvertrag muss keiner bestimmten Form genügen, das heißt, er muss in der Regel nicht notariell beurkundet werden. Zuständig für den Eintrag ins Handelsregister ist das Gericht, in dessen Bezirk die Gesellschaft ihren Sitz hat.

Einzel- oder **Gesamt-befugnis** zur Geschäftsführung

Alle Gesellschafter einer OHG sind zur **Geschäftsführung** berechtigt bzw. verpflichtet. Anders als bei der GbR geht das Gesetz bei der OHG von einer Einzelgeschäftsführungsbefugnis aus, das heißt, jeder Gesellschafter ist berechtigt, stellvertretend für die Gesellschaft allein zu handeln. Die Gesellschafter müssen jedoch diese gesetzliche Regel nicht übernehmen. Vielmehr können sie vereinbaren, dass sie nur zusammen handeln können. Verständigen Sie sich auf diese sogenannte **Gesamtgeschäftsführungsbefugnis,** so werden Geschäftsabschlüsse nur dann wirksam, wenn alle Gesellschafter dem Geschäft zustimmen.

Die **Nachhaftung** ist in § 160 HGB geregelt. Sie ist auf fünf Jahre befristet.

Für die Verbindlichkeiten der OHG haften die Gesellschafter sowohl mit dem Gesellschaftsvermögen als auch persönlich. Selbst nach dem Ausscheiden eines Gesellschafters aus der OHG besteht auch später noch eine sogenannte Nachhaftung. Diese Bestimmung ist durchaus von Vorteil, denn durch sie gewinnt das Unternehmen gegenüber Banken und anderen Kapitalgebern an Kreditwürdigkeit.

Häufig ist ein erhöhter Kapitalbedarf der Grund für die Bildung einer OHG. Aber auch bei der Fortsetzung eines Einzelunternehmens durch eine Erbengemeinschaft wird diese Rechtsform oft gewählt, etwa dann, wenn ein Einzelunternehmer aus Altersgründen die Geschäftsführung seinen Kindern übertragen will.

Schaubild 4.13: Kernmerkmale der offenen Handelsgesellschaft

Kommanditgesellschaft – gesetzliche Grundlagen: BGB, § 105 ff.

Bei der Kommanditgesellschaft (KG, siehe Schaubild 4.14) ist die Haftung eines oder mehrerer Gesellschafter auf den Betrag ihrer Vermögenseinlage beschränkt. Diese Gesellschafter werden als **Kommanditisten** bezeichnet. Allerdings muss mindestens ein Gesellschafter unbeschränkt haften. Diese Gesellschafter nennt man **Komplementäre.** Die Höhe der Haftsumme der Kommanditisten ist ins Handelsregister einzutragen. Ist die Einlage vom Kommanditisten vollständig bezahlt, dann kann er auch nicht mehr persönlich für die Verbindlichkeiten der Gesellschaft haftbar gemacht werden.

Bei einer Kommanditgesellschaft haften nur die Komplementäre unbeschränkt.

Die **Gründung** einer KG folgt demselben Muster wie die einer OHG. Die Kommanditisten sind von der **Geschäftsführung** ausgeschlossen. Grundsätzlich sind sie auch nicht dazu ermächtigt, die Gesellschaft nach außen zu vertreten, es sei denn, es wird ihnen ausdrücklich die sogenannte Prokura erteilt. Die KG bietet also den Vorteil der Wahl zwischen zwei Arten von Teilhaberschaft: Man kann entweder

Prokura ist die umfassendste Vollmacht, die der Kaufmann erteilen kann.

- Teilhaber mit einer begrenzten Vermögensmasse werden, ist dafür aber von der Geschäftsführung ausgeschlossen, oder
- man kann sich dafür entscheiden, voll zu haften, hält dafür aber die Zügel in der Hand.

Kommanditisten haben ein Widerspruchsrecht bei außergewöhnlichen Geschäften, ein Recht auf Einsicht in die Geschäftsbücher und ein Recht auf den vertraglich vereinbarten Gewinnanteil. Der Komplementär einer KG kann auch eine juristische Person sein, zum Beispiel eine Gesellschaft mit beschränkter Haftung (GmbH). Die Rechtsform, die sich daraus ergibt, wird als GmbH & Co. KG bezeichnet. Bei dieser Rechtsform handelt es sich um eine Kombination der zwei Grundtypen Personengesellschaft und Kapitalgesellschaft. Dennoch ist eine GmbH & Co. KG eine Personengesellschaft und keine Kapitalgesellschaft. Deren Besonderheit besteht allerdings darin, dass der Komplementär, die GmbH, nur mit dem Gesellschaftsvermögen haftet.

GmbH & Co. KG

Schaubild 4.14: Kernmerkmale der Kommanditgesellschaft

4.4.3 Kapitalgesellschaften

Kapitalgesellschaften sind juristische Personen und damit selbst rechtsfähig. Im Gegensatz zu den Personengesellschaften, bei denen Eigenkapitalgeber (Gesellschafter) und Geschäftsführer normalerweise identisch sind, sind bei Kapitalgesellschaften das **Eigentum** an der Gesellschaft und die **Führung** des Unternehmens in der Regel voneinander getrennt. Normalerweise beschränkt sich der Einfluss der Gesellschafter auf ihr Stimmrecht in der Gesellschafterversammlung. Ihr Risiko beschränkt sich auf die geleistete Kapitaleinlage.

Die Gesellschaft mit beschränkter Haftung (GmbH, siehe Schaubild 4.15) ist eine Kapitalgesellschaft, deren Gesellschafter aufgrund ihrer Einlagen am Eigenkapital beteiligt sind. Die Gesellschafter haften nicht persönlich für die Verbindlichkeiten der Gesellschaft, sondern nur in Höhe ihrer jeweiligen Stammeinlage. Die Gläubiger einer GmbH können sich mit ihren Forderungen nur an das Gesellschaftsvermögen halten, nicht aber an die einzelnen Gesellschafter. Im Gesellschaftsvertrag kann jedoch eine beschränkte oder unbeschränkte Nachschusspflicht vereinbart werden. Durch eine solche Vereinbarung verpflichtet sich der Gesellschafter, unter bestimmten Voraussetzungen weitere Geldleistungen an die Gesellschaft zu erbringen.

Gesellschaft mit beschränkter Haftung – gesetzliche Grundlagen: Gesetz betreffend die Gesellschaften mit beschränkter Haftung (GmbHG)

Das bei der Gründung einer GmbH von den Gesellschaftern eingebrachte Eigenkapital wird als **Stammkapital** bezeichnet.

Die **Gründung** einer GmbH ist schwieriger als die Gründung einer Personengesellschaft, da der Gesellschaftervertrag von einem Notar beurkundet werden muss. Die Zahl der Gesellschafter ist nicht vorgeschrieben. Deshalb kann eine GmbH auch von einer einzigen Person errichtet werden. In diesem Fall spricht man von einer Ein-Mann-GmbH. Zur Gründung wird ein Stammkapital in Höhe von mindestens 25 000 € vorausgesetzt. Um diese Summe aufzubringen, muss jeder Gesellschafter eine **Stammeinlage** von mindestens 100 € einzahlen. Die Einlagen können in Form von Geld- oder Sachleistungen erbracht werden. Bei Sachleistungen müssen sowohl der Gegenstand – beispielsweise ein Fahrzeug oder ein Kopiergerät – als auch der hierfür veranschlagte wertmäßige Betrag im Gesellschaftsvertrag festgesetzt werden. Die GmbH kann erst dann zur Eintragung ins Handelsregister angemeldet werden, wenn

- auf jede Stammeinlage mindestens ein Viertel eingezahlt,
- insgesamt mindestens die Hälfte des Stammkapitals, das heißt mindestens 12 500 € angesammelt und
- vereinbarte Sachleistungen vollständig erbracht worden sind.

Die Organe der GmbH sind die Geschäftsführung und die Gesellschafterversammlung, je nach Größe auch ein Aufsichtsrat.

Um handeln zu können, bedarf es bei der GmbH verschiedener **Organe.** Dies sind im Wesentlichen ein oder mehrere Geschäftsführer und die Gesellschafterversammlung. Letztere wird von der Geschäftsführung einberufen und entscheidet unter anderem über die Verwendung des Gewinns sowie die Bestellung und Abberufung von Geschäftsführern und Prokuristen. Wenn eine GmbH mehr als 500 Beschäftigte hat, ist sie gesetzlich dazu verpflichtet, einen Aufsichtsrat zu bilden. Der Aufsichtsrat besteht aus Vertretern der Gesellschafter und der Arbeitnehmer. Seine wichtigste Aufgabe ist es, die Geschäftsführung zu überwachen und in diesem Sinne auch den Jahresabschluss und den Lagebericht der Gesellschaft zu prüfen.

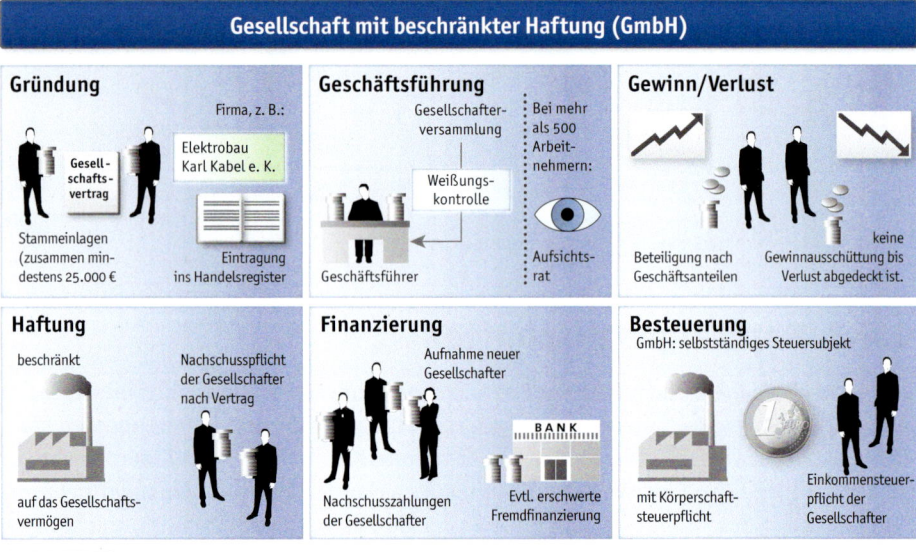

Schaubild 4.15: Kernmerkmale der Gesellschaft mit beschränkter Haftung

Die **haftungsbeschränkte Unternehmergesellschaft** wird im Volksmund auch als Mini-GmbH oder 1-Euro-GmbH bezeichnet.

In vielen Mitgliedstaaten der Europäischen Union werden geringere Anforderungen an die Gründungsformalitäten und die Aufbringung des Mindeststammkapitals einer Gesellschaft mit beschränkter Haftung gestellt als in Deutschland. Deshalb wurde Ende 2008 im Zuge der Modernisierung des GmbH-Rechts die haftungsbeschränkte Unternehmergesellschaft (UG, siehe Schaubild 4.16) als eine Sonderform der GmbH eingeführt. Die UG ist eine Einstiegsvariante der GmbH ohne ein bestimmtes Mindeststammkapital. Zur Gründung reicht 1 Euro. Allerdings darf die UG ihre Gewinne nicht voll ausschütten, sondern muss einen Teil davon zur Ansparung des Stammkapitals der normalen GmbH nutzen.

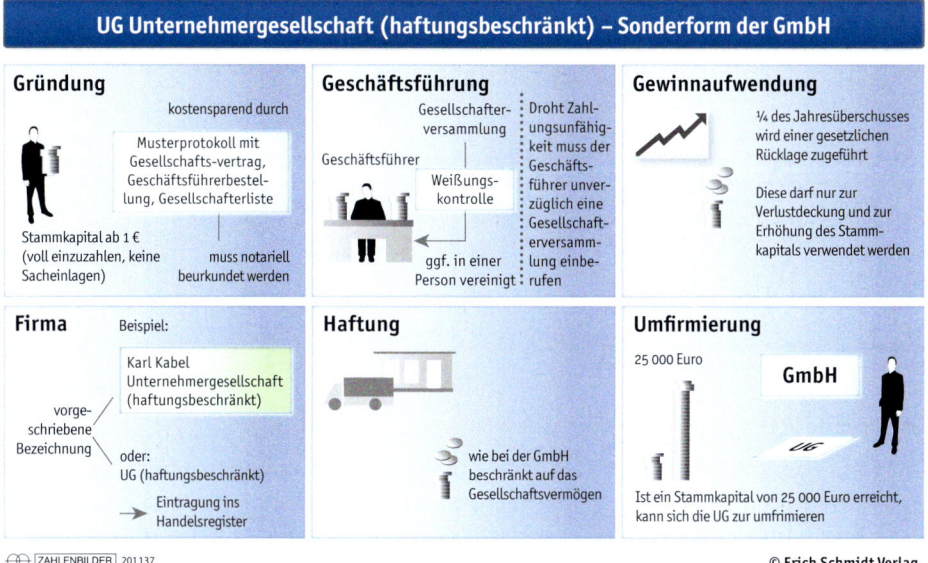

Schaubild 4.16: Kernmerkmale der haftungsbeschränkten Unternehmergesellschaft

Auch die Aktiengesellschaft (AG, siehe Schaubild 4.17) ist eine Kapitalgesellschaft, also eine juristische Person. Das Grundkapital dieser Gesellschaft in Höhe von mindestens 50 000 Euro ist in Aktien zerlegt. Jeder Kapitalanteil ist damit als Wertpapier verbrieft und kann auf dem Markt für Eigenkapital, das heißt an der Aktienbörse gehandelt werden.

Aktiengesellschaft – gesetzliche Grundlagen: Aktiengesetz (AktG)

Die **Gründung** der AG erfolgt durch eine oder mehrere Personen. Der Gesellschaftsvertrag muss notariell beurkundet werden, um rechtskräftig zu werden. Die Gesellschafter (Aktionäre) übernehmen die Aktien gegen Zahlung einer Einlage. Sie werden am Gewinn der AG durch eine sogenannte Dividende beteiligt. Die Haftung ist bei der AG auf das Gesellschaftsvermögen beschränkt.

Werden die Aktien einer AG an der Börse gehandelt, so spricht man von einer **börsennotierten AG.**

Der Vorstand, der Aufsichtsrat und die Hauptversammlung bilden die **Organe** der AG. Die AG wird gerichtlich und außergerichtlich durch den Vorstand vertreten. Der Vorstand führt auch die Geschäfte der AG. Dabei ist er nicht an Weisungen des Aufsichtsrats oder der Hauptversammlung gebunden. Der Vorstand wird vom Aufsichtsrat bestimmt. Gibt es mehrere Vorstandsmitglieder, so handeln diese in der Regel gemeinschaftlich.

Die **Dividende** ist ein Geldbetrag, der sich aus der Höhe eines bestimmten Prozentsatzes des Bilanzgewinns pro Aktie ergibt.

Der Aufsichtsrat besteht aus mindestens drei Mitgliedern. Er wird alle vier Jahre durch Wahlen im Rahmen der **Hauptversammlung** neu gebildet. Wählbar sind nur natürliche Personen, die nicht dem Vorstand angehören und nicht leitende Angestellte der AG sind. Die Hauptaufgaben des Aufsichtsrats bestehen darin, den Vorstand zu bestellen, abzuberufen und zu überwachen sowie die Unternehmenspolitik festzulegen.

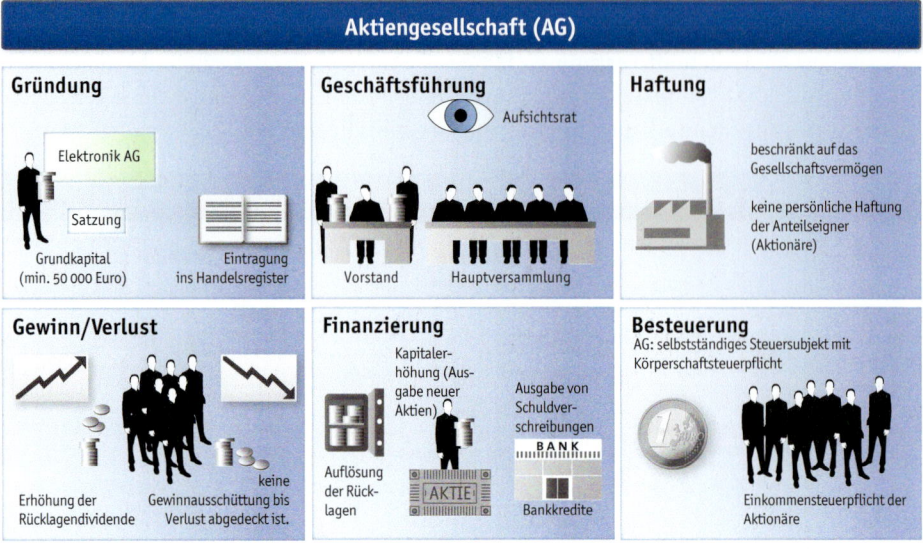

Schaubild 4.17: Kernmerkmale der Aktiengesellschaft

Die Hauptversammlung (siehe Schaubild 4.18) wird regelmäßig einmal im Jahr vom Vorstand einberufen. Die Aktionäre beschließen unter anderem über die Bestellung und die Entlastung von Vorstand und Aufsichtsrat. Bei der Beschlussfassung hat jeder Aktionär ein Stimmrecht pro Aktie. In der Regel gilt für Beschlüsse der Hauptversammlung die einfache Stimmenmehrheit, für Entscheidungen von besonderer Tragweite wie Satzungsänderungen oder Kapitalbeschaffung bedarf es jedoch einer qualifizierten Mehrheit von 75 % des bei der Beschlussfassung vertretenen Grundkapitals.

Schaubild 4.18: Hauptversammlung einer Aktiengesellschaft

Genossenschaft – gesetzliche Grundlagen: Gesetz betreffend die Erwerbs- und Wirtschaftsgenossenschaften (GenG)

Eine Genossenschaft ist ein Zusammenschluss von natürlichen und/oder juristischen Personen, die ein gemeinsames Ziel verfolgen. Das Ziel der Tätigkeit besteht nicht darin, Gewinne zu machen. Maßgeblich sind vielmehr Leitideen wie Mitgliederförderung, Selbsthilfe, Selbstverantwortung und Selbstverwaltung sowie das Prinzip der Identität von Entscheidungsträger, Geschäftspartner und Kapitalgeber. In einer Genossenschaft schließen sich Personen zusammen, um gemeinsam vergleichbare wirtschaftliche, soziale oder kulturelle Interessen zu verfolgen.

Die **eingetragene Genossenschaft** (eG, siehe Schaubild 4.19) ist eine juristische Person und nach § 17 des Genossenschaftsgesetzes (GenG) Formkaufmann im Sinne des Handelsrechts. Eine eG muss aus mindestens drei Mitgliedern bestehen, die sich eine Satzung geben. Der Eintrag erfolgt im Genossenschaftsregister des zuständigen Amtsgerichts.

Die Haftung einer eG beschränkt sich auf das Genossenschaftsvermögen.

Ein **Istkaufmann** ist gemäß § 1 HGB jede Person, die ein Handelsgewerbe betreibt, das einen kaufmännisch eingerichteten Geschäftsbetrieb erfordert.

Ein **Formkaufmann** im Sinne des § 6 Absatz 2 HGB ist jede Gesellschaft, die entweder ein Handelsgewerbe betreibt oder in der Rechtsform einer Kapitalgesellschaft oder Genossenschaft betrieben wird.

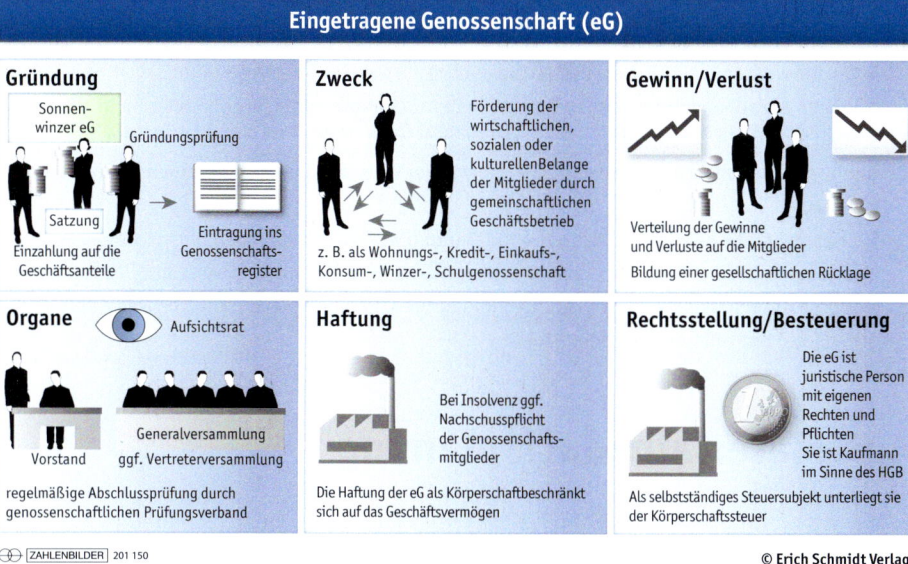

Schaubild 4.19: Kernmerkmale der eingetragenen Genossenschaft

Greenpeace Energy ist eine eingetragene Genossenschaft, die 20 000 Mitgliedern gehört (Stand Januar 2012). Neben dem Verkauf von Ökostrom baut sie Kraftwerke zur Stromgewinnung aus erneuerbaren Energien wie Wind und Sonne.

die tageszeitung ist seit 1991 eine eingetragene Genossenschaft. Ihre Mitglieder sind überzeugt, dass diese Tageszeitung wegen ihrer ökonomischen Unabhängigkeit den gewünschten Freiraum in der Berichterstattung bewahren kann.

Die Marktgenossenschaft der Naturland-Bauern e. G. ist eine Erzeugergemeinschaft, die die Vermarktung von Öko-Produkten an den Lebensmitteleinzelhandel fördern will. Diese Genossenschaft stellt die Verbindung zwischen Biohöfen und Handel her.

Aufgaben zum Thema Rechtsformen

1 In der Bundesrepublik werden die meisten Unternehmen in der Form der Einzelunternehmung geführt. Beschreiben Sie die Rechte und Pflichten eines Einzelunternehmers in Bezug auf die folgenden Punkte:
   a Gründung   d Gewinn- und Verlust-   f Besteuerung
   b Geschäftsführung   verteilung
   c Finanzierung   e Haftung

2 Erstellen Sie eine vergleichende Übersicht (Synopse) für die Einzelunternehmung und die beiden Formen der Personengesellschaft. Ordnen Sie waagerecht die drei Unternehmensformen an und in der Senkrechten die Punkte a bis f aus Aufgabe Nummer 1.

3 Nach der Ausbildung, die Sie gut bestanden haben, werden Sie von drei ehemaligen Mitauszubildenden gefragt, ob Sie gemeinsam ein Unternehmen gründen wollen. Überlegen Sie sich,

    a welchen Zweck ein Unternehmen haben könnte, das Sie gemeinsam mit anderen betreiben würden;

    b ob Sie das Unternehmen als Einzelunternehmung führen und die ehemaligen Mitauszubildenden einstellen würden;

    c ob Sie sich nicht doch lieber für eine Personengesellschaft entscheiden würden;

    d ob Sie lieber Gesellschafter in einer OHG oder Kommanditist in einer KG wären.

4 In Schaubild 4.10 auf Seite 158 sind die offenen Handelsgesellschaften und die BGB-Gesellschaften zusammengefasst.

    a Warum werden die BGB-Gesellschaften auch stille Gesellschaften genannt?

    b Wägen Sie ab, ob die Zusammenfassung in dem Schaubild berechtigt ist oder nicht.

5 Stellen Sie die Merkmale der drei Kapitalgesellschaften in einer Synopse zusammen.

6 Überlegen Sie, ob Sie als Bankmanager lieber einer OHG oder einer GmbH einen Kredit geben würden.

7 Sie haben 5000 € gewonnen. Was spricht dafür und was spricht dagegen, dieses Geld in Aktien anzulegen und damit Mitunternehmer in einer AG zu werden, beispielsweise der BMW AG?

8 Wodurch unterscheiden sich Einzelunternehmungen, Personengesellschaften und Kapitalgesellschaften von Genossenschaften?

4.5 Materialbedarfsplanung

Die **Materialwirtschaft** eines Unternehmens kann auch als **Logistik** bezeichnet werden.

In jedem gewerblichen Unternehmen gibt es eine Materialwirtschaft (Schaubild 4.20). Deren Aufgabe ist es,

- Roh-, Hilfs- und Betriebsstoffe zu beschaffen;
- die Materialien rechtzeitig dort zur Verfügung zu stellen, wo sie verwendet werden sollen;
- sie bis zur Verwendung sachgerecht zu lagern;
- die fertigen Produkte zum Absatzort zu schaffen und
- gegebenenfalls entstandene Abfälle zu entsorgen.

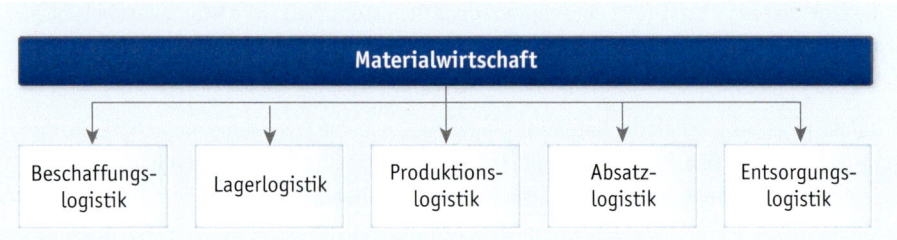

Schaubild 4.20: Aufgabenbereiche der Materialwirtschaft (Logistik)

Ausgehend von den geplanten Absatz- und Produktionszahlen muss zunächst die Menge der benötigten Materialien bestimmt werden.

> **BEISPIEL**
>
> Vor der Produktion eines Pkws muss geplant werden, welche Teile benötigt werden. Das Fahrzeug lässt sich gedanklich in etliche 100 000 Einzelteile zerlegen. Multipliziert man jedes dieser Teile mit der geplanten Produktionsmenge an Fahrzeugen, so ergibt sich daraus die benötigte Beschaffungsmenge für jedes Teil.

Nach den Lagermöglichkeiten und -notwendigkeiten wird die **Vorratsbeschaffung** von der **Just-in-Time-Beschaffung** unterschieden.

Das Unternehmen könnte nun die gesamte Menge für die Produktionszeit beispielsweise eines Vierteljahres auf einmal beschaffen und auf Lager legen, also Vorräte beschaffen. Die sogenannte **Vorratsbeschaffung** hat Vor- und Nachteile.

Vorteil	Nachteile
Veränderungen des Verbrauchstempos führen nicht zu Engpässen und zur Drosselung der Produktion. Stattdessen kann ein Mehrbedarf über das Lager abgedeckt werden.	Die Beschaffungskosten müssen in einem großen Betrag aufgebracht werden. Es wird also Kapital gebunden. Das Unternehmen benötigt eine große Lagerfläche, muss also Lagerkosten auf sich nehmen.

Das Material kann aber auch in kleineren Mengen angeliefert werden. Beispielsweise wird die für die Produktion benötigte Tagesmenge am Beginn eines jeden Produktionstages angeliefert. Das Material wird also erst zu dem Zeitpunkt zur Verfügung gestellt, an dem es auch eingesetzt oder verbraucht wird. Es trifft „just in time" ein. Auch die **Just-in-Time-Beschaffung** muss abgewogen werden.

Vorteil	Nachteile
Es entstehen keine eigenen Lagerkosten.	Die Abhängigkeit vom Lieferanten ist groß. Stellt er das Material nicht rechtzeitig bereit, so kann das Unternehmen zur Deckung seines Bedarfs nicht auf Vorräte zurückgreifen. Lieferverzögerungen führen direkt zu Verzögerungen in der Produktion.

Je nach Beschaffungsart unterscheidet man zwischen dem Bestellpunktverfahren und dem Bestellrhythmusverfahren (Schaubild 4.21). Beim Bestellpunktverfahren werden für jeden Bestellzeitpunkt die Bestellmenge und der Lieferzeitpunkt festgelegt. Beim Bestellrhythmusverfahren dagegen wird jeweils in gewissen Zeitabständen eine bestimmte Menge beschafft.

Bestellpunktverfahren
Bestellrhythmusverfahren
fallweise Beschaffung

Stellt das Unternehmen in seinem Betrieb Produkte in Einzelfertigung her, so wird jedes Produkt einzeln geplant. Für die Beschaffungslogistik bedeutet dies, dass die Materialien je nach den Erfordernissen des Einzelfalls beschafft werden müssen. Die fallweise Beschaffung fällt von Produkt zu Produkt unterschiedlich aus und muss von Produkt zu Produkt neu geplant werden.

In der **Einzelfertigung** wird oftmals fallweise beschafft.

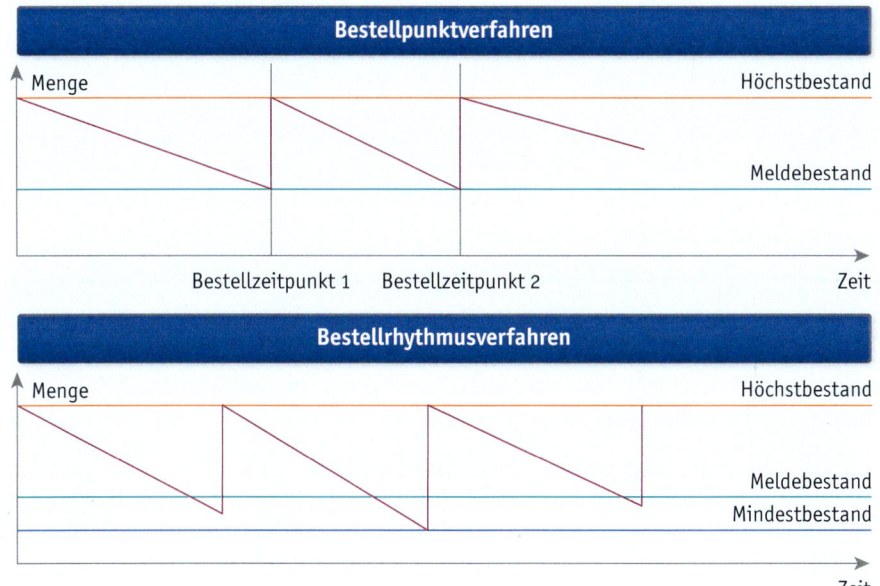

Schaubild 4.21: Bestellpunkt- und Bestellrhythmusverfahren

4.6 Materialbeschaffung

Situation

Franz hat inzwischen seine Tätigkeit bei Elektro-Möntmann aufgenommen. Er ist sehr erfolgreich und wurde schon nach recht kurzer Zeit zum Projektleiter bestimmt. Heute, am 5. Mai, ist jedoch nicht sein Glückstag. Für einen Auftrag in einem großen Produktionsbetrieb hatte Franz bei dem langjährigen Lieferer Ansorge AG, Jöllenbecker Weg 54, 48112 Bielefeld, zum Abschluss der Planungsphase am 15. März zehn Schaltkästen Typ X3 zum Einzelpreis von 2375,00 € bestellt. Die Lieferung der Schaltkästen war zwischen Ansorge und Franz für Anfang Mai vereinbart worden. Franz hatte geplant, am 3. Mai zusammen mit seinem Technikerteam zu beginnen, die Schaltkästen einzubauen. Allerdings sind die Waren bis heute nicht eingetroffen. Stattdessen findet er in seiner Dienstpost ein Schreiben von Ansorge mit dem folgenden Inhalt:

Sehr geehrter Herr Meier,

am 15. März hatten Sie aufgrund unseres Angebots vom 12. März zehn Schaltkästen des Typs X3 bestellt. Wir haben jedoch inzwischen aus betriebsinternen Gründen die Produktion von Schaltkästen eingestellt und können Ihren Auftrag vom 15. März nicht mehr ausführen. Es tut uns leid, Ihnen keine bessere Auskunft geben zu können.

Mit freundlichen Grüßen

Franz sitzt an seinem Schreibtisch und überlegt:

- Welchen Auftragswert hatte eigentlich die Bestellung bei Ansorge?
- Ist eigentlich zwischen mir bzw. Möntmann und Ansorge ein Kaufvertrag zustande gekommen?
- Hätte ich den Vertrag anders abschließen müssen, damit ich eher von der Lieferpanne erfahren hätte?
- Wenn ein Kaufvertrag zustande gekommen ist, dann müsste ich doch jetzt bestimmte Rechte haben, oder?
- Auf jeden Fall brauche ich schnellstens die Schaltkästen. Wie komme ich denn jetzt an einen neuen Lieferanten?
- Was mache ich bloß, wenn der jetzt teurer ist als Ansorge? Ich habe doch für mein Projekt mit dem Preis von Ansorge kalkuliert.

Die Ausgangssituation für die Beschaffung bestimmt darüber, wie das Unternehmen vorgehen muss.

Muss für das Unternehmen Material beschafft werden, so sind drei unterschiedliche Ausgangssituationen zu beachten.

Situation 1: Die Roh-, Hilfs- oder Betriebsstoffe werden laufend benötigt, am eigenen Lager vorgehalten und müssen bei den ständigen Lieferanten nachbestellt werden. In diesem Fall wird der Beschaffungsvorgang meist automatisch ausgelöst: Im Warenwirtschaftssystem wird festgestellt, wenn das Lager auf einen bestimmten Mindestbestand (Meldebestand) zusammengeschmolzen ist. Daraufhin ergeht an den ständigen Lieferanten eine festgelegte Nachbestellung.

Situation 2: Die automatische Beschaffung wie in Situation 1 fällt aus, weil der Lieferant lieferunfähig geworden ist, etwa durch einen Brand in seinen Betriebsräumen. Die gleiche Situation kann sich ergeben, wenn der bisherige Lieferant ausgewechselt werden soll, weil seine Lieferungen fehlerhaft oder unpünktlich waren.

Situation 3: Bestimmte Roh-, Hilfs- oder Betriebsstoffe wurden bisher nicht benötigt und müssen nun erstmals beschafft werden.

In den Situationen 2 und 3 muss die für die Materialbeschaffung zuständige Abteilung zunächst herausfinden, welche Anbieter die benötigten Materialien liefern können.

4.6.1 Maßnahmen zur Vorbereitung der Produktion

Im Unternehmen werden in der Regel im Zusammenhang mit dem Warenwirtschaftssystem Dateien geführt – entweder von Hand oder EDV-gestützt. In diesen Karteien oder Dateien liefern Datensätze Informationen über Lieferanten und deren Sortimente. Diese Dateien können Aufschluss darüber geben, ob einer der dort verzeichneten Lieferanten als Bezugsquelle für den benötigten Artikel infrage kommt.

Adressen von Lieferanten können im Unternehmen vorliegen **(unternehmensinterne Adressen)** oder müssen außerhalb des Unternehmens **(unternehmensextern)** gesucht werden.

Die unternehmensinternen Informationen können durch außerbetriebliche (unternehmensexterne) Informationen über mögliche Bezugsquellen ergänzt werden. Das Internet bietet über Suchmaschinen und Datenbanken die umfangreichste und zielsicherste Möglichkeit, Lieferantenadressen zu finden und per E-Mail direkt Kontakt mit den möglichen Lieferanten aufzunehmen. Vorläufer der Internet-Datenbanken sind Adressenverzeichnisse wie **Wer liefert was?** oder **Gelbe Seiten.**

Im Internet sind **elektronische Adressenverzeichnisse** verfügbar.

Hinweise auf mögliche Lieferanten kann man auch auf Messen oder Ausstellungen erhalten, die von Messegesellschaften oder auch von Herstellern für befreundete Unternehmen veranstaltet werden. Außerdem gibt es zahlreiche Fachzeitschriften, in denen Hersteller ihre Produkte anbieten und die ihren Partnern als Informationsquelle für Adressen dienen können.

Messen

Ausstellungen

Fachzeitschriften

Bei der Beschaffung neuer Materialien ist die Auswahl des Lieferanten für den unternehmerischen Erfolg sehr wichtig. Dabei ist eine Vielzahl von Faktoren zu beachten:

Bei der Materialbeschaffung sind wichtige Fragen zu beantworten.

- Ist der potenzielle Lieferant in der Lage, die geforderten Qualitätsstandards zu erfüllen?
- Kann er die benötigten Mengen jederzeit liefern?
- Bietet er zu wettbewerbsfähigen Preisen an?
- Welche Lieferungs- und Zahlungsbedingungen gelten bei ihm?
- Welche Garantieleistungen übernimmt er?
- Wie zuverlässig ist er?
- Welchen Ruf genießt er in der Branche?
- Welche Produktionsverfahren wendet er an?
- Wird der Produktionsprozess von ständigen Qualitätskontrollen begleitet?
- Welche Materialien verarbeitet er?
- Wie geht er mit neuen technischen Entwicklungen um?
- Kommt er auch zur Lieferung weiterer Materialien infrage?

4.6.2 Anfrage

Um Kontakt mit dem Anbieter aufzunehmen, kann zunächst eine Anfrage geschrieben werden. Eine Anfrage ist lediglich eine Bitte um Information, die für den Anfragenden, aber auch für den Angefragten keinerlei rechtliche Bedeutung hat: Weder der Anfragende noch der Anbieter gehen aufgrund der Anfrage eine Verpflichtung ein.

Die **Anfrage** ist eine Bitte um Information und hat keine Verbindlichkeit.

Eine **bestimmte Anfrage** fragt nach einem oder mehreren bestimmten Artikeln, eine **unbestimmte Anfrage** fragt nach dem Sortiment.

Unabhängig davon ist es sinnvoll, Anfragen per E-Mail oder auch per Brief zu stellen, da die Informationen dann nachprüfbar zur Verfügung stehen. Die Informationen von verschiedenen Lieferanten können später bei einem Angebotsvergleich einander gegenübergestellt werden. Eine Anfrage, die sich ganz allgemein auf das Liefersortiment, die Lieferbedingungen und Preise bezieht, ist eine unbestimmte Anfrage. Wird dagegen nach bestimmten Produkten, deren Preisen und den Lieferbedingungen gefragt, so handelt es sich um eine bestimmte Anfrage.

4.6.3 Angebot

In aller Regel wird der angefragte Lieferant mit einem Angebot antworten. Ein Angebot ist eine verbindliche Willenserklärung des Verkäufers an eine bestimmte Person, den Käufer, zum Abschluss eines Kaufvertrags.

Wer ein Angebot abgibt, verpflichtet sich, so zu liefern, wie er es im Angebot angegeben hat. Er gibt eine **verbindliche Willenserklärung** ab.

Zum Inhalt eines Angebots gibt es keine rechtlichen Vorschriften. Nichtsdestoweniger sind die Punkte, die er in seinem Angebot festgelegt hat, für den Lieferanten verbindlich. Die wesentlichen Punkte eines Angebots betreffen

- die Güte und Beschaffenheit der Ware,
- die Menge der Ware,
- die Lieferbedingungen,
- die Zahlungsbedingungen sowie
- den Preis der Ware.

Die Verbindlichkeit eines Angebots ist zeitlich begrenzt. Maßgeblich für die **Fristen** ist § 147 BGB.

Für persönliche, telefonische und briefliche Angebote gelten jeweils verschiedene Bindungsfristen.

Der Lieferant ist zwar an sein Angebot gebunden, jedoch erlischt seine Bindung nach bestimmten Fristen. Diese hängen davon ab, auf welche Art und Weise der Lieferant sein Angebot abgegeben hat. Hat er sein Angebot **persönlich** oder **telefonisch** unterbreitet, so gilt es nur für die Dauer des Gesprächs, das das Angebot zum Gegenstand hat. Will der Anfragende das Angebot annehmen, so muss er dies tun, indem er vor der Beendigung des Gesprächs seine Bestellung aufgibt.

Briefliche Angebote gelten für die Dauer der üblichen Beförderungszeiten eines Briefes, das heißt drei bis vier Tage lang. Will der Anfragende das Angebot annehmen, so muss er die Leistung vor Ablauf von drei bis vier Tagen bestellen.

Für Angebote per **E-Mail** oder per **SMS** gilt, dass die Antwort auf gleichem Wege erfolgen muss. Überdies muss sie spätestens am Folgetag beim Lieferanten eingehen. Auch hier steht den Anfragenden, ebenso wie beim brieflichen Angebot, eine gewisse Bedenkzeit zu.

Sind die genannten Fristen verstrichen, so ist der Lieferant nicht mehr an sein Angebot gebunden. Er braucht also die Ware dann nicht mehr zu den angebotenen Konditionen zu liefern.

Falls die Vertragspartner keine eigenen Regelungen treffen, gilt das BGB.

Der Anfragende und der potenzielle Lieferant können alle Regelungen, die sie miteinander treffen wollen, frei vereinbaren. Gibt es zwischen den beiden aber keine Vereinbarung, dann gilt grundsätzlich das BGB. Wenn der Lieferant von den Bestimmungen des BGB abweichen will, muss er dies in seinem Angebot deutlich machen.

4.6.4 Entscheidung

Um zu entscheiden, bei welchem Anbieter bestellt werden soll, muss die Beschaffungsabteilung alternative Angebote miteinander vergleichen.

Hat das beschaffende Unternehmen eine genügende Zahl von Angeboten vorliegen, so wird es die Angebote miteinander vergleichen, um das aus seiner Sicht günstigste zu ermitteln. Der **Angebotsvergleich** erfordert grundsätzlich zwei Schritte.

Als Erstes werden die Angebote zahlenmäßig verglichen. Die wichtigsten quantitativen Bewertungskriterien sind

- der Listeneinkaufspreis der Ware,
- die Höhe der Preisnachlässe sowie
- die Beförderungs- und Verpackungskosten (Bezugskosten).

Ein quantitativer Angebotsvergleich beginnt mit der Zusammenstellung der Angaben zu den Lieferanten, die ein Angebot abgegeben haben.

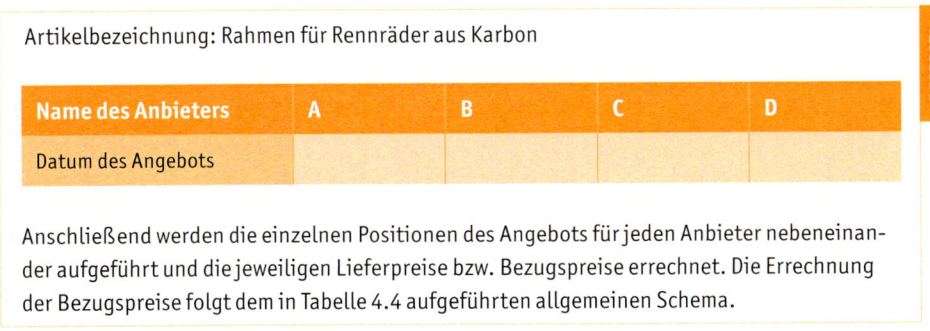

Artikelbezeichnung: Rahmen für Rennräder aus Karbon					BEISPIEL
Name des Anbieters	**A**	**B**	**C**	**D**	
Datum des Angebots					

Anschließend werden die einzelnen Positionen des Angebots für jeden Anbieter nebeneinander aufgeführt und die jeweiligen Lieferpreise bzw. Bezugspreise errechnet. Die Errechnung der Bezugspreise folgt dem in Tabelle 4.4 aufgeführten allgemeinen Schema.

Beim **quantitativen Angebotsvergleich** werden die endgültigen Beschaffungspreise je nach Anbieter ermittelt.

Listenpreis	Ausgangspreis, der oftmals in der Preisliste des Lieferanten zu finden ist oder im Angebot genannt wird
– Rabatt	Abzüge vom Listenpreis aus verschiedenen Gründen, zum Beispiel für neue Kunden oder große Bestellmengen
= Zieleinkaufspreis	Dieser Preis muss spätestens nach einer bestimmten Zeit bezahlt sein, beispielsweise innerhalb von 30 Tagen. Diese Frist wird als Ziel bezeichnet. (Gemäß BGB wird der Kaufpreis sofort fällig.)
– Skonto	Ein Preisnachlass, der dem Kunden einen Anreiz bietet, vor Ablauf des Zahlungsziels zu bezahlen
= Bareinkaufspreis	Dieser Preis muss für die Ware mindestens bezahlt werden.
+ Bezugskosten	Das BGB legt fest, dass der Kunde die Bezugskosten – das heißt die Kosten für den Transport – zu zahlen hat, falls nichts anderes vereinbart ist.
= Bezugspreis	Für diesen Betrag erhält der Kunde die Ware in sein Lager geliefert.

Tabelle 4.4: Vom Listenpreis zum endgültigen Beschaffungspreis

Wenn alle alternativen Bezugspreise berechnet sind, kann das Unternehmen die Preise vergleichen und auf diese Weise erkennen, welcher der Lieferanten den günstigsten Preis anbietet. Neben dem Preis gibt es allerdings noch weitere Kriterien zur Beurteilung der Angebote.

Genauso wichtig wie der Preis sind Leistungsmerkmale wie Fertigungstoleranzen, Zuverlässigkeit der Lieferung, Serviceleistungen des Lieferanten oder Kulanz im Fall von Mängeln der Leistung.	BEISPIEL

Beim **qualitativen Angebotsvergleich** werden die Angebote der verschiedenen Lieferanten nach anderen Merkmalen als dem Preis miteinander verglichen.

Deshalb empfiehlt es sich, im Anschluss an den quantitativen auch einen systematischen **qualitativen Angebotsvergleich** anzustellen. Dazu kann man alle wichtigen qualitativen Aspekte mit Punktzahlen bewerten, beispielsweise anhand einer Skala, die von 1 bis 10 reicht. Anschließend können die vergebenen Punkte in Geldgrößen bewertet werden. Auf diese Weise können die qualitativen Angebotsmerkmale zu den Bezugspreisen direkt ins Verhältnis gesetzt werden.

Wenn die Entscheidung für die Beschaffung bei einem bestimmten Anbieter gefallen ist, kann das Material zu den angebotenen Konditionen bestellt werden.

4.6.5 ABC-Analyse

Mit der ABC-Analyse optimiert das Unternehmen den Vorgang der Material-beschaffung.

Für Unternehmen, die eine große Zahl von Artikeln in ihrem Lager führen, ist es praktisch unmöglich, für das gesamte Lagersortiment in regelmäßigen Abständen von beispielsweise wenigen Monaten Angebotsvergleiche durchzuführen.

Mithilfe der ABC-Analyse kann ein Unternehmen bedeutende und weniger bedeutende Artikel seines Lagersortiments voneinander abgrenzen. Dies geschieht durch eine Einteilung aller Artikel, zum Beispiel nach ihrem **Bestellwert.**

A-Güter bestreiten den höchsten Bestellwert bei geringem Anteil an der Gesamt-bestellmenge.

C-Güter bestreiten den niedrigsten Bestellwert und nicht mehr als die Hälfte der Gesamtbestellmenge.

Die ABC-Analyse geht von dem Grundgedanken aus, dass das Unternehmen eine bestimmte, vergleichsweise geringe Zahl von Gütern benötigt, die einen hohen Anteil am Gesamtbestell-wert haben. Diese Güter werden als A-Güter bezeichnet. Ihnen steht eine relativ große Zahl zu beschaffender Güter gegenüber, die einen nur geringen Anteil am Gesamtbestellwert einnehmen. Diese Güter fallen in die Kategorie der sogenannten C-Güter. Die dritte Gruppe bilden die B-Güter. Sie nehmen sowohl mengen- als -auch wertmäßig eine Zwischenstellung ein. Die Einteilung in A-, B- und C-Güter muss je nach den Bedingungen des einzelnen Betriebs präzisiert werden.

Eine ABC-Analyse erfolgt in fünf Schritten:

1. Erfassung der Einkaufsmengen und -preise je Artikel,
2. Ermittlung des Einkaufswerts je Artikel (Menge mal Preis),
3. Ermittlung des prozentualen Anteils jedes Artikels an der Gesamteinkaufsmenge und am Gesamteinkaufswert,

Ablauf einer ABC-Analyse

4. Sortieren der Artikel nach ihrem prozentualen Anteil am Gesamteinkaufswert in abstei-gender Folge (das heißt vom höchsten bis zum niedrigsten prozentualen Anteil),
5. Herstellung einer Rangfolge der Artikel, das heißt Einteilung in A-, B- und C-Güter.

Tabelle 4.5 gibt ein typisches Raster zur Einteilung des Lagersortiments in A-, B- und C-Güter wieder.

Kategorie	Anteil am Gesamtbestellwert	Anteil an der Gesamtmenge
A-Güter	65 % bis 80 %	5 % bis 25 %
B-Güter	15 % bis 20 %	35 % bis 45 %
C-Güter	5 % bis 15 %	40 % bis 50 %

Tabelle 4.5: Raster zur Einteilung von Lagergütern nach ihrer wirtschaftlichen Bedeutung

Die ABC-Analyse muss sich nach den Gegebenheiten des Unternehmens richten.

Mit der ABC-Analyse ist es möglich, das Wesentliche vom weniger Wesentlichen zu trennen. Die Beschaffungsabteilung erhält wertvolle Anhaltspunkte zu der Frage, welchen Gütern sie besondere Aufmerksamkeit schenken sollte. Durch einen bewussten Umgang mit A-, B- und C-Gütern kann die Wirtschaftlichkeit eines Unternehmens gesteigert werden.

Für die Behandlung von A-Gütern gelten die folgenden Anforderungen:

- intensive Beschaffungsmarktanalysen,
- gründliche Kostenanalysen,
- exakte Bedarfsermittlung,
- durchdachte Bestellvorbereitung,

- intensive Bestandsrechnung,
- genaue Bestandsüberwachung,
- strenge Handhabung der Sicherheits- und Meldebestände,
- geringe Bestellhäufigkeit.

Für die Behandlung von C-Gütern gilt:

- vereinfachte Bestellabwicklung,
- einfache Bestandsüberwachung,
- einfache Lagerbuchführung,
- verstärkte Automatisierung bei allen Vorgängen.

Aufgaben zu den Themen Materialbedarfsplanung und Materialbeschaffung

1 Beschreiben Sie, welche Bedeutung die Logistik für den wirtschaftlichen Erfolg eines Unternehmens hat.

2 Ein Bäckereibetrieb hat bislang den Materialvorrat für vier Backwochen auf einmal eingekauft und gelagert. Der Unternehmer überlegt jetzt, ob er den Backbedarf nicht täglich anliefern lassen sollte.

    a Sie erhalten die Aufgabe, für den Bäcker eine Liste aufzustellen, aus der er die Vor- und Nachteile der beiden Materialbeschaffungsmethoden entnehmen kann, um eine Entscheidung zu treffen.

    b Begründen Sie, ob Sie dem Bäcker das Bestellpunktverfahren, das Bestellrhythmusverfahren oder die fallweise Beschaffung empfehlen. (Unter Umständen wäre ja auch je nach Materialien eine Kombination der Methoden denkbar.)

3 Nennen Sie für einen Bäckereibetrieb, der industriell arbeitet, jeweils drei Roh-, Hilfs- und Betriebsstoffe. (Sollten Sie sich bei der Bäckerei nicht so genau auskennen, so wählen Sie einen anderen Produktionsbetrieb als Beispiel.)

4 In dem Betrieb aus Aufgabe Nummer 4 fällt ein langjähriger Lieferant aus, weil sein Betrieb einem Feuer zum Opfer gefallen ist. Nennen Sie drei unterschiedliche Quellen, in denen der Betrieb Adressen von anderen Lieferanten finden könnte.

5 Der Bäckermeister schreibt dem möglichen neuen Lieferanten Mehl KG eine Anfrage über wöchentlich 300 kg Weizenmehl. Am nächsten Tag, als der Bäckermeister gerade einen Termin bei der Handwerkskammer hat, kommt in seinem Betrieb eine Lieferung von 300 kg Weizenmehl von dem angeschriebenen Lieferanten an. Der Geselle, der auch in der Vergangenheit schon des Öfteren Ware angenommen hat, nimmt die Lieferung an und quittiert sie. Als der Bäckermeister zurückkommt und davon erfährt, schäumt er vor Wut, weil er inzwischen von einem anderen Lieferanten, dem Unternehmen Mühlenwerk e. K., ein günstigeres Angebot erhalten und beschlossen hat, bei diesem zu bestellen.

    a Muss der Bäckermeister das von der Mehl KG gelieferte Weizenmehl behalten und bezahlen? Begründen Sie Ihre Antwort.

    b Welchen begründeten Rat geben Sie dem Bäckermeister?

    c Welche Bedeutung hat das Angebot der Mühlenwerk e. K.?

    d Der Bäckermeister hat das Angebot am 1. des Monats per Briefpost bekommen. Wie lange hat er Zeit, um zu den in dem Angebot genannten Konditionen zu bestellen?

    e Was genau tut der Bäcker, wenn er einen quantitativen Angebotsvergleich anstellt, und was, wenn er einen qualitativen Angebotsvergleich anstellt?

    f Die Mühlenwerk e. K. hat in ihrem Angebot folgende Konditionen genannt: Das Mehl kostet 45 € je 100 kg. Wenn der Bäckermeister innerhalb von zehn Tagen bezahlt, kann er 2 % Skonto abziehen. Er kann aber auch ein Zahlungsziel von 30 Tagen ausnutzen. Da er ein neuer Kunde ist, erhält er einen Neukundenrabatt von 10 %. Der Transport wird pauschal mit 30 € berechnet. Außerdem hat der Bäckermeister auch von der Bäli-AG ein schriftliches Angebot erhalten. Die Bäli-AG gibt einen Preis von 123 € für 300 kg Weizenmehl an. Der Neukunden-rabatt beträgt 6 %. Eine Zahlungsfrist ist nicht angegeben und der Transport soll 50 € kosten.

f1 Erstellen Sie den Angebotsvergleich in einer sinnvollen Gegenüberstellung.

f2 Was empfehlen Sie dem Bäckermeister für den Fall, dass er sich für die Bäli-AG entscheidet? Soll er das Zahlungsziel auszunutzen oder innerhalb von zehn Tagen bezahlen?

f3 Nennen Sie drei Kriterien, die beim qualitativen Angebotsvergleich berücksichtigt werden.

6 Beschreiben Sie den Zweck einer ABC-Analyse.

4.7 Lagerhaltung

Franz ist inzwischen als Bereichsleiter auch für das Lager der zugekauften Fertigwaren, die zu seinem Bereich gehören, zuständig. Vor drei Wochen hatte er ein Gespräch mit Herrn Möntmann. Dieser beklagte die Kosten im Lager, die zu hoch seien, und die chaotische Lagerorganisation. Franz sah daraufhin nur eine Möglichkeit, die Kosten am Lager zu senken: weniger Fertigwaren bestellen.

Nun hätte gestern eine Sendung mit dringend benötigten Fertigwaren eintreffen sollen.

Doch nachmittags hatte das Telefon geklingelt und der Lieferant hatte mitgeteilt, dass sein Lkw mit der Ladung verunglückt sei und die Lieferung deshalb erst in drei Tagen eintreffen könne. Durch diese Verzögerung gerät nun auch Möntmann mit der Bearbeitung seiner Aufträge ins Hintertreffen. Franz fragt sich, ob er etwa falsche Entscheidungen getroffen hat.

- War die Entscheidung von Franz, die Lagerkosten durch eine geringere Lagermenge zu senken, richtig?
- Hätte Franz andere Möglichkeiten gehabt, die Lagerkosten zu senken?
- Herr Möntmann hatte sich über die chaotische Lagerhaltung beschwert. Ist das chaotische Lagerprinzip ein Grund zur Klage?
- Wie kann man den Materialfluss gestalten, wenn man die Lagerkosten möglichst gering halten will?

Ein Unternehmen benötigt immer dann ein Lager, also einen Aufbewahrungsort für die Materialien, wenn die Materialzu- und -abgänge zeitlich und mengenmäßig verschieden ausfallen.

4.7.1 Lagerfunktionen

Eine wichtige Funktion des Lagers besteht folglich darin, Materialien aufzunehmen, aufzubewahren und abzugeben und dabei die Materialzu- und -abgänge so aufeinander abzustimmen, dass das Unternehmen stets seinen Materialbedarf decken kann. Die Lagerhaltung übt also eine **Ausgleichs- und Koordinationsfunktion** aus.

Die Lagerhaltung schützt den Produktionsprozess vor unvorhergesehenen Störungen wie zum Beispiel Ausfall eines Lieferanten, Lieferverzug oder mangelhafte Qualität einer Lieferung. Sie übernimmt somit auch eine **Sicherungsfunktion.**

Werden Änderungen der Material- oder der Absatzpreise erwartet, so kann das Unternehmen durch die Lagerhaltung kostengünstiger wirtschaften, indem es Bestellungen zeitlich vorzieht und so Preiserhöhungen zuvorkommt. Man spricht in solchen Fällen von der **Spekulationsfunktion** der Lagerhaltung.

Nicht zuletzt kann die Lagerhaltung auch eine sogenannte Veredelungs- oder **Umformerfunktion** haben.

> Das Lager dient den folgenden Zwecken:
> – Ausgleich von Lieferschwankungen durch Koordination von Zu- und Abgängen
> – Sicherung des Produktionsprozesses
> – Senkung von Materialkosten
> – Veredelung der gelagerten Materialien und Zusammenstellung für die Produktion

> **BEISPIEL**
> Wein und Käse gewinnen ihre Qualität aus der Sicht des Konsumenten erst dadurch, dass sie gelagert werden und während der Lagerzeit gären bzw. reifen.
>

Außerdem können im Lager die Produkte nach den Produktionserfordernissen zusammengestellt und dann der Produktion zur Verfügung gestellt werden. Die Mengen werden also so umgeformt und zusammengestellt, wie sie benötigt werden.

4.7.2 Lagerarten

Welche der genannten Funktionen ein Lager erfüllen kann, hängt stark von der Art des Lagers ab. Lager werden unterschieden

- nach der Bauart,
- nach dem Lagerstandort,
- nach der Verantwortlichkeit und
- nach der Aufgabe des Lagers im Betriebsprozess.

Bei der Unterscheidung der Lagerarten nach der **Bauart** ist zuerst das offene Lager zu nennen. Hier werden Materialien im Freien gelagert. Es ist die preisgünstigste Lagerart, da keine Gebäude benötigt werden.

In einem geschlossenen Lager wird die Ware in einem nach allen Seiten geschlossenen Raum gelagert. Besonders wichtig ist diese Bauart im Fall von witterungsempfindlichen oder diebstahlgefährdeten Materialien.

In einem eingeschossigen Lager befinden sich alle Materialien auf einem Stockwerk. Wichtig ist hierbei, dass die Grundfläche des Lagers groß genug ist. In einem mehrgeschossigen Lager sind die Materialien in mehreren Stockwerken gelagert. Die Stockwerke sind durch Treppen oder Aufzüge miteinander verbunden. Teure Grundstücksflächen können auf diese Art und Weise wirtschaftlicher genutzt werden. Allerdings verlangsamt sich der Materialfluss.

> Unterscheidung nach der Bauart:
> – offen/geschlossen
> – ein-/mehrgeschossig
> – Stapel-/Regallager

Wenn sich die Ware stapeln lässt, so kann sie in einem Stapellager in mehreren übereinander-liegenden Schichten gelagert werden. Ein Regallager eignet sich zur Aufbewahrung von Materialien, die auf Paletten oder in Kartons verpackt sind. Die Lagerung der Materialien auf Regalen ermöglicht einen schnellen Zugriff. In einem Hochregallager sind die Regale bis zu 45 Meter hoch. Hier werden die Teile mithilfe von Regalförderfahrzeugen eingelagert und entnommen. Hochregallager werden vollautomatisch betrieben und sind daher sehr kapitalintensiv. Aber auch in den anderen Lagerarten kann automatisiert werden. Zum Beispiel können Gabelstapler eingesetzt werden, die sich je nach Ausstattung auch auf die Fahrwege programmieren lassen. Auf diese Weise kann das Unternehmen Lagerpersonal einsparen.

Unterscheidung nach der **Einlagerungssystematik:**
– Festplatzsystem
– chaotisches System

Je größer das Lager ist, desto wichtiger ist das System der Lagerung. Im Rahmen eines **Festplatzsystems** erhält jedes Lagerteil einen festen Platz im Lager, der sich beispielsweise an der Logik der Teilenummern oder der Produktionsschritte orientiert. Ein bestimmtes Teil ist also immer am selben Platz zu finden. In einem EDV-gestützten Lager wird jedoch oftmals das **chaotische Lagersystem** angewendet. Um den verfügbaren Lagerplatz bestmöglich auszunutzen, weist das EDV-System den eingehenden Waren jeweils einen passenden freien Lagerplatz zu. Wenn allerdings das EDV-System einmal ausfällt, dann ist das eingelagerte Material nicht mehr ohne Weiteres auffindbar. Deshalb muss der EDV-gestützte Betrieb dokumentiert und gegen Störungen abgesichert werden.

Unterscheidung nach der **Örtlichkeit:** Eigen- oder Fremdlager

Wird das gesamte Material an einem einzigen Lagerort untergebracht, so handelt es sich um ein **zentrales** Lager. Wird das Material hingegen in mehreren, räumlich voneinander getrennten Lagern aufbewahrt, so spricht man von **dezentralen** Lagern.

Unterscheidung nach der **Verantwortung:** Eigen- oder Fremdlager

In der Regel lagert das Unternehmen seine Materialien in eigenen Lagerräumen, also im **Eigenlager.** Aus Kostengründen oder auch bei stark schwankenden Lagermengen oder unvorhergesehenen Lagernotwendigkeiten kann das Material in den Räumlichkeiten anderer Unternehmen eingelagert werden, beispielweise bei einer Spedition oder einer Lagerhausgesellschaft. In diesem Fall nutzt das Unternehmen ein **Fremdlager.**

Unterscheidung nach der **Aufgabe:**
– Eingangslager
– Zwischenlager
– Ausgangslager

Je nach den Aufgaben im Produktionsprozess unterscheidet man zwischen dem Eingangslager, dem Zwischenlager und dem Ausgangslager. Im **Eingangslager** wird das frisch angelieferte Material angenommen und bis zum Verbrauchszeitpunkt eingelagert. Das **Zwischenlager** dient dazu, das noch nicht fertiggestellte Produkt zwischen den einzelnen Fertigungsabschnitten zu lagern. Im **Ausgangslager** werden die fertigen Erzeugnisse gelagert, bevor sie ausgeliefert werden.

4.7.3 Lagergrundsätze

Damit ein Lager den größtmöglichen Nutzen einbringt und keine unnötigen Kosten verursacht, sollte das Unternehmen eine Reihe von Lagergrundsätzen beachten.

Die wichtigsten Lagergrundsätze sind:
– Übersichtlichkeit
– Sachgerechtigkeit
– Geräumigkeit
– Sicherheit
– Sauberkeit

Die Mitarbeiter des Unternehmens müssen in der Lage sein, die benötigten Materialien bei Bedarf sofort aufzufinden. Deswegen ist **Übersichtlichkeit** in einem Lager ein wichtiges Prinzip.

Nach dem Grundsatz der **Sachgerechtigkeit** müssen Art und Ausstattung des Lagers sowohl den Bedürfnissen der Mitarbeiter als auch den Eigenschaften der Materialien angepasst sein.

BEISPIEL

Schwere Materialien werden unten gelagert. Auf diese Weise sparen die Mitarbeiter Kraft und Wegezeiten. Außerdem wird so für einen sachgerechten Transport (geringere Gefahr der Beschädigung) sowie eine sachgerechte Lagerung der Materialien gesorgt.

Gerade wenn das Lager Umformungs- oder Veredelungsaufgaben erfüllen soll, sollte der Platz im Lager ausreichen, um die damit verbundenen Arbeiten ausführen zu können. Der Grundsatz der **Geräumigkeit** erleichtert dem Personal die Arbeit und beugt Warenschäden vor.

Im Lager ist durch die Menge und den Wert der Materialien ein großer Teil des Kapitals des Unternehmens gebunden. Darum muss der Unternehmer Vorsorge treffen, dass im Lager keine Schäden entstehen. Daneben gilt es insbesondere, die Mitarbeiter vor den Unfallgefahren zu schützen. Im Lager wird oft mit unfallträchtigen Geräten gearbeitet, zum Beispiel mit Leitern und Hubwagen. **Sicherheit** ist deshalb ein wichtiges Lagerprinzip.

In allen Räumen des Unternehmens und besonders im Lager muss auf **Sauberkeit** geachtet werden. So sorgt das Unternehmen für den Qualitätserhalt der Waren und die Gesundheit der Mitarbeiter.

4.7.4 Prinzipien des Materialflusses

Die **Just-in-Time-Beschaffung** passt die Beschaffung in einer Weise an die Fertigungssituation an, dass das Unternehmen praktisch kaum noch Waren lagern muss. Der Lieferant hat die Aufgabe, dafür zu sorgen, dass die Roh-, Hilfs- und Betriebsstoffe genau dann angeliefert werden, wenn sie gebraucht werden. Da die Produktionsmenge durch den Absatz bestimmt wird, ist auch kein Ausgangslager erforderlich.

Wird allerdings ein Lager benötigt, so muss der Unternehmer festlegen, nach welchen Regeln das Material eingelagert und wieder entnommen wird. Tabelle 4.6 fasst die verschiedenen denkbaren Materialflussmöglichkeiten im Lager zusammen.

Welches Material wird **wann** dem Lager entnommen?

first in – first out (fifo)	Das zuerst gelieferte Material muss auch zuerst entnommen werden. So wird die Gefahr verringert, dass das Material verdirbt oder veraltet.
last in – last out (lilo)	Das zuletzt Gelieferte wird zuerst entnommen. Diese Regel wird vor allem bei Schüttgütern wie Kies oder Getreide verwendet.
highest in – first out (hifo)	Das zum höchsten Preis beschaffte Material wird zuerst entnommen, weil es die höchsten Kapitalkosten verursacht.
lowest in – first out (lofo)	Das zum niedrigsten Preis beschaffte Material wird zuerst entnommen, weil es am ehesten wieder beschafft werden kann.

Tabelle 4.6: Regeln zur Gestaltung der Materialflüsse

4.7.5 Lagerkosten und Zielkonflikte der Lagerhaltung

Jedes Lager verursacht Kosten. Je nach Bauart, Einlagerungssystematik, Örtlichkeit, Verantwortung, Aufgabe im Arbeitsprozess und Beachtung der Lagergrundsätze entstehen unterschiedliche Kosten. Diese Kosten beziehen sich auf

- die Wartung der Lagereinrichtung, zum Beispiel der Regale und Transportmittel;
- den Verbrauch von Energieverbrauch, zum Beispiel von Strom oder Heizöl;
- den Personaleinsatz;
- die Einrichtungen zur Warenpflege, zum Beispiel Staubschutzhüllen;
- die Raumkosten, zum Beispiel Miete oder Pacht;
- die Kapitalbindung – das eingelagerte Kapital bringt keine Zinsen ein.

Lagerdilemma:
- Ein **kleines Lager** bedeutet geringe Kosten, aber auch die Gefahr von Produktions- oder Lieferproblemen.
- Ein **großes Lager** bedeutet höhere Kosten, aber auch einen besseren Schutz vor Produktions- oder Lieferproblemen.

Das Ziel der Lagerhaltung besteht darin, die Kontinuität der Produktion oder Lieferfähigkeit des Unternehmens zu sichern. Je größer das Lager ist, umso höher sind die mit der Lagerhaltung verbundenen Kosten. Der Unternehmer ist also mit gegensätzlichen Anforderungen konfrontiert: Wählt er ein kleines Lager, um Kosten zu sparen, so geht er das Risiko ein, dass sein Betrieb nicht dem Bedarf seiner Abnehmer entsprechend produzieren oder liefern kann. Vergrößert er jedoch sein Lager, um Engpässe in der Produktion oder im Absatz zu vermeiden, so steigen auch seine Kosten mit der Folge, dass sein Gewinn sinkt. Dieser **Zielkonflikt** verlangt von ihm, dass er die Größe seines Lagers sorgfältig abwägt.

4.8 Fertigungsplanung

BEISPIEL

Das Absatzprogramm des Fahrradherstellers Fly Bike Werke GmbH umfasst neben der Herstellung verschiedener Fahrradmodelle auch den Vertrieb von Fahrradbekleidung, Fahrradzubehör und Fahrradanhängern. Diese Teile werden im Regelfall zugekauft. Gelegentlich müssen aber auch Zubehörteile – insbesondere für die Anhänger –

kurzfristig selbst gefertigt werden. Das gilt etwa für die Befestigungseinheiten mit Schelle. Um Störungen des regulären Produktionsablaufs zu vermeiden, muss die Herstellung der Befestigungseinheiten sorgfältig geplant werden.

Zweck der Fertigungsplanung

Die Fertigungsplanung dient der fertigungstechnischen Ausführung eines Auftrags. Die mit der Planung befassten Mitarbeiter übernehmen die von den Konstrukteuren in Form von Zeichnungen und Konstruktionsstücklisten festgelegte Gestaltung der Erzeugnisse. Auf dieser Grundlage treffen sie alle weiteren Entscheidungen zur Herstellung des Produkts.

Bei größeren Betrieben wird die Fertigungsplanung als Teil der Arbeitsvorbereitung in einer eigenständigen Abteilung zusammengefasst. In kleinen Betrieben wird sie vom Meister, vom Vorarbeiter oder vom ausführenden Facharbeiter selbst durchgeführt.

4.8.1 Arbeitsplan

Kernbestandteile
des Arbeitsplans:

– Beschreibung der
  Arbeitsvorgänge
– Beschreibung der eingesetzten **Betriebsmittel**

Ein Arbeitsplan enthält die Beschreibung aller Arbeitsvorgänge (Arbeitshandlungen) in tabellarischer Form, Angaben über die eingesetzten Betriebsmittel (Arbeitssysteme), zusätzliche Hinweise für die Montage, eventuell die berechneten Vorgabezeiten sowie Hinweise zur Lohngruppe, in der die durchgeführten Arbeiten zu vergüten sind.

Je exakter die Angaben in einem Arbeitsplan sind, desto geringer ist die Gefahr, dass in der Durchführung Fehler auftreten. Das gilt nicht nur für die Arbeit in Fertigungs- oder Montageprozessen, sondern auch für Instandsetzungen. Vielfach ermitteln die Arbeitsplaner noch zusätzliche Angaben wie Schnittgeschwindigkeiten bzw. Drehzahlen oder besondere Merkmale von Bearbeitungsverfahren und Methoden der Vor- und Nachbehandlung.

Der in Schaubild 4.22 dargestellte Arbeitsplan beschränkt sich auf die Beschreibung von Arbeitsgängen. Eine weitere Zergliederung kann in Detailplänen festgelegt werden.

Bei der Fertigung mit numerisch gesteuerten Werkzeugmaschinen gehören zum Arbeitsplan je nach Organisationsform auch das Programmblatt bzw. das Programm sowie das Einrichteblatt mit Werkzeugplan und Aufspannplan.

Informationsquellen für die Arbeitsplanung

Als Quellen für die zur Arbeitsplanung benötigten Daten werden die folgenden Datensammlungen (Karteien oder EDV-Dateien) herangezogen:

- **Fertigungszeichnungen.** Auskunft über die Geometrie der Werkstücke und andere Anforderungen;
- **Stücklisten.** Positionsbezeichnung, Mengenangaben, Benennung, Normen, Werkstoff, Abmessungen, Zeichnungs- oder Auftragsnummer und Termine;
- **Maschinendaten.** Leistungsdaten, Maschinenauslastung, besondere Vor- und Einrichtungen;
- **Werkzeugdaten.** Einsetzbare Werkzeuge mit Angabe der Abmessungen;
- **Vorgabezeiten.** Richtzeiten für Teilvorgänge oder Vorgangsstufen;
- **sonstige Daten.** Verwendungsvorschriften, Betriebshinweise, Sicherheitsvorgaben, Kontroll- und Prüfbedingungen, Abnahmevorschriften, Lieferhinweise.

Stückliste siehe S. 183–184

Arbeitsplan-Nr.: 1011.011					
Auftrags-(Kommissions-)Nr. 1011.011 – 03.03.		**Gegenstand** Schelle			**Blatt** 01
Menge	**Los-Nr.**	**Losgröße** 200	**Zeichnungs-Nr.** 1011.011 – 1 AB	**Baumuster Type**	**Teile-Nr.** 22–18.9
Ausstelltag 15.04.2012	**Termin** 05.05.2012			**Werkstoff** DC 04	
Fly Bike Werke GmbH.	**Zeitvorgabe** in h	**Abteilung, Kostenst.**	**Arb.-Folge**	**Arbeitsgang**	**Betriebsmittel**
	7	3150	1	Blechstreifen auf Länge zuschneiden	Blechschere Z 112
	3	1115	2	Entgraten	Sch 808
	10	2220	3	2 Bohrungen ∣ ⌀ 5,0 bohren und entgraten	Bohrmaschine
	6	2215	4	Biegen im U-Gesenk	U-Gesenk HH-110

Schaubild 4.22: Beispiel für einen Arbeitsplan

Schaubild 4.23 gibt beispielhaft einen Ablaufplan wieder, das heißt eine Abfolge von Arbeitsschritten von der Auftragserteilung bis hin zum fertigen Produkt.

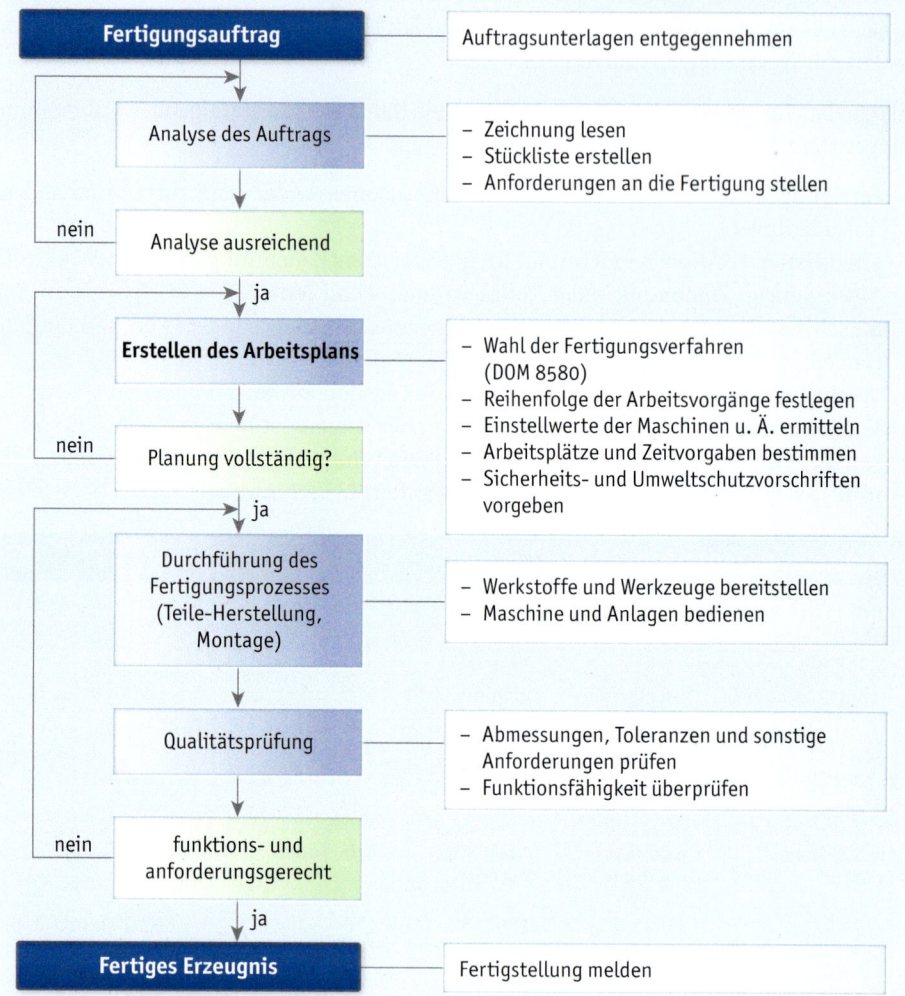

Schaubild 4.23: Ablaufplan zur Durchführung eines Fertigungsauftrags

Schaubild 4.24 verdeutlicht die zentrale Stellung des Arbeitsplans als Bindeglied zwischen der Konstruktion und der Steuerung der Arbeitsabläufe in der Fertigung.

Die Laufkarte, der Werkstattauftrag und der Terminschein unterscheiden sich vom Arbeitsplan nur durch die Kopfleiste sowie eine jeweils andere Papierfarbe. Das Original des Arbeitsplans muss sorgfältig aufbewahrt werden.

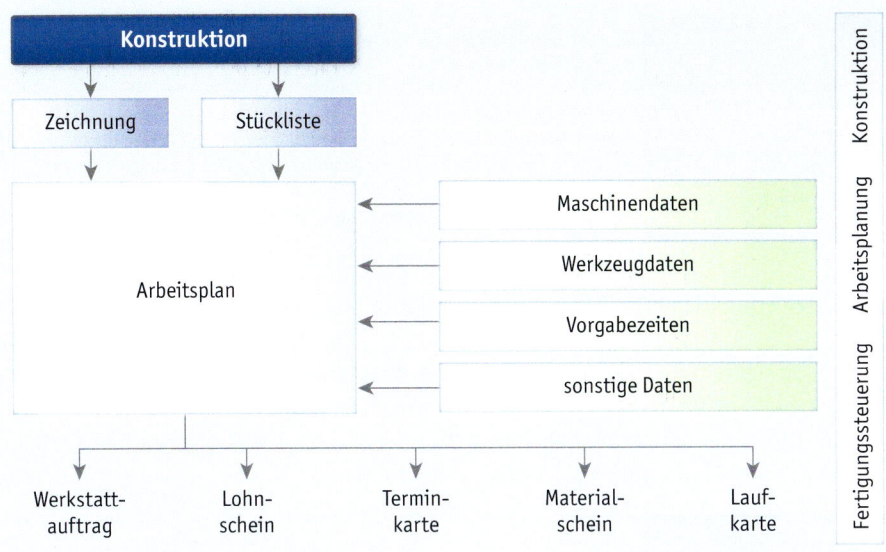

Schaubild 4.24: Arbeitsplan als Bindeglied zwischen Konstruktion und Arbeitssteuerung

Aufgabe des **Werkstattauftrags** ist es, der Fertigungsleitstelle frühzeitig die für sie notwendigen Informationen zu geben. Die **Laufkarte** begleitet den Auftrag vom Rohteil bis zum fertigen Erzeugnis. Sie wird beispielsweise in einer Kunststoffhülle aufbewahrt. In die Laufkarte werden auch Kontroll- und Qualitätsvermerke eingetragen. Aufgabe des **Terminscheins** ist es, die für die jeweiligen Arbeitsgänge festgelegten Termine festzuhalten und damit deren Kontrolle zu ermöglichen. Aufbau und Form der genannten Dokumente variieren von Betrieb zu Betrieb – je nachdem, welche besonderen Anforderungen die Fertigungsprozesse stellen.

Name	Ab Lager →			Lager	Artikel-Nr.	Menge		Einh./Verp.	
Zur Herstellung/Reparatur von				Abt./ Anlage	Werkz.- Auftr.	Abt.		Person-Nr.	Kol.
Rep. Mat.-Nr.	Menge	Preis	Betrag	Material-Bezeichnung An Lager →		Lager		Datum	
						Ausgeber			
						Empfänger/genehmigt			

Der in Schaubild 4.25 wiedergegebene Vordruck eines Materialentnahmescheins stammt aus einer Arbeitsplanung. Solche Belege können unter bestimmten Voraussetzungen auch per EDV weiterverarbeitet werden.

Schaubild 4.25: Beispiel für einen Materialentnahmeschein

4.8.2 Stücklisten

Eine Stückliste ist eine genaue Aufstellung aller in einem Produkt verarbeiteten Materialien nach Bezeichnung und Menge. Durch die EDV-Organisation ist es sehr einfach, die Einzelteile mit ihren Positionsnummern nach bestimmten Gesichtspunkten zu sortieren und unter Umständen neu zusammenzustellen. So entstehen aus der Konstruktionsstückliste je nach Bedarf verschiedene Arten von Listen.

Andere Bezeichnungen für
Stücklisten:
– Materialliste
  (Bauindustrie)
– Holzliste
  (Holzindustrie)
– Rezeptur
  (chemische Industrie)

Fertigungsstückliste	Konstruktionsstückliste mit Informationen für den Fertigungsablauf und dessen Abrechnung
Strukturstückliste	Stellt Einzelteile nach Bauteilen und Baugruppen zusammen. Zeigt den strukturellen Aufbau des zu fertigenden Produkts und die jeweils für ein Stück benötigten Mengen an Bauteilen und -gruppen
Mengenstückliste	Enthält alle Einzelteile ohne weitere Ordnung

Die **Konstruktionsstückliste** ist ein wichtiger Informationsträger in der Fertigung. Wie die technische Zeichnung wird sie vom Konstrukteur oder vom technischen Zeichner angefertigt. Dies geschieht heute meist mit einem Textverarbeitungsprogramm, sodass die Informationen zur Weiterverarbeitung auf einem Datenträger bereitstehen. Der Aufbau einer Stückliste ist genormt und richtet sich nach der DIN 6771 T2. Diese Norm bietet Raum für die in Tabelle 4.7 zusammengefassten Informationen.

Angabe	Erläuterung
Positionsnummer	Jedes Einzelteil enthält eine eigene Nummer.
Menge	Angabe der Anzahl des jeweiligen Einzelteils
Einheit	Stückzahl (Stck.), Längeneinheit (mm), Gewicht (kg) oder sonstige Einheit
Benennung	immer in der Einzahl nach der Funktion oder der geometrischen Form des jeweiligen Teils
Sachnummer	Nummerierung zur genauen einheitlichen Identifikation
Norm-Kurzbezeichnung	Identifikation durch Angabe der DIN-Norm oder einer firmeninternen Normungsnummer, auch Werkstoffbezeichnung oder Werkstoffnummer
Bemerkung/Werkstoff	zusätzliche Angaben für die Fertigung, Herstellungshinweise, Prüfvermerke, Angaben über Fremdteile, Lagerhinweise

Tabelle 4.7: Informationen auf einer Konstruktionsstückliste

3	4	Stck.	Blechschraube	ISO 1481-ST 4,8 x 6,5 F	4.8	
2	2	Stck.	Schelle	DIN 1623	DC 04	
1	1	Stck.	Abdeckung	DIN 1623	DC 04	
Pos.	Menge	Einheit	Benennung	Sachnummer/Norm-Kurzbezeichnung	Werkstoffe/Bemerkung	
				Maßstab 1:1		
		Datum	Name			
	Bearb.	10.5.2012				
	Gepr.	12.5.2012				
	Fly Bike Werke GmbH			10.11.011		Blatt 1 5 Bl.

Schaubild 4.26: Beispiel für eine Konstruktionsstückliste

4.8.3 Fristenplanung

Häufig wird auf Wunsch des Auftraggebers ein fester Lieferzeitpunkt vereinbart. Um diesen einhalten zu können, müssen die Arbeitsvorgänge zeitlich so aufeinander abgestimmt werden, dass die Gesamtzeit bis zur Fertigstellung der Leistung diesen Termin nicht überschreitet. Die Gesamtzeit, die während der Durchführung aller notwendigen Arbeitsabläufe verstreicht, wird auch als **Durchlaufzeit** bezeichnet. Sie ergibt sich aus der Fristenplanung. Die Durchlaufzeit umfasst auch Zuschläge für eventuelle Störzeiten im Arbeitsablauf, Zeiten für Unterbrechungen (Transport- und Lagerzeiten) und Rüstzeiten.

Die gebräuchlichste Form zur Darstellung eines Fristenplans ist das **Balkendiagramm.** Dieses besticht vor allem durch seine klare Grafik. Jeder einzelne Arbeitsvorgang wird durch einen Balken dargestellt, dessen Länge die Sollzeit des jeweiligen Arbeitsvorgangs repräsentiert. In die Zeitachse sind meistens die Zeiten der Produktionsruhe (Feiertage, Betriebsferien) bereits eingearbeitet.

Ein aktuelles Hilfsmittel zur Zeitplanung ist die **Netzplantechnik.** Bei diesem Verfahren werden die einzelnen Vorgänge durch Knotenpunkte dargestellt, die durch Pfeile miteinander zu einem Netz verbunden werden. Die Pfeile symbolisieren die Beziehungen zwischen den einzelnen Vorgängen (Schaubild 4.27).

> Die **Rüstzeit** ist die zur Vorbereitung eines Arbeitssystems auf die Durchführung eines Auftrags eingesetzte Zeit.

Das Gemeindewerk erhält von der Stadtregierung den Auftrag, den Belag eines Straßenabschnitts zu sanieren und zugleich auch die Stromleitungen zu erneuern. Da die betroffene Straße stark befahren ist, müssen die Arbeiten so schnell wie möglich abgeschlossen werden. Der Chef des Gemeindewerks setzt deshalb die Netzplantechnik ein.

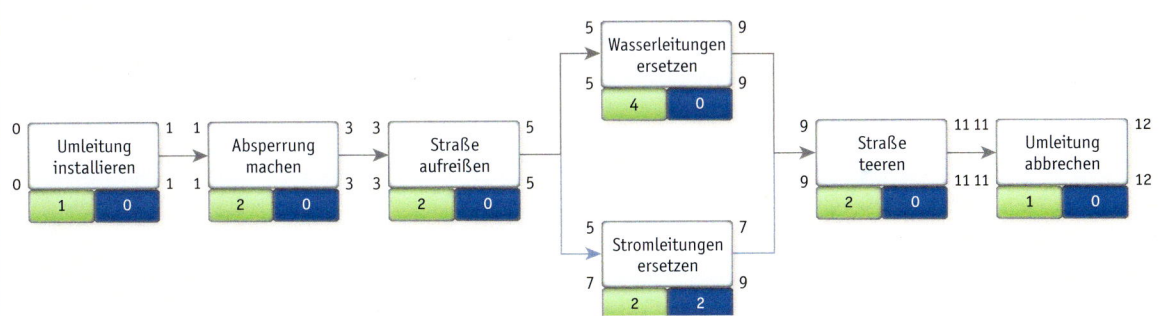

Schaubild 4.27: Netzplan im Straßenbau

Wie der Netzplan zeigt, nehmen die Arbeiten zwölf Tage in Anspruch. Die Zeitvorgaben für den frühesten und spätesten Beginn der einzelnen Arbeitsschritte sind neben den entsprechenden Kästchen links oben und links unten (frühester sowie spätester Beginn) bzw. rechts oben und rechts unten (frühestes sowie spätestes Ende) eingetragen. Bei allen Tätigkeiten entsprechen die Zeitvorgaben exakt der benötigten Arbeitszeit (die in den grünen Feldern in Tagen angegeben ist), außer beim Ersetzen der Stromleitung. Hier könnten die Arbeiter auch erst am sechsten oder siebten Tag beginnen, da sie zwei Tage benötigen und eine Zeitreserve von zwei Tagen (siehe blaues Feld) zur Verfügung haben.

4.9 Fertigung

Franz hat für Möntmanns gerade im Betrieb eines Fahrradherstellers zu tun und ist ganz fasziniert davon, wie die Produktion von Fahrrädern abläuft. Ein Fahrrad der Fly Bike Werke GmbH durchläuft in der Fertigung grob die folgenden Arbeitsschritte:

- In der Rohfertigung werden für die Herstellung von Rahmen und Gabeln mithilfe von vollautomatisierten Anlagen Rohre aus Stahl oder Aluminium geschnitten. Rahmen und Gabeln werden meist robotergeschweißt. (Neben diesen eigengefertigten Komponenten werden auch komplette Rahmen und Gabeln als Vorprodukte fremdbezogen.)

- In der Richterei erfolgt das Richten der Rahmen und Gabeln manuell auf einer Werkbank. (Die Kaufrahmen und -gabeln werden hauptsächlich direkt in der Lackierabteilung eingesetzt.)

- In der Lackierung werden die Rahmen drei- oder vierfach beschichtet.

- Die Vormontage umfasst verschiedene Arbeitsstationen:
  - Alle Rahmen/Gabeln werden mit Dekoren (nass) versehen.
  - Die lackierten Rahmen/Gabeln werden in maschinell unterstützter Handarbeit zusammengebaut.
  - Die Komponenten (zum Beispiel Lenker, Lenkergriffe, Schalt-, Bremshebel) werden zu einer Baugruppe zusammengebaut (Handarbeit).
  - In der Spannerei erfolgt der Zusammenbau der Laufräder in mehreren Arbeitsschritten.

- Die Endmontage findet an Montagebändern statt. Die Baugruppen/Anbauteile werden bandweise bereitgestellt und am Band zusammengebaut.

- Schließlich werden die Fahrräder in Kartons gestülpt oder in Folie verpackt.

Franz fragt sich allerdings, ob diese Art der Fertigung der Weisheit letzter Schluss ist.

Zur Herstellung von Erzeugnissen kann ein Unternehmen seine Fertigung unterschiedlich gestalten. Wie der Fertigungsbereich aufgebaut ist und welches Fertigungsverfahren angewendet wird, hängt sehr wesentlich davon ab,

- wie ähnlich oder gleichartig die zu erbringenden Arbeitsleistungen sind und
- wie häufig sich die entsprechenden Verrichtungen wiederholen.

Ein wichtiger Gesichtspunkt ist also die Stückzahl des herzustellenden Produkts.

> Die Produktionsmenge wird auch als **Losgröße** bezeichnet.

4.9.1 Fertigungsarten und -verfahren

Je nachdem, in welchen Mengen das Produkt hergestellt wird, unterscheidet man verschiedene Arten der Fertigung (Schaubild 4.28). Untergliedert man die Fertigung nicht nach der Menge der herzustellenden Erzeugnisse, sondern nach der Anordnung der Betriebsmittel, so spricht man von Fertigungsverfahren.

> Die **Fertigungsart** ist abhängig von der Produktionsmenge.

Wird nur ein einzelnes Produkt hergestellt – zum Beispiel ein Maßanzug oder ein Schiff –, so handelt es sich um **Einzelfertigung.** Geht es dagegen um die Herstellung einer bestimmten, vorher festgelegten Stückzahl bzw. einer Serie eines gegebenen Produkts, so spricht man von **Serienfertigung.** Ist die Stückzahl hoch, so spricht man von **Massenfertigung.** Sonderformen der Massenfertigung sind die Sorten- und die Chargenfertigung. Bei der **Sortenfertigung** unterscheiden sich die in hohen oder unbestimmten Stückzahlen hergestellten Artikel nur hinsichtlich bestimmter Merkmale wie Farbe oder Größe. Wird hingegen, wie etwa in der pharmazeutischen Industrie, ein Medikament in einem Kessel hergestellt, so ist eine Kesselfüllung eine Charge. Bei der **Chargenfertigung** werden also viele gleichartige Produkte hergestellt, und die Erzeugnisse aus einem bestimmten Produktionsgang sind einander absolut gleich.

> **Das Fertigungsverfahren** ist abhängig von der Anordnung der Maschinen.

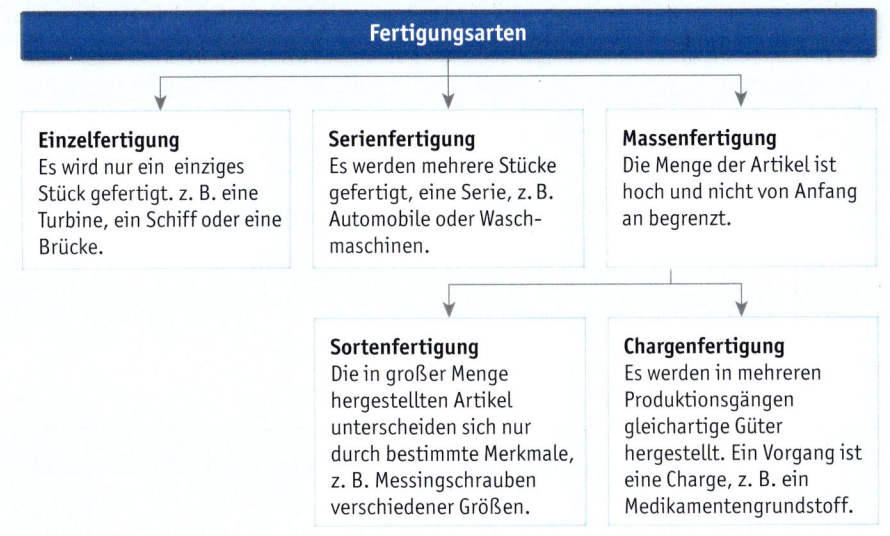

Schaubild 4.28: Die typischen Fertigungsarten

Je nach der Anordnung der Maschinen in Bezug auf ein Produkt sind verschiedene Fertigungsverfahren möglich (Tabelle 4.8).

Bezeichnung	Beschreibung
Werkbankfertigung	Anordnung der benötigten Maschinen und Werkzeuge um den arbeitenden Menschen herum. Ursprünglichstes Verfahren
Baustellenfertigung	Die Materialien und die Arbeitskräfte werden zum Produktionsort gebracht.
Werkstättenfertigung	Das zu fertigende Produkt wird von einer Produktionsstätte zur nächsten transportiert. Die Werkstätten können auch unter einem Dach zusammengefasst sein.
Reihenfertigung	Menschen und Maschinen werden so hintereinander angeordnet, dass das zu fertigende Produkt im Lauf seiner Entstehung kontinuierlich weitertransportiert wird.
Fließfertigung	Sonderform der Reihenfertigung: Hier wird der Takt, in dem das Werkstück weiterrückt, vorgegeben.
Automation	Einsatz von Maschinen, die Arbeitsgänge nach vorgegebenen Programmen automatisch verrichten produzieren. In der Automation werden Arbeitskräfte eingespart bzw. gegen Sachkapital ersetzt.

Tabelle 4.8: Fertigungsverfahren

4.9.2 Fertigungsüberwachung

Heute werden viele Fertigungsvorgänge durch Maschinen gesteuert. Die Steuerungsmerkmale liegen in Form von Software, das heißt programmierten Steuerungsvorschriften vor. Dafür hat sich der Begriff der **computerintegrierten Fertigung** (CIM) herausgebildet. CIM besteht aus einzelnen, aber miteinander vernetzten Teilprogrammen (Tabelle 4.9).

Bezeichnung	Beschreibung
CAD	*computer-aided design* (computerunterstützte Konstruktion)
CAM	*computer-aided manufacturing* (computerunterstützte Fertigung)
CAP	*computer-aided planning* (computerunterstützte Planung)
CAQ	*computer-aided quality assurance* (computerunterstützte Qualitätssicherung)
PPS	Produktionsplanung und -steuerung
BDE	Betriebsdatenerfassung

Die englische Bezeichnung für computerintegrierte Fertigung lautet **CIM** (computer integrated manufacturing).

Tabelle 4.9: Die Komponenten der computerintegrierten Fertigung

Automatische Fertigungsüberwachung macht die Überwachung durch Menschen nicht überflüssig. Nicht alle Fehler können gedanklich vorweggenommen und im Programm berücksichtigt werden.

Vor allem in den BDE-Programmen, aber auch in den anderen Teilprogrammen wird der komplexe Produktionsvorgang ständig überwacht. Diese automatische Überwachung wird dadurch möglich, dass die Fertigungsplanung Vorgaben für die Produktion festlegt. Diese Soll-Werte werden laufend mit den Ist-Werten verglichen. Bei Abweichungen wird die Notwendigkeit des Eingreifens angezeigt. Eventuell sind im Programm sogar schon Korrekturmöglichkeiten hinterlegt, sodass sich die Produktion selbsttätig kontrolliert und im Fall von Abweichungen den Soll-Werten wieder anpasst. Auf diese Weise werden alle Bereiche der Fertigung überwacht.

Die verschiedenen Bereiche der Fertigungsüberwachung sind in Schaubild 4.29 dargestellt.

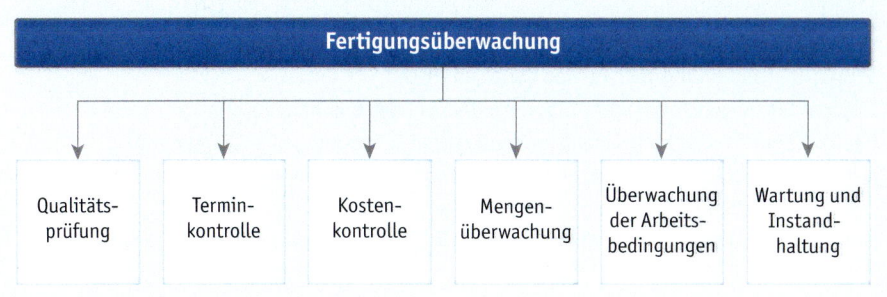

Schaubild 4.29: Bereiche der Fertigungsüberwachung

4.9.3 Qualitätsprüfung

Damit möglichst wenige Reklamationen der Kunden eingehen, muss die Qualitätskontrolle bereits bei der Lieferung der Rohmaterialien und Zukaufteile ansetzen.

> **BEISPIEL**
> Durch eine Wareneingangsprüfung muss sichergestellt werden, dass die gelieferten Schrauben zum Befestigungselement (siehe Schaubild 4.25, S. 184) der in der Stückliste geforderten Festigkeitsklasse – in unserem Beispiel Stahl 4.8 nach DIN ISO 1481 – genau entsprechen.

Wareneingangsprüfung

Die Kontrolle während des Herstellungsvorgangs wird auch als **Fertigungs-** oder **Durchlaufkontrolle** bezeichnet.

> **BEISPIEL**
> Die Öffnungstiefe der Schellen muss innerhalb eines bestimmten Toleranzrahmens liegen. Über- oder unterschreitet sie diesen Rahmen, so müssen während der Fertigung Korrekturmaßnahmen ergriffen werden.

Neuere Planungs-, Fertigungs- und Überwachungssoftware ist auf eine ressourcenschonende Produktion ausgelegt. Das bedeutet, dass sowohl der Verbrauch von Roh- Hilfs- und Betriebsstoffen als auch der gesamte Betriebsablauf unter den Aspekten der Nachhaltigkeit **(sustainability)** betrachtet werden. Bei einer stark wachsenden Weltbevölkerung kann die Lebensqualität aller Bewohner nur dann geschützt werden, wenn Ressourcenverschwendung, Umweltverschmutzung und Armut konsequent bekämpft werden. Demnach müssen die Prinzipien der Nachhaltigkeit – unversehrte Umwelt, soziale Gerechtigkeit und wirtschaftlicher Wohlstand – auch in der Produktion konsequent beachtet werden.

Ressourcen sind die Rohstoffe, die die Natur zur Verfügung stellt.

Eine **nachhaltige Wirtschaft** ist eine Wirtschaft, die Rücksicht auf die begrenzte Belastbarkeit der Umwelt und auf die Begrenztheit der natürlichen Ressourcen nimmt.

Aufgaben zu den Themen Lagerhaltung und Fertigung

1 Sie haben sich mit der Lagerlogistik beschäftigt. Beschreiben Sie die vier Funktionen, die ein Lager wahrnehmen kann.
2 Damit ein Lager effektiv ist, müssen bei seinem Betrieb insbesondere fünf bestimmte Grundsätze beachtet werden. Nennen Sie diese Grundsätze und geben Sie für jeden Grundsatz ein Beispiel an, das zeigt, wie er eingehalten werden kann.

3 Erinnern Sie sich an den Bäckermeister, der 300 kg Weizenmehl brauchte? Inzwischen hat er seinen Betrieb vergrößert und lagert 1000 kg Weizenmehl ein.

   a Empfehlen Sie ihm für seinen Materialabfluss aus dem Lager die Fifo-Methode, die Lifo-Methode oder die Hifo-Methode? Begründen Sie ihre Antwort.

   b Gilt Ihre Empfehlung auch für den Vorrat an Milch?

4 Erklären Sie, warum es in jedem Lager in jedem Betrieb ein Dilemma gibt.

5 Der Bäckermeister ist inzwischen zur industriellen Fertigungsweise übergegangen.

   a Warum ist ein Arbeitsplan bei dieser Fertigungsweise unbedingt nötig, aber nicht bei einer handwerklichen Fertigung mit einem Gesellen und einem Auszubildenden?

   b Was steht in einem solchen Arbeitsplan und welche Daten werden benötigt, um einen Arbeitsplan zu erstellen?

6 In einem Produktionsbetrieb werden Stücklisten geführt, um die Produktion zu optimieren. Begründen Sie, warum es für die Stücklisten eine Normung gibt, die sich nach DIN 6771 T2 richtet.

7 Bestimmen Sie, welche Fertigungsart für die folgenden Güter sinnvoll sein kann, und begründen Sie Ihre Lösungen:

   a Schaufelradbagger für den Braunkohleabbau

   b Schnupfenmittel „Nasiplus"

   c Torxschrauben

   d Wäschetrockner

8 Welche der im Folgenden genannten Produkte werden überwiegend in Einzel-, Serien- oder Massenfertigung hergestellt?

   a Herrenhemd,   **d** Schmiedehammer,

   b Haustreppe,   **e** Personenauto,

   c Hutmutter M12,   **f** Erfrischungsgetränk.

9 Was versteht man unter dem Ablaufprinzip der Fertigung?

10 Erläutern Sie den Unterschied zwischen Werkbank- und Werkstättenfertigung.

11 Nennen Sie Vor- und Nachteile der Werkstättenfertigung.

12 Welche Produkte eignen sich für die Fertigung nach dem Verrichtungsprinzip?

13 Welcher Zusammenhang besteht zwischen dem Ablaufprinzip der Fertigung und den Lohnkosten?

Kosten beurteilen

→ Wie ist eine Handwerkerrechnung aufgebaut?

→ Welche Kosten entstehen in Unternehmen?

→ Wie wird die Mehrwertsteuer erhoben und wer muss sie zahlen?

→ Wie misst man den wirtschaftlichen Erfolg eines Unternehmens?

→ Insolvenz – Ende oder Neubeginn des Unternehmens?

→ Existenzgründung – Was sollte dabei bedacht werden?

5.1 Selbstkosten und Preiskalkulation

„Was? Fast 497 Euro plus Mehrwertsteuer für den Einbau von zwei Bodenstrahlern? Ist Ihr Chef verrückt geworden? Und den vereinbarten Skonto von 5 % hat er wohl auch vergessen." Der Auszubildende Niko steht etwas ratlos vor dem Kunden, der sich fürchterlich aufregt. Dabei hatte der Morgen doch ganz nett angefangen: „Niko", hatte sein Chef Egon Möntmann gesagt, „auf dem Weg zum Großmarkt fährst du bitte bei Herrn Bode vorbei und gibst ihm unsere Rechnung." Und nun diese peinliche Situation. „Können Sie mir diese Rechnung mal erklären, junger Mann?", grummelt Herr Bode und blickt Niko finster an. Niko holt tief Luft und beginnt zu erklären.

Elektrotechnik Möntmann GmbH

Elektrotechnik Möntmann GmbH
Bielefelder Straße 23
32120 Hiddenhausen

Tel.:   05 223/23 00 01
Fax: 05 223/23 00 02

Sparkasse Herford,
BLZ 49450120,
Konto 6034279

Finanzamt Herford
USt-IDNr. DE123456789

Elektrotechnik Möntmann GmbH . Bielefelder Straße 23 . 32120 Hiddenhausen

Ralf Bode
Jahnstraße 49
33739 Bielefeld

Betreff

Rechnung

Bitte bei Zahlungen und
Schriftverkehr angeben

Kunden-Nr.
6012
Beleg-Nr.
R2006001
Datum
26. Juli 2012

Pos.	Menge	Einh.	Bezeichnung	Einzelpreis	Gesamtpreis
			Zuleitung für Bodeneinbaustrahler an der Eingangspforte verlegt, Einbaustrahler eingebaut und angeschlossen, Transformatoren in Verteilung eingebaut und angeschlossen, am 28.06.2012		
1	1,80	Lfm	NYM-J 3×1,5	0,65 €	1,17 €
2	2,00	Lfm	NYM-J 5×1,5	1,42 €	2,84 €
3	3	St.	CEL Schrumpfmuffe SMH5 1,5-6	11,36 €	34,08 €
4	2	St.	gewickelter Transformator 50VA	49,00 €	98,00 €
5	1	St.	SPB WD Abzweigdose I12 322-412	1,46 €	1,46 €
6	2	Stck	Strahler Nautilus Square, silber	29,74 €	59,48 €
7	1	St.	Klein- und Befestigungsmaterial	3,80 €	3,80 €
8	8	Std.	Elektromonteur lt. Lieferschein	37,00 €	296,00 €
	Summe			134,43 €	496,83 €
	Zzgl. 19 % MwSt.				94,40 €
=	Gesamt brutto				591,23 €

Rechnung zahlbar rein netto Kasse bis 9. August 2012

- Welche Kosten haben Unternehmen?
- Was vergessen viele Kunden, wenn sie sich über hohe Handwerkerlöhne beklagen?
- Wie werden Verkaufspreise kalkuliert?
- Was sind Abschreibungen und welchen Zweck haben sie?
- Warum sind Gewinne für Unternehmen wichtig?
- Wie funktioniert der Skontoabzug?

Das Hauptziel eines jeden Unternehmens ist es, einen möglichst hohen Gewinn zu erwirtschaften. Das Unternehmen schreibt dann „schwarze Zahlen". Zumindest will es Verluste („rote Zahlen") vermeiden.

Unternehmensziele,
siehe Kapitel 4,
Abschnitt 4.2, S. 150

Um sein Ziel zu erreichen, muss das Unternehmen so wirtschaften, dass es alle Aufwendungen durch Erträge mindestens decken kann. Unter die Aufwendungen fallen

Aufwendungen
= betriebsbedingte Kosten
+ neutrale Aufwendungen

- alle Kosten, die sich direkt aus dem Betriebszweck ergeben;
- alle neutralen Aufwendungen. Hierunter versteht man Aufwendungen, die mit der Hauptaufgabe des Betriebs – also der Herstellung und dem Absatz von Waren oder der Erbringung von Dienstleistungen – nichts zu tun haben.

> - Betriebsbedingte Kosten sind im Fall einer Elektrotechnik-Firma Stundenlöhne, Materialkosten, Lagerkosten und die Leasinggebühren für das Firmenfahrzeug.
> - Der Kauf eines Blumenstraußes für das Firmenjubiläum oder die Spende an den örtlichen Kindergarten gelten als neutrale Aufwendungen.

BEISPIELE

Kosten		Neutrale Aufwendungen	
geliefertes Material	10 500 €	Spenden	10 500 €
geleistete Arbeit	29 500 €	Betriebsfeier	9 500 €
Versicherungsgebühren	1000 €		
Abschreibungen	4000 €		
Summe	**45 000 €**	**Summe**	**20 000 €**
Gesamt (Summe aus Kosten und neutralen Aufwendungen)			**65 000 €**

Tabelle 5.1: Beispielhafte Aufwendungen

Ebenso wie die Aufwendungen werden auch die **Erträge** danach eingeteilt, ob sie in einem direkten Zusammenhang mit dem eigentlichen Betriebszweck stehen:

Erträge
= betriebliche Leistungen
+ sonstige Erträge

- Sind die Erträge durch den eigentlichen Betriebszweck entstanden, so spricht man von **Leistungen.**
- **Sonstige Erträge** sind Erträge, die anfallen, ohne in Verbindung mit dem eigentlichen Betriebszweck zu stehen.

> - Durch den Betriebszweck begründete Erträge, das heißt Leistungen, sind im Fall einer Fleischwarenfabrik die durch den Verkauf von Würstchen erzielten **Umsatzerlöse.**
> - Erzielt die Fleischwarenfabrik daneben auch noch Einnahmen durch die Vermietung einer Lagerhalle, so werden diese Einnahmen unter den **sonstigen Erträgen** verbucht.

BEISPIELE

Umsatzerlös
= verkaufte Menge
× Verkaufspreis pro Einheit

Leistungen		Sonstige Erträge	
Umsatzerlöse	70 300 €	Vermietung der Lagerhalle	4500 €
Verkauf von Patenten	24 700 €	Zinsen für Guthaben auf dem Geschäftskonto	500 €
Summe	**95 000 €**	**Summe**	**5 000 €**
Gesamt			**100 000 €**

Tabelle 5.2: Beispielhafte Erträge

Gewinn oder **Verlust**
= Erträge – Aufwendungen

Der Gewinn oder Verlust des Unternehmens ergibt sich aus dem Unterschiedsbetrag (oder Saldo) der Aufwendungen und Erträge.

Die Unterteilung der Aufwendungen oder Erträge je nachdem, ob sie durch die hauptsächliche Geschäftstätigkeit entstanden sind oder nicht, ist aus zwei Gründen wichtig.

- Einen Gewinn erzielen Unternehmen vor allem durch ihre leistungsbedingten Umsatzerlöse. Wenn die Fleischwarenfabrik durch die Vermietung der Lagerhalle mehr einnehmen würde als durch den Verkauf von Würstchen, stünde dies im Widerspruch zu ihrem Geschäftszweck. Um herauszufinden, ob sich die Geschäftstätigkeit in ihrem Kern lohnt, errechnet man deshalb das Betriebsergebnis. Dieses ergibt sich aus der Differenz zwischen den Leistungen und den Kosten.

Betriebsergebnis
= Leistungen
– Kosten

- Ein Unternehmen muss die Kosten kennen, die es selbst für die Herstellung und den Absatz seines Produkts oder für die Erbringung seiner Dienstleistung trägt. Erst dann kann es den Verkaufspreis kalkulieren und festlegen. Für ein positives Betriebsergebnis muss der Verkaufspreis zunächst die Selbstkosten decken. Ausgehend von den Selbstkosten muss der Unternehmer nun auch überlegen, wie hoch sein Gewinnaufschlag ausfallen kann. Der Gewinnaufschlag hängt von der Marktsituation und teilweise auch von gesetzlichen Vorgaben ab.

Der **Verkaufspreis** wird von den Selbstkosten und der Marktsituation bestimmt.

Die **Selbstkosten** umfassen sämtliche Kosten, die dem Unternehmen durch das Angebot eines Produkts oder einer Dienstleistung entstanden sind.

Gewinnaufschlag, siehe auch S. 204–205

5.1.1 Zusammensetzung der Selbstkosten

Damit das Unternehmen einen Gewinn erzielt, müssen die Erträge so hoch sein, dass sie zur Deckung der Selbstkosten und des Gewinnaufschlags ausreichen. Die entstandenen Materialkosten sowie die geleisteten Arbeitsstunden werden daher selbstverständlich dem Kunden in Rechnung gestellt.

						Lieferdatum
1	1,80	Lfm	NYM-J 3×1,5		0,65 €	1,17 €
2	2,00	Lfm	NYM-J 5×1,5		1,42 €	2,84 €
3	3	St.	CEL Schrumpfmuffe SMH5 1,5-6		11,36 €	34,08 €
4	2	St.	gewickelter Transformator 50VA		49,00 €	98,00 €
5	1	St.	SPB WD Abzweigdose I12 322-412		1,46 €	1,46 €
6	2	Stck	Strahler Nautilus Square,		29,74 €	59,48 €

Fertigungsmaterial

Schaubild 5.1: Auszug aus der Rechnung der Elektrotechnik Möntmann GmbH (siehe S. 192)

Einzelkosten sind Kosten, die sich direkt dem Produkt oder Auftrag zurechnen lassen.

Die im Beispiel angegebenen Kosten werden Einzelkosten genannt, da sie direkt dem einzelnen Auftrag oder Produkt zugerechnet werden können. Dass der Unternehmer diese Kosten einfordert, leuchtet jedem Kunden ein. Denn er sieht die verbauten Materialien und weiß, dass für die Montage eine gewisse Arbeitszeit aufgewendet werden musste.

Neben diesen durch den Kunden nachprüfbaren Einzelkosten fallen aber noch weitere Kosten an, die sogenannten **Gemeinkosten**, die den Kunden zumeist verborgen bleiben. Dies liegt vor allem daran, dass diese Positionen keinem bestimmten Produkt oder Kunden zugerechnet werden können (Schaubild 5.2).

Neben den Einzelkosten fallen im Unternehmen **Gemeinkosten** an.

> **BEISPIEL**
>
> Das Gehalt für die Büroangestellten des Unternehmens oder der Wertverlust des Firmenwagens sind Gemeinkosten. Diese Kosten können keinem einzelnen Kunden direkt in Rechnung gestellt werden. Dies wäre nur dann möglich, wenn der Büroangestellte ausschließlich für diesen einen Kunden arbeiten oder der Firmenwagen ausschließlich für diesen einen Kunden fahren würde. Diese Bedingung trifft in der Wirklichkeit kaum einmal zu.

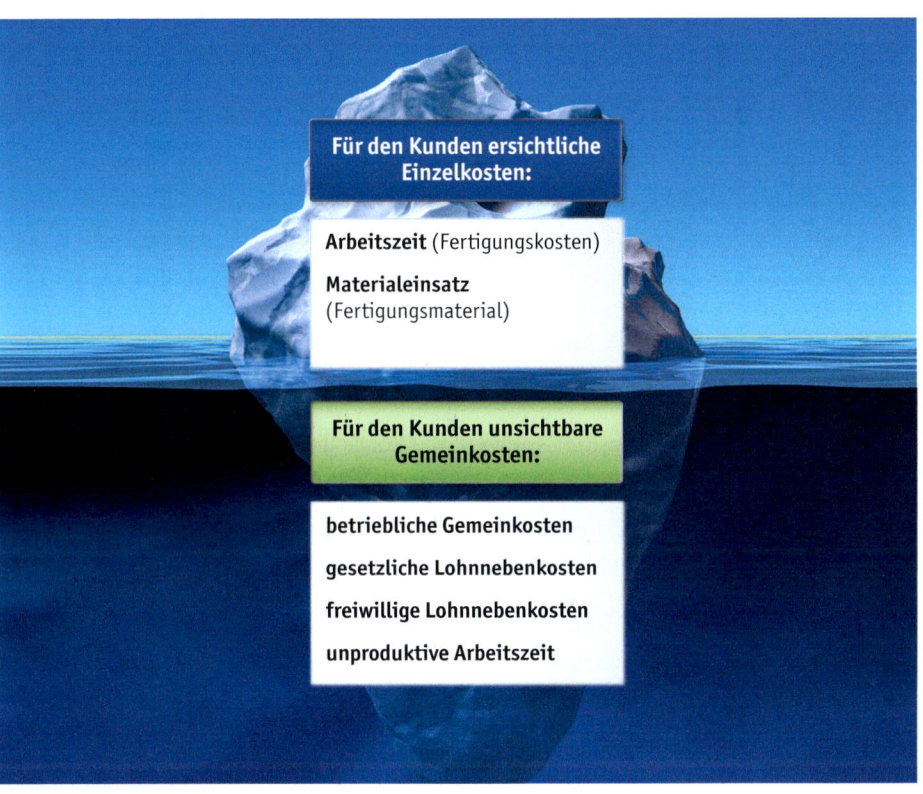

Schaubild 5.2: Bestandteile der Selbstkosten

Hinter den Gemeinkosten verbergen sich die in Tabelle 5.3 zusammengefassten Kostenarten.

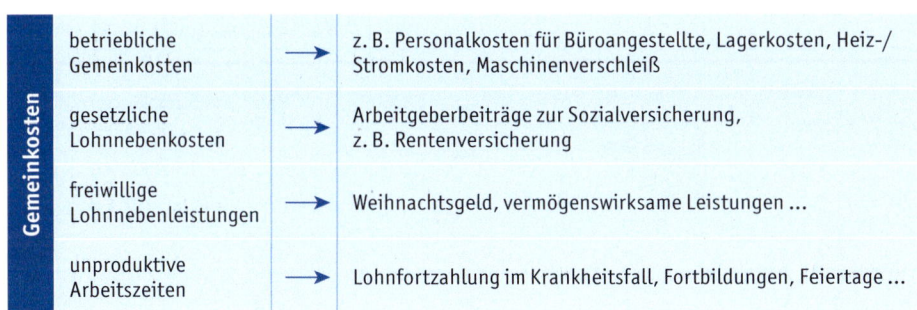

Gemeinkosten		
betriebliche Gemeinkosten	→	z. B. Personalkosten für Büroangestellte, Lagerkosten, Heiz-/Stromkosten, Maschinenverschleiß
gesetzliche Lohnnebenkosten	→	Arbeitgeberbeiträge zur Sozialversicherung, z. B. Rentenversicherung
freiwillige Lohnnebenleistungen	→	Weihnachtsgeld, vermögenswirksame Leistungen …
unproduktive Arbeitszeiten	→	Lohnfortzahlung im Krankheitsfall, Fortbildungen, Feiertage …

Tabelle 5.3: Arten von Gemeinkosten

Der Verschleiß einer Maschine mindert deren Wert. Siehe Abschreibungen, S. 196–198

Sozialversicherung, siehe Kapitel 2, Abschnitte 2.1 bis 2.8, S. 51–67

Sämtliche Gemeinkosten müssen von den Kunden mitbezahlt werden, da sie sonst der Unternehmer aus eigener Tasche bezahlen müsste.

In der Rechnung der Möntmann GmbH sind die Gemeinkosten vor allem in den Lohnkosten „versteckt", die an Position 8 ausgewiesen werden (siehe S. 192).

Der Großteil der vom Kunden mitzutragenden Gemeinkosten wird in der Rechnung auf die Lohnkosten aufgeschlagen. Der Kunde zahlt aufgrund der ausgewiesenen Lohnkosten in Höhe von 37 € netto pro Stunde nicht nur den reinen Stundenlohn für den Monteur. Dieser liegt bei lediglich 14 € pro Stunde. Der Satz von 37 € enthält vielmehr auch einen Teil der Gemeinkosten und den Gewinnaufschlag, den der Unternehmer für sich selbst festsetzt.

5.1.2 Abschreibungen

Zu den Gemeinkosten zählen auch die Abschreibungen auf langlebige Wirtschaftsgüter (siehe auch Schaubild 5.3). Wirtschaftsgüter verlieren mit der Zeit an Wert. Ob es sich um das für den privaten Freizeitsport gekaufte Mountainbike handelt oder um den neuen Gabelstapler eines Logistikunternehmens: Beide Güter sind nach einigen Jahren weniger wert als zum Zeitpunkt ihrer Anschaffung.

Für Unternehmen ist es aus den folgenden drei Gründen wichtig zu wissen, wie hoch dieser Wertverlust ist:

Aufstellung der Vermögens-werte, siehe Bilanz, S. 226–229

- Sie müssen den Wertverlust bei der Festsetzung der Verkaufspreise als Kostenfaktor mit einbeziehen (kalkulatorische Abschreibung);
- Sie können den Wertverlust „abschreiben", das heißt als Kostenposition ansetzen und so Steuern sparen (steuerliche Abschreibung);
- Sie sind gesetzlich verpflichtet, bei der Aufstellung des Vermögens den Wertverlust der einzelnen Vermögensgegenstände zu berücksichtigen (bilanzielle Abschreibung).

kalkulatorische Abschreibungen

Die kalkulatorische Abschreibung dient vorrangig dem Zweck, zu einem späteren Zeitpunkt genug Geld zur Verfügung zu haben, um defekte oder veraltete Maschinen und Anlagegüter wie Kraftfahrzeuge oder Computer durch neue ersetzen zu können. Der Wertverlust der zur Leistungserstellung benutzten Wirtschaftsgüter wird also den Kunden in Rechnung gestellt und erhöht damit den Verkaufspreis. Jeder Kunde zahlt einen gewissen Betrag zur finanziellen Absicherung der Wiederbeschaffung der im Unternehmen eingesetzten Maschinen und Anlagegüter.

Die kalkulatorische Abschreibung muss nicht mit der steuerlichen oder bilanziellen Abschreibung übereinstimmen. Die jeweiligen Beträge können unterschiedlich hoch sein.

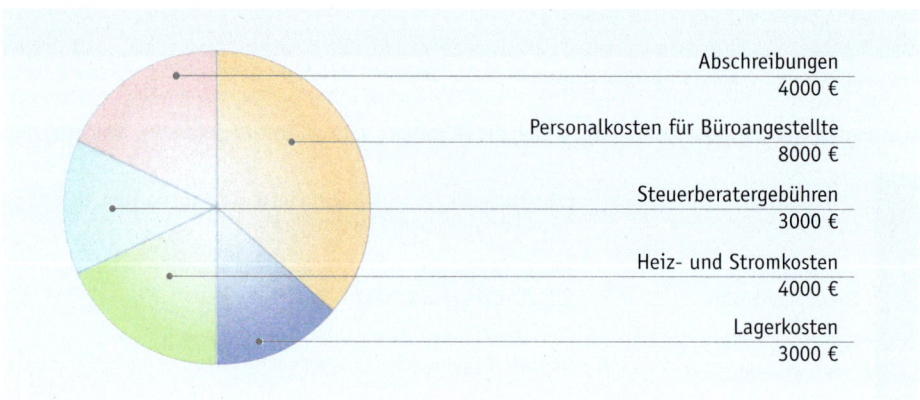

Abschreibungen
4000 €

Personalkosten für Büroangestellte
8000 €

Steuerberatergebühren
3000 €

Heiz- und Stromkosten
4000 €

Lagerkosten
3000 €

Schaubild 5.3: Zusammensetzung der Gemeinkosten – ein Beispiel

Um die Höhe der Abschreibungen zu ermitteln, werden die **Wiederbeschaffungskosten** der betreffenden Anlagegüter geschätzt und anschließend gleichmäßig auf deren jeweils erwartete Nutzungsdauer verteilt. Am Ende werden die Abschreibungsbeträge summiert und erhöhen als Bestandteil der betrieblichen Gemeinkosten die Selbstkosten.

BEISPIEL

Egon Möntmann hat für seine Elektrotechnikfirma einen neuen Schlagbohrer für 580 € gekauft. Er schätzt, dass der Bohrer drei Jahre halten wird, bevor er ihn durch eine neue Maschine ersetzen muss. Diesen Wertersatz muss er auf seine Kunden umlegen, wenn er nach drei Jahren nicht auf den Kosten für einen neuen Schlagbohrer sitzenbleiben möchte. Unter Berücksichtigung einer leichten Preissteigerung sieht Möntmanns kalkulatorische Abschreibung für den Schlagbohrer folgendermaßen aus:

Nutzungsdauer: drei Jahre
Wiederbeschaffungskosten: 600 €
Abschreibung: 600 € / 3 Jahre = 200 € pro Jahr

Der Besitz des Schlagbohrers erhöht die Gemeinkosten der Firma Möntmann demnach um 200 € pro Jahr.

Für die steuerliche Abschreibung von Wertverlusten gelten gesetzliche Regeln.

steuerliche Abschreibungen

BEISPIEL

Das Logistikunternehmen Klausi GmbH hat im abgelaufenen Geschäftsjahr einen Gewinn von 100 000 € erwirtschaftet. Es sei der Einfachheit halber angenommen, dass das Finanzamt darauf 50 % Steuern einfordert. Im selben Geschäftsjahr hat das Unternehmen einen Gabelstapler für 40 000 € erworben, der vier Jahre lang mit jeweils 10 000 € abgeschrieben werden kann. Hierdurch kann das Unternehmen Steuern sparen (Tabelle 5.4).

Ohne Abschreibung		Mit Abschreibung (geltendes Recht)	
Gewinn	100 000 €	Gewinn	100 000 €
		Gabelstapler für 40 000 € in 4 Jahren abschreibbar	
		Gabelstapler-Abschreibung	10 000 €
		zu versteuernder Gewinn	90 000 €
Steuern (50 %)	50 000 €	Steuern (50 %)	45 000 €
Gewinn nach Steuern	50 000 €	Gewinn nach Steuern	55 000 €
		Steuerersparnis	**5000 €**

Tabelle 5.4: Gewinn nach Steuerabzug

Durch die Möglichkeit, den Wertverlust abzuschreiben, hat die Klausi GmbH zwar ihren erwirtschafteten Gewinn nicht erhöht, aber der Unternehmer kann einen größeren Anteil von seinem Gewinn – genauer gesagt 5000 € davon – behalten. Dies ist so, weil die Abschreibung den zu versteuernden Gewinn verringert.

Die Klausi GmbH kann natürlich nicht nur den neuen Gabelstapler abschreiben. Auch alle anderen, früher angeschafften Sachgüter können abgeschrieben werden, sofern deren AfA-Nutzungsdauer noch nicht ausgeschöpft wurde.

Woher wissen Unternehmen, in welcher Höhe sie Abschreibungen ansetzen können? Um Diskussionen zwischen den Unternehmen und den Finanzbehörden zu vermeiden, gibt es die sogenannten AfA-Tabellen. In diesen Tabellen wird vom Bundesfinanzministerium verbindlich festgelegt, über welchen Zeitraum die Anlagegüter abgeschrieben werden können.

AfA-Tabellen (AfA ist die Abkürzung von „Absetzung für Abnutzung") gibt es für jede Branche und jeden Industriezweig, von der Abfallentsorgungswirtschaft über das Malerhandwerk bis hin zum Zierpflanzenbau.

Ein Bauunternehmen kauft einen neuen Trommelmischer mit einem Fassungsvermögen von 185 Litern. Die Anschaffungskosten betragen 10 000 €. Laut AfA-Tabelle (siehe Tabelle 5.5) kann das Unternehmen den Mischer fünf Jahre lang abschreiben.

Auszug aus der AfA-Tabelle für das Baugewerbe		
Lfd. Nr.		**Nutzungsdauer in Jahren**
1	**Geräte für Betonherstellung und Materialaufbereitung**	
1.1	Trommelmischer, Trogmischer und Tellerkleinmischer bis 225 l	5
1.2	Trommelmischer (ab 250 l)	8
1.3	Trog-u. Tellermischer (ab 250 l)	6
1.4	Steinbrecher und Steinmühlen	10
1.5	Waagen aller Art für Zement	6
1.6	Innenrüttler	4

Tabelle 5.5: Auszug aus dem AfA-Tabellenwerk

Die jährliche Abschreibung beläuft sich also auf 10 000 €/5 Jahre = 2000 €.

Grundsätzlich besteht die Möglichkeit der Abschreibung nur bei höherwertigen Wirtschaftsgütern, deren Anschaffungskosten 150 € übersteigen. Bei Wirtschaftsgütern mit einem Anschaffungswert von mindestens 1000 € ist die Abschreibung vorgeschrieben.

Die gleichmäßige Abschreibung über die gesamte Nutzungsdauer nennt man **lineare Abschreibung.** Die AfA-Tabellen gelten für neu angeschaffte Wirtschaftsgüter. Bei der Anschaffung von gebrauchten Wirtschaftsgütern wird die bisherige Nutzungsdauer von der AfA-Nutzungsdauer abgezogen.

Die Bezugsgröße zur Errechnung der steuerlichen Abschreibung ist immer – unabhängig davon, ob es sich um neue oder gebrauchte Güter handelt – der Anschaffungspreis und nicht wie bei der kalkulatorischen Abschreibung der Wiederbeschaffungspreis.

Die Firma kauft einen drei Jahre alten Steinbrecher. Dieses Gerät ist in der AfA-Tabelle (siehe Tabelle 5.5) an Position 1.4 aufgeführt. Die gewöhnliche Nutzungsdauer beträgt zehn Jahre. Die für die Abschreibungen anzusetzende Restnutzungsdauer beträgt also sieben Jahre.

5.1.3 Einfache Zuschlagskalkulation

Wird zur Deckung der Gemeinkosten ein bestimmter Prozentsatz auf die Stundenlohnkosten aufgeschlagen, so spricht man von der einfachen Zuschlagskalkulation. Diese Kalkulationsart ist in Handwerksbetrieben üblich, da die Kunden einen Gemeinkostenzuschlag zu den Lohnkosten eher akzeptieren als hohe Materialkosten.

Was? 98 € für einen einfachen Bodenstrahler? Den besorge ich mir selbst für 24,95 €!

Herr Möntmann kalkuliert einen Auftrag. Die Materialkosten betragen 300 €. Für den Auftrag veranschlagt er zehn Arbeitsstunden. Er zahlt seinen Monteuren 14 € pro Stunde. Um seine Selbstkosten decken zu können, muss Herr Möntmann einen Gemeinkostenzuschlagssatz von 150 % auf die Lohnkosten anwenden (Schaubild 5.4).

Kalkulation	
Materialkosten	300 €
+ Fertigungslohn	140 €
+ Gemeinkostenzuschlag *150 % vom Fertigungslohn*	210 €
= Selbstkosten	**650 €**

Einzelkosten

Fertigungsmaterial
300 €

Selbstkosten
650 €

Fertigungslohn
140 €

Gemeinkosten

Gemeinkosten-
zuschlag
210 €
(= 150 % vom
Stundenlohn)

Schaubild 5.4: Kalkulation der Selbstkosten

Handwerksbetriebe wählen in der Regel die Jahreslohnkosten als Basis zur Ermittlung des Gemeinkostenzuschlagsatzes. Wenn hingegen der Materialeinsatz den Hauptkostenfaktor darstellt, werden die Materialkosten zugrunde gelegt.

In unserem Beispiel kennt der Elektrotechniker Möntmann den Zuschlagssatz schon. Doch wie hat er herausgefunden, wie viel Prozent er auf den Fertigungslohn aufschlagen muss, um seine Selbstkosten zu decken?

Schaubild 5.5 fasst das gängige Vorgehen zur Ermittlung des Gemeinkostenzuschlagssatzes zusammen.

Ermittlung des Gemein-kostenzuschlagsatzes

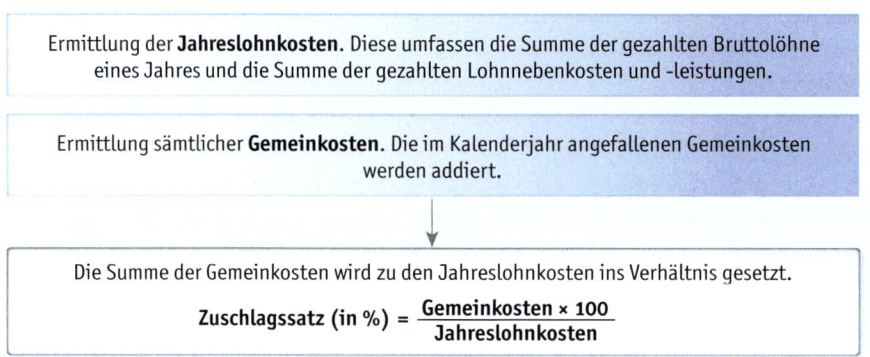

Ermittlung der **Jahreslohnkosten**. Diese umfassen die Summe der gezahlten Bruttolöhne eines Jahres und die Summe der gezahlten Lohnnebenkosten und -leistungen.

Ermittlung sämtlicher **Gemeinkosten**. Die im Kalenderjahr angefallenen Gemeinkosten werden addiert.

Die Summe der Gemeinkosten wird zu den Jahreslohnkosten ins Verhältnis gesetzt.

$$\text{Zuschlagssatz (in \%)} = \frac{\text{Gemeinkosten} \times 100}{\text{Jahreslohnkosten}}$$

Schaubild 5.5: Ermittlung des Gemeinkostenzuschlagssatzes

Herr Möntmann hat den für seinen Betrieb gültigen Gemeinkostenzuschlagssatz folgender-maßen berechnet:

Gemeinkosten im Jahr 20XX = 45 000 €

Lohnkosten im Jahr 20XX = 30 000 €

Zuschlagssatz = 45 000 € / 30 000 € × 100 = 150 %

Wenn er diesen Satz anwendet, kann er sicher sein, dass seine Selbstkosten durch seine Umsatzerlöse gedeckt werden.

Kalkulationshilfen erleichtern die Erstellung von Kostenvoranschlägen.

Viele Kunden verlangen, bevor sie einen Auftrag erteilen, einen **Kostenvoranschlag,** damit sie die Preise verschiedener Anbieter vergleichen können. Um einen Kostenvoranschlag er-stellen zu können, muss der Unternehmer den Arbeitsaufwand abschätzen. Hierzu gibt es für die verschiedenen Branchen sogenannte Kalkulationshilfen. Darin sind alle denkbaren Arbeitsleistungen aufgeführt und mit einem bestimmten Zeitfaktor versehen.

Leistungspositionen für die elektro- u. informationstechnischen Handwerke – unverbindliche Kalkulationsbeispiele – Stand 09/20XX

05.01 Allgemeinleuchten	Zeit	Lohn/Montage (€/Stunde)	Material (€/Stück bzw. €/Meter)		Summe Lohn + Material (in €)	
	Minuten	37,15	netto	20 %	37,15/ netto	37,15/ 20 %
Bei der Montage wird von üblichen Montagehöhen ausgegangen, das heißt von rd. 3 m. In der Regel sind die Leuchten ohne Leuchtmittel berechnet. Die Kosten hierfür sind jeweils zuzuschlagen. Das Montieren und Anschließen ist enthalten.						
05.01.01 Kunststoffleuchte, 60 W, IP 44	14,7	9,10	17,63	21,15	26,73	30,25
05.01.02 Iso-Ovalleuchte, 60 W	16,8	10,40	4,51	5,41	14,91	15,81
05.01.03 Iso-Ovalleuchte, 100 W	16,8	10,40	4,57	5,49	14,97	15,89
05.01.04 Porzellanleuchte, 60 W	17,7	10,96	13,45	16,14	24,41	27,10

Schaubild 5.6: Kalkulationshilfe für die Elektrobranche (Auszug)

Der Einbau einer Porzellanleuchte wird mit 17,7 Minuten veranschlagt. Wie Schaubild 5.6 außerdem zeigt, werden die Lohnkosten auf die in der Elektroinstallationsbranche üblichen 37,15 € pro Stunde festgesetzt. Hier ist schon ein gewisser Gemeinkostenzuschlag eingerech-net. Bezogen auf die erwartete Arbeitszeit fallen damit 10,96 € Lohnkosten an. Außerdem wird ein im Elektrohandwerk üblicher Aufschlag auf den Einkaufspreis des Materials bereits ausgerechnet. Bei einem Aufschlag von 20 % belaufen sich somit die Materialkosten auf 16,14 €. In der letzten Spalte der Kalkulationshilfe kann abgelesen werden, wie hoch die Selbstkosten des Betriebs für den Einbau der Porzellanleuchte sind: Sie betragen 27,10 €.

Vorteile der einfachen Zuschlagskalkulation

Die einfache Zuschlagskalkulation hat vor allem die folgenden Vorteile:

- Der Betrieb deckt auf jeden Fall seine Gemeinkosten.
- Sie ist einfach zu handhaben.
- Sie ist für die Kunden gerecht, denn durch die Koppelung an die jeweils anfallenden Lohn-kosten tragen Kunden, die höhere Leistungen in Anspruch nehmen und damit auch höhere Kosten verursachen, auch einen höheren Anteil an den Gemeinkosten.

Die Koppelung der Gemeinkosten mit den Lohnkosten ist für die meisten Handwerks- und kleinere Industriebetriebe also sinnvoll.

5.1.4 Erweiterte Zuschlagskalkulation

Wenn ein Unternehmen lediglich ein einziges Produkt herstellt, ist es zur Ermittlung der Selbstkosten pro Stück nicht notwendig, die Gemeinkosten aufzuteilen. In diesem Fall reicht die sogenannte Divisionskalkulation aus. Dabei werden die gesamten Kosten, das heißt die Summe der Einzel- und der Gemeinkosten, durch die hergestellte Stückzahl oder Produktionsmenge geteilt.

*Wenn ein Unternehmen lediglich ein einziges Produkt herstellt, reicht die sogenannte **Divisionskalkulation** aus.*

In größeren Industriebetrieben werden allerdings in der Regel mehrere verschiedene Produkte hergestellt. Deshalb wird dort aufwendiger kalkuliert als in Handwerksbetrieben.

> **BEISPIEL**
> Ein mit Befestigungstechnik befasster Betrieb stellt nicht nur Universaldübel her, sondern auch zugzonentaugliche Ankerbolzen und Hochleistungsanker.

Bestimmte Kosten, die Einzelkosten, können auch im Fall eines Mehrproduktunternehmens direkt einer Produktgruppe zugerechnet werden. Aber auch hier fallen Gemeinkosten an, die die Selbstkosten erhöhen.

Einzelkosten, siehe S. 194

> **BEISPIELE**
> - Die in der Fertigung von Universaldübeln anfallenden Materialkosten und Arbeitslöhne sind Einzelkosten.
> - Der angestellte Verkaufsleiter vertreibt nicht nur die Universaldübel, sondern auch die übrigen Produkte der Firma. Die Vertriebskosten sind also Gemeinkosten, ebenso wie die Mietkosten für das Verwaltungsgebäude oder die Stromkosten.

Nun stellt sich die Frage, wie ein Mehrproduktunternehmen die Gemeinkosten auf die unterschiedlichen Produkte verteilt (Schaubild 5.7).

In der Regel tragen verschiedene Produkte nicht gleichmäßig zu den Gemeinkosten eines Unternehmens bei.

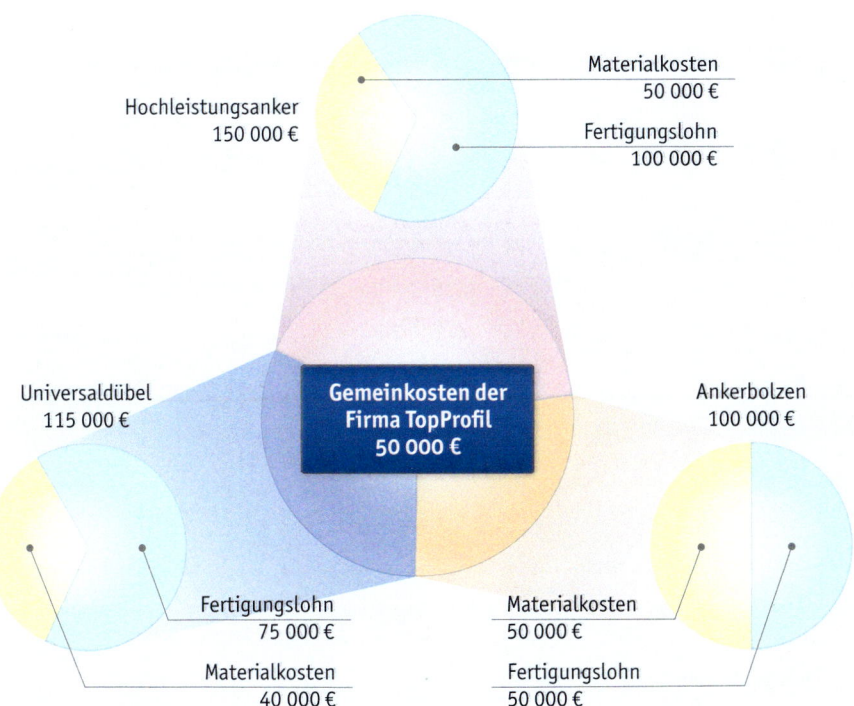

Schaubild 5.7: Das Problem der Gemeinkostenverteilung im Mehrproduktunternehmen

Es könnte die Gemeinkosten durch die Zahl der Produktgruppen teilen – in unserem Beispiel also durch drei. Dann würden alle drei Produkte mit demselben Gemeinkostenzuschlag belastet. Das wäre allerdings ungeschickt. Nicht nur auf hart umkämpften Märkten, insbesondere aber dort, ist eine genaue Kalkulation notwendig. Schon geringe Preisunterschiede können darüber entscheiden, ob das Unternehmen einen Auftrag erhält oder an einen Mitbewerber verliert. Die gleichmäßige Aufteilung der Gemeinkosten auf die Produktgruppen wäre daher unvorteilhaft, da einige Produkte hierdurch künstlich verteuert würden.

Die Gesamtheit der erzeugten Waren eines Industrieunternehmens nennt man **Produktionsprogramm**.

Als **Sortiment** bezeichnet man die Gesamtheit aller angebotenen Waren/Artikel eines Handelsunternehmens.

BEISPIEL Für die Herstellung von Universaldübeln wird in der Lagerhalle eine erheblich größere Fläche benötigt als für die Herstellung von Ankerbolzen. Bezogen auf die Mietkosten der Lagerhalle verursachen die Universaldübel also höhere Kosten als die Ankerbolzen. Eine gleichmäßige Verteilung der Gemeinkosten auf die gesamte Produktpalette hätte zur Folge, dass die Ankerbolzen teurer angeboten würden als notwendig. Demgegenüber würden die Universaldübel scheinbar billiger. Wenn die Ankerbolzen deshalb unverkäuflich bleiben, entgehen dem Unternehmen Umsatzerlöse.

Sinnvoller als die einfache ist also eine erweiterte Zuschlagskalkulation. Hier wird genauer ermittelt, welchen Anteil das einzelne Produkt oder die einzelne Produktgruppe an den gesamten Gemeinkosten hat. Dies geschieht, indem zunächst festgehalten wird, an welchen Stellen im Betrieb Gemeinkosten entstehen.

Üblicherweise werden die Gemeinkosten den verschiedenen Funktionsbereichen eines Betriebs zugeordnet, die als einzelne Kostenstellen betrachtet werden. Eine gängige Unterteilung des Betriebs in Kostenstellen lautet:

Wo sind Kosten entstanden? Mit dieser Frage befasst sich die **Kostenstellenrechnung**.

- Materialbereich: Beschaffung, Lager
- Fertigung: Herstellung/Produktion
- Verwaltung: Personalbüro, Unternehmensleitung, Controlling
- Vertrieb: Werbung, Verkauf, Versand

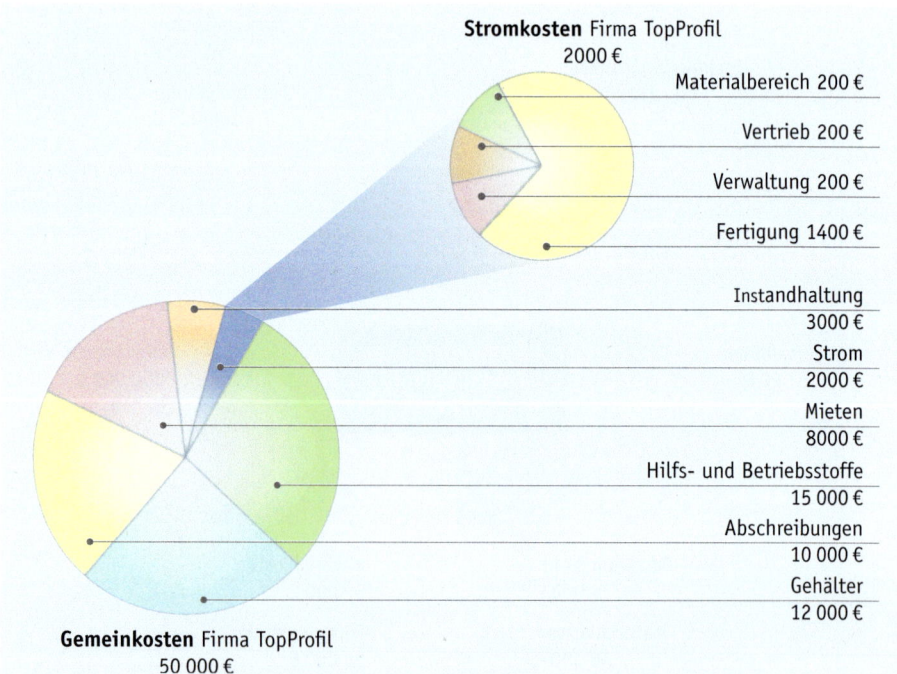

Schaubild 5.8: Beispiel – Aufteilung der Stromkosten auf Kostenstellen

Diese Einteilung findet sich auch in Schaubild 5.8 wieder. Bei der Bildung von Kostenstellen sind allerdings auch andere Unterteilungen sinnvoll, wenn diese eine genauere Erfassung der Selbstkosten der Produkte erlauben.

Die Erfassung der Gemeinkosten in den einzelnen Funktionsbereichen erfolgt mithilfe des sogenannten Betriebsabrechnungsbogens (BAB).

Betriebsabrechnungsbogen

> **BEISPIEL**
>
> Die Stromkosten werden im BAB nach einem festgelegten Schüssel aufgeteilt. Dieser Schlüssel soll dem jeweiligen Verbrauch der Funktionsbereiche so genau wie möglich entsprechen. Bei einem angenommenen Schlüssel von 1:7:1:1 in der Reihenfolge Material, Fertigung, Verwaltung und Vertrieb teilen sich die angenommenen 2000 € Stromkosten folgendermaßen auf die Bereiche auf: Material 200 €, Fertigung 1400 €, Verwaltung 200 €, Vertrieb 200€.
>
> Die übrigen Gemeinkosten werden ebenfalls über passende Schlüssel zugeordnet, es sei denn, sie ließen sich einem bestimmten Bereich anhand von Rechnungen oder Gehaltslisten direkt zuordnen.

Betriebsabrechnungsbogen

Gemeinkosten	Betrag in €	Verteilungsgrundlage	Material-bereich	Fertigung	Verwal-tung	Vertrieb
Strom	2000	1:7:1:1	200 €	1400 €	200 €	200 €
Hilfs- und Betriebsstoffe	15 000	Materialentnahmescheine	500 €	14 300 €	100 €	100 €
Gehälter	12 000	Gehaltsliste 2:4:4:2	2000 €	4000 €	4000 €	2000 €
Abschreibungen	10 000	Anlagenkartei	800 €	5300 €	1400 €	2500 €
Mieten	8000	Fläche in m²	2000 €	4000 €	1500 €	500 €
Instandhaltung	3000	Rechnungen	200 €	1900 €	600 €	300 €
Summe der Gemeinkosten	**50 000**		5700 €	30 900 €	7800 €	5600 €
Zuschlagsgrundlage • jeweilige Einzelkosten bei Material und Fertigung • Herstellkosten bei Verwaltung und Vertrieb			30 000 €	20 000 €	85 700 €	85 700 €
Zuschlagssätze			19,00 % Material-gemein-kosten	154,50 % Fertigungs-gemein-kosten	9,10 % Verwal-tungsge-meinkosten	6,53 % Vertriebs-gemein-kosten

Tabelle 5.6: Betriebsabrechnungsbogen TopProfil

Infolge der genaueren Aufteilung der Gemeinkosten auf die Funktionsbereiche ist es nun möglich, für jeden Bereich einen eigenen Gemeinkostenzuschlagssatz zu ermitteln. Dazu werden die im BAB (siehe Tabelle 5.6) jeweils ermittelten Summen der Gemeinkosten durch ihre jeweilige Zuschlagsgrundlage geteilt und mit 100 multipliziert. Bei den Material- und Fertigungsgemeinkosten bildet die Summe der jeweiligen Einzelkosten des Funktionsbereichs diese Zuschlagsgrundlage. Bei Verwaltungs- und Vertriebsgemeinkosten fallen kaum Einzelkosten an. Daher bilden hier die Herstellkosten die Zuschlagsgrundlage.

bereichsspezifische Zuschlagssätze

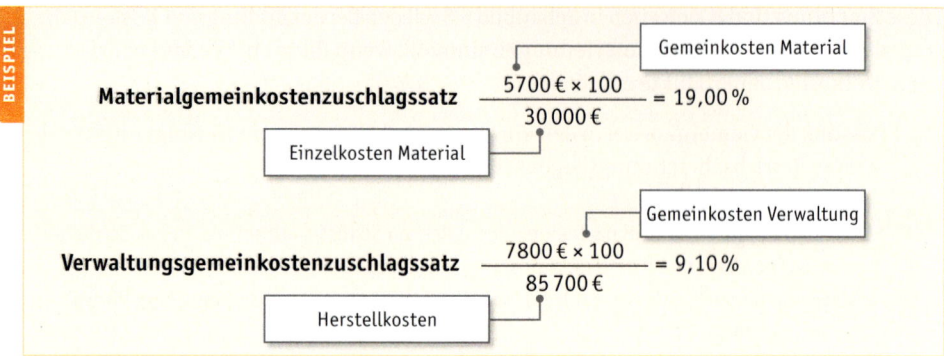

Auch wenn ein Betrieb verschiedene Produkte herstellt, lassen sich jetzt mithilfe der einzelnen Gemeinkostenzuschläge die jeweiligen Selbstkosten präzise ermitteln.

Die Herstellkosten umfassen nur die Kosten, die bei der Herstellung anfallen. Versand- und Vertriebskosten sind nicht enthalten:

Herstellkosten
= Materialeinzelkosten
+ Materialgemeinkosten
+ Fertigungseinzelkosten
+ Fertigungsgemeinkosten

Für die Kalkulation eines Auftrags über 10 000 Universaldübel liegen die folgenden Daten vor:

Fertigungsmaterial (Einzelkosten)	100,00 €	
Fertigungslöhne (Einzelkosten)	50,00 €	
Gemeinkostenzuschläge		
Materialgemeinkosten	19 % des Fertigungsmaterials	
Fertigungsgemeinkosten	154,50 % der Fertigungslöhne	
Verwaltungsgemeinkosten	9,10 % der Herstellkosten	
Vertriebsgemeinkosten	6,53 % der Herstellkosten	

1	Fertigungsmaterial	100,00 €	
2	Materialgemeinkosten 19 %	19,00 €	bezogen auf 100 € Fertigungsmaterial
3	Fertigungslöhne	50,00 €	
4	Fertigungsgemeinkosten 154,50 %	77,25 €	bezogen auf 50 € Fertigungslöhne
5	**Herstellkosten**	246,25 €	Summe aus den Zeilen 1 bis 4
6	Verwaltungsgemeinkosten 9,10 %	22,41 €	bezogen auf 246,25 € Herstellkosten
7	Vertriebsgemeinkosten 6,53 %	16,08 €	bezogen auf 246,25 € Herstellkosten
8	**Selbstkosten**	**284,74 €**	Summe aus den Zeilen 5 bis 7

Möchte man nun die Selbstkosten eines einzelnen Universaldübels erfahren, die sogenannten Stückkosten, so dividiert man sämtliche Selbstkosten (= Gesamtkosten) durch die hergestellte Stückzahl:

Stückkosten = Gesamtkosten/Stückzahl = 284,74 €/10 000 = 0,02847 € oder aufgerundet 0,03 €

5.1.5 Verkaufspreiskalkulation

Die Selbstkosten sind die Grundlage für den Gewinnaufschlag. So will jedes privatwirtschaftliche Unternehmen nicht nur die Selbstkosten decken, sondern auch einen Gewinn erwirtschaften. Der Begriff Gewinnzuschlag hat zuweilen einen negativen Beigeschmack. Viele setzen ihn mit Profitgier gleich und denken an hemmungslose Manager, die sich Millionen in die eigene Tasche stecken. Demgegenüber ist ein angemessener Gewinn keinesfalls unberechtigt. Die folgenden Argumente dienen als Begründung für den Ansatz von Gewinnzuschlägen:

Gewinnzuschlag

- **Unternehmerlohn**. Inhaber von Einzelunternehmen oder geschäftsführende Gesellschafter in Personengesellschaften erhalten kein regelmäßiges, vertraglich festgelegtes Entgelt wie die in den Unternehmen beschäftigten Arbeiter oder Angestellten. Ihren „Lohn" müssen sie sich selbst auszahlen. Er speist sich aus dem Gewinn des Unternehmens.

  Personengesellschaft, siehe Kapitel 4, Abschnitt 4.4.2

- **Zukunftssicherung**. Investitionen in neue Produktionsanlagen sind nie vollständig fremdfinanziert. Immer ist ein gewisser Eigenanteil notwendig. Beispielsweise muss die Automobilindustrie für Forschungs- und Entwicklungsfortschritte, etwa im Bereich Elektromobilität, beträchtliche Mittel aufwenden. Diese Mittel fließen oftmals erst Jahre später in Form von Umsatzerlösen zurück. Zudem ist es sinnvoll, Rücklagen für Zeiten zu bilden, in denen es an Aufträgen mangelt.

  Fremdfinanzierung
  = Finanzierung aus Mitteln, die dem Unternehmen durch Dritte zur Verfügung gestellt werden, zum Beispiel durch einen Kredit

- **Entschädigung**. Der Gewinn stellt eine Art Entschädigung für die Übernahme unternehmerischer Risiken dar. Beispielsweise geht bei einer Insolvenz das investierte Eigenkapital verloren. Erheblich sicherer wäre es für Unternehmer, ihr Geldvermögen zu einem festen Zinssatz bei Banken oder Versicherungen anzulegen, doch das entspricht nicht dem Zweck ihres Geschäfts.

  Insolvenz, siehe S. 231–234

  Eigenkapital, siehe S. 228

  Rentabilität, siehe S. 224–226

Zusätzlich zum Gewinnaufschlag werden übliche **Preisnachlässe** in den Verkaufspreis einkalkuliert. Dazu zählen Skonti und Rabatte. Werden Rabatte nicht gewährt oder Skonti vom Kunden nicht in Anspruch genommen, so fällt der Gewinn des Unternehmens entsprechend höher aus.

1	Selbstkosten	284,74 €	
2	**+ Gewinnaufschlag (20 %)**	56,95 €	bezogen auf 284,74 € Selbstkosten
3	= Barverkaufspreis	341,69 €	Summe aus den Zeilen 1 und 2
4	**+ Skonto (2 %)**	**6,97 €**	Skontosatz bezogen auf 348,66 € Zielverkaufspreis; Skontobetrag =
5	= Zielverkaufspreis	348,66 €	Zielverkaufspreis – Barverkaufspreis
6	**+ Kundenrabatt (10 %)**	**38,74 €**	Rabattsatz bezogen auf 387,40 € Listenverkaufspreis; Rabattbetrag =
7	= Listenverkaufspreis	387,40 €	Listenverkaufspreis – Zielverkaufspreis

BEISPIEL

Der Zielverkaufspreis und der Listenverkaufspreis werden wie folgt ermittelt:
Zielverkaufspreis = Barverkaufspreis × 100/(100 – Skontosatz)
= 341,69 € × 100/98 = **348,66 €**
Listenverkaufspreis = Zielverkaufspreis × 100/(100 – Rabattsatz)
= 348,66 € × 100/90 = **387,40 €**

Ein **Rabatt** ist ein sofortiger Preisnachlass auf den Brutto-Verkaufspreis, der bei Rechnungsstellung abgezogen wird.

Rabatte werden häufig dann gewährt, wenn Kunden größere Mengen abnehmen. Die Gewährung von Skonti hingegen soll die Kunden zur zügigen Zahlung der Rechnung motivieren. Der Unternehmer vermerkt dann zum Beispiel folgende Zahlungsbedingung auf der Kundenrechnung: „Zahlbar innerhalb von 5 Tagen abzüglich 2 % Skonto". Hierdurch erlaubt er dem Kunden, 2 % vom Brutto-Rechnungsbetrag abzuziehen, sofern dieser die Rechnung innerhalb von fünf Tagen bezahlt.

Ein **Skonto** ist ein nachträglicher Preisnachlass für vorzeitige Zahlung.

Die Möntmann GmbH vermerkt folgende Zahlungsbedingung auf der Kundenrechnung: „Zahlbar innerhalb von 5 Tagen abzüglich 2 % Skonto". Hierdurch erlaubt sie dem Kunden, 2 % vom Brutto-Rechnungsbetrag abzuziehen, sofern er die Rechnung innerhalb von fünf Tagen bezahlt.

1	(Brutto-)Verkaufspreis	461,01 €	
2	2 % Skonto	– 9,22 €	bezogen auf 461,01 € (Brutto-)Verkaufspreis
3	= zu zahlender Rechnungsbetrag	451,79 €	

Erfolgt die Bezahlung erst nach Ablauf der Skontofrist, so muss der Kunde den vollen Rechnungsbetrag bezahlen.

übliche Skontosätze

Übliche Skontosätze bewegen sich zwischen 2 % und 3 %. Die Höhe des Skontosatzes sowie die Skontofrist sind von den Vertragspartnern aber immer im Rahmen der Auftragserteilung auszuhandeln.

Eine sofortige Zahlung rechtfertigt nicht automatisch einen Skontoabzug. Steht auf einer Rechnung „Zahlbar rein netto Kasse" oder „Ohne Abzug", so schließt dies einen Skontoabzug ausdrücklich aus.

Aufgaben zu den Themen Selbstkosten und Preiskalkulation

1 Welches Hauptziel hat jedes privatwirtschaftliche Unternehmen?
2 Ergänzen Sie das folgende Schema, indem Sie die folgenden Begriffe den Ziffern zuordnen: Abschreibungen – Einzelkosten – IHK-Mitgliedsbeitrag – Lagerkosten – verwendetes Material (Fertigungsmaterial).

benötigte Arbeitszeit (Fertigungslohn)		
1	3	Selbstkosten
2		
Weihnachtsgeld		
4	Gemeinkosten	
Leasinggebühr Firmenwagen		
5		
Sozialversicherungsbeiträge		

3 Wodurch unterscheiden sich die Herstellkosten von den Selbstkosten?
4 Viele Kunden ärgern sich häufig über die ihrer Meinung nach zu hohen Handwerkerlöhne. Was bedenken diese Kunden allerdings nicht?
5 Nennen Sie mindestens drei Gründe für den Ansatz von Gewinnzuschlägen.
6 Wozu dient die kalkulatorische Abschreibung?
7 Welchen Zweck hat die steuerliche Abschreibung?
8 Erläutern Sie, worum es in dem folgenden Schaubild geht. Beantworten Sie anschließend anhand der Informationen, die Sie dem Schaubild entnehmen können, die folgenden Fragen:
    a Wie hoch sind die Selbstkosten einer Handwerkerstunde?
    b Wie hoch ist der Gemeinkostenzuschlag?

Was ein Handwerker kostet

Die Kosten für eine Arbeitsstunde einer Handwerkgesellen setzen sich aus folgenden Anteilen zusammen:

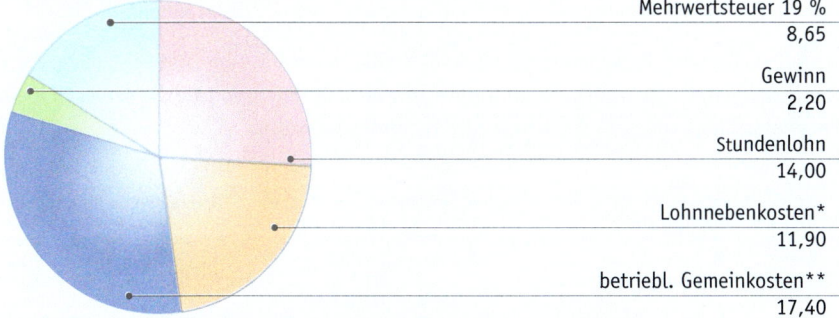

Mehrwertsteuer 19 %	8,65
Gewinn	2,20
Stundenlohn	14,00
Lohnnebenkosten*	11,90
betriebl. Gemeinkosten**	17,40

* z. B. Arbeitgeberbeiträge zur Sozialversicherung, Kosten für Urlaubs- und Feiertage
** z. B. Personalkosten für Büromitarbeiter, Raumkosten, Versicherungsbeiträge

Stand Februar 2010.   Quelle: Handwerkskammer Region Stuttgart.

9 Die Meisterin eines Malerhandwerksbetriebs will ein Angebot zur Sanierung einer Hausfassade abgeben. Aufgrund ihrer Erfahrungen schlägt sie bei der Kalkulation die Gemeinkosten wie folgt den Einzelkosten zu: Materialgemeinkosten, 20 % der Materialeinzelkosten; Fertigungsgemeinkosten, 200 % des Fertigungslohns; Verwaltungsgemeinkosten, 10 % der Herstellungskosten; Gewinnzuschlag, 15 %.
Berechnen Sie den Brutto-Angebotspreis, indem Sie die folgende Tabelle in Ihr Heft übertragen und in die freien Felder die entsprechenden Werte eintragen. Berücksichtigen Sie bei Ihrer Berechnung den aktuellen Mehrwertsteuersatz (siehe dazu Abschnitt 5.2, S. 209–213).

Kalkulation des Angebots			
Bezeichnung	**Zuschläge**	**Betrag**	**Summe**
Materialeinzelkosten	/	/	2000,00 €
+ Materialgemeinkosten	.... %		/
= **Materialkosten**	/	/	
+ Fertigungslohn	/	4000,00 €	/
+ Fertigungsgemeinkosten	.... %		/
= **Fertigungskosten**	/	/	
= **Herstellkosten**	/	/	
+ Verwaltungsgemeinkosten	.... %		/
+ Vertriebsgemeinkosten	.... %		/
= **Selbstkosten**	/	/	
+ Gewinnzuschlag	.... %		/
= Nettoangebotspreis	/	/	
+ Mehrwertsteuer	.... %		/
= **Bruttoverkaufspreis**	/	/	

10 Der Informationselektroniker Alex erhält per E-Mail die folgende Anfrage:

Hallo, wir möchten unsere vorhandene Satellitenanlage vom Balkon an die Hausfassade um-
setzen. Die Anlage kann Signale von zwei Satelliten empfangen und hat einen 90 cm großen
Spiegel. Bitte schicken Sie uns einen Kostenvoranschlag. Viele Grüße, B. Hubert

Schreiben Sie unter Verwendung der folgenden Kalkulationshilfe eine Antwort, in der die vor-
aussichtlichen Nettokosten genannt werden. Hinweis: Die Firma von Alex kalkuliert mit einem
Materialzuschlag von 20 % und einem Gewinnzuschlag von 10 %.

Leistungspositionen für die elektro- u. informationstechnischen Handwerke – unverbindliche Kalkulations- *beispiele – Stand 09/20XX*						
11.01 **Satellitenempfangsanlagen**	Zeit	Lohn/ Montage (€/Stunde)	Material (€/Stück bzw. €/Meter)		Kalkulationssatz für Lohn + Material (in €)	
	Minuten	37,15 €	netto	zzgl. 20 %	37,15/ netto	37,15/ zzgl. 20 %
Satelliten-Empfangsanlage für Wandmontage ohne Receiver, Leitungsnetz und Anschlussdosen liefern und montieren als						
11.01.01 Einzelanlage, Spiegel 57 cm, alle Programme, 1 Satellit, digital + terrestrisch, bestehend aus: 1 Offset-Parabolantenne 57 cm; 1 Wandarm kurz; 1 Universal-Single-Speisesystem UAS 571	250,8	155,29	159,98	191,98	315,27	347,27
11.01.02 Einzelanlage, Spiegel 90 cm, Multifeed 2 Satelliten, alle Programme, digital; bestehend aus: 1 Offset-Parabolantenne 90 cm; 1 Wandarm; 2 Universal-Single-Speisesystem UAS 571	384,6	238,13	330,71	396,85	568,84	634,98

11 Welchen Vorteil besitzt die einfache Zuschlagskalkulation gegenüber der erweiterten
Zuschlagskalkulation?

12 Welchen Nachteil hat die einfache Zuschlagskalkulation insbesondere für Kunden, die geringe
Materialkosten verursachen?

13 In Tabelle 5.6 (S. 203) sind die Gemeinkostenzuschlagssätze der Firma TopProfil aufgeführt.
Stellen Sie anhand der Daten aus Tabelle 5.6 den Rechenweg zur Ermittlung der Zuschlagssätze
in den Bereichen Fertigung und Vertrieb dar.

14 In dem zum Auftakt dieses Kapitels dargestellten Beispiel (S. 192) meint der Kunde Herr Bode,
dass ihm der versprochene Skontoabzug nicht gewährt wird.

   a Hat Herr Bode recht?

   b Zu welchen Zwecken werden Rabatte und Skonti vereinbart?

   c Erklären Sie am Beispiel der Rechnung für Herrn Bode, wie ein Skontoabzug von 5 % funktioniert würde.

5.2 Umsatzsteuer

märzilia
Scooter

50 Jahre
Märzilia Scooter
in Deutschland

Roller „Silver Shadow"		**Roller „Happy Yellow"**		**Roller „Elegant Blue"**	
Barpreis	2100 €	Barpreis	1900 €	Barpreis	1200 €
Sie sparen	399 €	Sie sparen	361 €	Sie sparen	228 €

Happy Mehrwertsteuer

Märzilia schenkt Ihnen die Mehrwertsteuer.

„Das ist doch mal ein gutes Angebot", denkt Marvin, der schon länger überlegt, ob er sich einen neuen Roller kaufen sollte. Er erzählt seiner Mutter davon. Diese ist leider nicht sonderlich begeistert. „So viele Prozente sparst du doch gar nicht", meint sie, „und überhaupt, lass' die Finger davon, das ist ein Lockvogelangebot! Der Händler kann dir nicht einfach die Mehrwertsteuer schenken, die muss jeder zahlen." Marvin erwidert: „Das ist kein Trick." Zugleich fragt er sich jedoch, wie das mit der Mehrwertsteuer eigentlich funktioniert.

- Müssen auch Geschäftsleute Umsatzsteuern zahlen?
- Gibt es einen Unterschied zwischen Mehrwert- und Umsatzsteuer?
- Wann fallen Umsatzsteuern an und wie hoch sind sie?
- Was ist eine Umsatzsteuererstattung?
- Wie erhält das Finanzamt die Einnahmen aus der Umsatzsteuer?

Den Begriff Mehrwertsteuer (MwSt) gibt es im Steuerrecht strenggenommen nicht. Dennoch wird er vielfach noch verwendet.

Die letzte Erhöhung der Umsatzsteuer geht auf das Jahr 2007 zurück. Der allgemeine Steuersatz beträgt 19 % (Stand 2012).

5.2.1 Grundlagen

Nahezu sämtliche Waren und Dienstleistungen auf den Märkten einer Volkswirtschaft unterliegen der Umsatzsteuerpflicht. Sie gilt für den mp3-Download ebenso wie für den Kinobesuch oder den Notebook-Kauf.

Aber auch staatliche Einrichtungen sind umsatzsteuerpflichtig, wenn der Kauf als Endverbrauch gilt.

- Das Berufskolleg kauft für den Unterricht einen Beamer.
- Die Stadt baut eine Brücke und nimmt dazu die Leistungen von Baufirmen und Architekten in Anspruch.

Die Umsatzsteuer zahlt letzten Endes nur der Endverbraucher, indem der geltende Steuersatz auf den Endverkaufspreis aufgeschlagen wird. Die Steuereinnahmen werden vom Verkäufer an das Finanzamt abgeführt. Die Umsatzsteuer ist daher

- für Unternehmen ein sogenannter **durchlaufender Posten**. Zwar nehmen die Unternehmen die Umsatzsteuer von ihren Kunden ein, sie müssen die Einnahmen aber in gleicher Höhe ans Finanzamt abführen. Die Umsatzsteuer hat also keinen Einfluss auf den Unternehmenserfolg;
- eine **indirekte Steuer**, da sie nicht direkt dem Endverbraucher belastet wird, der sie letztlich trägt. Stattdessen wird sie vom Verkäufer an das Finanzamt weitergeleitet.

Die Umsatzsteuer wird auch als **Mehrwertsteuer** bezeichnet, weil der Staat letztlich nur den Mehrwert, das heißt den Unterschiedsbetrag zwischen dem Endverkaufspreis und den Kosten für sämtliche Vorleistungen zur Bereitstellung des Produkts, besteuert.

Im Gegensatz zur Umsatzsteuer ist die **Einkommensteuer** eine direkte Steuer. Mit ihr wird direkt die Person belastet, die sie tragen soll, nämlich der Einkommensbezieher.

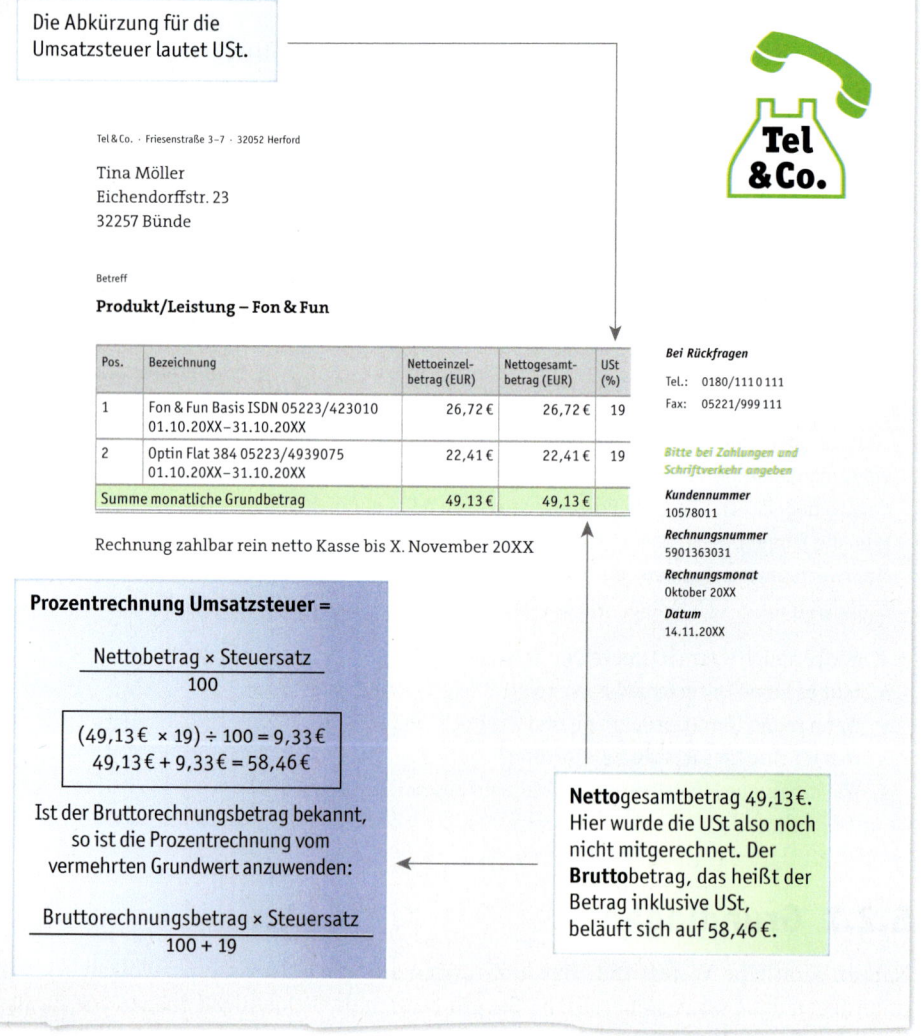

Schaubild 5.9: Nettobetrag, Umsatzsteuer und Bruttobetrag

Für manche Konsumgüter verlangt der Staat nur einen ermäßigten Steuersatz von 7 %. Dieser gilt für alle Grundnahrungsmittel wie Kartoffeln oder Mehl. Die Erklärung ist eine sozialpolitische: Die Umsatzsteuer trifft jeden Verbraucher, gleichgültig ob er Millionär oder Arbeitsloser ist. Dennoch soll der Kauf von Grundnahrungsmitteln auch für den Arbeitslosen erschwinglich bleiben. Die Sorge des Staates um die Bürger erklärt auch den ermäßigten Steuersatz für Bücher und Zeitschriften. Die Bürger sollen sich kostengünstiger informieren und bilden können.

Warum allerdings auch Hotelübernachtungen, Blumen oder Kunstgegenstände nur mit dem ermäßigten Satz besteuert werden, bleibt eine der vielen Ungereimtheiten in der deutschen Steuergesetzgebung.

Verständlicher ist hingegen, warum manche Güter überhaupt nicht mit der Umsatzsteuer belastet werden.

Der ermäßigte Mehrwertsteuersatz gilt beispielsweise für Grundnahrungsmittel.

- Private Verkäufe – diese Güter wurden schon besteuert.
- Wohnungsmieten – sie sollen nicht durch die Umsatzsteuer weiter verteuert werden, sodass auch einkommensschwächere Bevölkerungsgruppen das Grundbedürfnis nach einer Unterkunft befriedigen können.

BEISPIELE

5.2.2 Ermittlung der Umsatzsteuerschuld

Marvin kauft einen neuen Motorroller und zahlt dem Einzelhändler 799 € in bar. Im Kaufpreis sind 19 % Umsatzsteuer, das heißt ein Betrag von 127,57 €, bereits enthalten. Wie gelangt dieser Betrag in die Kasse des Finanzamts?

BEISPIEL

Man könnte annehmen, dass der Händler ohne Weiteres den Gesamtbetrag von 127,57 € an das Finanzamt überweist. Aber aus guten Gründen ist dies nicht so: So wäre es ungerecht, nur den Einzelhandel, der als einzige Unternehmensgruppe direkt mit den Endverbrauchern in Kontakt steht, mit der Umsatzsteuer zu belasten. Dass andere Unternehmen in der Wertschöpfungskette, beispielsweise die Hersteller oder der Großhandel, davon verschont bleiben sollten, lässt sich nicht rechtfertigen.

Die scheinbar naheliegende Lösung, alle am Herstellungs- und Verteilungsprozess beteiligten Unternehmen mit der vollen Umsatzsteuer zu belasten, wäre allerdings ebenfalls nicht sinnvoll.

Wenn auf jeder Wirtschaftsstufe die Umsatzsteuer auf den Verkaufspreis aufgeschlagen würde, dann würde das Produkt für Marvin als Endabnehmer sehr teuer. Der Hersteller des Rollers müsste für den gelieferten Stahl 19 % Umsatzsteuer an den Stahlproduzenten zahlen, der Großhändler für die gelieferten Roller 19 % Umsatzsteuer an den Hersteller.

BEISPIEL

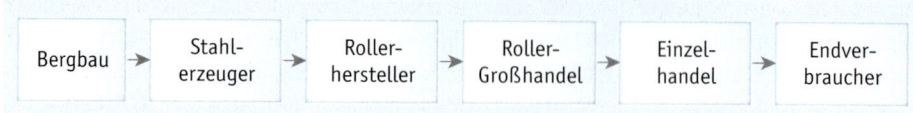

Schaubild 5.10: Anbieter in der Wertschöpfungskette „Motorroller"

Wie Schaubild 5.10 verdeutlicht, wird der Roller umso teuer, je größer die Zahl der an seiner Herstellung und seinem Verkauf beteiligten Unternehmen ist.

Deshalb ist die Umsatzbesteuerung als Besteuerung des Mehrwerts ausgestaltet. Das bedeutet, dass jedes Unternehmen bei seinen Verkäufen zwar die volle Umsatzsteuer von 19 % oder 7 % berechnen muss. Von der Summe der vereinnahmten Umsatzsteuer kann es allerdings die im Einkauf gezahlte Umsatzsteuer, die sogenannte Vorsteuer, abziehen. Beim Vorsteuerabzug werden also die eingenommenen Umsatzsteuern mit den gezahlten Vorsteuern verrechnet.

> Die **Vorsteuer** ist die vom Unternehmen an seine Lieferanten gezahlte Umsatzsteuer.
>
> **Zahllast:**
> Umsatzsteuer > Vorsteuer
>
> **Vorsteuerüberhang:**
> Umsatzsteuer < Vorsteuer

- Wenn in einem gegebenen Abrechnungszeitraum die gezahlte Vorsteuer geringer ist als die eingenommene Umsatzsteuer, ergibt sich eine Zahllast an das Finanzamt.
- Ist die Umsatzsteuer geringer als die Vorsteuer, so ergibt sich ein Vorsteuerüberhang, und das Unternehmen erhält die zu viel gezahlte Umsatzsteuer erstattet.

Die privaten Haushalte zahlen ebenso wie die Unternehmen beim Einkauf Umsatzsteuer. Allerdings räumt das Steuerrecht Privatpersonen nicht das Recht des Vorsteuerabzugs ein – auch dann nicht, wenn sie die Güter später weiterverkaufen. Deshalb zahlen Privatpersonen als Endverbraucher immer den vollen Umsatzsteuerbetrag, den ihnen der Verkäufer in Rechnung gestellt hat (Schaubild 5.11).

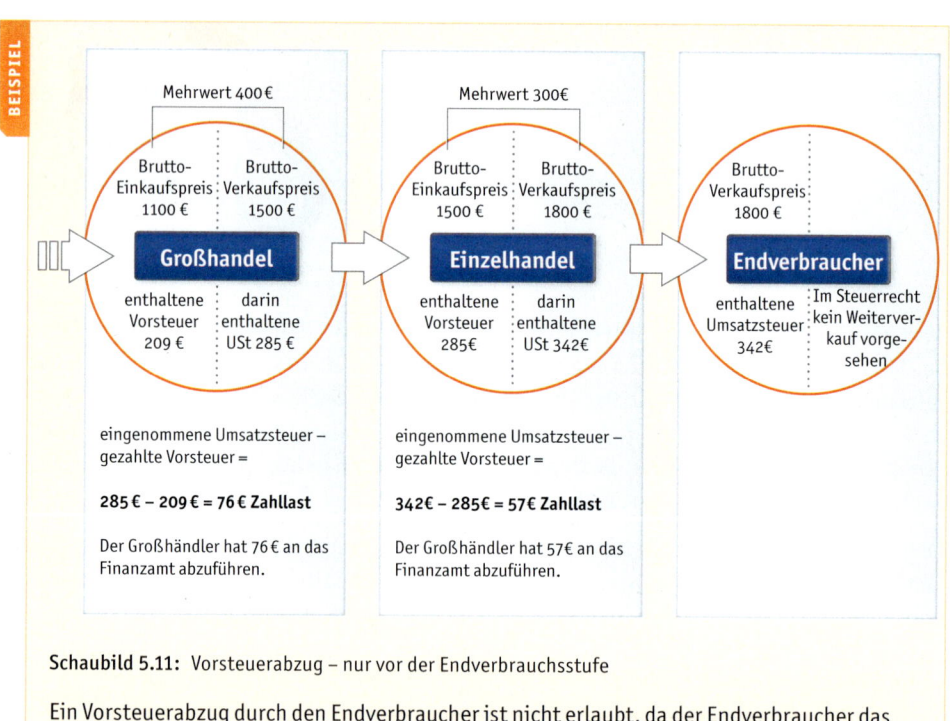

Schaubild 5.11: Vorsteuerabzug – nur vor der Endverbrauchsstufe

Ein Vorsteuerabzug durch den Endverbraucher ist nicht erlaubt, da der Endverbraucher das Gut nicht aus Erwerbsgründen kauft. Andernfalls müsste das Finanzamt ihm 342 € erstatten.

Mittels des Vorsteuerabzugs wird bei jedem Schritt in der Produktions- und Verteilungskette nur der Unterschiedsbetrag zwischen dem Verkaufspreis und dem Einkaufspreis versteuert, mit einem Wort, der Mehrwert. Daher stammt auch der ursprüngliche Name „Mehrwertsteuer". Die Unternehmen versteuern nur den von ihnen jeweils erzeugten Mehrwert. Die Summe der Steuern auf den auf allen Stufen geschaffenen Mehrwert entspricht somit der Umsatzsteuer, die der Endkunde zu zahlen hat (Schaubild 5.11).

Mehrwert auf der Einzelhandelsstufe = Verkaufspreis – Einkaufspreis

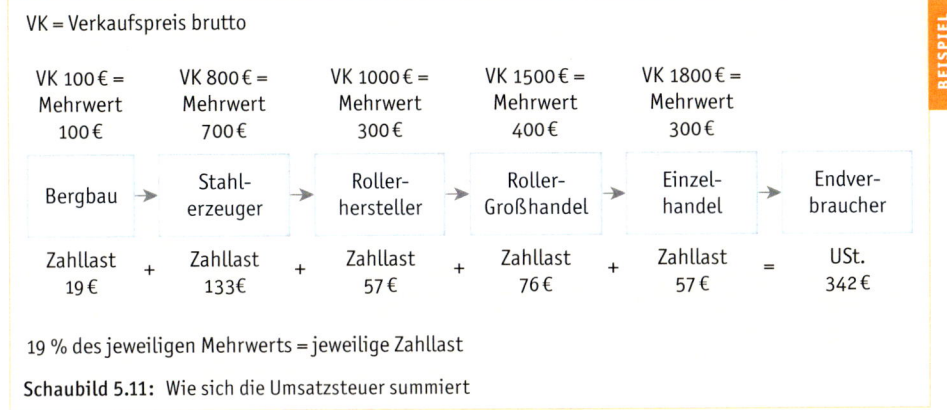

Schaubild 5.11: Wie sich die Umsatzsteuer summiert

Die Umsatzsteuer ist in Deutschland die wichtigste Einnahmequelle des Staates (siehe Schaubild 5.12). Im internationalen Vergleich der Umsatzsteuersätze liegt Deutschland mit 19 % im unteren Mittelfeld. Spitzenreiter sind die skandinavischen Länder wie Dänemark oder Schweden mit 25 %; Schlusslichter bilden die Schweiz mit 7,6 % und Japan mit 5 %.

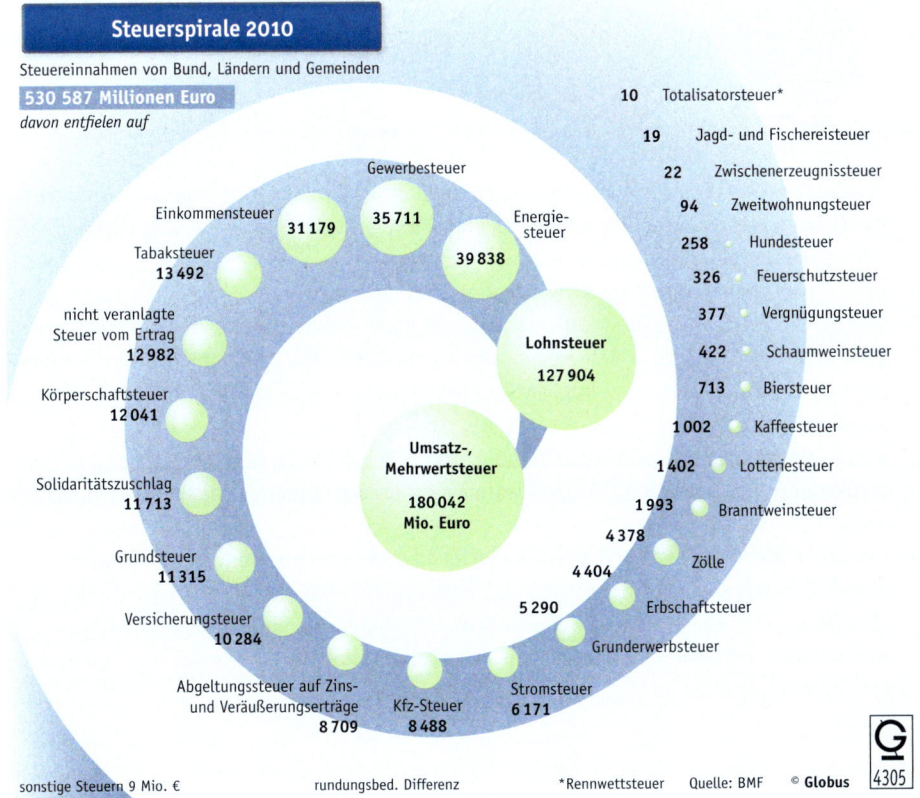

Schaubild 5.12: Zahlenmäßige Bedeutung der verschiedenen Steuern in Deutschland

Aufgaben zum Thema Umsatzsteuer

1   Marvin beschließt, die Sonderaktion „Märzilia schenkt Ihnen die Mehrwertsteuer" zu nutzen (siehe Auftaktsituation zu Abschnitt 5.2 auf S. 209). Er kauft einen Roller zum Barpreis von 740 €. Wie viel Euro spart er?

2   Ist die Umsatzsteuer eine indirekte oder eine direkte Steuer?

3   Unternehmen betrachten die Umsatzsteuer als „durchlaufenden Posten". Was ist damit gemeint?

4   Welche Besonderheit des Steuerrechts wird in dieser Karikatur auf die Schippe genommen?

5   Manche Güter sind von der Mehrwertsteuer ausgenommen, für andere gilt nur der verminderte Mehrwertsteuersatz. Nennen Sie entsprechende Beispiele und erklären Sie, wieso hier auf die Erhebung der (vollen) Umsatzsteuer verzichtet wird.

6   Die Mehrwertsteuer trägt ihren Namen zu Recht. Warum?

7   Gerade in letzter Zeit häufen sich Betrugsfälle, bei denen das System des Vorsteuerabzugs ausgenutzt wird, um Beträge in Millionenhöhe zu erschwindeln. Man spricht hier von kriminellen „Umsatzsteuerkarussellen". Versuchen Sie, mithilfe einer Internetrecherche diese Betrugsmasche zu erklären.

8   Gerade die Umsatzsteuer ist bei den Bürgern nicht sehr beliebt. Verdeutlichen Sie mithilfe der Steuerspirale (Schaubild 5.12, S. 213), warum diese Steuer dennoch nicht abgeschafft werden wird.

9   Die Schaumweinsteuer ist ein Paradebeispiel für eine Steuer, die weiterhin erhoben wird, obwohl der ursprüngliche Grund für ihre Einführung nicht mehr gilt. In der Steuerspirale (Schaubild 5.12) finden Sie eine weitere Abgabe, die eigentlich nur wenige Jahre erhoben werden sollte, mittlerweile aber seit mehr als 20 Jahren bezahlt werden muss. Welche Abgabe ist hier wohl gemeint?

5.3 Kosten analysieren

Der Metallbaumeister Hubert hat sich selbstständig gemacht und auf den Verkauf von Schaltschränken spezialisiert. Er verkauft sie zum Einzelpreis von 99 Euro. Herr Hubert selbst erwirbt die Schränke bei einem Großhändler, der einen Stückpreis von 49 Euro verlangt. Herr Hubert hat in diesem Monat bereits 20 Schaltschränke verkauft. Nun möchte er gerne wissen, ob er schon einen Gewinn erwirtschaftet hat.

Situation

- Was unterscheidet fixe von variablen Kosten?
- Was ist der Break-even-Punkt (oder Break-even-Point) und wozu errechnet man ihn?
- Warum ist unsere Wirtschaft von der Massenproduktion geprägt?
- Wo liegt die absolute Preisuntergrenze?
- Was decken Deckungsbeiträge?

5.3.1 Der Break-even-Punkt

Um herauszufinden, ab welchem Geschäftsumfang ein Unternehmen einen Gewinn erzielt, muss es seine Gewinnschwelle berechnen. Auf der Gewinnschwelle wird weder ein Gewinn erzielt noch ein Verlust gemacht.

Zur Berechnung des Break-even-Punkts müssen zunächst die Gesamtkosten in fixe und variable Kosten aufgeteilt werden. Unterscheidungsmerkmal der beiden Kostenarten ist die Abhängigkeit von der hergestellten bzw. verkauften Menge:

Gewinnschwelle ist ein anderer Ausdruck für Break-even-Punkt. Sie bezeichnet die Menge, bei der die Verkaufserlöse und die Gesamtkosten gleich hoch sind.

- **Fixe Kosten** sind unveränderliche Kosten, deren Höhe unabhängig von der hergestellten Menge ist. Sie fallen auch dann an, wenn wenig oder gar nichts produziert wird. Das gilt zum Beispiel für die Miete einer Produktionshalle.
- **Variable Kosten** verändern sich je nach der Herstellungs- oder Absatzmenge. Je mehr produziert wird, desto höher sind die Kosten, etwa weil mehr Material verbraucht wird.

BEISPIELE

- Zu den fixen Kosten, das heißt zu solchen Kosten, die unabhängig von der Produktionsmenge anfallen, zählen Mietkosten, Heizkosten und Versicherungsgebühren.
- Zu den variablen Kosten, das heißt zu solchen Kosten, die je nach der produzierten Menge unterschiedlich hoch ausfallen, zählen Materialkosten, Fertigungsstücklöhne und der Stromverbrauch der Fertigungsroboter.

Die Aufteilung der Gesamtkosten in fixe und variable Kosten ist Aufgabe der **Kostenartenrechnung**.

Wenn die Aufteilung in fixe und variable Kosten erfolgt ist, wird der Break-even-Punkt rechnerisch wie folgt ermittelt:

$$XG = \frac{K_f}{p - k_v}$$

Hierbei bedeuten

K_f: gesamte fixe Kosten
k_v: variable Kosten pro Stück
p: Preis pro Stück
XG: Produktions- bzw. Absatzmenge, ab der die Kosten gedeckt sind

BEISPIEL

Hat Herr Hubert mit der Verkaufszahl von 20 bereits die Gewinnschwelle bzw. den Break-even-Punkt erreicht?

gesamte Fixkosten	850 € Miete, Autoleasing-Gebühren …
Preis pro Produkteinheit	99 € Barverkaufspreis
variable Stückkosten	49 € Einkaufskosten pro Schaltschrank

$XG = 850\,€\,/\,(99\,€ - 49\,€) = 850\,€\,/\,50\,€ = 17$

Herr Hubert muss also 17 Schaltschränke verkaufen, um die Verlustzone zu verlassen. Da er schon 20 Schränke verkauft hat, erzielt er einen Gewinn.

Der Break-even-Punkt lässt sich auch grafisch darstellen (Schaubild 5.13).

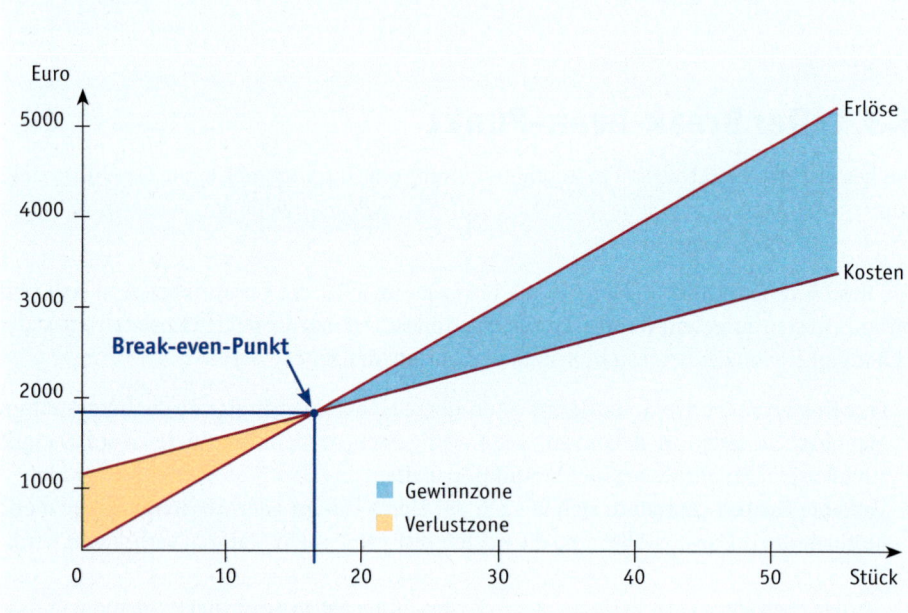

Schaubild 5.13: Der Break-even-Punkt

Bei **Mehrproduktunternehmen** hängt der Gewinnbeitrag jedes Produkts vom Unterschied zwischen dem Verkaufspreis und den variablen Stückkosten ab.

Wenn Unternehmen nur ein einziges Produkt anbieten, dann ist die Errechnung des Break-even-Punkts recht einfach. Etwas komplizierter wird es, wenn sie mehrere Produkte und/oder Dienstleistungen anbieten, die sich bezüglich ihrer Kosten voneinander unterscheiden. In diesem Fall leistet jedes Produkt einen eigenen Beitrag zum Gewinn des Unternehmens. Der Gewinnbeitrag eines Produkts fällt dabei umso größer aus, je geringer seine variablen Stückkosten im Verhältnis zum Verkaufspreis sind.

5.3.2 Das Gesetz der Massenproduktion

Weltweit ist die Wirtschaft geprägt von industrieller Massenproduktion. Warum? Das Verhältnis zwischen fixen Kosten und variablen Kosten liefert hierfür eine wichtige Erklärung. Das Beispiel der Mastkükenzucht macht die Zusammenhänge deutlich (Schaubild 5.14).

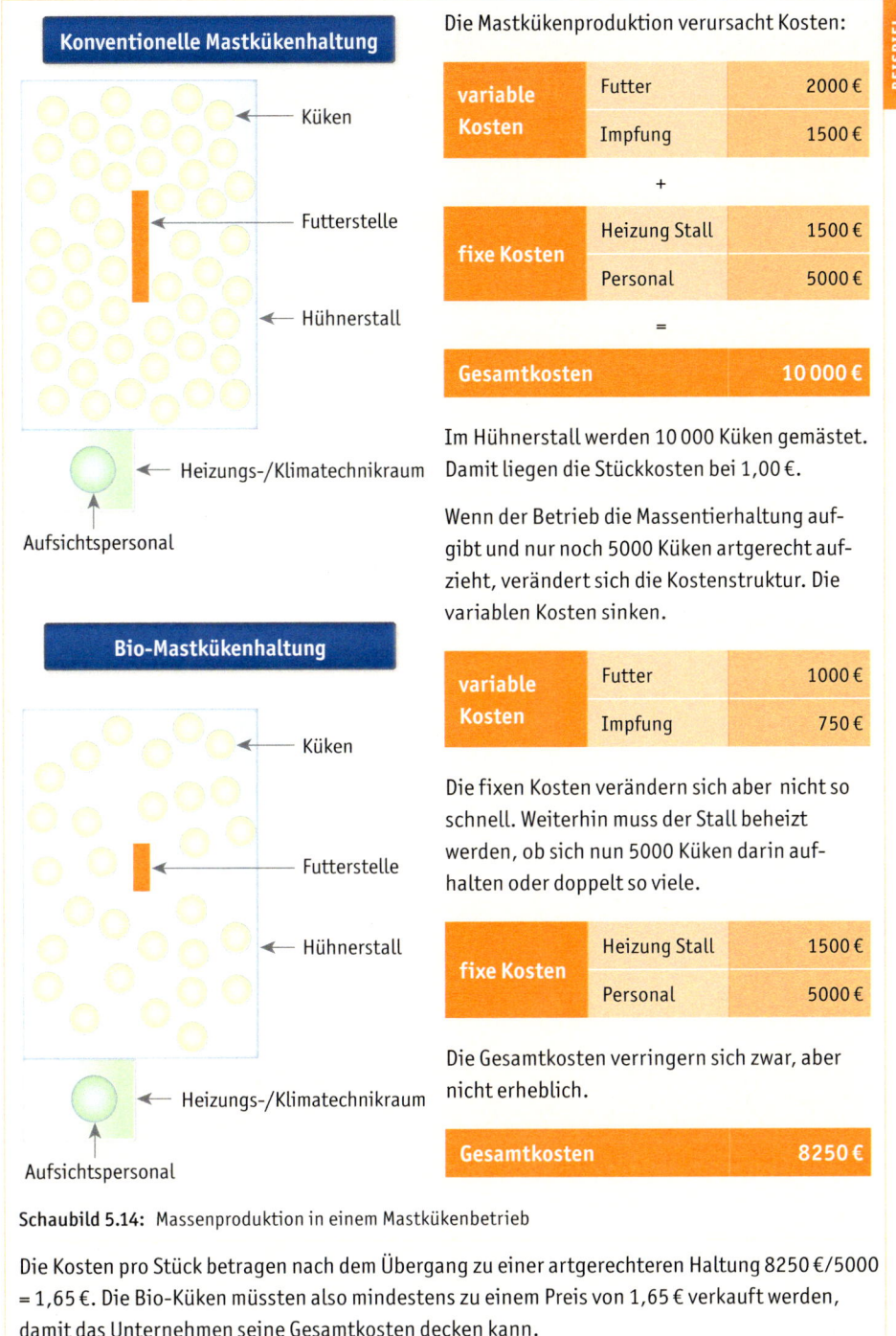

Konventionelle Mastkükenhaltung

- Küken
- Futterstelle
- Hühnerstall
- Heizungs-/Klimatechnikraum
- Aufsichtspersonal

BEISPIEL

Die Mastkükenproduktion verursacht Kosten:

variable Kosten	Futter	2000 €
	Impfung	1500 €

+

fixe Kosten	Heizung Stall	1500 €
	Personal	5000 €

=

Gesamtkosten	10 000 €

Im Hühnerstall werden 10 000 Küken gemästet. Damit liegen die Stückkosten bei 1,00 €.

Wenn der Betrieb die Massentierhaltung aufgibt und nur noch 5000 Küken artgerecht aufzieht, verändert sich die Kostenstruktur. Die variablen Kosten sinken.

variable Kosten	Futter	1000 €
	Impfung	750 €

Die fixen Kosten verändern sich aber nicht so schnell. Weiterhin muss der Stall beheizt werden, ob sich nun 5000 Küken darin aufhalten oder doppelt so viele.

fixe Kosten	Heizung Stall	1500 €
	Personal	5000 €

Die Gesamtkosten verringern sich zwar, aber nicht erheblich.

Gesamtkosten	8250 €

Bio-Mastkükenhaltung

- Küken
- Futterstelle
- Hühnerstall
- Heizungs-/Klimatechnikraum
- Aufsichtspersonal

Stückkosten
= Gesamtkosten, geteilt durch die Stückzahl

Die Stückkosten werden umso geringer, je größer die produzierte Menge ausfällt.

Schaubild 5.14: Massenproduktion in einem Mastkükenbetrieb

Die Kosten pro Stück betragen nach dem Übergang zu einer artgerechteren Haltung 8250 €/5000 = 1,65 €. Die Bio-Küken müssten also mindestens zu einem Preis von 1,65 € verkauft werden, damit das Unternehmen seine Gesamtkosten decken kann.

In dem Beispiel offenbart sich das Gesetz der Massenproduktion (Tabelle 5.9). Abgesehen davon stellt sich bei der Aufzucht von Küken nicht nur ein wirtschaftliches, sondern auch ein tierpflegerisches, ethisches Problem.

**Gesetz der Massen-
produktion**

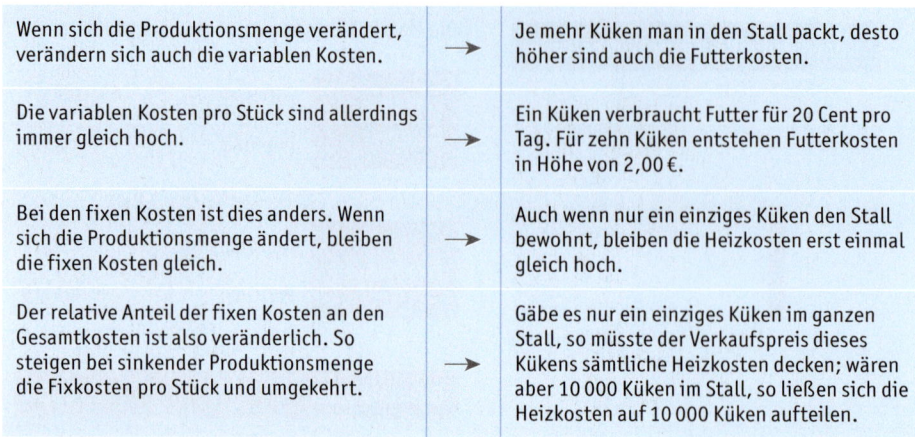

Wenn sich die Produktionsmenge verändert, verändern sich auch die variablen Kosten.	→	Je mehr Küken man in den Stall packt, desto höher sind auch die Futterkosten.
Die variablen Kosten pro Stück sind allerdings immer gleich hoch.	→	Ein Küken verbraucht Futter für 20 Cent pro Tag. Für zehn Küken entstehen Futterkosten in Höhe von 2,00 €.
Bei den fixen Kosten ist dies anders. Wenn sich die Produktionsmenge ändert, bleiben die fixen Kosten gleich.	→	Auch wenn nur ein einziges Küken den Stall bewohnt, bleiben die Heizkosten erst einmal gleich hoch.
Der relative Anteil der fixen Kosten an den Gesamtkosten ist also veränderlich. So steigen bei sinkender Produktionsmenge die Fixkosten pro Stück und umgekehrt.	→	Gäbe es nur ein einziges Küken im ganzen Stall, so müsste der Verkaufspreis dieses Kükens sämtliche Heizkosten decken; wären aber 10 000 Küken im Stall, so ließen sich die Heizkosten auf 10 000 Küken aufteilen.

Tabelle 5.9: Das Gesetz der Massenproduktion

In Massenproduktion hergestellte Güter sind immer günstiger als Güter, die in kleiner Stückzahl hergestellt werden. Denn hier können die Fixkosten auf eine größere Stückzahl aufgeteilt werden.

5.3.3 Preisuntergrenze und Deckungsbeitragsrechnung

Die Stückkosten eines Artikels ergeben sich aus der Summe der fixen und der variablen Stückkosten. Die variablen Stückkosten (Materialverbrauch, Fertigungslöhne) markieren dabei die absolute Preisuntergrenze. Der Verkaufspreis muss mindestens die variablen Stückkosten decken. Andernfalls würde mit steigenden Absatzzahlen auch der Verlust steigen.

*Kurzfristige Preisuntergrenzen und Deckungsbeiträge werden in der **Teilkostenrechnung** ermittelt.*

BEISPIEL	
variable Stückkosten bei der Herstellung eines Spezialdübels (u. a. durch Materialverbrauch)	0,10 €
Verkaufspreis pro Stück	0,07 €
Verlust pro Stück	0,03 €
Verlust bei einem Absatz von 1000 Stück	30,00 €
Verlust bei einem Absatz von 10 000 Stück	300,00 €
Verlust bei einem Absatz von 100 000 Stück	3000,00 €

Wenn der Preis zwischen den variablen Stückkosten und den Gesamtkosten pro Stück liegt, ist es für das Unternehmen kurzfristig nicht sinnvoll, die Produktion einzustellen.

Auch Verkaufspreise knapp oberhalb der Preisuntergrenze führen zu Verlusten, wenn der Erlös nicht ausreicht, um auch die fixen Kosten pro Stück zu decken. Dennoch kann es für ein Unternehmen kurzfristig sinnvoll sein, seine Produkte zu einem Preis anzubieten, der unter den Gesamtkosten pro Stück liegt. Das gilt dann, wenn es infolge von starker Konkurrenz oder sinkender Nachfrage am Markt keine höheren Verkaufspreise durchsetzen kann. Würde es in einer solchen Situation die Produktion gänzlich einstellen, dann fielen zwar keine variablen Kosten an, aber die fixen Kosten müsste es dennoch tragen. Jeder Verkaufspreis oberhalb der variablen Kosten kann aber einen Teil der Fixkosten decken und somit den Verlust wenigstens verringern.

*Der **Deckungsbeitrag** ist der Beitrag, den das Produkt oder der Auftrag zur Deckung der fixen Kosten des Unternehmens leistet.*

Den Betrag, der über die variablen Kosten hinausgeht und die fixen Kosten zumindest teilweise deckt, nennt man Deckungsbeitrag (Schaubild 5.15).

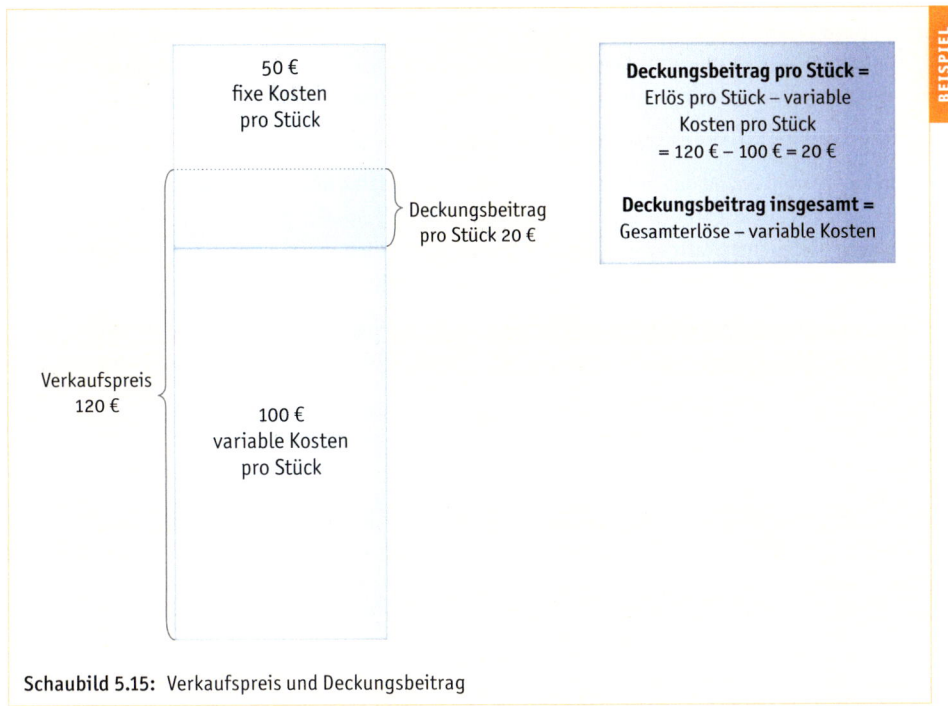

50 €
fixe Kosten
pro Stück

Deckungsbeitrag pro Stück =
Erlös pro Stück – variable
Kosten pro Stück
= 120 € – 100 € = 20 €

Deckungsbeitrag
pro Stück 20 €

Deckungsbeitrag insgesamt =
Gesamterlöse – variable Kosten

Verkaufspreis
120 €

100 €
variable Kosten
pro Stück

Schaubild 5.15: Verkaufspreis und Deckungsbeitrag

Was der Deckungsbeitrag
aussagt

Die Ermittlung der Deckungsbeiträge für einzelne Produkte oder Dienstleistungen ist für unternehmerische Entscheidungen sehr wichtig. Die Deckungsbeiträge zeigen dem Unternehmer,

- welches Produkt sich für ihn besonders lohnt, das heißt, welches die „cash cow" des Unternehmens ist;
- in welcher Höhe er Kunden Preisnachlässe oder Rabatte gewähren kann, ohne hierdurch etwaige Verluste zu vergrößern.

Das Unternehmen TopProfil erwirtschaftet bereits Gewinne. Verkauft wurden 600 Kunststoff-Einbauschränke zu einem Einzelverkaufspreis von 700 €. Der Gewinn des Unternehmens beläuft sich auf 60 000 €. (Dabei sind Fixkosten von 144 000 € und variable Stückkosten von 360 € zugrunde gelegt.)

Ein Kunde fragt an, ob das Unternehmen einen Zusatzauftrag annehmen möchte. Für 100 zusätzliche Einbauschränke würde er allerdings nur 500 € pro Stück zahlen. Kapazitäten für diesen zusätzlichen Auftrag sind in der Fertigung vorhanden. Doch lohnt sich die Annahme dieses Auftrags auch bei dem verminderten Verkaufspreis?

Vergleich Voll- und Teilkostenrechnung		
nachgefragter Verkaufspreis	500 €	
bisherige Absatzmenge	600 Stück	
fixe Kosten	144 000 €	Gesamtkosten 360 000 €
variable Kosten	216 000 €	
Zusatzauftrag (Absatzmenge)	100 Stück	

Die **Vollkostenrechnung** gibt Auskunft darüber, ob das Unternehmen einen Gewinn macht, die **Teilkostenrechnung** darüber, ob das Unternehmen seine variablen Kosten deckt

Vollkostenrechnung (in €)			Teilkostenrechnung (in €)		
Kosten pro Stück	Gesamtkosten, geteilt durch die Absatzmenge	360 000 €/ 600 = **600 €**	**variable Kosten pro Stück**	variable Kosten, geteilt durch die Absatzmenge	216 000 €/ 600 = **360 €**
Gewinn/Verlust pro Stück	Verkaufspreis abzgl. Stückkosten	500 € – 600 € = **–100 €**	**Deckungsbeitrag pro Stück**	Verkaufspreis abzgl. variable Kosten pro Stück	500 € – 360 € = **140 €**
Gesamtgewinn/ -verlust	Verlust je Stück mal zus. Absatz	–100 € × 100 = **–10 000 €**	**Deckungsbeitrag**	Stückdeckungsbeitrag mal Zusatzmenge	140 € × 100 = **+14 000 €**

Fazit: Nach der Vollkostenrechnung müsste der Auftrag abgelehnt werden, da der Verkaufspreis unter den Stückkosten liegt und daher einen Verlust von 10 000 € mit sich bringt. Doch dies wäre ein Fehler (siehe rechts).

Fazit: Auch der reduzierte Preis (500 €) deckt die variablen Stückkosten (360 €). Damit verbleiben 140 € pro Stück zur Deckung der fixen Kosten. Da aber die fixen Kosten bereits gedeckt sind (das Unternehmen erwirtschaftet bereits einen Gewinn), tragen hier die Deckungsbeiträge des Zusatzauftrags in vollem Umfang zur Erhöhung des Gewinns bei. Folglich sollte der Auftrag angenommen werden!

Wenn das Unternehmen den Zusatzauftrag annimmt, dann kann es seinen Gewinn von 60 000 € auf 74 000 € steigern. Die folgende Rechnung zeigt dies:

Umsatzerlös = 700 € × 600 + 500 € × 100 = 470 000 €
Kosten = 144 000 € + 360 € × 700 = 396 000 €
Gewinn = 470 000 € – 396 000 € = **74 000 €**

Aufgaben zum Thema Kosten analysieren

1 Ordnen Sie die Kostenarten variable Kosten, fixe Kosten und Gesamtkosten den Ziffern 1 bis 3 in dem nachfolgenden Schaubild zu.

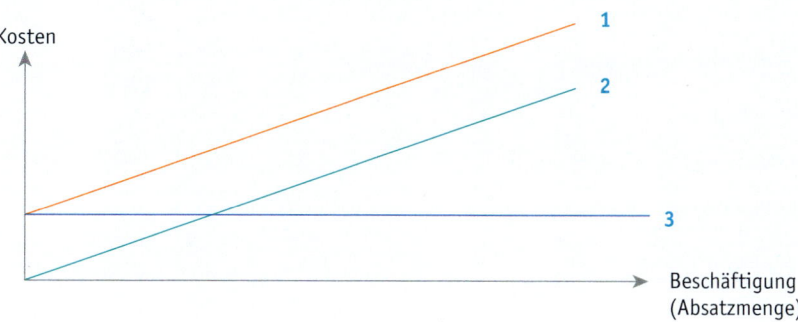

2

Käfig-Eier: Verbraucher getäuscht
EU-Nachbarn missachten Tierschutz

VON FLORIAN PFITZNER UND NICO BUCHHOLZ

Bielefeld. Die Zeit wird knapp. Ab 1. Januar 2012 dürfen Hennen in der EU nicht mehr in engen Legebatterien gehalten werden. Darüber setzen sich viele Produzenten in Deutschlands Nachbarländern hinweg: Sie erklären, die gesetzliche Frist nicht einhalten zu können. Verbraucher können nicht erkennen, in welchen Produkten Käfig-Eier verarbeitet worden sind. Verbraucherschützer pochen darauf, das Gesetz einheitlich durchzusetzen. [...] 363 Millionen Legehennen gibt es in der EU. „Etwa ein Viertel der Käfige ist noch nicht umgerüstet", so Prof. Windhorst von der Uni Vechta. [...] 750 Quadratzentimeter stehen europäischen Hühnern ab 2012 per Gesetz zu, ein Zuwachs um rund ein Drittel. Ein DIN-A4-Blatt hat eine Fläche von knapp 624 Quadratzentimetern. Der Termin zur Käfig-Expansion ist seit 1999 bekannt. [...]

Quelle: Neue Westfälische Zeitung, 10. Okt. 2011.

a Welches Problem wird in dem Zeitungsartikel geschildert?

b Welche Rolle spielt das Gesetz der Massenproduktion in diesem Zusammenhang?

3 Welche wichtige Information bietet die Errechnung des Break-even-Punkts?

4 Geschäftsführerin Siggi Neuhaus muss sich entscheiden. Auf ihrem Schreibtisch liegen zwei Zusatzaufträge. Kunde A ordert 1000 Spezialschrauben, Kunde B 1000 Ankerbolzen. Beide Kunden sind bereit, 9 € pro Stück zu zahlen. Die Fertigungskapazität des Unternehmens lässt aber nur die Herstellung eines Produkts zu. Welchem Kunden soll Siggi zusagen? Helfen Sie Siggi bei der Entscheidung, indem Sie

a die Deckungsbeiträge für beide Aufträge berechnen,

b Siggi eine begründete Empfehlung geben.

Gehen sie dabei von den in der folgenden Tabelle (S. 222) zusammengefassten Werten aus.

	Kunde A Spezialschrauben	Kunde B Ankerbolzen
variable Kosten	70 000,00 €	110 000,00 €
Fixkosten	50 000,00 €	50 000,00 €
bisherige Absatzmenge	10 000	20 000
variable Kosten pro Stück		
Verkaufspreis	9,00 €	9,00 €
Deckungsbeitrag pro Stück		
Absatzmenge Zusatzauftrag	1000	1000
Deckungsbeitrag		

5

Billig ist gut
Wer Massenware verdammt, vergisst, dass die Masse ein Recht auf Ware hat

VON ALEXANDRA BORCHARDT

Ja, der Besserverdiener hat es leicht: Portemonnaie und Bankkonto erlauben es ihm, ethisch anspruchsvoll zu leben. Er kann seine Lebensmittel im Bioladen kaufen, seine Möbel beim örtlichen Schreiner bauen lassen und Klamotten beim Spezialversand ordern. [...] Für die Gruppe der Gutverdiener-Gutmenschen steht billig für böse; früher einmal stand es für etwas ganz anderes: für demokratisch.

Auch einfache Leute sollten sich leisten können, was sonst den oberen Schichten vorbehalten war: Hirschbraten und Champagner zu Weihnachten, bedient werden im Hotel. [...] Billigwaren [helfen] dabei, Klassenunterschiede – zumindest ein wenig – einzuebnen. Also auch ärmeren Familien das Gefühl zu geben, sie könnten die Kopie eines Lebensstils hinbekommen, wie sie ihn von wohlhabenderen Nachbarn kennen. Tragen nicht Kinder aller Schichten zuweilen H&M-Klamotten? [...] Natürlich zahlt immer jemand den Preis für den Niedrigpreis. Es wäre trotzdem falsch, die Devise „man kauft deutsch" auszugeben. Indonesiern oder Pakistanern hilft es überdies rein gar nichts, ihnen die Aufträge westlicher Konzerne zu entziehen.

Beispiel *Made in China:* Sicher, etlichen Arbeitern dort geht es schlecht. Aber [...] schon beginnen chinesische Arbeiter, mehr Lohn zu erstreiten; zum Teil so viel, dass Konzerne ihre Produktionen in noch billigere Länder verlagern. Ist es nicht westliche Überheblichkeit, den Arbeitern in diesen Ländern die Fähigkeit abzusprechen, für ihre eigenen Rechte zu kämpfen?

Dies alles spricht nicht generell gegen gezielte Käuferstreiks. Die Bosse in den Zentralen der Konzerne sollen ruhig wissen, dass der Glanz daheim schnell weg ist, wenn dafür in Übersee Tränen fließen. [...] Wer sich's leisten kann, sollte sein Geld also tatsächlich bewusst ausgeben. Aber er sollte sich verkneifen, Billig-Konsumenten zu verurteilen.

Quelle: Süddeutsche Zeitung, 28. Jan. 2012.

a Die Autorin vertritt die Ansicht, die Massenproduktion habe zur Demokratisierung der Gesellschaft beigetragen. Was meint sie damit?

b Wie beurteilt die Autorin die negativen Auswirkungen der Massenproduktion?

5.4 Unternehmenserfolg analysieren

Der Geschäftsführer der TopProfil GmbH Herr Glatteisen möchte sich einen aktuellen Überblick über die Lage seines Unternehmens verschaffen. Deshalb hat er aus dem Rechnungswesen Informationen angefordert. Nun liegen ihm die folgenden Daten vor:

Situation

		1. Geschäftsjahr	2.Geschäftsjahr
Arbeitsstunden		34 000 Std.	28 500 Std.
	verkaufte Kunststoffprofile	178 950 m	210 500 m
Erträge/Leistungen	**Gesamtumsatz**	170 000 €	200 000 €
Aufwendungen	**Materialkosten**	29 000 €	57 000 €
	Personalkosten	85 000 €	50 000 €
	weitere Kosten	16 000 €	52 000 €
	davon Zinsaufwendungen	10 000 €	15 000 €
Kapitalstruktur	**Eigenkapital**	230 000 €	250 000 €
	Gesamtkapital	430 000 €	560 000 €

Herr Glatteisen weiß, dass die absoluten Zahlen, die in seiner Tabelle festgehalten sind, für sich genommen noch nicht besonders aussagekräftig sind. Natürlich findet er es sehr erfreulich, dass beispielsweise der Gewinn des Unternehmens gestiegen ist. Doch eine endgültige Meinung will er sich erst bilden, wenn er wichtige Kennziffern berechnet hat. Er holt sein Arbeitsformular heraus und trägt nach und nach die Werte ein, die er errechnet hat.

	1. Geschäftsjahr	2. Geschäftsjahr	Bewertung
Gewinn	40 000 €	41 000 €	↗
Arbeitsproduktivität	5,3 m/Std.	7,4 m/Std.	↗
Wirtschaftlichkeit	30,8 %	25,8 %	↘
Eigenkapitalrentabilität	17,4 %	16,4 %	↘
Verzinsung Fremdkapital	5,0 %	4,8 %	↘
Gesamtkapitalrentabilität	11,6 %	10,0 %	↘
Umsatzrentabilität	23,5 %	20,5 %	↘

Insgesamt beurteilt er nun die Entwicklung tendenziell negativ. Zwar sind der Gewinn und die Arbeitsproduktivität gestiegen, doch die Wirtschaftlichkeit und die Rentabilitätskennziffern sind zurückgegangen.

- Wie errechnet man den Gewinn?
- Welche wirtschaftlichen Kennzahlen interessieren Unternehmer außerdem?
- Warum ist die Entwicklung der Produktivität in Lohnverhandlungen häufig ein Thema?
- Wozu wird eine Inventur durchgeführt?
- Was ist eine Bilanz und welchem Zweck dient sie?

Gewinn
$$= \text{Erlöse} - \text{Kosten}$$

Arbeitsproduktivität
$$= \frac{\text{Produktionsmenge}}{\text{Arbeitseinsatz}}$$

Wirtschaftlichkeit
$$= \frac{\text{Gewinn} \times 100}{\text{Gesamtkosten}}$$

Eigenkapitalrendite
$$= \frac{\text{Gewinn} \times 100}{\text{Eigenkapital}}$$

Fremdkapitalverzinsung
$$= \frac{\text{Zinsaufwendungen} \times 100}{\text{Fremdkapital}}$$

Gesamtkapitalrendite
$$= \frac{\text{Gewinn} \times 100}{\text{Gesamtkapital}}$$

Umsatzrendite
$$= \frac{\text{Gewinn} \times 100}{\text{Umsatzerlöse}}$$

Erfolg
= Erträge – Aufwendungen

Erträge > Aufwendungen
= Gewinn

Erträge < Aufwendungen
= Verlust

Der § 275 des Handelsgesetz-
buches schreibt den Unternehmen vor, welche
Positionen in die GuV ein-
fließen müssen.

Produktivität
= Produktionsergebnis im
Verhältnis zu den eingesetz-
ten Mitteln

Das Ergebnis kann in
Mengengröße oder in Geld-
werten (Preis × Menge) aus-
gedrückt werden.

5.4.1 Erfolgsmessung

Der Schlüssel für den Erfolg eines Unternehmens ist, genau zu wissen, ob die Firma „gut läuft", also ob die wirtschaftlichen Ziele erfüllt werden. Hierzu müssen einige Kennzahlen errechnet und bewertet werden, die in der Auftaktsituation schon verwendet wurden. Die wichtigsten sind:

- der Erfolg (Gewinn oder Verlust),
- die (Arbeits-)Produktivität,
- die Wirtschaftlichkeit und
- die Rentabilität.

Die Höhe des wirtschaftlichen Erfolgs bzw. der **Gewinn** ist für jedes privatwirtschaftliche Unternehmen von entscheidender Bedeutung. Erträge erwirtschaftet ein Unternehmen vor allem durch Umsatzerlöse; die meisten Aufwendungen entstehen durch die eingesetzten Mittel (beispielsweise Kosten für das Personal).

In der Geschäftspraxis erfolgt die **Gewinn-und-Verlust-Rechnung** (GuV) häufig in Form des aufwendigen Gesamtkostenverfahrens, das am Ende immer den Jahresüberschuss oder -fehlbetrag ausweist.

Die Erfassung und Steuerung der **Produktivität** ist gleichfalls ein wichtiger Schlüssel für erfolgreiches Wirtschaften. Die Produktivität ist das Verhältnis zwischen dem Output (was ist „herausgekommen") und dem Input (was wurde „hineingesteckt"). Ziel ist hier zumeist eine Steigerung.

BEISPIELE	**Fahrradproduktion**		
	Oktober	November	Dezember
Input	1 h	1 h	1 h + 1 h
Output	🚲	🚲	🚲
	–	🚲	🚲
	–	–	🚲
	–	–	🚲
Rechnung $= \dfrac{\text{Output}}{\text{Input}}$	$\dfrac{1}{1} = 1$	$\dfrac{2}{1} = 2$	$\dfrac{4}{2} = 2$

Schaubild 5.16: Ein Beispiel zur Arbeitsproduktivität

Die Arbeitsproduktivität ist nur im November gestiegen, im Dezember ist sie unverändert geblieben.

BEISPIEL

- Die Einführung einer zusätzlichen Nachtschicht führt für sich genommen nicht zu einer Steigerung der Produktivität. Hierdurch kann zwar die produzierte Menge erhöht werden, aber zugleich nimmt auch die Zahl der eingesetzten Arbeitsstunden im gleichen Verhältnis zu (Schaubild 5.16). Die Arbeitsproduktivität ist nur im November gestiegen, im Dezember ist sie unverändert geblieben.
- Im zweiten Geschäftsjahr haben die Arbeiter der TopProfil GmbH die Menge an Kunststoffprofil pro Arbeitsstunde von 5,3 Meter auf 7,4 Meter erhöht. Die Produktivität der Arbeit bei der TopProfil GmbH ist also gestiegen.
- Wenn zehn Beschäftigte einer Firma im ersten Jahr pro Tag 100 Roller herstellen und aufgrund eines verbesserten Fertigungsablaufs im nächsten Jahr 120 Stück, so hat die Arbeitsproduktivität um 20 % zugenommen.

Neben der Produktivität der Arbeit kann auch die Produktivität des Kapitals oder des Bodens berechnet werden.

Arbeitsproduktivität

$$= \frac{\text{Output}}{\text{Arbeitseinsatz}}$$

Die Steigerung der Arbeitsproduktivität ist aus volkswirtschaftlicher Sicht sinnvoll, da der Produktionsfaktor Arbeit sparsamer genutzt wird.

Die **Wirtschaftlichkeit** misst, wie effizient die Produktionsfaktoren insgesamt eingesetzt wurden. Zu ihrer Berechnung werden die Leistungen zu den Kosten ins Verhältnis gesetzt. Das Ergebnis sollte immer größer als 1 sein. Andernfalls wären die Leistungen bzw. die durch die Verwertung der Leistungen erzielten Erlöse geringer als die Kosten, was einen Verlust bedeuten würde.

Wirtschaftlichkeit

$$= \frac{\text{Leistungen}}{\text{Kosten}}$$

Als einzelne Kennziffer ist die Wirtschaftlichkeit wenig aussagekräftig. Sie erleichtert aber den Vergleich zwischen Unternehmen aus demselben Wirtschaftszweig oder die Beobachtung der Entwicklung eines Unternehmens über mehrere Jahre: Mit ihrer Hilfe lässt sich feststellen, ob ein Anbieter besser wirtschaftet als ein anderer und ob ein bestimmter Anbieter seine Wirtschaftlichkeit steigern konnte oder nicht. Anhand der Wirtschaftlichkeit lässt sich außerdem feststellen, ob eine Maßnahme zur Erhöhung der Produktivität wirtschaftlich sinnvoll ist.

Leistung
= Erlöse bzw. Umsatz, siehe S. 193

BEISPIEL

	Produktivität	**Wirtschaftlichkeit**
Produktion ohne Industrieroboter	2000 Stück ÷ 8 Stunden = 250 Stück/Stunde	50 000 € Umsatz ÷ 45 000 € Kosten = 1,11
Produktion nach der Anschaffung von Industrierobotern	3200 Stück ÷ 8 Stunden = 400 Stück/Stunde	70 000 € Umsatz ÷ 65 000 € Kosten = 1,07

Die Arbeitsproduktivität hat sich durch die Investition von 250 Stück pro Stunde auf 400 Stück pro Stunde erhöht. Offensichtlich ist der Betrieb der Industrieroboter aber so kostspielig, dass die Wirtschaftlichkeit von 1,11 auf 1,07 gesunken ist.

Kennzahlen zur **Rentabilität** setzen den Gewinn ins Verhältnis zum Kapitaleinsatz oder zum erzielten Umsatz.

Das Kapital eines Unternehmens setzt sich aus Eigen- und Fremdkapital zusammen. Als **Eigenkapital** wird der Teil des Vermögens eines Unternehmens bezeichnet, das den Eigentümern gehört: Unternehmer investieren eigenes Geld oder Sachgüter oder belassen eventuelle Gewinne im Unternehmen. Das **Fremdkapital** setzt sich aus den Bankkrediten, Darlehen oder Anleihen zusammen, die ein Unternehmen aufnimmt, um laufende Einkäufe (zum Beispiel von Materialien) und Investitionen (zum Beispiel den Bau einer Lagerhalle) zu finanzieren.

Die **Rentabilität** ist ein Maß für die Verzinsung des im Unternehmen eingesetzten Kapitals.

Gesamtkapital
= Eigenkapital + Fremdkapital

Eigenkapitalrentabilität

$$= \frac{\text{Gewinn} \times 100}{\text{Eigenkapital}}$$

Die **Eigenkapitalrentabilität** ist ein entscheidender Wert. Unternehmer – und vor allem Investoren – möchten gerne wissen, ob sich ihr Einsatz lohnt, das heißt, wie hoch sich ihr Geld verzinst. Diese Frage ist umso wichtiger, als niemand gezwungen ist, einem Unternehmen Geld zur Verfügung zu stellen. Unternehmer wie Investoren könnten ihre Mittel auch zu garantierten Zinsen bei Banken oder Versicherungen anlegen. Die Verzinsung des Eigenkapitals sollte daher über den üblichen Guthabenzinsen der Geldinstitute liegen. Dies gilt umso mehr, als Eigenkapital mit einem höheren Risiko verbunden ist als Fremdkapital.

> **BEISPIEL**
>
> Die Eigenkapitalrendite der TopProfil GmbH beläuft sich im zweiten Geschäftsjahr auf den folgenden Wert:
>
> Eigenkapitalrendite = 41 000 € × 100 ÷ 250 000 € = 16,4 %
>
> Für einen Investor, der für eine festverzinsliche Geldanlage bei seiner Bank 5 % pro Jahr erhalten würde, ist es auf jeden Fall eine Überlegung wert, ob er in die TopProfil investieren sollte, indem er Geschäftsanteile erwirbt.

Gesamtkapitalrentabilität

$$= \frac{\substack{\text{Gewinn} + \text{Fremdkapital-}\\ \text{zinsen} \times 100}}{\text{Gesamtkapital}}$$

Die **Gesamtkapitalrentabilität** ist insbesondere für Kreditgeber interessant. Die Verzinsung des Gesamtkapitals ist zwangsläufig geringer als die des Eigenkapitals, da hier auch die in aller Regel niedrigeren Fremdkapitalzinsen berücksichtigt werden.

> **BEISPIEL**
>
> Die TopProfil GmbH hat im zweiten Geschäftsjahr 15 000 € an Zinsen aufgewendet. Diese ergeben zusammen mit ihrem Gewinn von 41 000 € einen Betrag in Höhe von 56 000 €. Die Gesamtkapitalrentabilität beläuft sich auf
>
> 56 000 € × 100 ÷ 560 000 € = 10,0 %

Liegt die Verzinsung des Gesamtkapitals über den aktuellen Zinssätzen auf dem Kapitalmarkt, so spricht dies für die Kreditwürdigkeit des Unternehmens.

Umsatzrentabilität

$$= \frac{\text{Gewinn} \times 100}{\text{Umsatzerlös}}$$

Die Umsatzrentabilität zeigt, welcher Anteil der Umsatzerlöse beim Unternehmen als Gewinn „hängen bleibt".

Die **Umsatzrentabilität** gibt an, wie viel Prozent von den eingenommenen Umsatzerlösen letztlich als Gewinn „übrig bleibt".

> **BEISPIEL**
>
> Die TopProfil GmbH hat im zweiten Geschäftsjahr Umsatzerlöse von 200 000 € erzielt. Ihre Umsatzrentabilität beträgt
>
> 41 000 € × 100 ÷ 200 000 € = 20,5 %

Auch die Umsatzrentabilität ist für sich allein betrachtet wenig aussagekräftig. So lassen sich erst durch die Gegenüberstellung der Zahlen mehrerer Geschäftsjahre oder durch den Vergleich mit anderen Unternehmen aus derselben Branche aussagekräftige Ergebnisse gewinnen.

5.4.2 Bilanz

Kapitalgesellschaft, siehe Kapitel 4, Abschnitt 4.4.3, S. 163–167

Die Bilanz bildet die Basis zur Beurteilung der finanziellen Situation des Unternehmens. Daher ist die Aufstellung einer Bilanz am Ende eines jeden Geschäftsjahres eine gesetzlich vorgeschriebene Pflichtaufgabe. Kapitalgesellschaften, deren Bilanz besonders detailliert ausfallen muss, sind außerdem gehalten, ihre Bilanz zu veröffentlichen.

Die Bilanz gibt Auskunft darüber,

- über welche Vermögenswerte das Unternehmen verfügt,
- wie viel eigenes und fremdes Geld in dem Unternehmen steckt.

Um die Vermögenswerte eines Unternehmens festzustellen, wird eine **Inventur** durchgeführt. Sie betrifft unter anderem – daran denkt man auch häufig zuerst – die vorhandenen Lagerbestände. Diese werden gezählt, gemessen oder gewogen und in Ausnahmefällen geschätzt (Beispiel Heizölvorrat), um ihre Höhe nach Menge und Wert zu ermitteln. Die Inventur erstreckt sich aber nicht nur auf die Lagerbestände an Zwischenprodukten und Fertigerzeugnissen, sondern auch auf alle übrigen Vermögenswerte des Unternehmens wie Maschinen, Grundstücke, Kassenbestände, offene Rechnungen für gelieferte Waren oder Leistungen, Wertpapiere und vieles andere mehr.

Inventur ist die Erfassung des Bestands aller Vermögensgegenstände des Unternehmens zu einem bestimmten Stichtag.

Ein weiterer wichtiger Bestandteil der Inventur ist die Erfassung sämtlicher Schulden des Unternehmens. Hierzu zählen kurzfristige Verbindlichkeiten – zum, Beispiel noch nicht beglichene Rechnungen für erhaltene Rohstoffe – sowie langfristige Kredite und Anleihen. In dem vollständigen Bestandsverzeichnis, dem sogenannten **Inventar,** ist der aktuelle Wert der vorhandenen Vermögensgegenstände verzeichnet (Schaubild 5.17).

Das Ergebnis der Inventur ist das **Inventar**, das heißt das Verzeichnis aller Vermögensgegenstände und Schulden des Unternehmens.

Inventar

Maschinenpark

Gegenstand	Menge	Wert
Doppelschnecken-Extrudiermaschine	2	104 500 €
Monoschnecken-Extrudiermaschine	1	55 800 €
Agglomerator	3	15 900 €
Summe		176 200 €

Hilfs- und Betriebsstoffe

Gegenstand	Menge	Wert
Kunststoffgranulat Typ A	50,1 t	12 285 €
Kunststoffgranulat Typ B	60,5 t	10 405 €
Folien	1220 m	2560 €
Summe		25 250 €

Bankdarlehen

Gegenstand	Wert
Bankdarlehen „Extruder"	95 000 €
Bankdarlehen „Lagerhalle"	105 000 €
Summe	200 000 €

BEISPIEL

Schaubild 5.17: Auszug einem Inventar

Durch die Erfassung sämtlicher Vermögenswerte sowie der Schulden ist es möglich, die Höhe des Eigenkapitals des Unternehmens festzustellen. Das Eigenkapitel errechnet sich als Differenz zwischen dem Vermögen und den Schulden.

Eigenkapital
= Vermögen – Schulden

Um angesichts der Vielzahl der (häufig langen) Bestandslisten nicht den Überblick zu verlieren, werden die im Rahmen der Inventur ermittelten Werte in der Bilanz zusammengefasst und gegenübergestellt.

Die **Aktiva** sind die Vermögenswerte, die zur Durchführung der betrieblichen Tätigkeiten eingesetzt werden.

Die **Passiva** sind die Vermögenswerte auf der rechten Seite der Bilanz. Sie dienen zur Finanzierung der Aktiva.

Das Vermögen auf der Aktivseite besteht aus Teilen des Anlagevermögens und aus Teilen des Umlaufvermögens.

Das Vermögen auf der Passivseite besteht aus dem Eigenkapital und den Verbindlichkeiten.

Die Bilanz ist immer in Form eines Kontos aufgebaut (siehe auch Schaubild 5.18). Auf der linken Seite des Kontos wird das Vermögen unter dem Begriff **Aktiva** aufgeführt. Die linke Seite beantwortet die Frage: Wie hat die Unternehmung ihre finanziellen Mittel verwendet?

Auf der rechten Seite des Kontos sind die Positionen des Eigen- und des Fremdkapitals verzeichnet. Die rechte Seite beantwortet die Frage: Woher hat das Unternehmung seine finanziellen Mittel erhalten? Diese Angaben werden unter dem Begriff **Passiva** zusammengefasst.

Aktiva und Passiva werden zur Erhöhung der Übersichtlichkeit noch genauer aufgeteilt. Die Aktivseite umfasst

- das **Anlagevermögen.** Hier sind die Vermögensteile zusammengefasst, die längerfristig im Unternehmen verbleiben und deren Wert sich nicht so schnell verändert;
- das **Umlaufvermögen.** Dieses umfasst diejenigen Vermögensteile, deren Bestände sich im Lauf der betrieblichen Tätigkeit ständig und kurzfristig ändern.

Die Passivseite umfasst

- das **Eigenkapital.** Dieses besteht aus den Vermögenswerten, die die Eigentümer selbst in das Unternehmens „gesteckt" haben;
- die **Verbindlichkeiten.** Hier sind sämtliche Schulden und Zahlungsverpflichtungen aufgeführt.

BEISPIEL

Bilanz der Firma TopProfil GmbH zum 31.12. 20XX			
Aktiva		**Passiva**	
A. Anlagevermögen		A. Eigenkapital	250 000 €
Grundstücke und Bauten	202 000 €		
Technische Anlagen u. Maschinen	176 200 €	**B. Verbindlichkeiten**	
Betriebs- und Geschäftsausstattung	52 100 €	Bankkredite	200 000 €
B. Umlaufvermögen		Lieferschulden	49 500 €
Roh-, Hilfs- und Betriebsstoffe	25 250 €	Sonstige Verbindlichkeiten	60 500 €
Fertig- und Halbfertigerzeugnisse	62 000 €		
Forderungen aus Lieferungen/ Leistungen	19 450 €		
Bankguthaben und Barkasse	23 000 €		
Summe	560 000 €	Summe	560 000 €

Schaubild 5.18: Bilanz der TopProfil GmbH für das Geschäftsjahr 20XX

Activa   Passiva

Die Bilanzsummen auf der Aktiv- und der Passivseite sind immer gleich groß (siehe zum Beispiel Schaubild 5.18). So erklärt sich auch der Begriff Bilanz, der vom italienischen Wort „bilancia" für Waage abgeleitet ist. Beide Seiten summieren sich zum selben Wert, weil eine Veränderung auf einer Seite sich spiegelbildlich auf die andere Seite auswirkt.

Die TopProfil GmbH nimmt bei ihrer Bank ein Darlehen von 50 000 € auf, rückzahlbar in einer Summe am Ende der auf fünf Jahre festgelegten Laufzeit. Das Geld erscheint auf der Aktivseite als zusätzliches Guthaben auf dem Bankkonto. Die Position „Bankguthaben und Barkasse" erhöht sich von 23 000 € auf 73 000 €. Auf der Passivseite, die Auskunft über die Herkunft der Mittel gibt, erhöht sich spiegelbildlich die Position „Bankkredite" von 200 000 € auf 250 000 €. Die Bilanzsumme hat sich auf beiden Seiten um denselben Betrag erhöht.

Nun verwendet die TopProfil GmbH den Kreditbetrag zum Kauf einer Maschine. Damit erhöht sich der Wert der Position „Technische Anlagen und Maschinen" um diesen Betrag auf 226 200 €, während das Bankguthaben um denselben Betrag zurück auf 23 000 € sinkt.

Die Investition hat im Moment der Anschaffung der Maschine noch keinen Einfluss auf die Bilanzsumme. Im Lauf der Zeit verliert die Maschine aber an Wert, da sie **abgeschrieben** wird. Die Summe der Aktiva sinkt. Auf der Passivseite steht allerdings weiterhin der aufgenommene Darlehensbetrag in alter Höhe, da die Bank selbstverständlich die Rückzahlung des vollen Betrags erwartet. Der Wertverlust der Maschine wird daher in gleicher Höhe vom Wert des Eigenkapitals abgezogen. Die Bilanz ist wieder ausgeglichen.

Abschreibung, siehe S. 196–198

Die **Eigenkapitalquote** ist für die Unternehmer und/oder ihre Partner ebenso interessant wie für mögliche Kreditgeber. Eine hohe Eigenkapitalquote von beispielsweise 30 % oder mehr ist für ein Industrieunternehmen aus den folgenden beiden Gründen positiv zu bewerten:

Eigenkapitalquote
= Eigenkapital im Verhältnis zum Gesamtkapital

- Das Unternehmen kann auch längere Durststrecken mit steigenden Verlusten aushalten, ohne sich zu überschulden.
- Die Kreditwürdigkeit des Unternehmens ist hoch, da für die Geldgeber Sicherheiten in Höhe des Eigenkapitals vorliegen.

Die Eigenkapitalquote der TopProfil GmbH beträgt am Ende des ersten Geschäftsjahres
230 000 € ÷ 430 000 € × 100 = **53,5 %**

Im zweiten Geschäftsjahr ist sie gesunken, und zwar auf
250 000 € ÷ 560 000 € × 100 = **44,6 %**

Aufgaben zum Thema Unternehmenserfolg

1   Fritz Schöller hat in einer Betriebsversammlung Informationen über die Planzahlen seines Betriebs erhalten und in der folgenden Tabelle zusammengefasst:

Planung für das 2. Quartal	Planung für das 3. Quartal
Kosten: 70 000 €	Kosten: 85 000 €
Umsatz: 120 000 €	Umsatz: 140 000 €
Eigenkapital: 150 000 €	Eigenkapital: 190 000 €

a Berechnen Sie für das zweite und das dritte Quartal die Wirtschaftlichkeit und die Rentabilität des Eigenkapitals.

b Wie bewerten Sie die erwartete Entwicklung?

c Auf der Betriebsversammlung fordert der Geschäftsführer die Mitarbeiter dazu auf, die Produktivität zu erhöhen. Was sollen die Mitarbeiter künftig tun?

d Welche Maßnahmen werden üblicherweise ergriffen, um die Produktivität zu erhöhen?

e Fritz Schöller schlägt vor, neben dem bestehenden Fließband ein zweites Fließband aufzubauen, um die Produktivität der Maschinen zu erhöhen. Hat er recht? Begründen Sie Ihre Antwort.

2 Analysieren Sie die folgende Grafik:

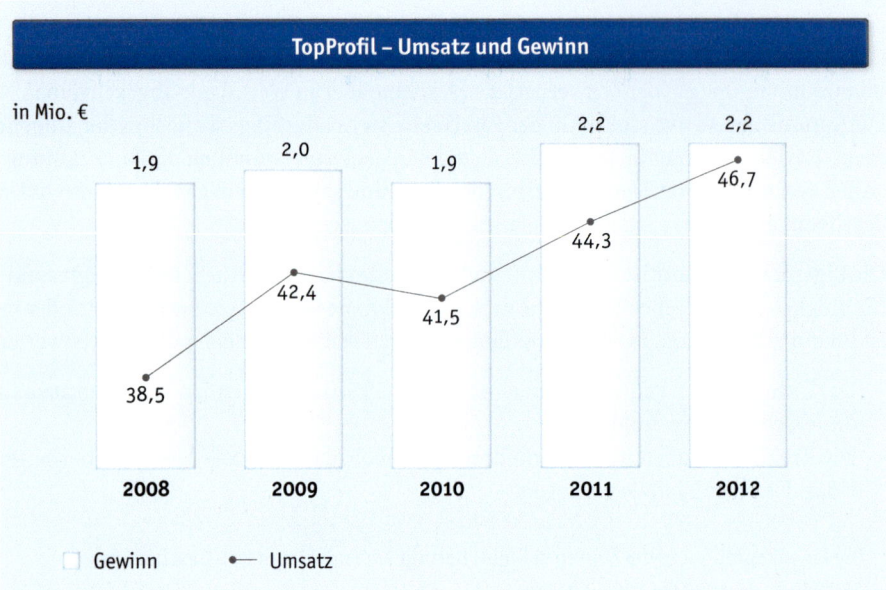

a Wie hoch waren die Gesamtkosten im Jahr 2012?

b Der Umsatz ist von 2011 auf 2012 gestiegen, der Gewinn bleibt unverändert. Was sagt dieser Umstand über die Wirtschaftlichkeit der Geschäftstätigkeit aus?

3 Ihnen liegt die folgende Tabelle vor, die leider unvollständig ist:

	1. Quartal	2. Quartal
Wirtschaftlichkeit	1,67	1,98
Gesamtkapitalrentabilität	12	10
Eigenkapitalrentabilität	18	19

a Welche Bezeichnungen bzw. Einheiten der Kennzahlen fehlen?

b Wie bewerten Sie die Geschäftsentwicklung?

4 Wozu dient eine Inventur?

5 Zu welchem Zweck wird eine Bilanz aufgestellt?

6 Eine Bilanz ist immer in zwei Seiten eingeteilt.

a Wie heißt die Seite, die aufzeigt, über welche Vermögenswerte das Unternehmen verfügt?

b Wie heißt die Seite, die Aufschluss darüber gibt, woher das eingesetzte Kapital stammt?

7 Welche Besonderheit weisen die Summen beider Seiten einer Bilanz auf?

8 Ordnen Sie die folgenden Begriffe den Buchstaben A bis D in der folgenden Bilanz zu: Aktiva – Passiva – Anlagen und Maschinen – Bankkredite.

A		C	
A. Anlagevermögen		**A. Eigenkapital**	
1. Grundstücke und Bauten	350 000,00 €	1. Eigenkapital	???
2. **B**	30 000,00 €	**B. Verbindlichkeiten**	
B. Umlaufvermögen		1. **D**	250 000,00 €
1. Hilfs-, u. Betriebsstoffe	20 000,00 €	2. Lieferschulden	50 000,00 €
2. Bankguthaben/Barkasse	40 000,00 €		
Summe	???	Summe	???

9 Betrachten Sie die Bilanz aus Aufgabe 8. Errechnen Sie die Bilanzsummen und die Höhe des Eigenkapitals.

5.5 Unternehmensinsolvenz

Situation

Freitagmorgen in Bielefeld. Elektromeister Egon Möntmann und sein Auszubildender Niko kurven schon eine ganze Weile durch die Innenstadt, auf der Suche nach der richtigen Adresse ihrer neuen Baustelle. „Hrmm", knurrt Nikos Chef, „selbst das geht schief! Wahrscheinlich gibt's die Straße gar nicht." Niko ist erstaunt. So schlecht gelaunt hat er seinen Meister selten erlebt. Zur Aufmunterung erwidert er: „Na ja, zum Glück ist bald Wochenende. Da ist ja nun mal frei." Egon Möntmann schweigt und wirft seinem jugendlichen Beifahrer einen langen Seitenblick zu. Niko ist verunsichert. „Habe ich was Falsches gesagt?", fragt er, als sie vor einer roten Ampel anhalten. „Nein, Niko", erwidert sein Chef, „schon gut. Es könnte nur sein, dass du länger frei hast, als dir lieb ist. Der Firma steht das Wasser bis zum Hals. Wenn kein Wunder passiert, sind wir in zwei Monaten pleite." „Was?", ruft Niko entsetzt, „das gibt's doch nicht! Und was wird dann aus mir?"

- Steht am Ende des Insolvenzverfahrens immer die Schließung des Unternehmens?
- Wozu dient das Insolvenzverfahren?
- Wann kommt es zur Zwangsversteigerung des Unternehmensvermögens?
- Welche Rechte haben Arbeitnehmer eines insolventen Unternehmens?
- Wie können sich Unternehmen von ihren Schulden befreien?
- Was tun, wenn der Ausbildungsbetrieb geschlossen wird?

Was wird aus mir?

Diese Frage müssen sich Mitarbeiter und Auszubildende von durchschnittlich 34 000 Unternehmen jedes Jahr stellen, wenn ihr Unternehmen pleitegeht (siehe auch Schaubild 5.19). Deutschland liegt mit seiner Zahl der jährlichen Insolvenzen im europäischen Vergleich im Mittelfeld.

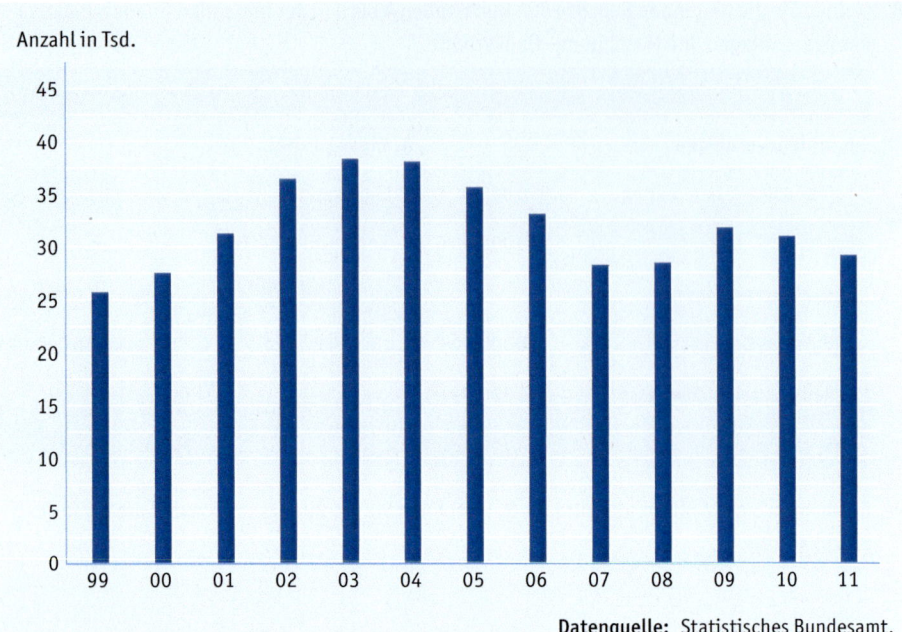

Unternehmensinsolvenzen in Deutschland 2001 bis 2011

Schaubild 5.19: Zahl der Insolvenzen in Deutschland 2001 bis 2011

Eine Regelinsolvenz, umgangssprachlich Pleite oder Konkurs genannt, ist ein auf der Basis der Insolvenzordnung durchgeführtes Verfahren für Unternehmen, das genauen Regeln und Zielen folgt.

Für überschuldete Privatpersonen gilt das **Verbraucher- insolvenzverfahren**, siehe S. 142–144

Die insbesondere für die Mitarbeiter bedeutsamen Regeln lauten:

- Ein Insolvenzverfahren hat nicht automatisch die Schließung des Unternehmens zur Folge, sondern kann im Gegenteil den Versuch darstellen, das Unternehmen zu retten.
- Eine drohende Insolvenz oder der Antrag auf Eröffnung eines Insolvenzverfahrens sind für sich allein noch kein Kündigungsgrund.

Grundsätzlich dient das Insolvenzverfahren dazu, einen sinnvollen Ausgleich zwischen den Interessen der Gläubiger und des in wirtschaftlichen Schwierigkeiten steckenden Unternehmens zu schaffen (Schaubild 5.20).

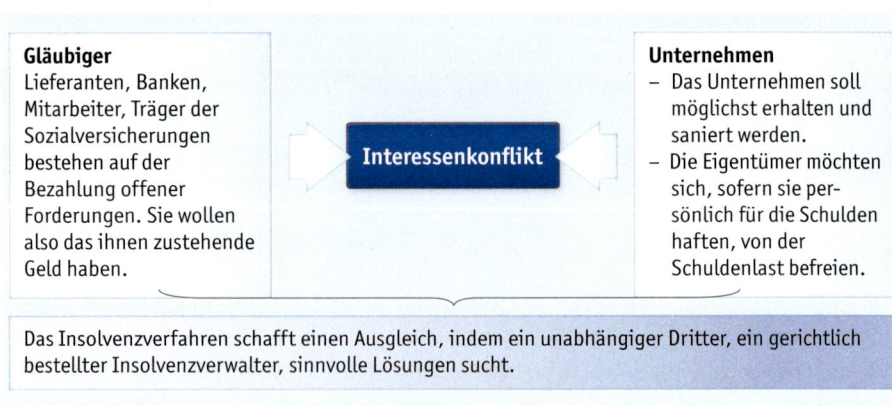

Schaubild 5.20: Gläubiger und Unternehmen im Interessenkonflikt

Die rechtlich vorgeschriebenen Abläufe bzw. möglichen Lösungen sind in Schaubild 5.21 zusammengefasst.

Antrag auf Eröffnung des Insolvenzverfahrens

Zuständig ist das Amtsgericht (als Insolvenzgericht). Berechtigt zur Antragstellung sind das Unternehmen selbst und die Gläubiger.

Prüfung der Insolvenzgründe und Masseverbindlichkeiten

Antrag ist berechtigt bei
– (drohender) weitgehender Zahlungsunfähigkeit oder Überschuldung (Wert der Schulden übersteigt den Wert des Unternehmensvermögens) **und**
– wenn der Wert des Unternehmens (die Insolvenzmasse) zumindest die Gerichts-/Verfahrenskosten decken kann.

bei Ablehnung mangels Insolvenzmasse

Liquidation

Der Betrieb wird stillgelegt. Die Mitarbeiter werden entlassen. Jeder Gläubiger muss nun selbst versuchen, durch eine Klage vor Gericht seine Ansprüche durchzusetzen und u. U. einen Vollstreckungsbescheid zu erwirken.

evtl. Anrecht auf

Mitteilung an die Staatsanwaltschaft

Da eventuell strafbare Handlungen der Geschäftsleitung vorliegen könnten, zum Beispiel eine Insolvenzverschleppung (wenn trotz des Wissens um die Zahlungsunfähigkeit noch große Bestellungen aufgegeben wurden).

Eröffnungsabschluss durch das Insolvenzgericht

Folgen (u. a.):
1) Der Insolvenzverwalter übernimmt in der Regel die vollständige Geschäftsführung. Nur er hat jetzt noch Weisungsrechte gegenüber Mitarbeitern und Verfügungsrechte über das Unternehmensvermögen.
2) Es wird ein Berichts- und Prüfungstermin angesetzt, zu denen alle Gläubiger eingeladen werden.

evtl. Anrecht auf

Insolvenzgeld

Mitarbeiter/Auszubildende können bei der Agentur für Arbeit einen Antrag auf Insolvenzgeld stellen. Das Insolvenzgeld, zumeist in Höhe Nettoarbeitsentgelts, wird für einen Zeitraum von maximal drei Monaten gezahlt.

spätestens nach drei Monaten

Prüfungstermin

Der Insolvenzverwalter prüft alle Forderungen der Gläubiger und stellt nach gesetzlich festgelegten Kriterien eine Rangfolge auf.

Berichtstermin

Der Insolvenzverwalter unterrichtet die Gläubiger über die wirtschaftliche Lage des Unternehmens und unterbreitet Vorschläge über dessen Zukunft. Die Gläubiger wählen sodann zwischen

1. Liquidation

Das Unternehmensvermögen wird, zumeist durch Zwangsversteigerungen, zu Geld gemacht. Den Mitarbeitern/Auszubildenden kann nun gekündigt werden.

bei Wahl 1. oder 2.

2. Übertragung/Verkauf

Das Unternehmen, oder zumindest Teile davon, wird nicht zerschlagen, sondern verkauft. Arbeits- und Ausbildungsverträge bleiben bestehen.

3. Insolvenzplan

Der Geschäftsbetrieb wird zunächst fortgeführt. Dies geschieht, wenn die Gläubiger meinen, sich hierdurch langfristig besser zu stellen. Ziele des Insolvenzplans können daher der Verkauf zu einem günstigeren Zeitpunkt oder die dauerhafte Sanierung des Unternehmens sein.

Schlussverteilung

Ist das Unternehmen zu Geld gemacht, dann kommt es zur Verteilung des Geldes auf die Gläubiger nach gesetzlich festgelegten Quoten und Rangfolgen.

Aufhebung des Insolvenzverfahrens

Sie wird vom Insolvenzgericht beschlossen. Die Gläubiger können nun wieder versuchen, ihre restlichen Forderungen, die eventuell im Rahmen der Schlussverteilung nicht befriedigt wurden, über Zwangsvollstreckungen geltend zu machen.

Restschuldbefreiung

Sofern die ehemaligen Unternehmensinhaber auch persönlich mit ihrem Privatvermögen haften, können sie nun beantragen, von den noch bestehenden Schulden befreit zu werden.

Schaubild 5.21: Das Insolvenzregelverfahren

Wenn sich die Gläubigerversammlung für die Aufstellung eines Insolvenzplans entscheidet und wenn der Antrag des Schuldners auf Restschuldbefreiung bewilligt wird, dann muss der Schuldner zur endgültigen Bestätigung der Restschuldbefreiung sieben Jahre lang eine angemessene Erwerbstätigkeit ausüben. Außerdem muss er den pfändungsfreien Teils seines Einkommens zur Tilgung seiner Schulden verwenden.

Nach dem geltenden Insolvenzrecht kann übrigens eine Insolvenz unter bestimmten Bedingungen auch ohne Bestellung eines externen Insolvenzverwalters in Eigenregie der alten Unternehmensleitung durchgeführt werden.

Was tun, wenn der Ausbildungsbetrieb insolvent wird?

Wie geht es weiter nach der Insolvenz des Ausbildungsbetriebs?

- Falls keine Entgelte bzw. Ausbildungsvergütungen mehr ausgezahlt werden, sollten die Arbeitnehmer bzw. Auszubildenden dies der Arbeitsagentur melden. So können sie dafür sorgen, dass die Kranken- und die Rentenversicherung bestehen bleiben.
- Möglicherweise besteht nun ein Anrecht auf Insolvenzgeld, das bei der Agentur für Arbeit zu beantragen ist.
- Wenn der Betrieb kurz vor dem Ende der Ausbildung stillgelegt wird, sollten Auszubildende bei der zuständigen Kammer nachfragen, ob dennoch eine Zulassung zur Abschlussprüfung möglich ist. Fehlen nicht mehr als 10 % der Ausbildungszeit, so ist dies in der Regel möglich.
- Nach einer Kündigung sollten Auszubildende sich mit der Berufsschule in Verbindung setzen und klären, ob ein weiterer Besuch des Unterrichts möglich ist.
- Bei der Suche nach einem neuen Unternehmen, bei dem die Ausbildung fortgesetzt werden kann, helfen die Ausbildungsberater der Kammern und die Arbeitsagentur. Auch das Unternehmen ist im Rahmen seiner Fürsorgepflicht dem Auszubildenden gegenüber gehalten, einen Ersatz zu suchen.
- Grundsätzlich ist es für Auszubildende sinnvoll, auch eigenständig nach einem neuen Ausbildungsplatz zu suchen. Ein Unternehmen, das Auszubildende aus einem insolventen Betrieb aufnimmt, hat unter Umständen ein Anrecht auf staatliche Fördermittel. Für Auszubildende ist es hilfreich, bei ihren Anfragen auf diese Möglichkeit hinzuweisen.

Aufgaben zum Thema Unternehmensinsolvenz

1 Der Berufsschüler Malte hat sich einige Notizen zum Insolvenzverfahren gemacht. Dabei ist doch einiges durcheinandergeraten. Korrigieren Sie die folgenden acht Aussagen zum Insolvenzverfahren:

    a Im Durchschnitt liegt die Zahl der Unternehmensinsolvenzen in Deutschland bei rund 10 400 jährlich.

    b Ein Insolvenzverfahren dient immer dazu, eine Firma geordnet zu liquidieren.

    c Ein Antrag auf Eröffnung des Insolvenzverfahrens kann nur von dem in Zahlungsschwierigkeiten steckenden Unternehmen gestellt werden.

    d Insolvenzanträge sind beim zuständigen Sozialgericht zu stellen.

    e Wenn der Wert des Unternehmens (die Insolvenzmasse) die Gerichts-/Verfahrenskosten decken kann, wird der Antrag abgelehnt.

    f Der Insolvenzverwalter übernimmt nach dem Eröffnungsbeschluss immer zusammen mit der alten Firmenleitung die vollständige Geschäftsführung.

    g Bei der Schlussverteilung teilt der Insolvenzverwalter das Vermögen des Unternehmens auf die Gläubiger so auf, wie er möchte.

    h Nach der Aufhebung des Insolvenzverfahrens kann der Schuldner darauf bestehen, dass ihm eine sogenannte Restschuldbefreiung gewährt wird.

2 Studieren Sie den im Folgenden wiedergegebenen (noch unvollständigen) Anzeigenentwurf.
Welche der drei möglichen Alternativen hat die Gläubigerversammlung in diesem Fall gewählt?

ONLINE-INSOLVENZVERSTEIGERUNG

Im Auftrag des Insolvenzverwalters versteigere ich online die Betriebs- und
Geschäftsausstattungen und Maschinen der Firma

Heinzelmann GmbH
AN DEN STANDORTEN:

Wuppertal
Industrieallee 20

Remscheid
Bahnweg 54

**BESICHTIGUNG: am 20. September 2012 von 9:00 Uhr bis 12:00 Uhr, angeboten
werden:** 3 Motordiagnosesysteme **VW** VAS 5051/**BOSCH**/**GM TECH**, 1 Abgastester
SUN Diagnostic, 6 2-Säulen-Hebebühnen, Büromöbel, 3 Personalcomputer …

Auktionator Dipl.-Ing. Bert Hölscher
E-Mail: info@hoelscher-a.de   www.hoelscher-a.de

3 Der Auszubildende Dennis meint: „Unsere Bude gibt's schon so lange, über zehn Jahre, die geht
schon nicht pleite. Außerdem muss man dann schon richtig viele Schulden haben."
Untersuchen Sie die beiden nachfolgend dargestellten Diagramme, in denen Merkmale in-
solventer Unternehmen nach den Angaben des Statistischen Bundesamts wiedergegeben sind.
Braucht Dennis sich angesichts dieser Darstellung wirklich keine Sorgen zu machen?
Begründen Sie bitte ihre Antwort.

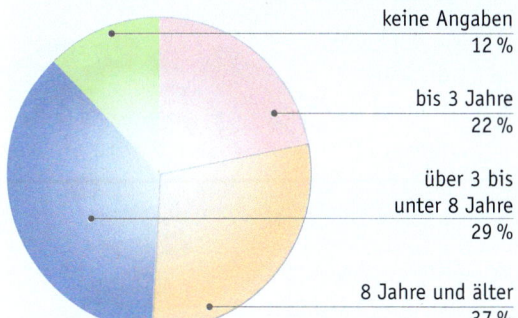

Alter der von Insolvenz betroffenen Unternehmen (2010)

keine Angaben 12 %
bis 3 Jahre 22 %
über 3 bis unter 8 Jahre 29 %
8 Jahre und älter 37 %

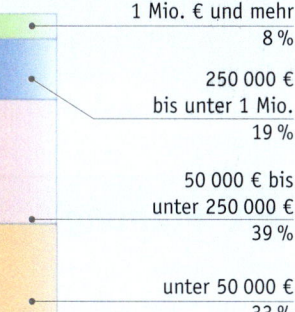

Wie hoch waren die Schulden?

1 Mio. € und mehr 8 %
250 000 € bis unter 1 Mio. 19 %
50 000 € bis unter 250 000 € 39 %
unter 50 000 € 33 %

4 Einer Auszubildenden wird kurz vor der Abschlussprüfung im Zug des Insolvenzverfahrens
gekündigt. Worauf muss sie nun achten? Geben Sie ihr drei Tipps.

5.6 Existenzgründung

Internet-Tipps:

www.handelsregister.de

Meisterzwang? Listen der
zulassungsfreien und
-pflichtigen Gewerbe finden
Sie in der Handwerks-
ordnung: www.gesetze-im-
internet.de/hwo/index.html

Existenzgründungsportal des
Bundesministeriums für Wirtschaft und Technologie:

www.existenzgruender.de

Sein eigener Chef sein, viel Geld verdienen, das Hobby zum Beruf machen. Das wünschen sich viele. Doch Vorsicht: Mehr als die Hälfte aller Unternehmensgründer geben im Lauf der ersten fünf Jahre der Geschäftstätigkeit ihre Selbstständigkeit wieder auf. Viele gehen von falschen Voraussetzungen aus und glauben Aussagen wie den in Schaubild 5.22 wiedergegebenen.

1. Sie haben eine tolle Geschäftsidee? Worauf warten Sie noch? Legen Sie los und halten Sie sich nicht mit Businessplänen, langwierigen Marktforschungen oder Standortfragen auf.

2. Keine Erfahrungen im Vertrieb oder mit der Kundengewinnung? Was soll's! Verkaufen kann doch jeder.

3. Niemand kennt Sie und Ihr tolles Angebot? Egal! Das ändert sich schon, Qualität setzt sich schließlich durch.

4. Eigenkapitalrendite, Gemeinkosten, Abschreibungen ... nie gehört? Nicht schlimm! Sie wollen ja auch kein Wirtschaftslehrer werden, sondern sich selbstständig machen.

7 Tipps, denen Sie nicht folgen sollten!

7. Das Geld ist ein wenig knapp? Kein Problem! Bald sprudeln die Gewinne und Sie sind wieder flüssig.

6. Sie sind ein Macher, der alles allein im Griff hat? Richtig so! Nur Leute, die nicht wissen, was sie wollen, lassen sich beraten und von anderen helfen.

5. Viel Freizeit und ein sicheres Einkommen finden Sie wichtig? Perfekt! Als eigener Chef können Sie sich schließlich freinehmen, wann Sie wollen, und bestimmen Ihre Entlohnung selbst.

Schaubild 5.22: Sieben gefährliche Illusionen von Existenzgründern

Beherzigen Sie diese „Tipps" wortwörtlich, dann kreist der Pleitegeier von Anfang an über Ihrem Unternehmen. Die Insolvenz ist dann mit großer Sicherheit vorprogrammiert.

5.6.1 Planung

Eine Existenzgründung muss sorgfältig geplant werden. Dabei gilt es, eine ganze Reihe von Aspekten zu beachten (Schaubild 5.23).

Existenzgründung

Standortfaktoren

Höhe der Lohnkosten
vor allem in lohnintensiven Branchen, in denen die Materialkosten im Vergleich mit den Lohnkosten gering sind

Infrastruktur (Verkehrsanbindung)

Höhe der Unternehmenssteuern

Marktsituation (Konkurrenz, Nähe zum Abnehmer)

Verfügbarkeit von Fachkräften
Bedeutung nimmt durch die berufliche Mobilität der Arbeitnehmer ab.

ggf. Nähe zu Rohstoffmärkten

rechtliche Voraussetzungen

Gewerbefreiheit
Nach Artikel 12, Absatz 1 des Grundgesetzes haben alle Deutschen das Recht, Beruf, Arbeitsplatz und Ausbildungsstätte frei zu wählen. Folgerichtig heißt es in der Gewerbeordnung: „Der Betrieb eines Gewerbes ist jedermann gestattet." (§ 1, Abs.1 GewO).

Eingeschränkt wird diese grundsätzliche Freiheit, wenn die ausgeübte Tätigkeit eine besondere fachliche Eignung erfordert (zum Beispiel bei Ärzten, Steuerberatern oder auch bestimmen Handwerksberufen). Zulassungspflichtige Handwerksgewerbe, die in der Regel den Besitz eines Meisterbriefs erfordern, sind zum Beispiel Elektrotechniker, Metallbauer, Installateur und Heizungsbauer.

Gewerbeanmeldung
Zu Beginn der Gewerbeausübung muss das örtliche Gewerbeamt informiert werden. Das Gewerbeamt wiederum leitet diese Informationen an das Finanzamt, die zuständigen Kammern und die Träger der Sozialversicherungen (unter anderem Berufsgenossenschaft, Krankenkasse) weiter.

Eintrag ins Handelsregister
Je nach der gewählten Rechtsform wird das neue Unternehmen ins Handelsregister eingetragen. Das beim Amtsgericht geführte Register ist für jeden Interessierten einsehbar und informiert unter anderem darüber, wer die Geschäfte führt, wer dafür haftet und wie hoch die Geschäftseinlage ist.

Finanzierung

Eigenkapitalquote
Das Verhältnis von Fremd- zu Eigenkapital sollte ausgewogen sein. Das Eigenkapital sollte mindestens 20 % zum Gesamtkapital beitragen. Ist die Quote geringer, so bekommt das Unternehmen mangels Sicherheiten schwieriger Kredite und ist zudem schlechter für wirtschaftliche Krisen gerüstet, in denen es auf eigene Mittel zurückgreifen muss.

Leasing
Leasing ist eine Art Miete; Näheres in Abschnitt 5.6.3

Eigenkapital
eigenes Geld- oder Sachvermögen (Maschinen, Autos), das/die man in das Unternehmen gesteckt hat

Fremdkapital

Kredite/Darlehen
= fremdes Geld; Investoren haben dem Unternehmen das Geld geliehen, sind aber nicht als Inhaber beteiligt.

Fördermittel
Existenzgründern steht prinzipiell eine Reihe unterschiedlicher Fördermittel und -programme offen. Eine ausführliche Beratung durch Fachleute (zum Beispiel aus der IHK oder der kommunalen Wirtschaftsförderung) ist hier unverzichtbar.

persönliche Voraussetzungen

- Risiko- und Einsatzbereitschaft (unsicheres Einkommen, hohe Arbeitsbelastung)
- Durchsetzungsvermögen/Selbstbewusstsein
- soziale Kompetenzen im Umgang mit Mitarbeitern
- Problemorientierung (Problemlösungsstrategien)
- Fachwissen/Branchenkenntnisse

Wege in die Selbstständigkeit

- Neugründung (engl. Start-up)
- Übernahme eines bereits bestehenden Betriebs
- Franchising (siehe Abschnitt 5.6.2)

Businessplan

Wer sich selbstständig machen will, muss sein Vorhaben gut vorbereiten. Ein Businessplan hilft hierbei. In übersichtlicher tabellarischer Form sollte er Antworten auf alle relevanten Fragen hinsichtlich der Finanzierung, des Standorts und der Marktsituation geben.

Schaubild 5.23: Was bei einer Existenzgründung zu beachten ist

5.6.2 Franchising

Beim Franchising räumt das Unternehmen, das als sogenannter Franchisegeber auftritt, dem Franchisenehmer das Recht ein, mit seinen Produkten oder Dienstleistungen unter seinem Namen ein Geschäft zu betreiben. Der Franchisegeber erstellt ein unternehmerisches Gesamtkonzept, das von seinen Franchisenehmern an ihrem Standort selbstständig umgesetzt wird.

In Schaubild 5.24 sind die grundlegenden Rechte und Pflichten aus einem Franchisevertrag zusammengefasst.

Heute existieren weltweit über 12 000 Franchisegeber und 800 000 Franchisenehmer. Auch in Deutschland wird Franchising als Vertriebsform immer beliebter. Während es 1995 erst 530 Franchisekonzepte in Deutschland gab, sind es mittlerweile (Stand 2011) schon 850. Damit zählt Deutschland zu den europäischen Ländern mit der größten Dichte an Franchisebetrieben.

- Eigenkapital zur Gründung
- Franchisegebühren
- Gewinn-/Umsatzbeteiligung

Franchisegeber   **Franchisevertrag**   **Franchisenehmer**

- erprobtes Geschäftskonzept/ Know-how
- Ausbildung/Schulung
- Größenvorteile (Einkauf, Marketing)

Schaubild 5.24: Rechte und Pflichten aus dem Franchisevertrag

Mit Vertragsabschluss wird der Franchisenehmer ein rechtlich selbstständiger und auf eigene Rechnung arbeitender Unternehmer.

In Tabelle 5.8 sind die Leistungen des Franchisegebers und die mit ihnen verbundenen Vorteile für den Franchisenehmer zusammengefasst. Tabelle 5.9 (S. 240) fasst die Gefahren zusammen, die mit Franchisesystemen verbunden sein können.

Beispiele für bekannte Franchise-Unternehmen sind: Burger King, McDonald's, Subway, Autovermietungen wie Hertz oder Schuhfachgeschäfte wie Reno. Weitere Franchise-Unternehmen aller Branchen findet man unter dem Link www.franchiseportal.de.

Leistungen des Franchisegebers	Vorteile für den Franchisenehmer
Geschäftsidee mit erprobtem Konzept (Ladengestaltung, Know-how...)	• Auch ohne eigene Geschäftsidee ist der Schritt in die Selbstständigkeit möglich. • Banken sind aufgrund des geringeren Risikos eher bereit, einen Kredit zu geben. • professionelle Beratung bei der Wahl des Standorts
überregional bekanntes Produkt/ Marke	• Die zu Beginn umsatzschwache Phase bis zur Gewinnung eines Kundenstamms entfällt. • Das Geschäft zieht auch auswärtige Kunden an.

Tabelle 5.8: Vorteile des Franchisings

Leistungen des Franchisegebers	Vorteile für den Franchisenehmer
Marketing/Werbung	• Größere Franchisegeber können landesweite Werbekampagnen finanzieren (selbst Fernsehwerbung). • Professionell gestaltetes Werbematerial wird bereitgestellt.
Ausbildung und Schulung	• Man kann von Erfahrungen anderer Franchisenehmer profitieren. • Der Größenvorteil ermöglicht kostengünstige Schulungen/ Fortbildungen.
Einkaufsvorteile	• Einsparungen durch Mengenrabatte • erprobtes Logistikkonzept, sichere und effiziente Warenversorgung
Unterstützung und Weiterentwicklung des Konzepts	• Marktforschung ermöglicht es, neue Produkte einzuführen oder selbst neue Trends zu setzen.

Tabelle 5.8: Vorteile des Franchisings (Fortsetzung)

Die Vielzahl der Franchisekonzepte ist verlockend. Gute Vorbilder erleichtern den Schritt in die Selbstständigkeit. Dieser Schritt muss dennoch gut überlegt sein. Und er ist auch nicht leicht, wie sich am Beispiel der Restaurantkette McDonald's zeigen lässt.

Der Großteil der McDonald's-Restaurants wird von Franchisenehmern betrieben. Ein eigenes McDonald's-Restaurant!? Das fänden sicher die Freunde und Bekannten toll. Aber wäre dieses Vorhaben auch realistisch? Was spricht dafür, was dagegen?

BEISPIEL

McDonald's als Franchisegeber (Stand Dezember 2011) Daten und Fakten – Deutschland*	Ich als Franchisenehmer Was spricht dafür, was dagegen?
Über 80 % der 1415 McDonald's-Restaurants in Deutschland werden von selbstständigen Unternehmern im Franchisemodell betrieben.	👍
Pro Jahr erhält McDonald's weit über 2000 Anfragen. Jede Bewerbung wird im Rahmen eines Auswahlverfahrens genauestens geprüft. Zwei bis fünf neue Partner werden jährlich ins System aufgenommen.	👎
Die Franchiserechte werden nur an Einzelpersonen vergeben, die ihre gesamte unternehmerische Aktivität dem Betrieb ihres Restaurants widmen.	Meinen Job muss ich dann wohl aufgeben.
Ausgeprägte „People Leadership Skills", unternehmerisches Denken und Handeln, soziale Kompetenz und hohe Eigenverantwortung sind die wichtigsten Eigenschaften, die ein Franchisebewerber mitbringen muss.	Bringen ich diese Fähigkeiten mit?
Die Summe, die der Franchisenehmer in ein neu zu eröffnendes McDrive-Restaurant mit einem McCafé-Bereich investieren muss, liegt bei circa 780 000 €.	👎
Viele Franchisepartner waren, bevor sie zu McDonald's kamen, in anderen Berufssparten erfolgreich. Ehemalige Ärzte, Geschäftsführer, Handwerker, Lehrer, sogar ein Leistungssportler wie Henry Maske und ein Prinz sind mit dabei.	👍

*Quelle: Auszug aus einem McDonald's-Informationsblatt.

Tabelle 5.9 fasst die Gefahren von Franchisesystemen für den Franchisenehmer zusammen.

Franchisesystem	Gefahren, die sich hieraus für den Franchisenehmer ergeben
Der einzelne Franchisenehmer wird nicht als selbstständiger Unternehmer wahrgenommen.	• Ein Fehlverhalten einzelner Franchisenehmer (zum Beispiel Hygienemängel) fällt auf alle anderen Franchisenehmer zurück. • Der Einfluss auf das Image des Franchisegebers in der Öffentlichkeit ist begrenzt.
Überregional bekanntes Produkt/Marke	• Existenzgründer lassen sich vom Bekanntheitsgrad blenden. Aber auch erfolgreiche Konzepte funktionieren nicht immer und überall.
Das Franchisekonzept darf ohne Erlaubnis nicht verändert werden.	• Die unternehmerische Entscheidungsfreiheit (beispielsweise im Hinblick auf neue Produkte oder Änderungen der Ladengestaltung) ist stark eingeschränkt.
Franchisegebühren und Umsatz-/Gewinnbeteiligung	• Insbesondere bei einer Umsatzbeteiligung des Franchisegebers verringert sich der Gewinn des Franchisenehmers erheblich.

Tabelle 5.9: Gefahren von Franchisesystemen

BEISPIEL

Durch Meldungen wie die nachfolgende könnte nicht nur der Franchisegeber Schaden nehmen, sondern mit ihm zusammen auch jeder selbstständige Franchisenehmer.

Skandal: ███████ mobbt unbequemen Betriebsrat

Wesel. In der hiesigen ███████-Filiale der Textilhandelskette hängt der Haussegen schief. Der Grund: Ein beliebter Betriebsrat fühlt sich von der Geschäftsführung hinausgemobbt. „Ich wurde gedrängt, einen Aufhebungsvertrag zu unterzeichnen", behauptet Victor Ewers, 24. Ewers wirft der Geschäftsführung vor, sie habe in den Wochen zuvor gezielt versucht, ihn einzuschüchtern. Er bekam erst Telefon- und schließlich Hausverbot. Gewerkschaftsvertreter beklagen schon länger, …

5.6.3 Leasing

Leasinggeber sind spezielle Leasinggesellschaften oder die Hersteller selbst.

Porsche Cayenne, Audi A6 Quattro, Mercedes E350, BMW 750i – Oberklasse-Autos haben drei Gemeinsamkeiten: Sie sind teuer, es sind häufig Firmenwagen und sie sind geleast.

Jedes Unternehmen benötigt zur Leistungserstellung Vermögensgegenstände wie Autos, Maschinen und Computer. Leasing ist hier – neben der Aufnahme eines Kredits oder dem Einsatz von Eigenkapital – eine Möglichkeit, diese Güter zu finanzieren.

Die **Pflicht zur Zahlung der Leasinggebühr** besteht auch bei Untergang oder Verlust des Leasingobjekts, zum Beispiel durch Totalschaden oder Diebstahl. Allerdings wird dem Kunden häufig ein Sonderkündigungsrecht für solche Fälle eingeräumt. Den entstandenen Schaden muss er dennoch ersetzen.

Leasing ist eine Art der Miete. Auf der Grundlage eines Leasingvertrags überlässt der Leasinggeber gegen Entgelt dem Leasingnehmer ein Wirtschaftsgut für einen festgelegten Zeitraum zur Nutzung. Anders als im Fall eines Mietvertrags ist der Leasinggeber während des Leasingzeitraums nicht für die Beseitigung von Mängeln des überlassenen Objekts verantwortlich. Diese Pflicht liegt vielmehr beim Leasingnehmer, der darüber hinaus auch die Risiken des Untergangs, Verlusts und der Beschädigung des Leasingobjekts trägt.

Vergleich Automiete und -leasing:

- Tritt bei einem gemieteten Auto ein Defekt auf, so hat der Vermieter den Mangel zu beheben oder für einen vergleichbaren Ersatz zu sorgen. Unterlässt er dies, so kann der Mieter die Mietzahlung verringern oder gar ganz verweigern.
- Bei einem geleasten Auto liegt der Fall vollkommen anders: Der Leasingnehmer hat die Kosten für die Reparatur selbst zu tragen. Die monatliche Leasinggebühr muss er – ungeachtet dessen, ob er das Auto nutzen kann oder nicht – weiterhin entrichten.

Es gilt also: Ohne im rechtlichen Sinne Eigentümer zu sein, übernimmt der Leasingnehmer alle Pflichten und Risiken eines Eigentümers.

Praktisch können alle Arten von Gütern geleast werden – sei es ein Bürogebäude, ein Röntgenapparat oder ein Gabelstapler. Tatsächlich werden aber hauptsächlich Kraftfahrzeuge geleast; sie machen zwei Drittel aller Leasingobjekte aus. Mit jeweils rund 10 % folgen Büromaschinen/IT-Anlagen und Produktionsmaschinen.

Welche Wirtschaftsgüter werden häufig geleast?

Beim Autoleasing sind zwei Vertragsvarianten üblich: der Restwertvertrag und der Kilometervertrag. Diese Varianten unterscheiden sich im Wesentlichen durch den Umgang mit dem Fahrzeug am Ende des Leasingzeitraums.

*Beim Autoleasing sind zwei **Vertragsvarianten** üblich.*

Tabelle 5.10 fasst die grundlegenden Merkmale des Fahrzeugleasings zusammen.

Fahrzeugleasing	
Höhe der Leasinggebühr oder -rate	Die Höhe der Leasingrate kann der Leasingkunde beeinflussen durch • die Auswahl des Fahrzeugs, • den Leasingzeitraum, • die jährliche Laufleistung und • die Höhe der Mietsonderzahlung (=Anzahlung). Je teurer das Auto, je höher die Laufleistung, je kürzer der Leasingzeitraum und je geringer die Anzahlung, desto höher ist die Leasingrate. Weitere Faktoren sind der seitens der Leasinggesellschaft erhobene Jahreszins sowie die Höhe des erwarteten Restwerts des Fahrzeugs zum Leasingende. Diese kann der Kunde nicht direkt beeinflussen.
Kündigung vor Vertragsende möglich?	Nein, selbst im Fall des Todes des Leasingnehmers nicht. In den allgemeinen Geschäftsbedingungen einer großen Leasinggesellschaft heißt es hierzu zum Beispiel: „Ein Sonderkündigungsrecht bei Tod des Kunden besteht nicht." (Der Leasingvertrag geht auf die Erben über. Die Angehörigen dürfen den Vertrag dann zwar kündigen, sie müssen aber etwaige Ertragsverluste der Leasinggesellschaft ausgleichen.) Lediglich bei (wirtschaftlichem) Totalschaden oder Diebstahl besteht das Recht, den Vertrag zu kündigen. Ertragsverluste der Leasinggesellschaft hat jedoch auch hier der Kunde auszugleichen.
Leasingkosten	• Mietsonderzahlung/Anzahlung (eventuell) • einmalige Bearbeitungs-/Überführungsgebühr • monatliche Leasingraten • Wartungs-/Instandhaltungskosten (Der Leasingnehmer ist verpflichtet, das Objekt nach Maßgabe der vom Hersteller festgelegten Intervalle in einer Vertragswerkstatt warten zu lassen.) • Kfz-Haftpflichtversicherung • Vollkaskoversicherung (Pflicht)
Muss der Leasingnehmer Reparaturen oder Totalverlust selbst bezahlen?	Ja, er ist hierfür selbst verantwortlich. Allerdings muss eine Vollkaskoversicherung abgeschlossen werden, die diese Schäden – abzüglich der vereinbarten Selbstbeteiligung – bei Selbstverschuldung übernimmt. Regelmäßige Inspektionen und Reparaturkosten, die durch den üblichen Verschleiß entstehen, muss der Leasingnehmer aus eigener Tasche bezahlen.

Tabelle 5.10: Die grundlegenden Merkmale des Fahrzeugleasings

*Von Privatpersonen wird beim Leasingvertrag meistens eine **Anzahlung** von 10 % oder mehr des Listenpreises verlangt.*

***Ob sich Leasing für Privatpersonen lohnt**, lässt sich nicht pauschal beurteilen. Letztendlich kommt es auf das spezielle Leasingangebot an. Im Vergleich mit einem Barkauf ist Leasing allerdings meistens die teurere Finanzierungslösung. Zudem können Privatpersonen den wichtigsten Vorteil des Leasings nicht nutzen. Denn nur Geschäftsleute können die Leasingkosten steuerlich geltend machen.*

Was passiert mit dem Fahrzeug am Ende der Vertragslaufzeit?	Fahrzeugleasing	
	Restwertvertrag	**Kilometervertrag**
	Die Leasinggesellschaft kann den Kunden verpflichten, das Auto zu kaufen. Der Kunde muss dann den Restwert bezahlen, der anhand der jährlichen Laufleistung und der gewählten Leasingdauer bereits bei Vertragsschluss dem Grunde nach festgelegt wurde. Dem Leasinggeber steht es jedoch frei, das Fahrzeug zurückzunehmen und selbst zu verwerten.	Das Fahrzeug geht an die Leasinggesellschaft zurück. Diese ist deshalb an einem möglichst hohen Restwert interessiert. Übersteigt die Gesamtkilometerleistung bei der Fahrzeugrückgabe die im Vertrag festgelegte Laufleistung erheblich, so muss der Leasingnehmer für jeden „zu viel" gefahrenen Kilometer eine zusätzliche Gebühr entrichten. Gleiches gilt für übermäßigen Verschleiß oder sonstige Schäden.

Tabelle 5.10: Die grundlegenden Merkmale des Fahrzeugleasings (Fortsetzung)

Das Leasing hat für den Leasingnehmer die folgenden Vorteile:

- Selbst bei geringen eigenen finanziellen Mitteln, das heißt bei geringer Liquidität, kann er neuwertige Anlagen/Wirtschaftsgüter nutzen.
- Die Leasingraten gehen als Betriebskosten in die Gewinn-und-Verlust-Rechnung ein und verringern somit den zu versteuernden Gewinn. Das Unternehmen spart folglich Steuern.

Dem stehen die folgenden Nachteile gegenüber:

- Langfristig ist die Nutzung eines geleasten Wirtschaftsguts teurer als die Nutzung eines durch eigene Mittel angeschafften.
- Das Leasingobjekt geht nicht in das Eigentum des Leasingnehmers über; Veränderungen dürfen daher nur mit Zustimmung des Leasinggebers durchgeführt werden.

Aufgaben zum Thema Existenzgründung

1 Formulieren Sie die Aussagen aus dem Schaubild 5.22 (S. 236) so um, dass sich sinnvolle Tipps für Existenzgründer daraus ergeben.
2 Welche persönliche Eigenschaft ist die wichtigste Voraussetzung für einen Existenzgründer? Begründen Sie Ihre Meinung.
3 Was ist Franchising? Erstellen Sie eine kurze Definition.
4 Welchen hauptsächlichen Vorteil bietet das Franchisesystem und welchen hauptsächlichen Nachteil für den Franchisenehmer weist es auf?
5 Stellen Sie zwei unterschiedliche Franchisesysteme vor, indem Sie das Geschäftskonzept kurz vorstellen und ermitteln, wie viel Eigenkapital man benötigt und wie hoch die Lizenz-/ Franchisegebühren sind. (Hinweis zur Recherche: www.franchiseportal.de)
6 Worin besteht der wichtigste Unterschied zwischen einem Leasing- und einem Mietvertrag?
7 Welche Wirtschaftsgüter werden vor allem geleast?
8 Welche finanziellen Vorteile bietet ein Leasingvertrag dem Gewerbetreibenden?
9 Lohnt sich Leasing für Privatpersonen?

STICHWORTVERZEICHNIS

Z

BILDQUELLENVERZEICHNIS